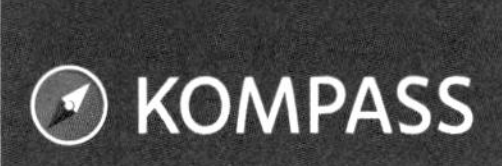

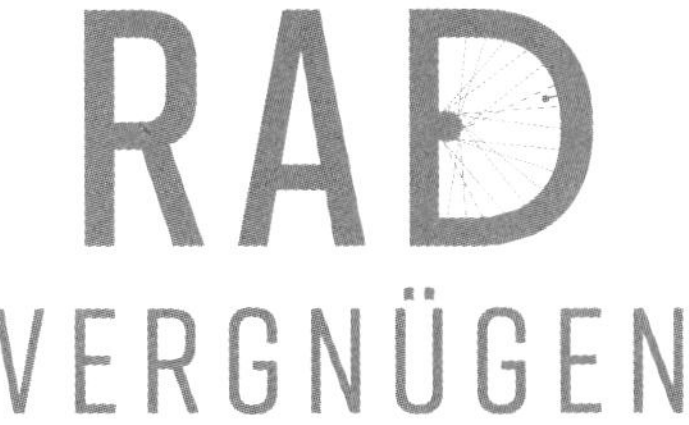

VERGNÜGEN

BODENSEE

21 1/2 TAGESTOUREN
FEIERABEND-RIDES
WOCHENEND-BIKEAWAYS

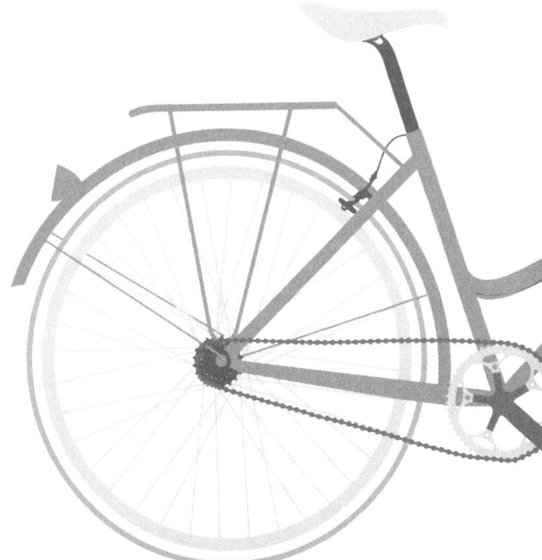

EINFACH RAUS!

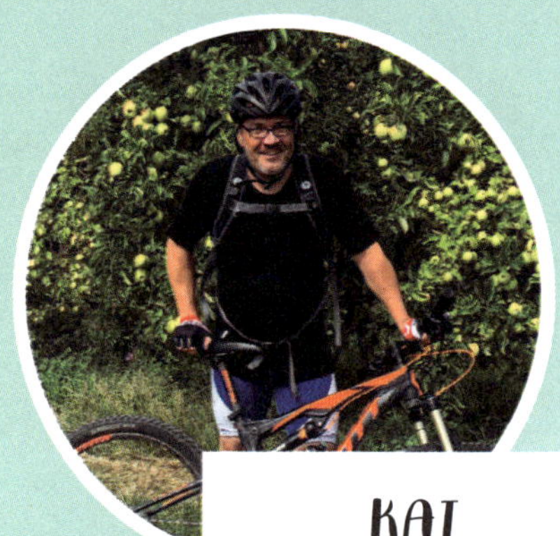

KAI GLINKA

Kai Glinka strampelt sich gerne auch einmal ab. Egal ob er auf dem Mountainbike, dem Renn- oder dem Tourenrad in die Pedale tritt: Prio Nummer 1 ist immer die Aussicht. Die muss stimmen! Auch wenn's dafür vorher mal steil bergauf gehen sollte. Gibt es dann noch ein charmantes Café oder einen schattigen Biergarten, um so besser. Wenn er nicht am Bodensee radelt, schwingt er sich am liebsten im Schwarzwald oder am sonnigen Kaiserstuhl in den Sattel.

LIEBE LESERIN, LIEBER LESER,

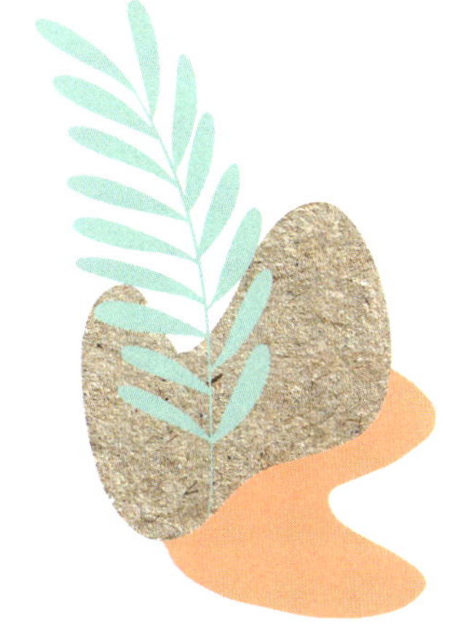

Der Bodensee kleckert nicht, er klotzt. Er ist nicht nur der größte, tiefste und wasserreichste See Deutschlands, er ist auch ein touristisches Schwergewicht. Im Wechsel geht es hier durch üppige Obstgärten, unberührte Riedwiesen, malerische Dörfer und pulsierende Metropolen. Der See bietet von allem etwas. Besonders gut erschließen sich er und sein abwechslungsreiches Umland im Fahrradsattel.

Da wundert es nicht, dass der Bodenseeradweg, also einmal ganz drum rum, als einer der beliebtesten Radwege Europas gilt. Dementsprechend gut ist die knapp 260 Kilometer lange Piste durch drei Länder auch ausgebaut. Die Infrastruktur? Ein Traum. Fahrradläden findet ihr gefühlt an jeder Ecke und E-Bike-Ladestationen lassen sich so gut wie an jedem Schiffsanleger und auf jedem Marktplatz anzapfen.

Auf unseren 21 Touren – und einer kleinen Wanderung – umrunden wir den Bodensee auf etwas andere Art. Auch wenn wir hin und wieder den Bodenseeradweg nutzen, geht es vom bisweilen turbulenten Seeufer auf gut machbaren Wegen immer wieder ins ruhige Hinterland. Unsere Feierabend-Rides, Tagestouren und zweitägigen Wochenend-Bikeaways führen euch zu idyllischen Badeplätzen und urigen Beizen, zu Unerwartetem und Skurrilem. Ölt die Kette, pumpt die Reifen auf und gebt dem Drahtesel die Sporen. Viel Spaß!

Kai Glinka

INHALT

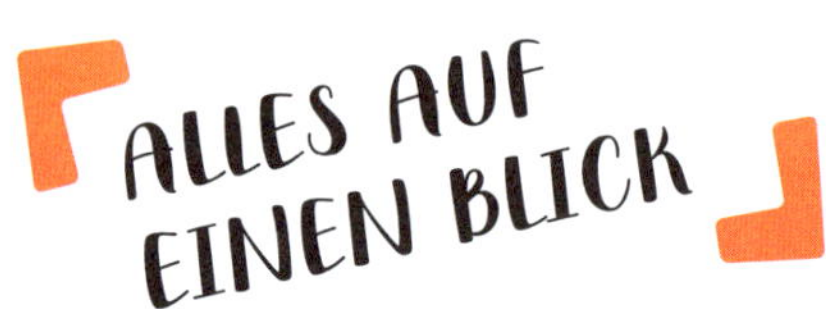

TOUREN

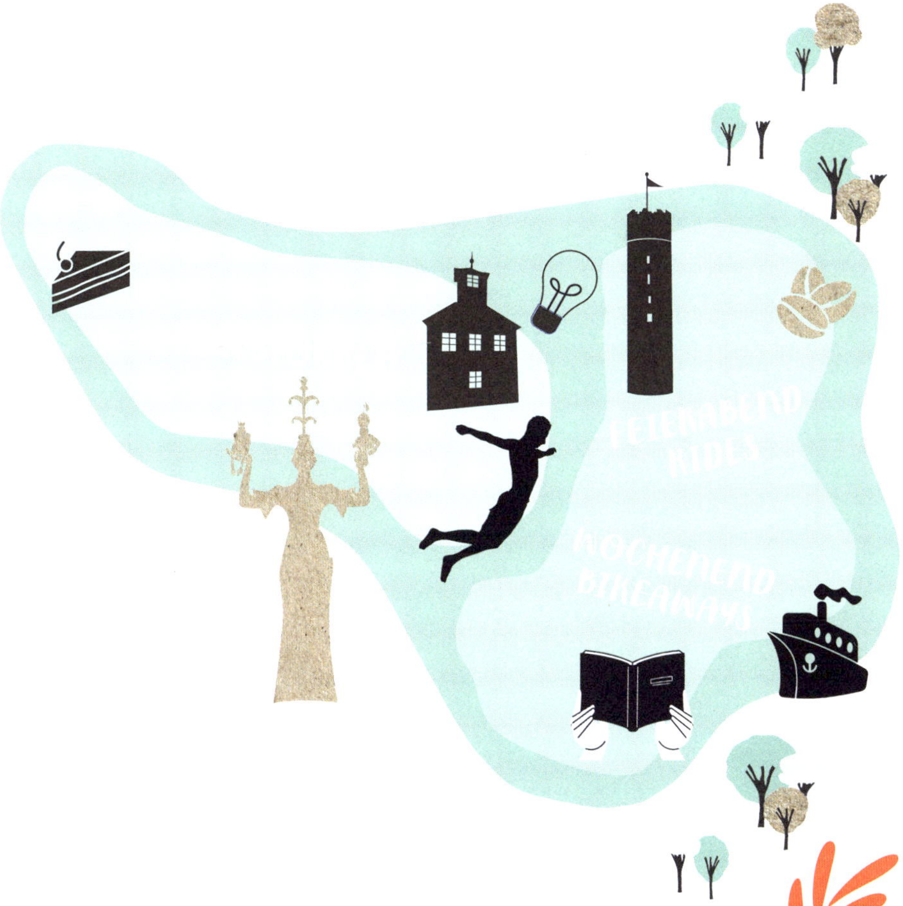

FEIERABEND RIDES

WOCHENEND BIKEAWAYS

DEINE ORIENTIERUNG

APP & GPX-DOWNLOAD

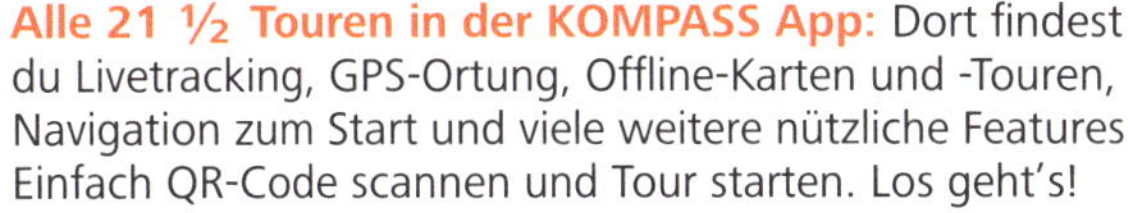

Alle 21 ½ Touren in der KOMPASS App: Dort findest du Livetracking, GPS-Ortung, Offline-Karten und -Touren, Navigation zum Start und viele weitere nützliche Features. Einfach QR-Code scannen und Tour starten. Los geht's!

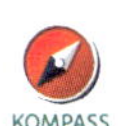

GPX-Tracks zum Download: www.kompass.de/gpx
Für das Navigationsgerät deiner Wahl haben wir alle Touren auch als GPX-Track auf unserer Homepage.

FEIERABEND-RIDES

RAUF AUFS RAD ZUM RUNTERKOMMEN

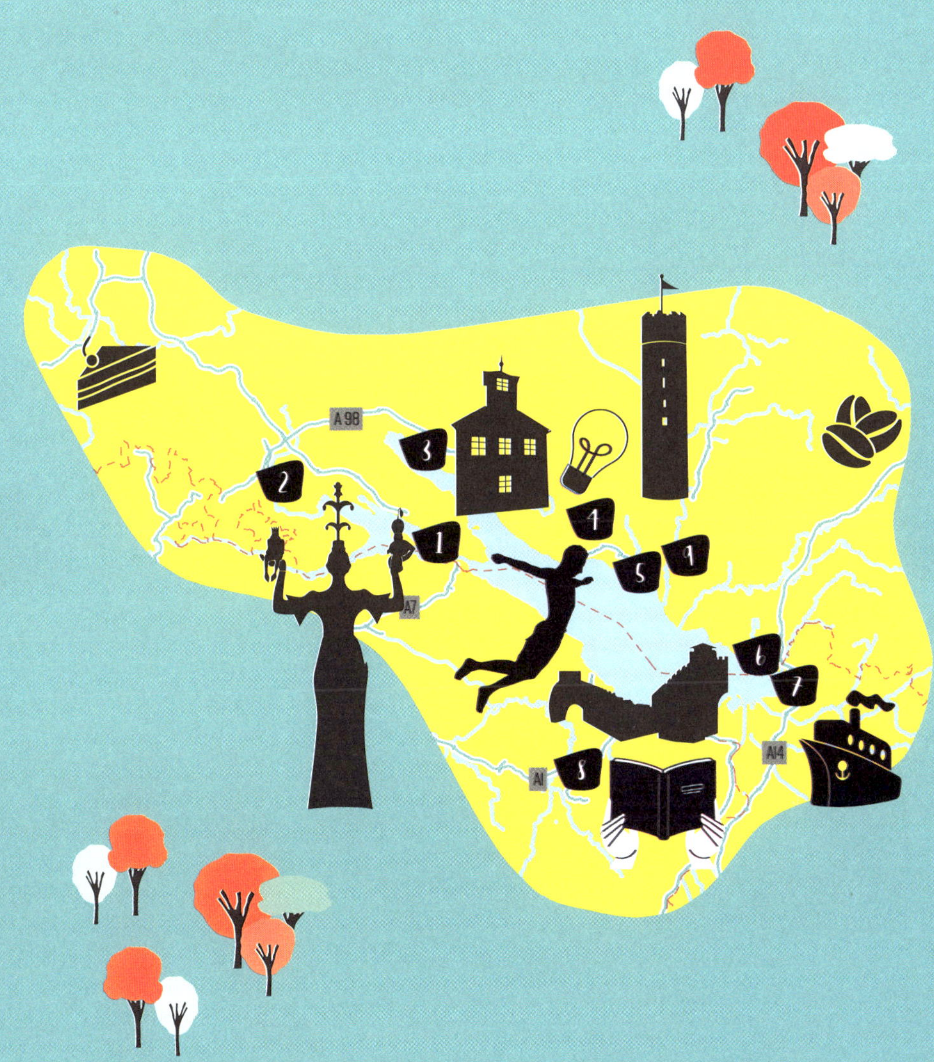

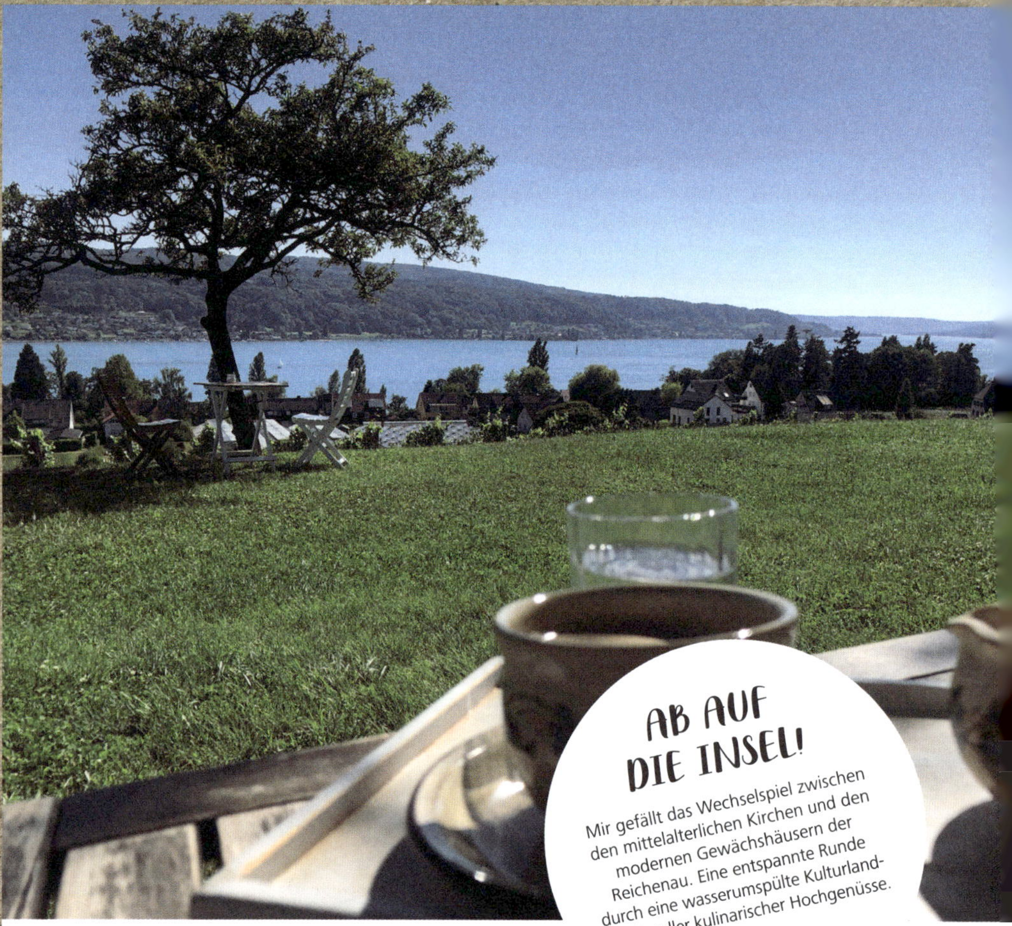

AB AUF DIE INSEL!

Mir gefällt das Wechselspiel zwischen den mittelalterlichen Kirchen und den modernen Gewächshäusern der Reichenau. Eine entspannte Runde durch eine wasserumspülte Kulturlandschaft voller kulinarischer Hochgenüsse.

- › **1 /** Der Parkplatz an der Kindlebildkapelle ist unser Startpunkt
- › **2 /** Vogelschau auf der Ruine Schopflen
- › **3 /** Blockbusterkino aus dem Mittelalter in der Basilika St. Georg
- › **4 /** Fangfrisch genießen im Fischbistro „Bei Riebels"
- › **5 /** Im einstigen Machtzentrum: Münster St. Maria und Markus
- › **6 /** Edle Weine beim Winzerverein Reichenau probieren
- › **7 /** Schlemmen im Restaurant zum Alten Mesmer
- › **8 /** In Georg's Fischerhütte zergehen die Felchen auf der Zunge
- › **9 /** Auf einen Plausch am STEDI Kiosk beim Schiffsanleger
- › **10 /** Panoramablick von der Hochwart, dem höchsten Punkt der Reichenau
- › **11 /** Hopfengenuss in der Reichenauer Inselbier Brauerei

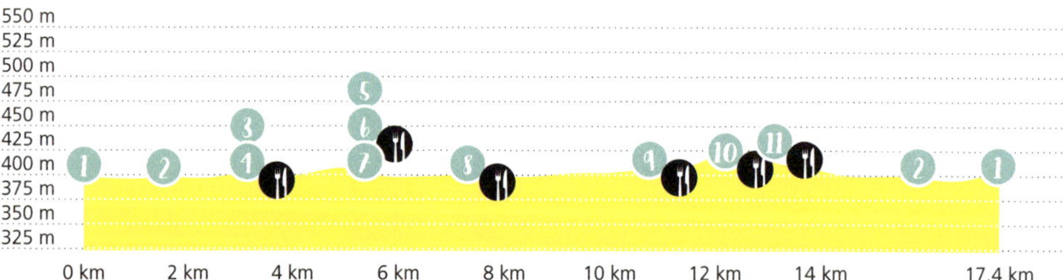

SCHLEMMER-INSEL

Genießer-Runde auf der Reichenau

Malerisch im Untersee gelegen, gehört die Insel Reichenau zu den schönsten Ecken des Bodensees. Auf dem Welterbe-Eiland drehen wir zwischen Rebstöcken und Gemüsefeldern eine abwechslungsreiche Genießer-Runde. Wohl bekomm's!

17 Kilometer
45 Höhenmeter ▲
45 Höhenmeter ▼
1 Stunde
Rundtour

Durch die Allee über den See

Viel hat sich getan seit der Blütezeit des Klosters Reichenau im Mittelalter. Insbesondere die Infrastruktur hat sich seither deutlich verbessert. Gut für uns. So müssen wir nicht wie damals mit einem wackeligen Kahn über den See paddeln. Wir schwingen uns auf dem Parkplatz an der 1 / Kindlebildkapelle in den Sattel und fahren über den Reichenauer Dammweg. Der führt uns knapp zwei Kilometer durch das wogende Schilfmeer des Wollmatinger Riedes. Die Pappelallee, übrigens der Endpunkt der deutschen Alleestraße, ist das erste Highlight auf unserer Genuss-Runde.

CHARAKTER
Sportlich ●○○○○
Abkühlung ●●●○○
Schlemmen ●●●●●
Panorama ●●●●○

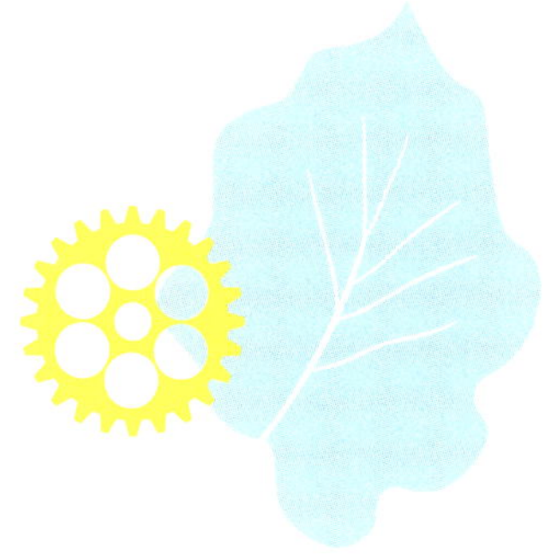

TOURENINFO / Leichte Tour auf asphaltierten Wegen mit vielen Einkehrmöglichkeiten. Gut für Familien-Ausflüge geeignet. Die Steigung zur Hochwart ist steil, aber kurz und im Zweifel schiebbar.

< links / Auf der Hochwart, dem höchsten Punkt der Reichenau

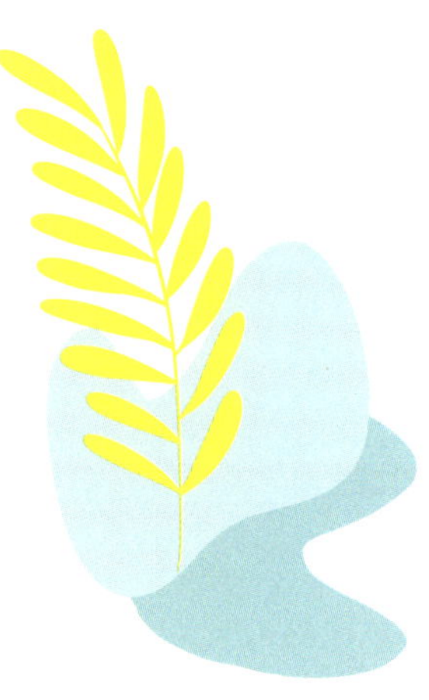

Etwa auf halber Strecke des Damms liegt linker Hand die 2 / Burgruine Schopflen (Pirminstraße 1, 78479 Reichenau). Die massiven Mauerreste der ehemaligen Wasserburg beherbergen heute eine Aussichtsplattform, von der sich euch ein Panoramablick über das Wollmatinger Ried sowie das Schweizer Ufer des Untersees bietet. Wir folgen weiter dem Dammweg. Am Ende der Allee überqueren wir die schmale Brücke über den Bruckgraben, winken dem Klostergründer Pirmin zu und erreichen die UNESCO-Welterbe-Insel Reichenau.

Fangfrisches auf der Gemüseinsel

Wir folgen dem Fahrradrundweg der Reichenau, bis auf der rechten Seite die romanische 3 / Basilika St. Georg aus dem 9. Jahrhundert auftaucht, und biegen rechts ab. Auf den ersten Blick wirkt die Georgskirche etwas verschüchtert. Allerdings hat es die unscheinbare Basilika in sich: In epischer Breite wirkt Jesus auf den Wandmalereien ihres Mittelschiffs Wunder um Wunder. Blockbusterkino aus dem Mittelalter und mit mehr als 1000 Jahren auf dem Buckel eine der ältesten Wandmalereien nördlich der Alpen. Wir folgen der Seestraße vorbei an pittoresken Fachwerkhäusern und den auf der Reichenau allgegenwärtigen Gewächshäusern. Vor vielen Häusern stehen hier kleine Stände mit saisonalem Obst und Gemüse oder Spezialitäten aus Eigenproduktion. Perfekt für ein Picknick. Wer es deftiger mag, der findet unweit von St. Georg das 4 / Fischbistro „Bei Riebels“ (Seestraße 13, 78479 Reichenau).

3 VON 20

Ehemals standen 20 Kirchen auf der Klosterinsel. Mit dem Münster, 3 / St. Georg sowie St. Peter und Paul sind nur drei erhalten geblieben.

Mittelalterliches Machtzentrum

Wir fahren weiter auf der Seestraße und biegen nach einer kurzen Steigung rechts in die Pirminstraße ein. Direkt vor uns liegt nun das sehenswerte Museum zur Klostergeschichte der Reichenau. Nach

---

➤ **rechts oben / Herzstück der Insel ist das Münster St. Maria und Markus**
➤ **rechts Mitte / Darauf ein Inselbier!**

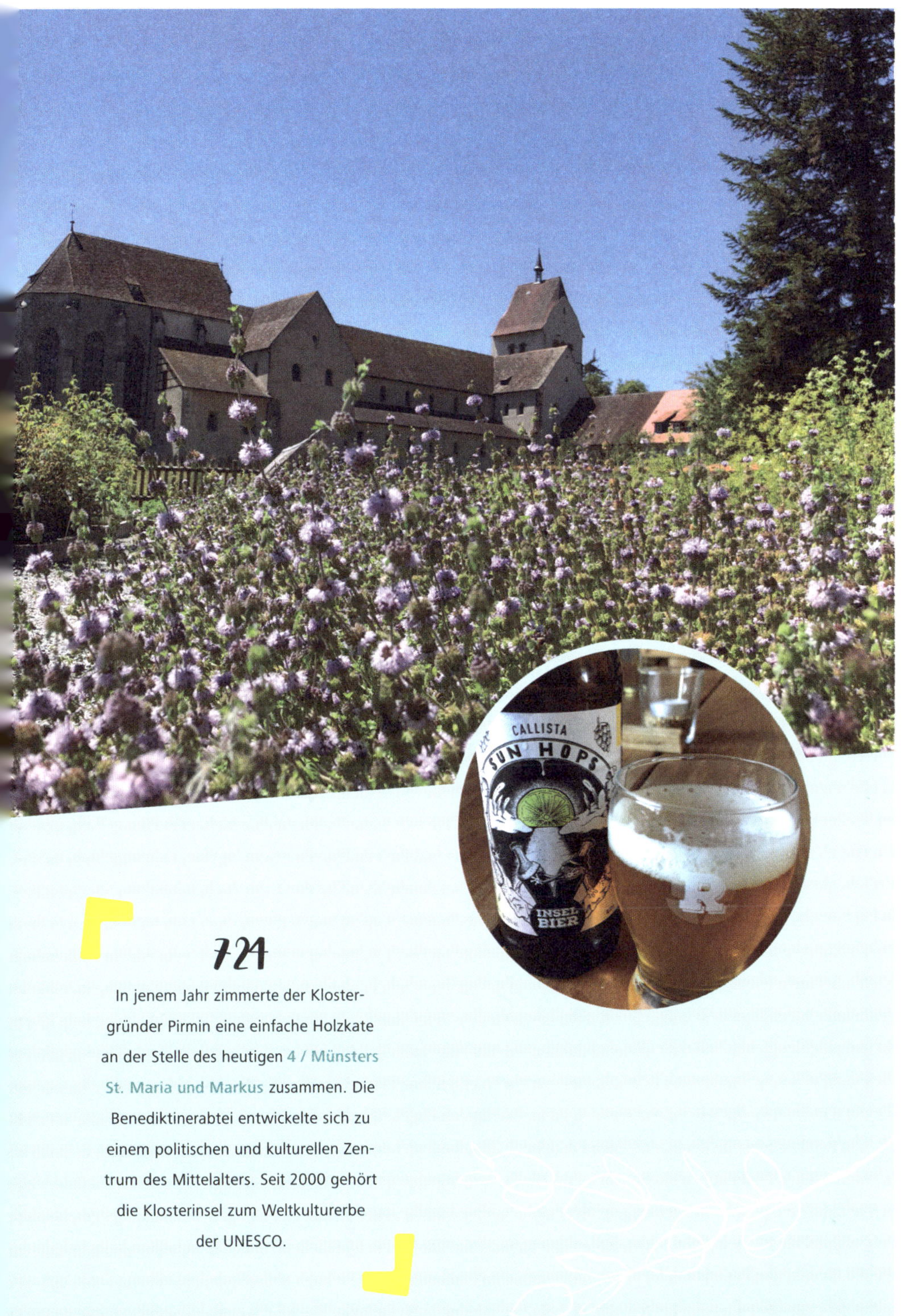

724

In jenem Jahr zimmerte der Klostergründer Pirmin eine einfache Holzkate an der Stelle des heutigen 4 / Münsters St. Maria und Markus zusammen. Die Benediktinerabtei entwickelte sich zu einem politischen und kulturellen Zentrum des Mittelalters. Seit 2000 gehört die Klosterinsel zum Weltkulturerbe der UNESCO.

1838

Ein Quantensprung für die Anbindung der Reichenau: Auf Betreiben von Napoleon III. wird die Insel durch den Dammweg mit dem Festland bei der 1 / Kindlebildkapelle verbunden.

MUSEUM ZUR KLOSTERGESCHICHTE

einigen Metern auf der Hauptstraße biegen wir rechts in die Burgstraße ab und stehen vor dem Herzstück der Klosterinsel Reichenau: dem 5 / Münster St. Maria und Markus (Münsterplatz 4, 78479 Reichenau), der ehemaligen Klosterkirche der Benediktinerabtei auf der Insel. Vergessen wir aber nicht, dass wir uns auf einer Genuss-Runde befinden. Praktischerweise hat der 6 / Winzerverein Reichenau (Münsterplatz 2a, 78479 Reichenau) direkt neben dem Münster seinen Hauptsitz. Wem der Sinn eher nach Kaffee und Kuchen denn nach Wein steht, der wird im Café am Kloster fündig. Direkt gegenüber vom Münster genießen wir im schattigen Garten des Cafés frischen Obstkuchen. Nur wenige Häuser weiter lockt das 7 / Restaurant „Zum alten Mesmer" (Burgstraße 9, 78479 Reichenau) mit lukullischen Freuden. Wer die Wahl hat, hat die Qual! Gestärkt

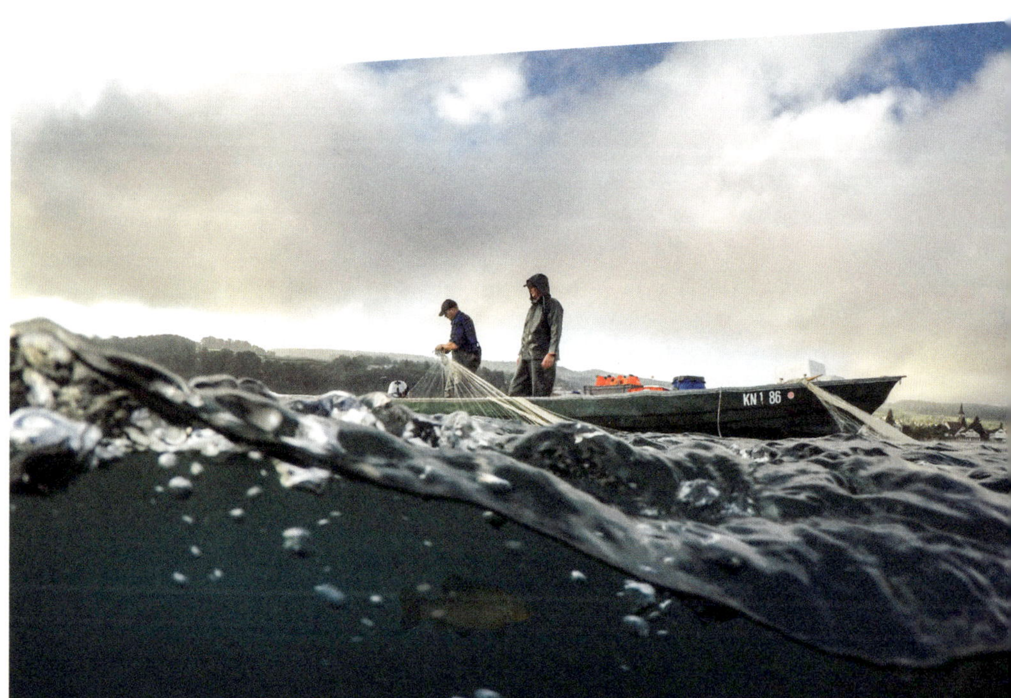

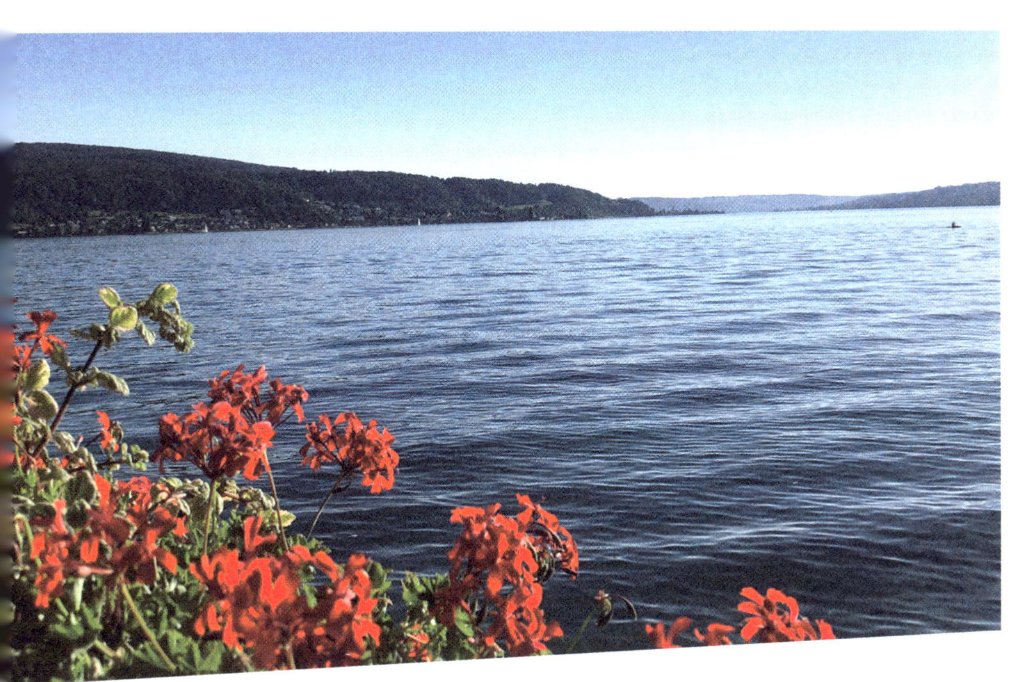

mit Gaumenfreuden frisch von der Insel eisen wir uns los und treten wieder in die Pedale. Wir fahren auf der Burgstraße bergab und folgen dem Rundweg, der uns in Sichtweite des Ufers durch üppige Gemüsefelder führt. Nach einigen hundert Metern biegen wir an der Kreuzung rechts ab, halten uns im Winkel links und biegen kurz darauf wieder rechts in die Eginostraße ab. Wir rollen noch ein paar Meter und biegen dann in die Fischergasse ein. Etwas versteckt liegt hier das Restaurant 8 / Georg's Fischerhütte (Fischergasse 5, 78479 Konstanz). Kein Reichenau-Besuch ohne frische Felchen! In direkter Nachbarschaft bietet Isolde Bader ein besonderes Erlebnis an: stimmungsvolle Weinproben in kleiner Runde direkt am Seeufer. Zu Isoldes Weindegustationen (Fischergasse 3, 78479 Reichenau, weinprobe-reichenau.com) gibt es ganz stilecht Snacks aus fangfrischem Bodenseefisch. Oberhalb der verschlafenen Fischergasse passieren wir mit St. Peter und Paul (Eginostraße 19, 78479 Reichenau) die dritte Welterbe-Kirche der Insel.

22 HEKTAR

Mit dieser Anbaufläche ist die Reichenau Badens kleinste Winzergenossenschaft. Bereits im 9. Jahrhundert pflanzten hier Mönche die ersten Rebstöcke. Probieren kann man die Weine beim 5 / Winzerverein oder ganz idyllisch direkt am Seeufer bei „Isoldes Weindegustationen".

Zum höchsten Punkt im Bodensee

Von hier geht es weiter zum Campingplatz Sandseele. Die Uferterrasse des gleichnamigen Restaurants und der umliegende Strandab-

< links / Fangfrisches aus dem Bodensee
^ oben / Blick vom STEDI Kiosk auf den Untersee

Aus dem See und vom Feld

Bodenseefelchen und Gemüse gibt's auf der Insel natürlich nur frisch. Im 4 / Fischbistro „Bei Riebels" oder in 7 / Georg's Fischerhütte

schnitt bieten einen fantastischen Blick über die Halbinsel Höri und die Schweizer Seite des Untersees. Früher noch Geheimtipp, ist hier bisweilen ordentlich was los. Also weiter geht's. Dank der unübersehbaren Markierungen auf dem Weg können wir nicht falsch fahren. Sobald wir die Stedigasse erreichen, biegen wir scharf rechts ab und erreichen kurz darauf den 9 / Kiosk Stedi (An der Schiffslände 1, 78479 Reichenau) direkt an der Schiffsanlegestelle Reichenau. Von hier bietet sich ein nicht weniger spektakulärer Blick wie von der Sandseele. Erfreulicherweise ist hier in der Regel deutlich weniger los. Wir rollen weiter, passieren Schloss Königsegg und biegen zweimal rechts ab. Nun folgt ein Kraftakt: Wir strampeln hinauf auf die 10 / Hochwart, den höchsten Punkt auf der Insel. Auf 439 Meter Höhe angekommen, belohnt der Rundumblick von der Hochwart über den Untersee für die Anstrengung. Das turmbewehrte Häuschen auf dem Scheitel der Hochwart beherbergt eine Keramik-Galerie inklusive Werkstatt und ist gleichzeitig ein Café (Hochwart, 78479 Reichenau). Was will man mehr?

Rundumblick von der Hochwart

14 000 Tonnen

So viel Frischgemüse produziert die vom Klima verwöhnte Reichenau jährlich. Auf den Feldern und in den Gewächshäusern um die 9 / Hochwart erwirtschaften in erster Linie kleine und mittlere Familienbetriebe Tomaten, Gurken und Salat, Paprika und Auberginen.

Das zischt

Das Teehäuschen der Hochwart im Rücken wenden wir uns nach links und zischen wieder bergab. Wir halten uns zwei weitere Male links, biegen vom Tellerhofweg rechts ab und fahren an der Feuerwehrwache vorbei, bis die Straße Am Vögelisberg kreuzt. Hier finden wir unser nächstes Genuss-Ziel: die 11 / Reichenauer Inselbier Brauerei (Am Vögelisberg 7, 78479 Reichenau). Gebraut wird nur aus regionalen Zutaten. Der Hopfen des süffigen „Inselgold" etwa wächst gleich um die Ecke an den sonnenverwöhnten Hängen der Hochwart. Verkostet werden die Inselbier- Kreationen stilecht in der rustikalen Brauwerkstatt. Neben Tastings bieten die Bier-Enthusiasten auch Brau-Seminare an. Von der Inselbier Brauerei gelangen wir durch die Seitenstraße Zur Säge wieder auf die Pirminstraße und folgen dieser durch Mittel- und Oberzell über den Damm zurück zum Parkplatz an der 1 / Kindlebildkapelle.

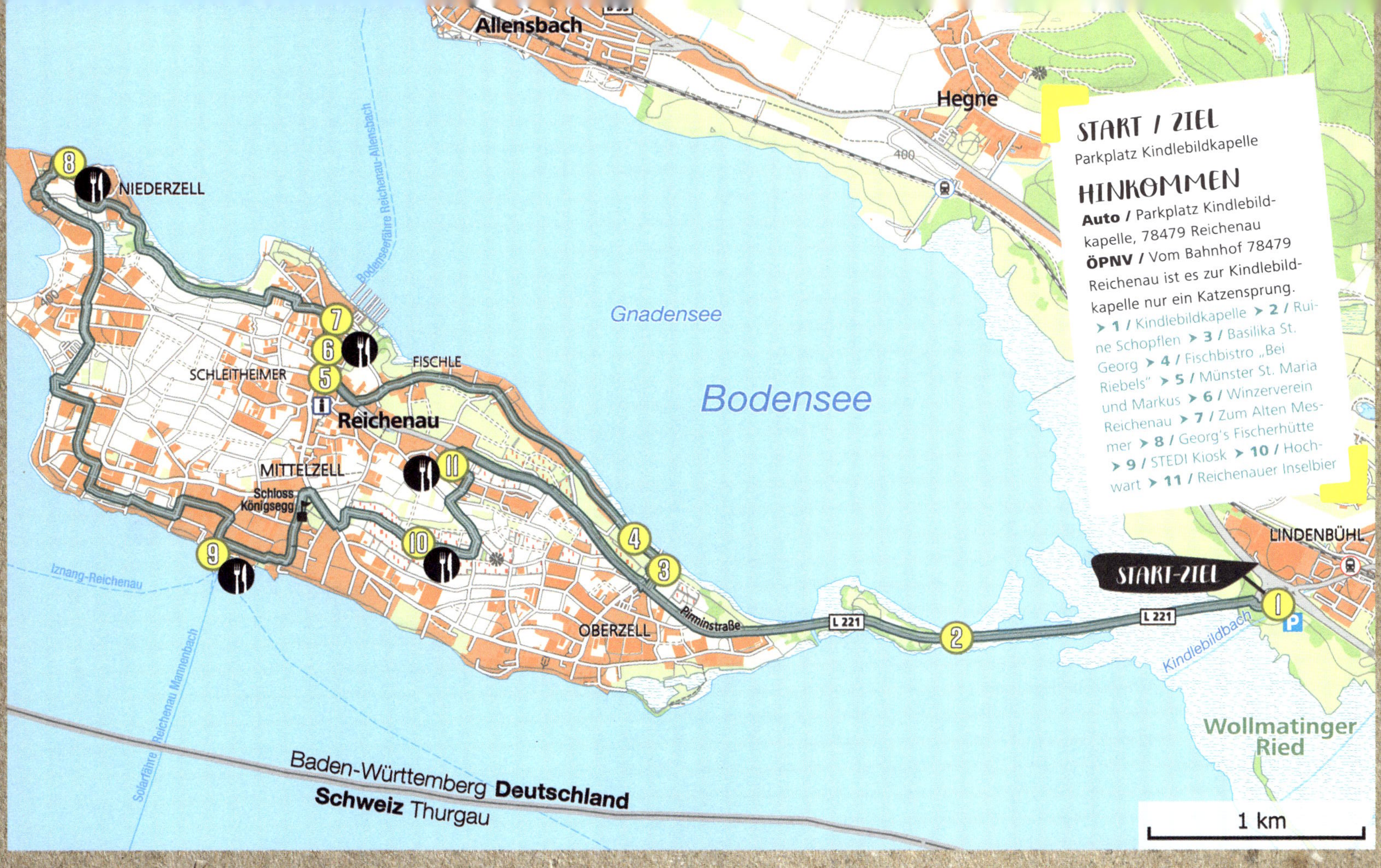
START / ZIEL
Parkplatz Kindlebildkapelle
HINKOMMEN
Auto / Parkplatz Kindlebildkapelle, 78479 Reichenau
ÖPNV / Vom Bahnhof 78479 Reichenau ist es zur Kindlebildkapelle nur ein Katzensprung.
➤ 1 / Kindlebildkapelle ➤ 2 / Ruine Schopflen ➤ 3 / Basilika St. Georg ➤ 4 / Fischbistro „Bei Riebels“ ➤ 5 / Münster St. Maria und Markus ➤ 6 / Winzerverein Reichenau ➤ 7 / Zum Alten Mesmer ➤ 8 / Georg's Fischerhütte ➤ 9 / STEDI Kiosk ➤ 10 / Hochwart ➤ 11 / Reichenauer Inselbier
START-ZIEL
Allensbach
Hegne
Gnadensee
Bodensee
NIEDERZELL
SCHLEITHEIMER
FISCHLE
Reichenau
MITTELZELL
Schloss Königsegg
OBERZELL
Pirminstraße
L 221
LINDENBÜHL
Kindlebildbach
Wollmatinger Ried
Bodenseefähre Reichenau-Allensbach
Iznang-Reichenau
Solarfähre Reichenau Mannenbach
Baden-Württemberg Deutschland
Schweiz Thurgau
1 km

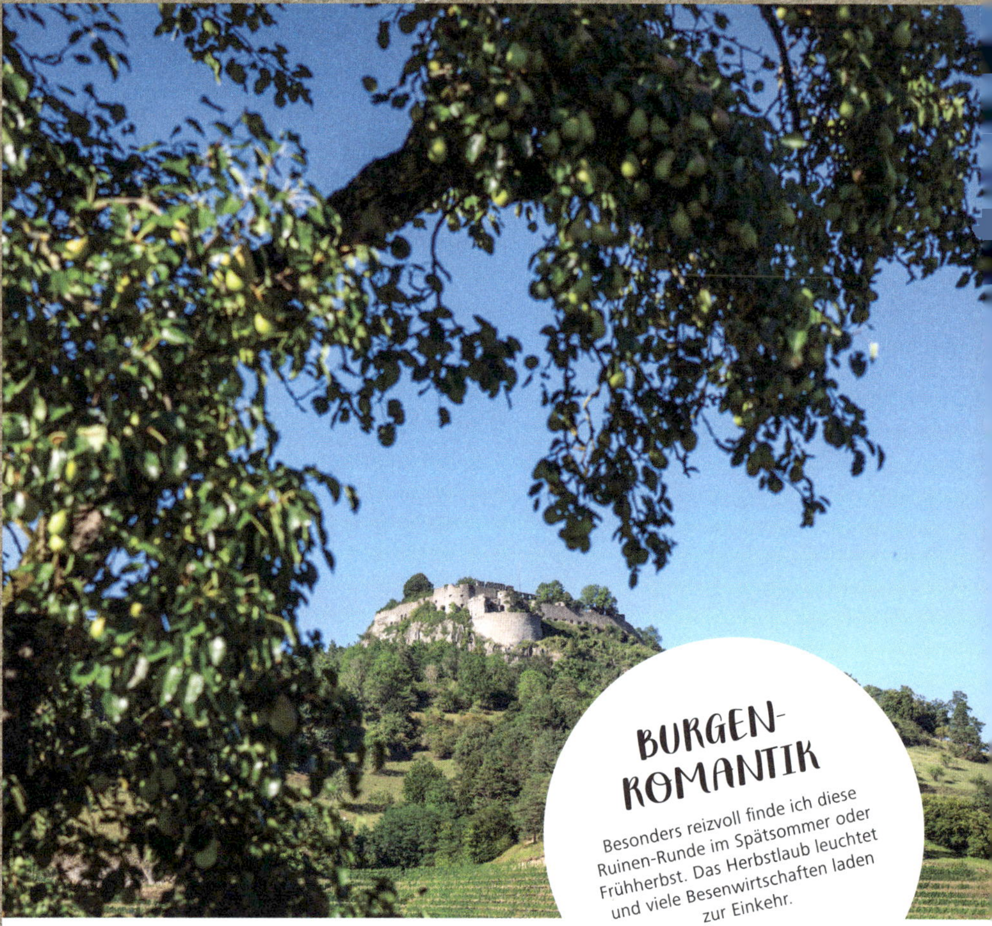

BURGEN-ROMANTIK

Besonders reizvoll finde ich diese Ruinen-Runde im Spätsommer oder Frühherbst. Das Herbstlaub leuchtet und viele Besenwirtschaften laden zur Einkehr.

➤ **1 /** Wir satteln am Hauptbahnhof Singen (Hohentwiel) auf

➤ **2 /** Echter Hingucker: Die Kegellandschaft der Hegau-Vulkane

➤ **3 /** Käffchen mit Blick auf die Festung auf dem Laurentiushof

➤ **4 /** Urige Besenwirtschaft: Homboller Besenstüble

➤ **5 /** Zwischen den überwucherten Mauern der Ruine Mägdeburg

➤ **6 /** Zu Gast beim Poppele auf dem Hohenkrähen

➤ **7 /** Auf eine Brotteig-Dünne im Hof Schneble

➤ **8 /** Überragend: Die mächtige Ruine der Festung Hohentwiel

➤ **9 /** Schnittige Autos im MAC Museum Art & Cars

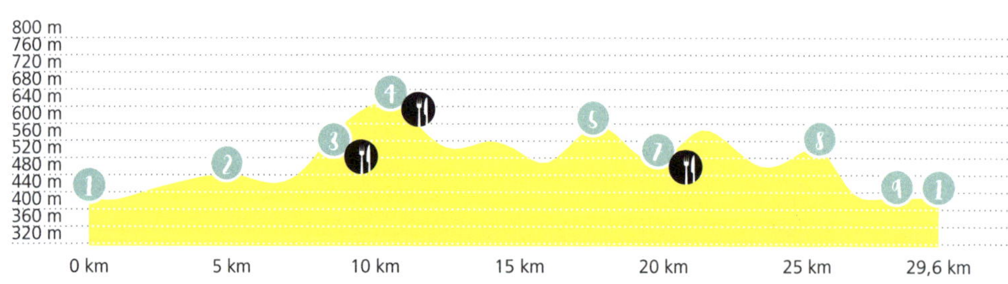

BURGEN & BESEN

Durch die *Hegau-Vulkane*

Westlich vom Bodensee erheben sich die Kegel der Hegau-Vulkane. Kaum ein Gipfel kommt hier ohne eine Burgruine aus. Spektakuläre Aussichten inklusive. Highlight auf unserer bergigen Rundtour ist die mächtige Festungsruine Hohentwiel bei Singen.

30 Kilometer
550 Höhenmeter ▲
550 Höhenmeter ▼
2 Stunden
Rundtour

Gut gewürzt am Start

Wohlan, Ritter der Radrunde, wir starten unsere Ruinen-Tour am 1 / Hauptbahnhof Singen (Hohentwiel). Die Luft hier ist würzig: Direkt gegenüber des Bahnhofs liegt die Wiege des Maggi-Würfels, das Maggi-Werk Singen. Am Bahnhofsvorplatz orientieren wir uns an den Wegweisern nach Hilzingen. Nachdem wir die Radolfzeller Aach überquert haben, biegen wir auf den Heidelberg-Schwarzwald-Bodensee-Weg ab. Am Rand von Singen rollen wir durch Felder und Streuobstwiesen. Über uns thront bereits weithin sichtbar die mächtige Festungsruine Hohentwiel.

CHARAKTER

Sportlich ●●●●○
Abkühlung ●○○○○
Schlemmen ●●●○○
Panorama ●●●●●

TOURENINFO / Immer wieder steile Abschnitte, aber auch tolle Ausblicke. Vorwiegend auf wenig befahrenen asphaltierten Wegen. Hin und wieder kurze Schotterpassagen. Unterwegs viele Einkehrmöglichkleiten.

< links / Die Festungsruine Hohentwiel thront über dem Hegau

Hütchenspiel mit Kegeln

Vor uns erheben sich die 2 / Hegau-Vulkane wie natürliche Leuchttürme, steile Kegel, im Mittelalter ideale Bauplätze für Burgen. Denn: Wer als Ritter etwas auf sich hielt, wollte ja früh genug erkennen, wenn ein Rivale mit seinem Haufen anrückte, um einem die Bude zu Klump zu hauen. Also krönt jeden der Hegau-Vulkane eine Ruine, jede einstmals ein wuchtiges Bollwerk. Zunächst geht es auf dem Radweg parallel zur Bundesstraße, die lassen wir aber bald hinter uns und fahren durchs Grüne hinein nach Hilzingen. Am Schlossplatz vorbei, orientieren wir uns Richtung Freibad. Nach dessen Parkplatz biegen wir rechts auf einen Schotterweg ab, der sich am kleinen Steppbach entlangschlängelt.

SPUK IM HEGAU

Auf und um den 5 / Hohenkrähen treibt angeblich das Poppele sein Unwesen, eine listige stets zu Streichen aufgelegte Spukgestalt. Also aufgepasst.

Einkehr mit Aussicht

Das Panorama der Hegau-Vulkane vor Augen, rollen wir den Vulkan-Genuss-Hegau-Weg durch saftige Wiesen und Felder. Nach wenigen Radminuten erreichen wir den 3 / Laurentiushof (Laurentiushof 1, 78247 Hilzingen), www.laurentiushof-hilzingen.de. Von der Terrasse hast du einen grandiosen Blick auf die Festung Hohentwiel. Bei guter Sicht ist auch ein kleiner Fetzen des Bodensees zu erspähen. Wir stärken uns mit einem Stück selbstgemachtem Kuchen, denn jetzt müssen wir eine knackige Steigung hinaufstrampeln. Lasst euch ruhig Zeit und holt zwischendurch mal Luft. Der Blick über den Hegau ist umwerfend. Nach dem steilsten Stück erwartet uns das 4 / Homboller Besenstüble (Hofgut Homboll, 78247 Weiterdingen), www. Hofguthomboll.de. Die urige Beiz ist im Frühjahr von April bis Mai und im Herbst von Ende September bis Anfang November geöffnet. Eine kurze Erfrischung und wir schwingen uns wieder in den Sattel.

➤ **rechts oben / Die Einheimischen helfen gerne bei der Wegfindung**
➤ **rechts Mitte / Wenn der Besen hängt, ist meist geöffnet**

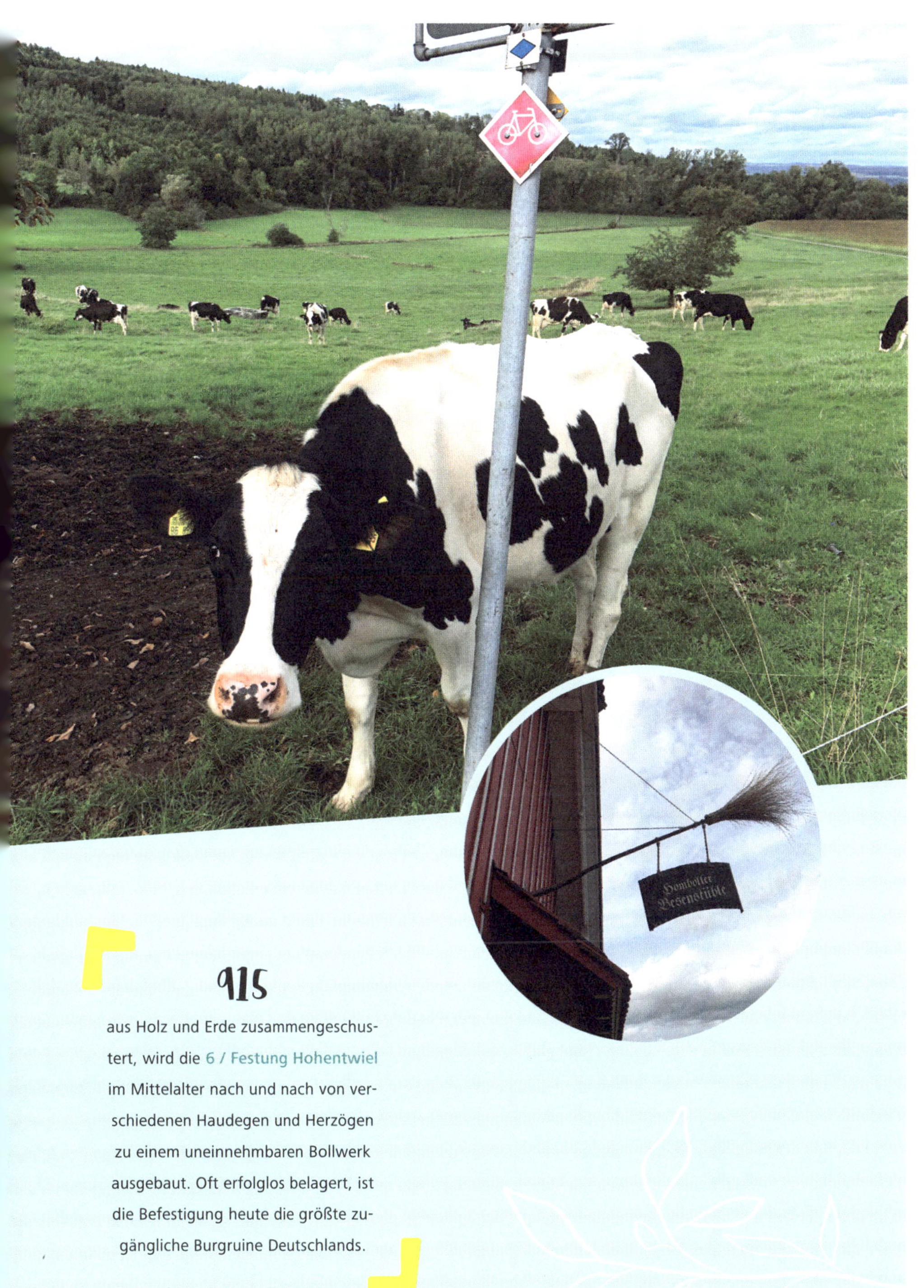

915

aus Holz und Erde zusammengeschustert, wird die 6 / Festung Hohentwiel im Mittelalter nach und nach von verschiedenen Haudegen und Herzögen zu einem uneinnehmbaren Bollwerk ausgebaut. Oft erfolglos belagert, ist die Befestigung heute die größte zugängliche Burgruine Deutschlands.

DIGITALE ZEITREISE

Via kostenfreier App geht's in die Vergangenheit auf einem Spaziergang durch die Festung Hohentwiel. Die realistische Geräuschkulisse gibt's inklusive.

Verwittertes Mauer-Ensemble

AUF GOETHES SPUREN

Vom Hofgut Homboll rollen wir wie von selbst hinab nach Weiterdingen und gelangen auf den Burgenweg 3, dem wir eine Weile folgen. In Weiterdingen fahren wir kurz auf Goethes Spuren. Der Dichterfürst kam 1797 auf seiner dritten Schweizer Reise ebenfalls durch Weiterdingen. Da wir radeln wollen und nicht dichten, bleibt unsere Route jedoch der Burgenweg. Auf dem asphaltierten Weg geht es in Richtung Mühlhausen, wir verlassen den Burgenweg an einer Gabelung (hier rechts) und bleiben oberhalb von Mühlhausen. Neben uns ragt schon unser nächstes Ziel empor: die 5 / Ruine Mägdeburg (78259 Mühlhausen-Ehingen). Jetzt heißt es noch einmal ordentlich in die Pedale treten. Am Parkplatz unterhalb der Burg pusten wir durch und stellen die Räder ab, da der Pfad hinauf zur imposanten Ruine zu holprig für unsere Drahtesel ist. Zwischen den überwucherten Mauern ist erfreulicherweise kaum etwas los.

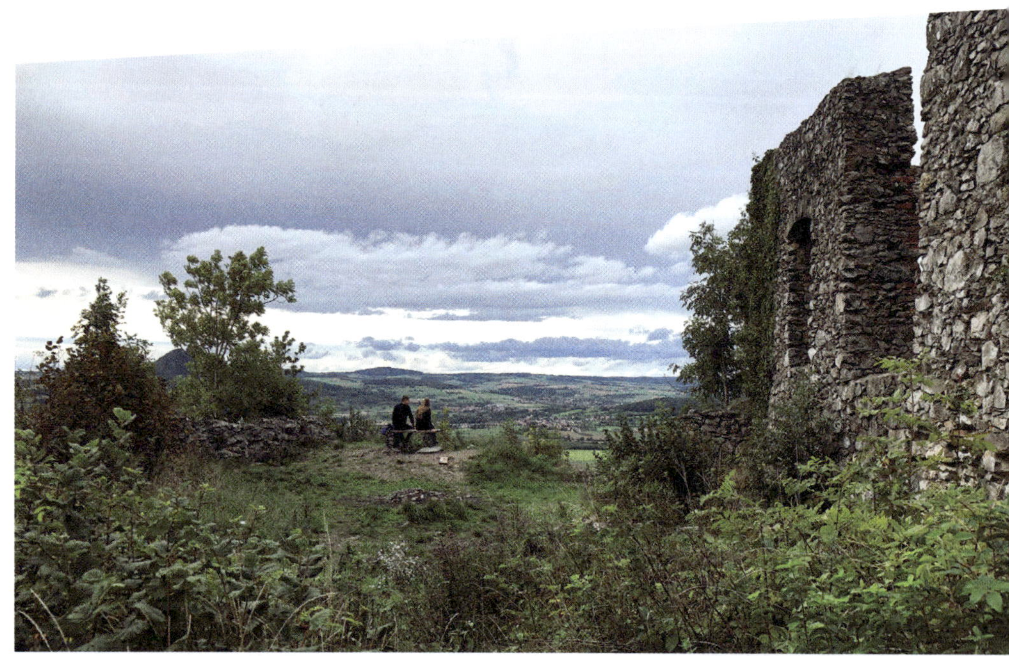

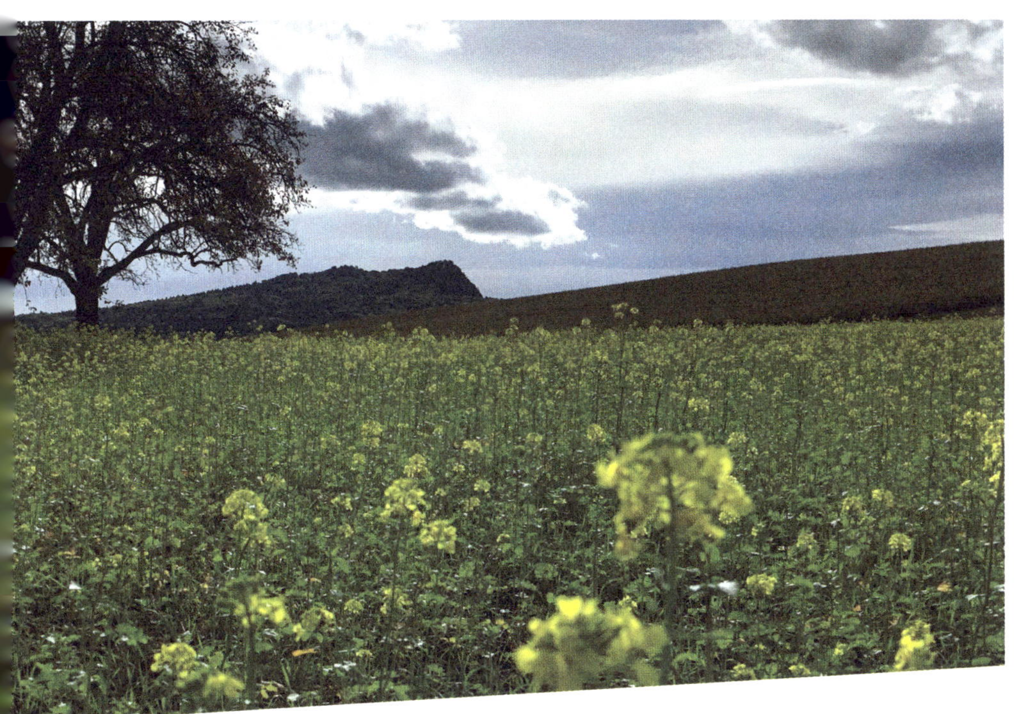

Alternativ-Route mit Offroad-Einlage

Wer mit dem Moutainbike unterwegs ist oder sich nicht scheut, sein Rad über einen verwurzelten Weg zu schieben, kann sich von hier zur Ruine 6 / Hohenkrähen aufmachen. Dazu geht es vom Parkplatz ein Stück zurück und dann rechts den Burgenweg 3 entlang. Nach einigen hundert Metern macht der Weg eine scharfe Rechtskurve. Zur Ruine Hohenkrähen zweigt hier ein Pfad nach links ab. Für geübte Mountainbiker kein Problem. Für schwere E-Bikes ist der Weg allerdings nichts. Es geht über Stock und Stein, bis der Aufgang zur Ruine auf dem Hohenkrähen auftaucht. Der Aufstieg zur Ruine ist ebenfalls nicht mit dem Fahrrad zu machen. Oben hast du aber eine spektakuläre Aussicht auf die Hegau-Vulkane und den Bodensee. Bergab geht es von hier wieder auf dem Burgenweg und dann der Vulkan-Genuss-Runde.

Leckerei aus dem Steinofen

Wer den Hohenkrähen auslassen möchte, biegt vom Parkplatz der Mägdeburg links ab und folgt der Vulkan-Genuss-Route immer

14 000 000

Jahre vor unserer Zeit brodelt es gewaltig im Hegau. Flüssiges Magma drängt in mächtigen Vulkanschloten mit Getöse an die Oberfläche. Später schmirgeln Gletscher weicheres Gestein um das erstarrte Magma ab und formen so die eigenwillige Kegelberglandschaft der 2 / Hegau-Vulkane.

< links / Burgenromantik auf der Ruine Mägdeburg
^ oben / Skurrile Kegellandschaft der Hegau-Vulkane

WENN BESEN, DANN OFFEN

Echte Besenwirtschaften wie das **4 / Homboller Besenstüble** dürfen maximal 4 Monate im Jahr öffnen und nicht mehr als 40 Sitzplätze besitzen. Kuschelig!

bergab. In Duchtlingen passieren wir den 7 / Hof Schneble (Hegaustraße 4, 78247 Hilzingen-Duchtlingen), www.schneble-hegau.de, eine gemütliche Besenwirtschaft, die nur im Herbst geöffnet hat. Die hausgemachten Brotteig-Dünnen aus dem Steinbackofen sind ein Gedicht. Wir folgen weiter den Genuss-Wegweisern. Ihr könnt euch eine Schleife bergauf sparen und über einen Schotterweg geradeaus abkürzen. Zurück auf der Genuss-Runde könnt ihr es dann rollen lassen.

IMMER DEN GENUSSWEGWEISERN NACH

Mächtiges Bollwerk in luftiger Höhe

Vor Hilzingen biegen wir links ab und folgen den Wegweisern zur Ruine der 8 / Festung Hohentwiel (Auf dem Hohentwiel 2a, 78224 Singen), festungsruine-hohentwiel.de. Am Infozentrum und Ticket-Schalter der Anlage parken wir unsere Räder. E-Biker können hier bei Bedarf ihre Akkus laden. Zu Fuß geht's hinauf zur Festung. Der Weg ist steil und steinig, einer ritterlichen Queste durchaus würdig. Die riesige Burg auf 690 Metern Höhe hat eine bewegte Geschichte hinter sich. Der Hohentwiel war schon Ritterburg, Landesfestung und Staatsgefängnis. Der Rundumblick über Hegau, Alpenkulisse und Bodensee ist der Höhepunkt unserer Tour. Auf dem Rückweg statten wir unweit des Infozentrums dem Biergarten des Hotel Restaurant Hohentwiel (Hohentwiel 1, 78224 Singen, hotel-hohentwiel.de] einen Besuch ab. Dann geht's bergab bis an die Radolfzeller Aach und auf der rechten Seite des Flusses weiter. Kurz darauf erreichen wir das tolle 9 / MAC Museum Art & Cars (Parkstraße 3, 78224 Singen), museum-art-cars.com. Untergebracht ist das Museum in einem spektakulären Bau, der sich im Schatten der Burg Hohentwiel in den Himmel schraubt. Nicht nur für Auto-Fans ein Muss. Über die Scheffelbrücke geht es rechts auf den Uferweg und dann in die Schmiedstraße. Wir lassen unsere Etappe gemütlich im Restaurant am Stadtgarten (Lindenstraße 31, 78224 Singen, stadtgarten-singen.de) ausklingen, bevor es den Radwegweisern nach zurück zum 1 / Hauptbahnhof Singen (Hohentwiel) geht.

1908

rockt Maggi die Suppenterrine. Das Unternehmen aus der Schweiz, das seit 1887 auch im badischen Singen ein Werk betreibt, bringt einen Brühwürfel aus denaturiertem Pflanzeneiweiß ohne Fleischextrakt auf den Markt. Der Siegeszug des Maggi-Würfels ist nicht aufzuhalten.

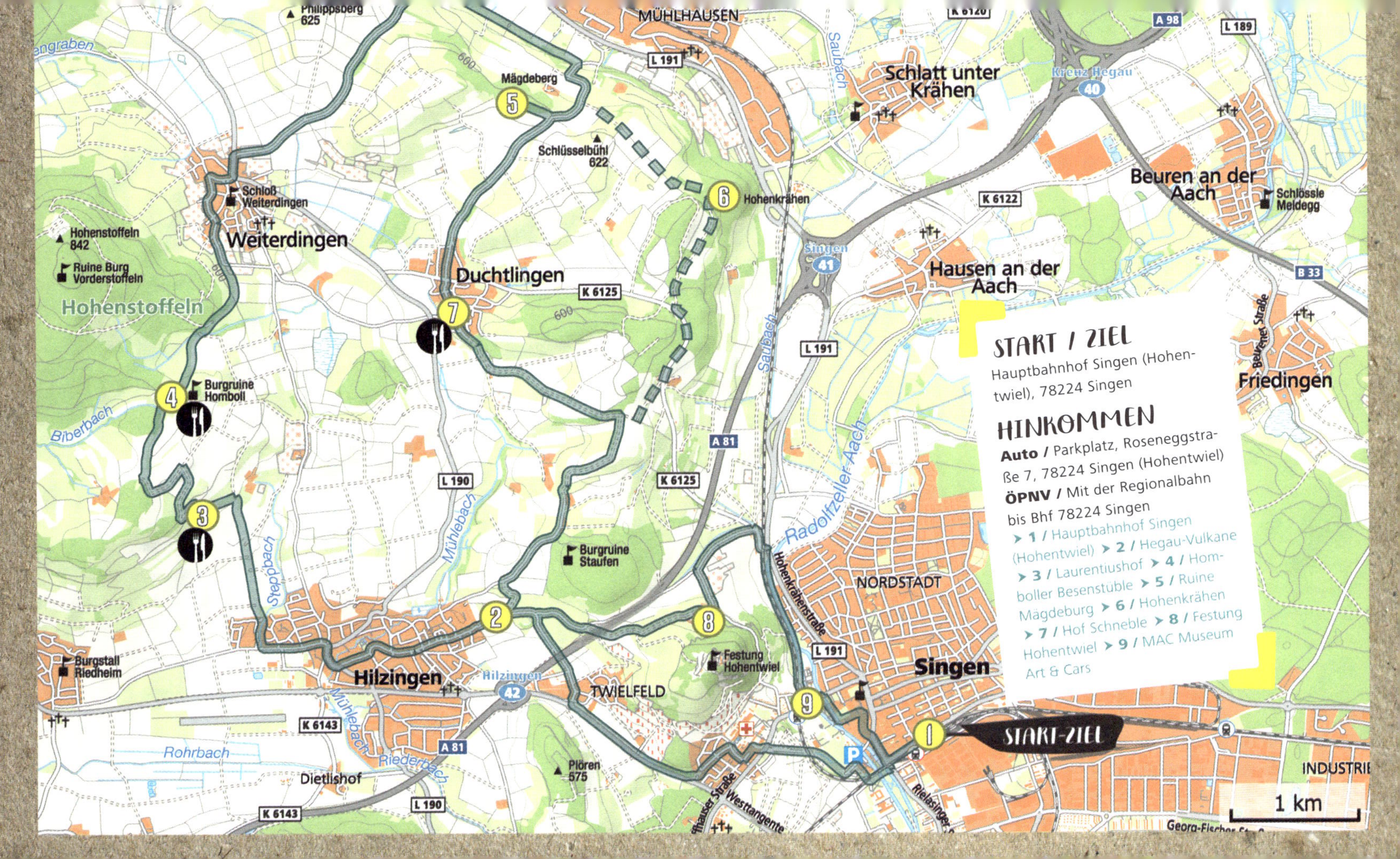

START / ZIEL

Hauptbahnhof Singen (Hohentwiel), 78224 Singen

HINKOMMEN

Auto / Parkplatz, Roseneggstraße 7, 78224 Singen (Hohentwiel)

ÖPNV / Mit der Regionalbahn bis Bhf 78224 Singen

> **1 /** Hauptbahnhof Singen (Hohentwiel) > **2 /** Hegau-Vulkane > **3 /** Laurentiushof > **4 /** Homboller Besenstüble > **5 /** Ruine Mägdeburg > **6 /** Hohenkrähen > **7 /** Hof Schneble > **8 /** Festung Hohentwiel > **9 /** MAC Museum Art & Cars

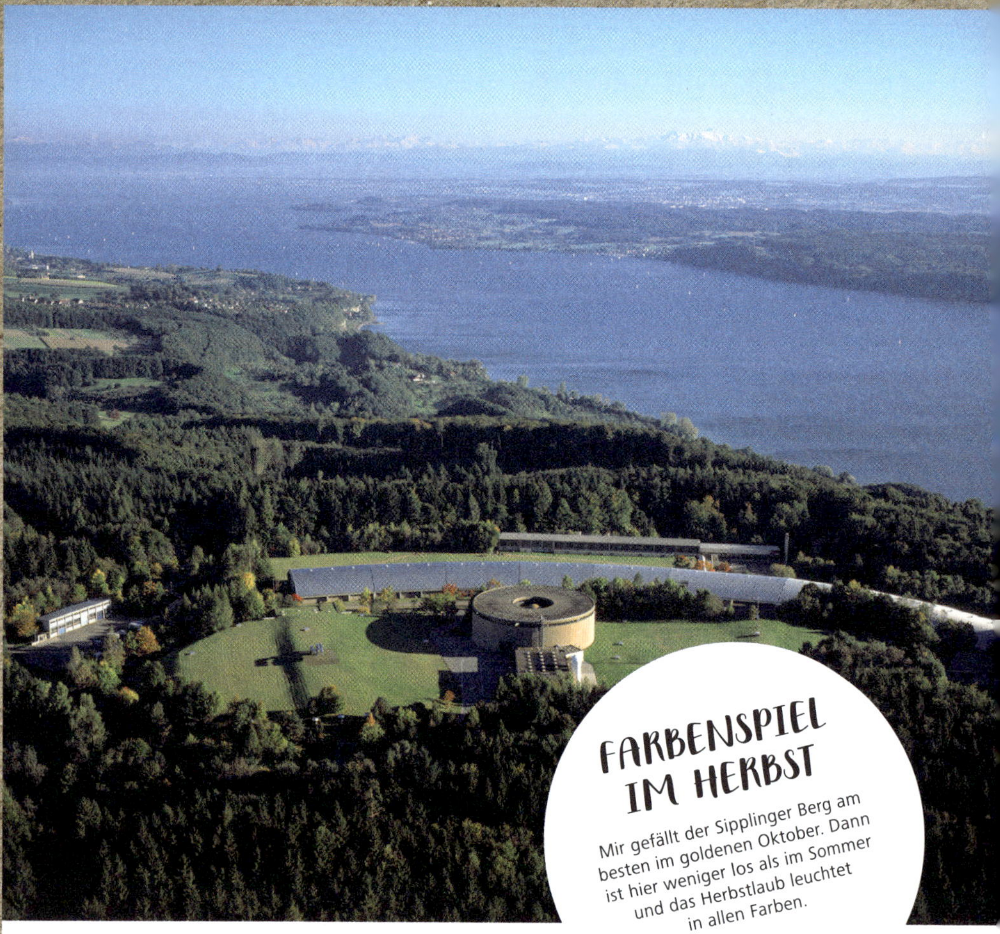

FARBENSPIEL IM HERBST

Mir gefällt der Sipplinger Berg am besten im goldenen Oktober. Dann ist hier weniger los als im Sommer und das Herbstlaub leuchtet in allen Farben.

> **1 /** Wir brechen am Bahnhof Sipplingen auf

> **2 /** Historische Fachwerkhäuser Sipplingens

> **3 /** Das ganze Jahr Fastnacht Am Hänselebrunnen

> **4 /** Die bizarren Felszinnen der Sieben Churfirsten

> **5 /** Gut gegen den Durst: Bodensee-Wasserversorgung

> **6 /** Einkehr im Höhengasthaus Haldenhof

> **7 /** Im Winzerbrunnen plätschert leider Wasser und kein Wein

> **8 /** Im Naturstrandbad Sipplingen springen wir für umme in den See

> **9 /** Auf eine Pizza mit Seeblick im Riva Ristorante

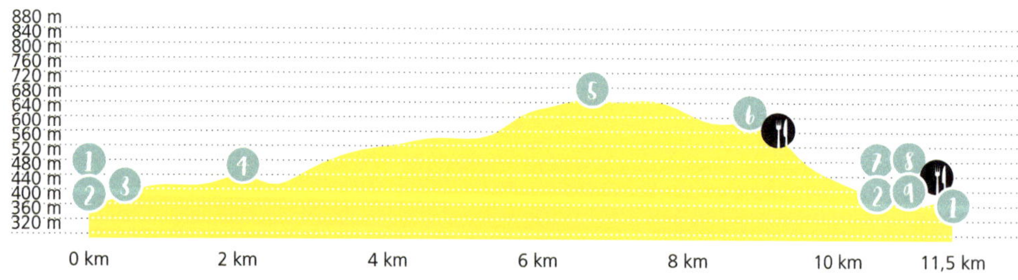

3

AM WASSER GEBAUT

Rundfahrt über den Sipplinger Berg am Überlinger See

Am westlichen Rand des Bodenseekreises starten wir im malerischen Fachwerkort Sipplingen zu einer kurzen Rundtour durch die Obstgärten. Vorbei an bizarren Felsen klettern wir über den Sipplinger Berg.

12 Kilometer
310 Höhenmeter ▲
310 Höhenmeter ▼
1 Stunde
Rundtour

Fachwerk-Charme und Brunnen-Kunst

Direkt am Bodenseeufer liegt zwischen Ludwigshafen und Überlingen das beschauliche Sipplingen. Wir beginnen unsere Runde am 1 / Bahnhof Sipplingen. Beinahe wirkt es, als könnten wir uns beim Ausstieg aus der Bahn nasse Füße holen. So nah ist der See. Auch unser guter alter Bekannter der Bodenseeradweg führt genau am Bahnhof vorbei. Wir satteln auf und unterqueren die B1 dank der Unterführung nur wenige Radumdrehungen von der Wassertreppe Sipplingens und dem kostenpflichtigen Parkplatz am Landungssteg Sipplingens. Unsere Route führt uns die Rathausgasse entlang. Die schmucken 2 / Fachwerkhäuser

CHARAKTER
Sportlich ●●●○○
Abkühlung ●○○○○
Schlemmen ●●●○○
Panorama ●●●○○

TOURENINFO / Rundtour über asphaltierte Radwege und gut ausgebaute Waldwege fernab des Verkehrs. Der Anstieg ist moderat, aber kontinuierlich. Am Ende geht es steil bergab.

◄ links / Die Bodensee-Wasserversorgung auf dem Sipplinger Berg

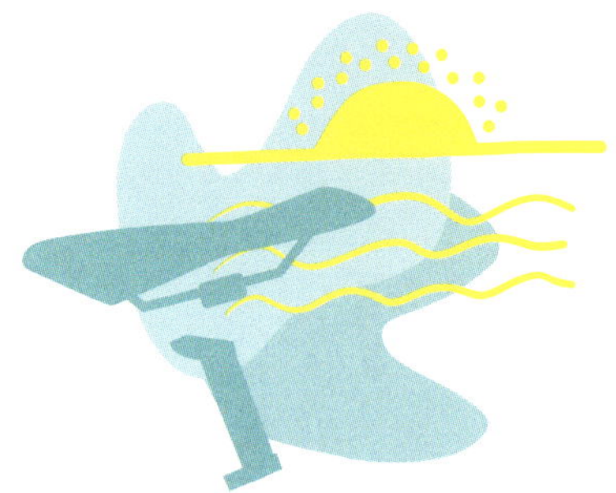

Sipplingens (Rathausstraße, 78354 Sipplingen sind eine Augenweide. Ergänzt wird der nostalgische Charme, den Sipplingens Fachwerkhäuser verströmen, durch zahlreiche kunstvolle Brunnen im Ort. Am Ende der Rathausstraße grinst uns die farbenfrohe Fastnetsfigur des 3 / Hänselebrunnens an. Bereits seit Jahrhunderten liefert er den Sipplingern Frischwasser. Die Skulptur des Hänsele, der ältesten Narrenfigur der Sipplinger Fastnachtsgesellschaft, hat selbstredend noch keine Jahrhunderte auf dem Buckel.

Sipplingens sieben Steinsäulen

Wir strampeln am Brunnen vorbei die Morgengasse entlang. Links von uns erhebt sich der Homberg wie ein bewaldeter Kegel. Sobald sich die Morgengasse gabelt, halten wir uns links. Es geht hinaus aus Sipplingen und auf einer sanft geschwungenen Asphaltstraße durch Obstgärten und saftige Wiesen. Ungefähr bei Kilometer 2 unserer Route macht der Weg eine scharfe Rechtskurve. Direkt danach folgen wir den Wegweisern zu den 4 / Sieben Churfirsten (Sipplinger Dreieck, 78354 Sipplingen) auf den Schotterweg in das kleine Waldstück. Über Jahrtausende geformt von Wind und Wetter ragen die bizarren Sandsteinsäulen fünf bis sieben Meter spitz in die Höhe. Wir rollen auf den Schotterweg gemächlich weiter und erreichen bald den Wanderparkplatz Süßenmühle (78354 Sipplingen). Wer mit dem Auto anreist, kann die Rundtour alternativ auch von hier starten.

GIB MICH DIE KIRSCHE!

Durch die Sipplinger Steiluferlandschaft ist der Obstanbau recht aufwändig und dient eher dem Nebenerwerb. Besonderen Stellenwert hat die Kirsche.

Durchs Obst zum höchsten Punkt

Am Wanderparkplatz biegen wir links ab und kurbeln uns nun den Asphaltweg hinauf. Nach einem halben Kilometer geht es scharf rechts. Eigentlich müsst ihr nur der schmalen asphaltierten Straße

---

➤ rechts oben / Bizarre Felsnadeln: Die sieben Churfirsten bei Sipplingen
➤ rechts Mitte / Durch die Streuobstwiesen bergauf

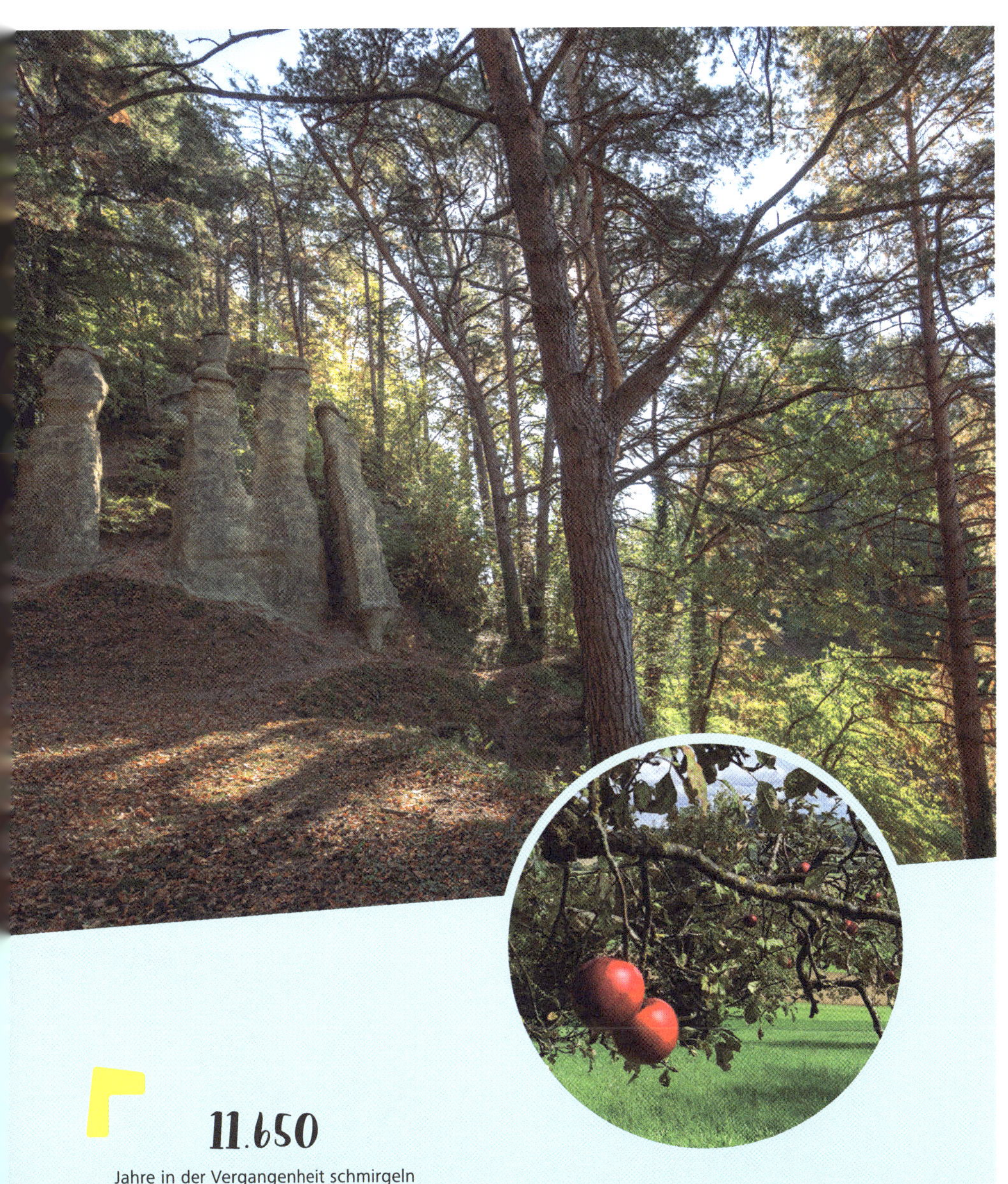

11.650

Jahre in der Vergangenheit schmirgeln Wind und Regen fleißig an den Sandsteinfelsen im Sipplinger Dreieck. Nach einigen Jahrtausenden sind die bizarren Pfeiler der 4 / Sieben Churfirsten dann auch schon fertig. Ein Klacks!

DAS FREUT DEN FROSCH

Die Architektenkammer Baden-Württemberg verlieh dem künstlich angelegten Heinz-Sielmann-Weiher 2022 das Prädikat „Beispielhaftes Bauen".

folgen. Links von uns taucht nun ein kleines Umspannwerk auf, während sich auf der anderen Seite eine ausgedehnte Streuobstwiese hübsch in Szene setzt. Wir wenden uns an der nächsten T-Kreuzung nach links und bleiben eine ganze Weile auf der asphaltierten Piste. Es geht zwar kontinuierlich bergauf, allerdings erwarten euch keine steilen Rampen mehr. Rechter Hand ist in einiger Entfernung bald der Heinz-Sielmann-Weiher, ein künstlich angelegtes Biotop, zu sehen. Lasst Badehose und Bikini stecken, Schwimmen ist im Naturschutzgebiet verboten. Wir fahren weiter und biegen vor der Brücke über die B31n halblinks ab und radeln am Waldrand entlang. Die weitere Piste besteht hier nun erstmal aus gut befestigtem Schotter. Bei der nächsten Gabelung geht's erneut links und wir müssen nochmal in die Pedale treten. Aber dann haben wir den höchsten Punkt dieser Radtour erreicht.

STREUOBSTWIESE UND BIOTOP

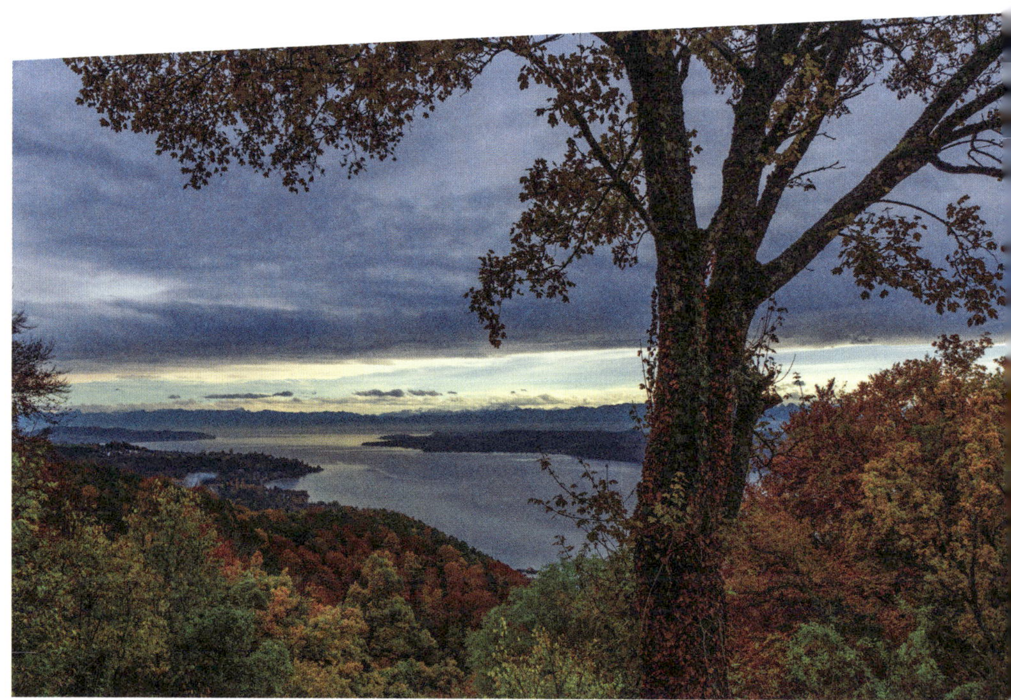

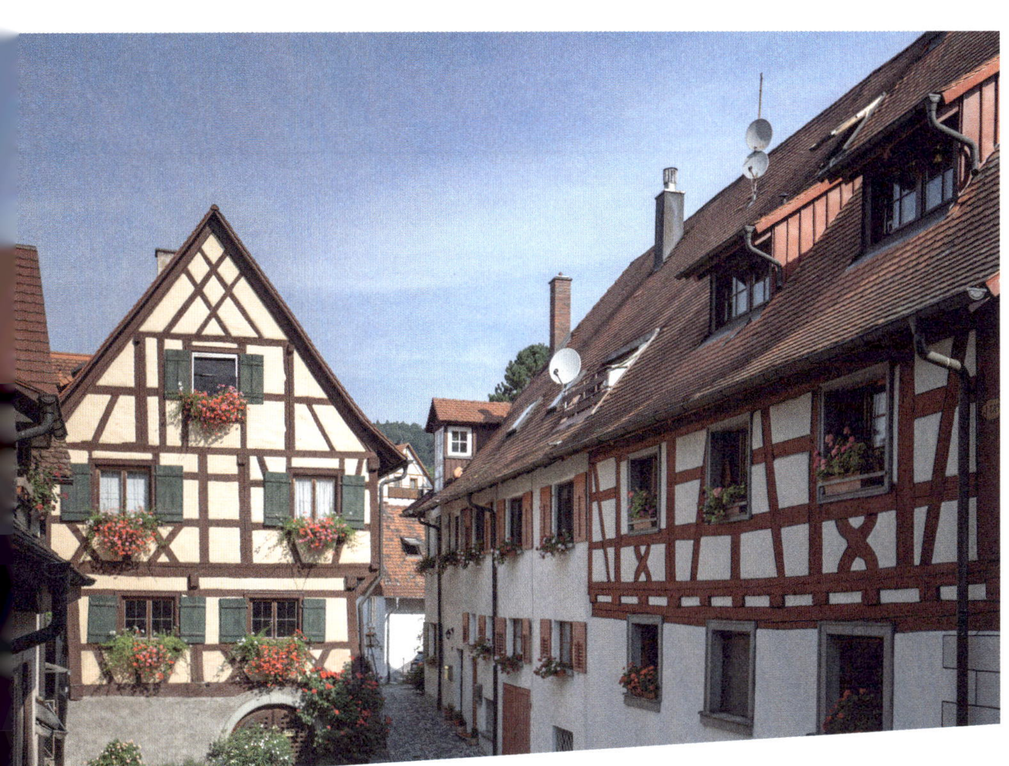

Vom See in die Wasserleitung

Wir rollen noch ein paar Meter und stehen dann vor den Pforten der 5 / Bodensee-Wasserversorgung (Sipplingerberg 5, 88662 Überlingen), bodensee-wasserversorgung.de. In der weitläufigen Anlage wird das dem Bodensee entnommene Trinkwasser aufbereitet. Knapp vier Millionen Menschen in Baden-Württemberg schlürfen quasi aus dem See. Aber einfach klingeln und reinschauen geht nicht. Wer das Wasserwerk besichtigen möchte, muss sich vorher anmelden. Lohnt sich aber. Wir folgen wieder unserem Weg und erreichen ein paar Kurven später das 6 / Höhengasthaus Haldenhof (Haldenhofweg 51, 88662 Überlingen), gasthaus-haldenhof.de, ein beliebtes Ziel bei Wanderern und genau die Einkehrmöglichkeit, die wir jetzt brauchen. Die sagenhafte Aussicht auf den Überlinger See unter uns ist inklusive.

Obacht! Abbi goht's

Vom Gasthaus fahren wir dann bergab zurück nach Sipplingen. Wer möchte, kann noch einen Abstecher zur Ruine Hohenfels machen.

670 MIO.

Liter Wasser darf die 5 / Bodensee-Wasserversorgung dem See entnehmen – täglich. Wohl bekomm's. Austrocknen wird der Bodensee deswegen eher nicht: Beachtliche 48 Milliarden Kubikmeter Wasser schwappen im See. Außerdem liefern 13 Zuflüsse ständig Nachschub, und zwar etwa 350.000 Liter pro Sekunde.

< links / Herbstlicher Seeblick vom Haldenhof
^ oben / Malerisches Fachwerk im Sipplinger Ortskern

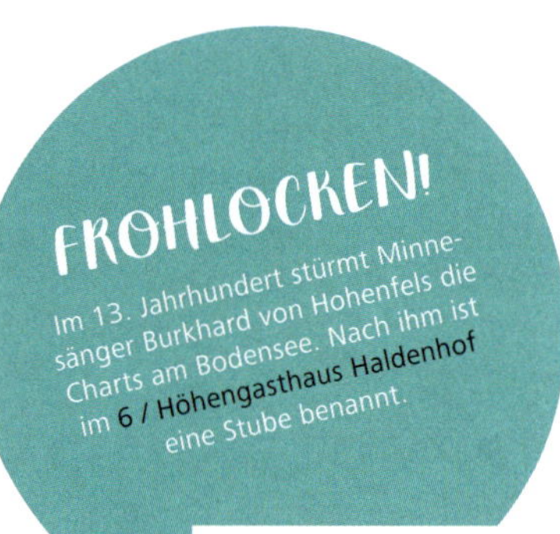

Da die aber nur zu Fuß über einen schmalen Pfad erreichbar ist, müsst ihr eure Drahtesel kurz mal anbinden. Der Ausblick stellt aber jedes Postkartenmotiv in den Schatten. Auf einem Hohlweg geht es schließlich durch den Wald. Hier verläuft der Geologische Lehrpfad mit mehreren Infotafeln. Der Schotterweg ist gut ausgebaut, aber in den Kurven trotzdem aufpassen. Sobald wir wieder in Sipplingen sind, geht's links weiter auf Am Schallenberg. Dann an der nächsten Kreuzung rechts.

GEOLOGISCHER LEHRPFAD DURCH DEN WALD

1576

wird erstmals eine Fastnacht in Sipplingen urkundlich erwähnt. Erst 1907 folgt die Gründung der Sipplinger Fastnachtsgesellschaft. Das Hänsele, der „Drube-Krieese-Rätscher", zieht seit 1955 zur Straßenfastnacht um die Häuser. Am 3 / Hänselebrunnen steht er sogar das ganze Jahr.

Wo der Winzer schleppt

Wir fahren Im Lutzental weiter und kurven dann rechts in die Klosterstraße ab. Die führt uns direkt an einer weiteren schicken Wasserquelle vorbei: Am plätschernden 7 / Winzerbrunnen schultert die Figur eines gummibestiefelten Weinbauern einen Korb voller Trauben. Via Lenzensteig, der zweigt links ab, gelangen wir zurück in die Rathausstraße. Durch die uns schon bekannte Unterführung und in Richtung Bahnhof. Bevor wir allerdings wieder mit Sack, Pack und Rad in den Zug steigen, haben wir uns noch eine Erfrischung verdient. Am kostenfreien 8 / Naturstrandbad Sipplingen (Am Bodensee, 78354 Sipplingen) hüpfen wir ins Wasser. Nach der Badeeinlage lockt das 9 / Riva Ristorante (Seestraße 1a, 78354 Sipplingen), ristorante-riva.de direkt am Schiffsanleger mit Pizzen und einer Terrasse direkt am Seeufer. Der 1 / Bahnhof Sipplingen ist von hier nur wenige Schritte entfernt.

Richtungswechsel

Tipp: Wer möchte, kann diese Tour auch umgekehrt fahren. Allerdings ist der Anstieg zum 6 / Höhengasthaus Haldenhof von dieser Seite ganz schön giftig. E-Biker und trainierte Fahrer mit grobstolliger Bereifung sollten keine Probleme haben. Und kurz mal Schieben ist ja auch immer eine Option.

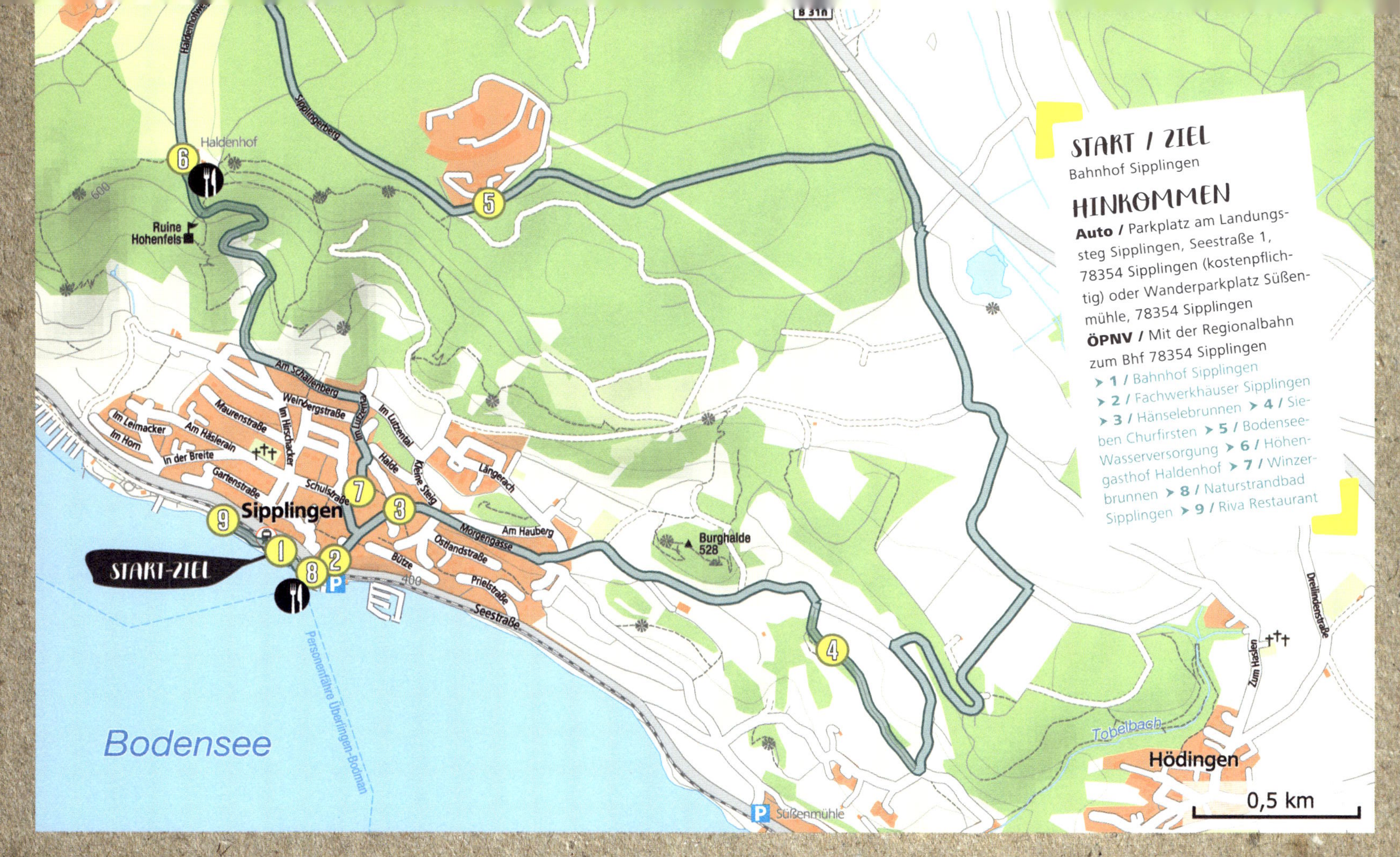

START / ZIEL

Bahnhof Sipplingen

HINKOMMEN

Auto / Parkplatz am Landungssteg Sipplingen, Seestraße 1, 78354 Sipplingen (kostenpflichtig) oder Wanderparkplatz Süßenmühle, 78354 Sipplingen
ÖPNV / Mit der Regionalbahn zum Bhf 78354 Sipplingen

➤ **1 /** Bahnhof Sipplingen ➤ **2 /** Fachwerkhäuser Sipplingen ➤ **3 /** Hänselebrunnen ➤ **4 /** Sieben Churfirsten ➤ **5 /** Bodensee-Wasserversorgung ➤ **6 /** Höhengasthof Haldenhof ➤ **7 /** Winzerbrunnen ➤ **8 /** Naturstrandbad Sipplingen ➤ **9 /** Riva Restaurant

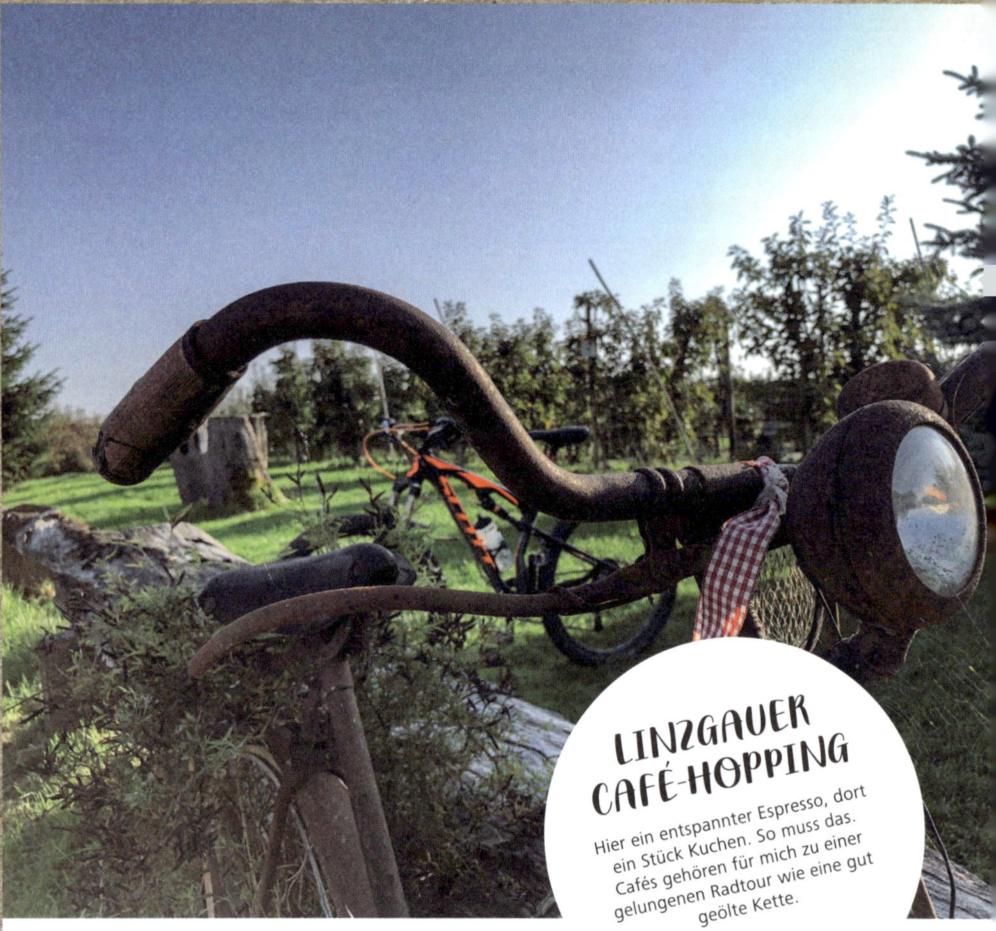

LINZGAUER CAFÉ-HOPPING

Hier ein entspannter Espresso, dort ein Stück Kuchen. So muss das. Cafés gehören für mich zu einer gelungenen Radtour wie eine gut geölte Kette.

➤ **1 /** Los geht's am Parkplatz des Bildungszentrums Markdorf

➤ **2 /** Kletterpartie im Hochseilgarten des AbenteuerParks Immenstaad

➤ **3 /** Der Landungssteg Immenstaad ist der zweitlängste am See

➤ **4 /** Ausguck: Spektakuläres Bodensee- und Alpen-Panorama vom Hochberg

➤ **5 /** Vitamine zwischendurch gibt's im Obst- und Beerenhof Pfleghaar

➤ **6 /** Die Besenwirtschaft Obsthof Steffelin als Ruheoase in Ittendorf

➤ **7 /** Postkartenidylle zwischen den Fachwerkhäusern Bermatingens

➤ **8 /** Streifzug durch die schmucke Altstadt von Markdorf

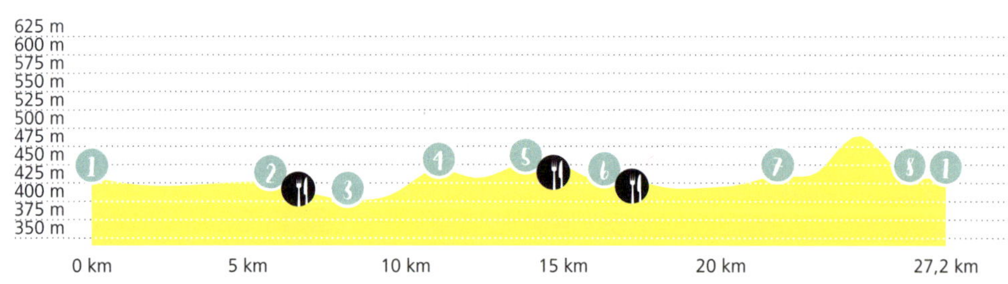

SEE-ANSICHTEN

Linzgau-Runde von Markdorf über Immenstaad und Bermatingen

Der See ist während unserer Tour durch den Linzgau meist ein Sehnsuchtsort, ganz weg ist er allerdings nie. Auf der nicht allzu schweren Runde durchs wellige Hinterland des Bodensees bieten sich spektakuläre Aussichten und gemütliche Einkehrmöglichkeiten.

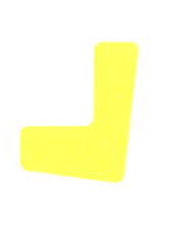

27 Kilometer
180 Höhenmeter ▲
180 Höhenmeter ▼
2 Stunden
Rundtour

Im lieblichen Hinterland

Wo sich im Norden des Bodensees flache grüne Hügel erheben, erstreckt sich der sonnenverwöhnte Linzgau vom Überlinger See bis hinauf an die Schussen. Als „Perle" und heimliche Hauptstadt dieses abwechslungsreichen Landstrichs gilt Markdorf, Start unserer Rundtour durchs liebliche Hinterland des Sees. Los geht es auf dem 1 / Parkplatz des Bildungszentrums Markdorf, nicht weit vom Bahnhof entfernt. Für die hübsche historische Altstadt Markdorfs werden wir uns am Ende der Tour ausgiebig Zeit nehmen. Zunächst wenden wir uns aber mit dem Parkplatz im Rücken nach links und geben dem Drahtesel die Sporen.

CHARAKTER
Sportlich ●●○○○
Abkühlung ●○○○○
Schlemmen ●●●○○
Panorama ●●●○○

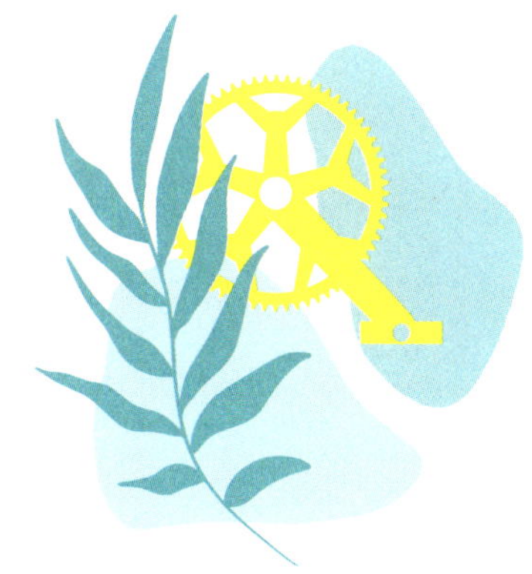

TOURENINFO / Einfache Tour mit moderaten Steigungen. Familientauglich. Größtenteils auf separaten Radwegen und verkehrsarmen Landstraßen. Viel Asphalt, ab und zu Schotter.

◂ links / Pause am Obst- und Beerenhof Pfleghaar

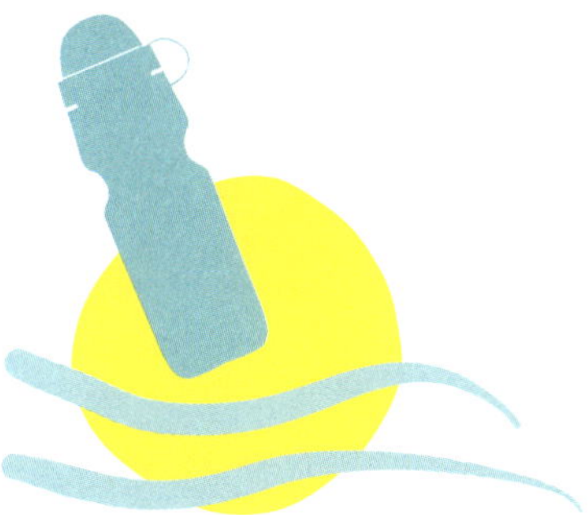

Vor der Unterführung biegen wir rechts ab. Durch die Felder geht es nun teilweise über gut ausgebaute Schotterpisten Richtung Lipbach und dann weiter nach Kluftern. Dort schickt uns das grüne Radwegschild gegenüber der Ratsstube in die Holzgasse.

Kletterpartie zwischen den Wipfeln

Ein wenig erinnert der Linzgau ja an das Auenland aus den Herr-der-Ringe-Filmen. Nur eben ohne Hobbits. Wir rollen durch raschelnde Maisfelder und luftige Streuobstwiesen. Direkt gegenüber eines Bauernhofes biegen wir dann links ab und gelangen auf einen Waldweg. Orientieren kannst du dich an den Wegweisern nach Immenstaad. Nach einigen Minuten taucht zwischen den Bäumen rechts der 2 / AbenteuerPark Immenstaad (Am Klötzenen Forst, 88090 Immenstaad a. B., abenteuerpark.com) auf. Der Hochseilgarten bietet mehrere Kletter-Parcours unterschiedlicher Schwierigkeitsgrade in luftiger Höhe. Den liebevoll gestalteten Kids-Parcours meistern schon die Allerkleinsten ab 3 Jahren. Wagemutige stürzen sich im Bungee-Parcours gut gesichert von den Plattformen im Wald. Falls du nicht schwindelfrei bist, gönnst du dir im kleinen Bistro des AbenteuerParks einen Espresso oder einen kleinen Snack, bevor es weitergeht.

LEINEN LOS!

Die Lädine „St. Jodok", der Nachbau eines Lastenseglers, setzt zwischen April und Oktober beim 3 / Landungssteg Immenstaad die Segel. Infos: ladine.de

Hinab zum Seeufer

Durch den Wald fahren wir nun weiter und gelangen schließlich nach Immenstaad am Bodensee. Im Ort geht's vorbei am Marktplatz zum 3 / Landungssteg Immenstaad (Bachstraße, 88090 Immenstaad am Bodensee), der mit 100 Metern der zweitlängste Anlegesteg am Bodensee ist. Vor dem Steg erstreckt sich ein hübscher kleiner Park mit mächtigen Bäumen und einem originellen Brunnen

---

➤ **rechts oben / Zwischen den Reben auf dem Hochberg**
➤ **rechts Mitte / Bermatingens Wappentier ist natürlich ein Bär**

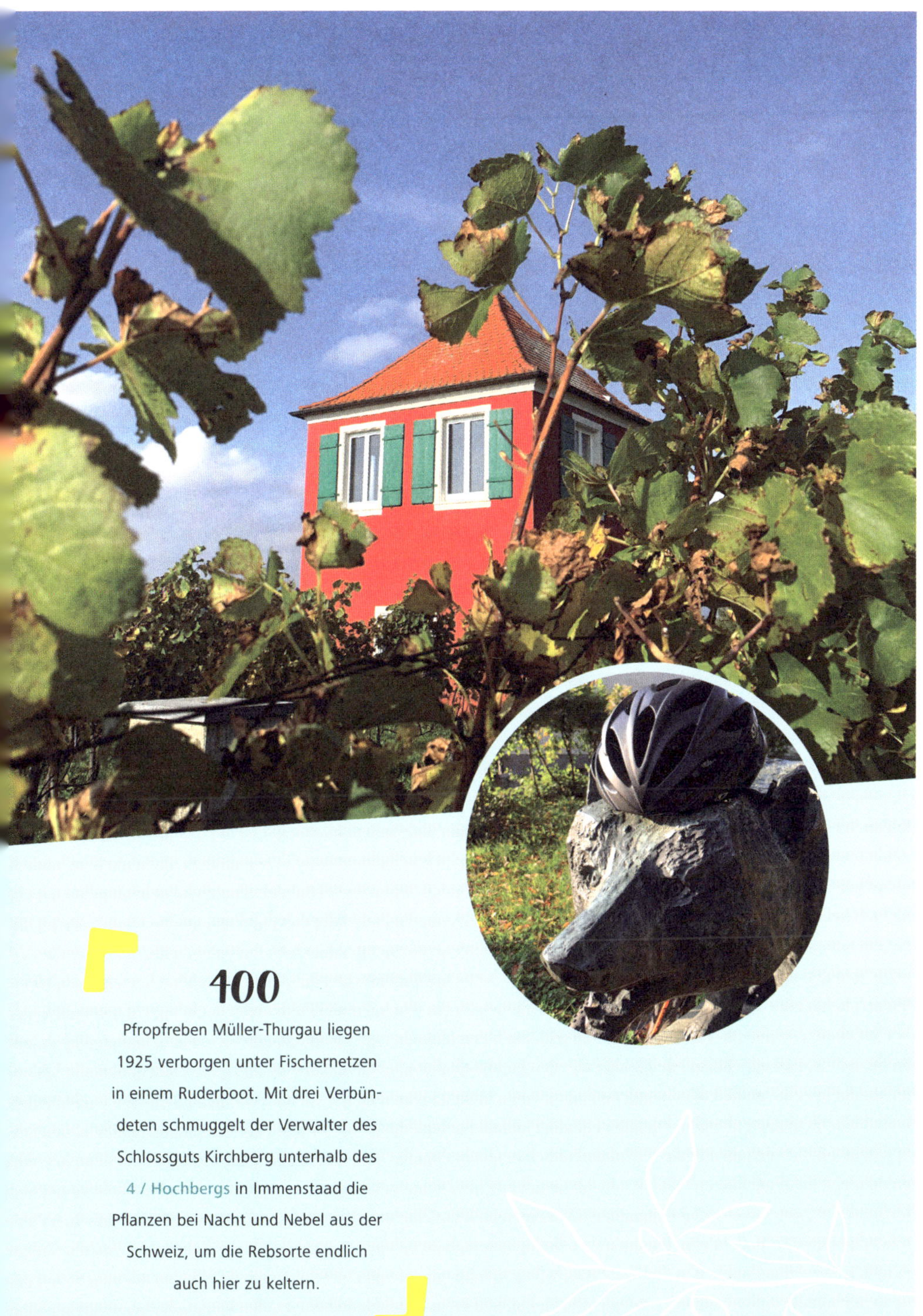

400

Pfropfreben Müller-Thurgau liegen 1925 verborgen unter Fischernetzen in einem Ruderboot. Mit drei Verbündeten schmuggelt der Verwalter des Schlossguts Kirchberg unterhalb des 4 / Hochbergs in Immenstaad die Pflanzen bei Nacht und Nebel aus der Schweiz, um die Rebsorte endlich auch hier zu keltern.

PER, DER BÄR

Das Wappentier Bermatingens geht vermutlich auf die Vorsilbe der 779 erstmals erwähnten Siedlung Permondingas zurück.

– wie gemacht für eine Pause. Einkehren können wir hier ebenfalls: Von der Terrasse des Restaurants am Häfele (Bachstraße 17, 88090 Immenstaad am Bodensee, www.restaurantamhaefele.com) bietet sich ein toller Blick auf den See. Wir schwingen uns wieder in den Sattel und fahren direkt am Seeufer weiter. Am Parkplatz des Strandbades geht es rechts den Hügel hoch. Wir treffen auf den Bodenseeradweg direkt entlang der Bundesstraße 31, folgen dem Weg aber nur wenige Meter. Eine Unterführung bringt uns auf die andere Seite der vielbefahrenen B31 und direkt in die Reben. Vorbei am Bildungszentrum Schloss Hersberg fahren wir hinauf zum 4 / Hochberg (Kupferbergstraße 31, 88090 Immenstaad am Bodensee), einem Aussichtspunkt, von dem sich ein spektakulärer Blick über die Immenstaader Bucht, den See und schneebedeckte Alpengipfel bietet. Zwar geht es dort recht steil hinauf, die Aussicht entschädigt aber für die Strampelei.

EIN SPEKTAKULÄRER BLICK ERWARTET UNS

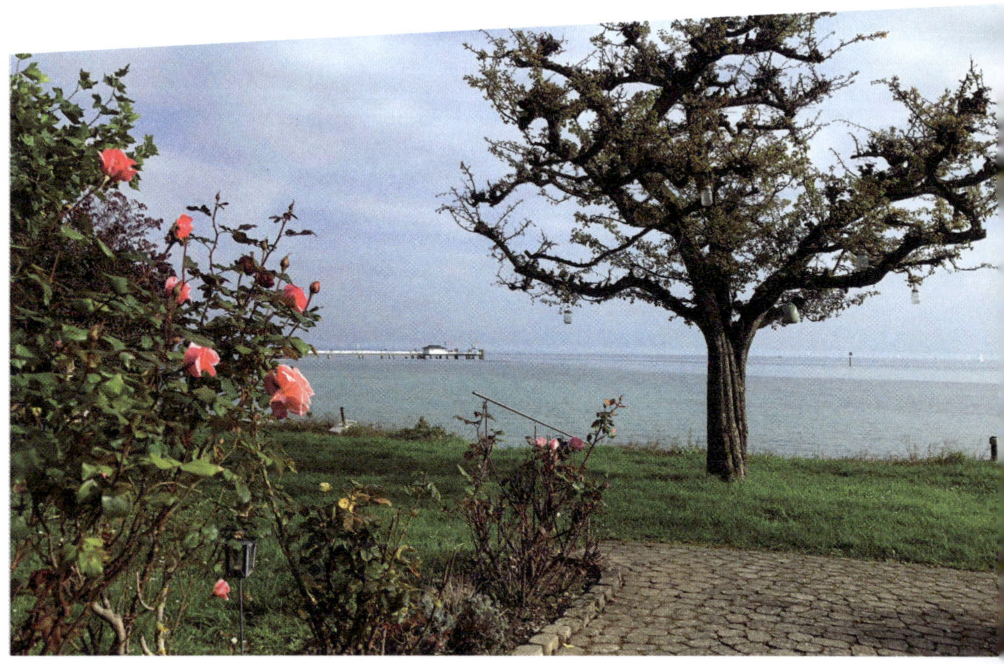

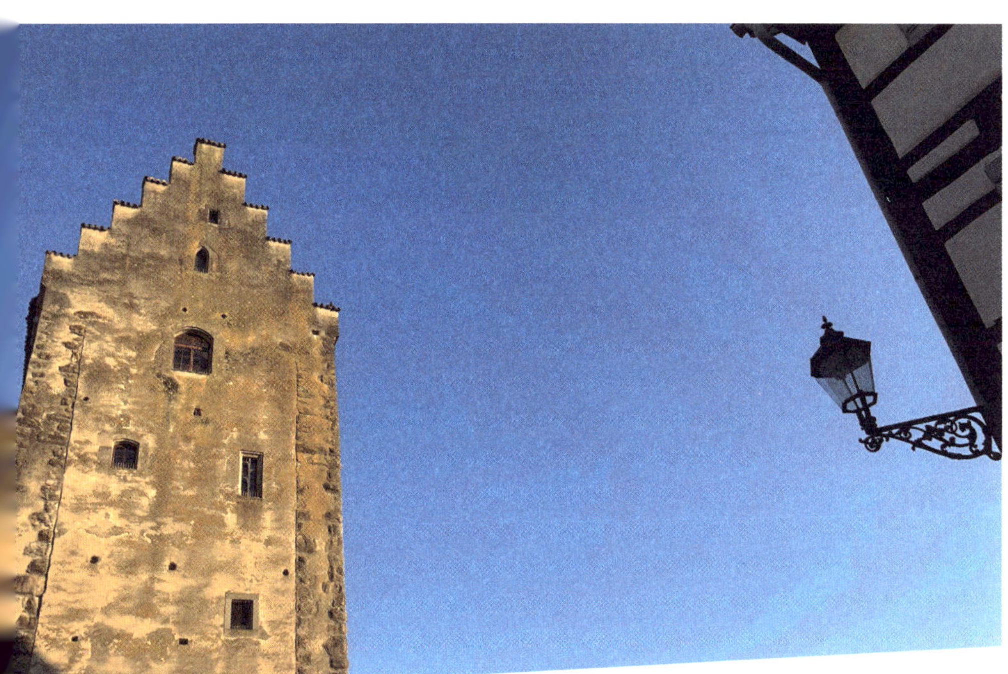

Coffee to Ride

Mit Schwung rollen wir vom Hochberg hinab und durch die Ortschaft Kippenhausen. Orientierungshilfe sind die Radwegschilder nach Reute und Ittendorf. Den blau leuchtenden Bodensee im Rücken cruisen wir zwischen den grünen Hügeln weiter durch den Linzgau. Angesichts des vielen Obstes am Wegesrand bekommen wir allmählich Appetit auf ein Stück Kuchen und einen Kaffee. Praktisch, dass uns kurz darauf in Reute das Café des 5 / Obst- und Beerenhofs Pfleghaar (Reute 9, 88677 Markdorf, täglich 9 – 18 Uhr geöffnet) am Wegesrand erwartet. Im dazugehörigen Hofladen kannst du dir auch die Satteltaschen mit regionalen Köstlichkeiten für zu Hause voll machen. Vom Hofladen folgen wir zunächst der Kippenhauser Straße, halten uns dann jedoch rechts und gelangen auf einen schmaleren Wirtschaftsweg. Dem folgen wir immer geradeaus, bis wir auf die B33 stoßen. Auf dem asphaltierten Radweg geht es nun einige hundert Meter an der brausenden B33 entlang. Geht leider nicht anders. Kurz hinter dem Ortsschild Ittendorf finden wir mit der 6 / Besenwirtschaft Obsthof Steffelin (Gartenweg 1 · D-88677 Markdorf/Ittendorf, www.steffelin.de) allerdings schon die nächste Ruheoase.

360 000

Liter Wein pressten die Bermatinger noch im 19. Jahrhundert mit acht großen Torkeln aus ihren Trauben. Zumindest in guten Weinjahren. Der edle Tropfen war so begehrt, dass viele Klöster aus dem Linzgau, Oberschwaben und dem Thurgau in den 7 / Fachwerkhäusern Bermatingens eigene Höfe betrieben.

< links / Blick auf den Landungssteg Immenstaad
^ oben / Der Hexenturm in der Markdorfer Altstadt

HALT! WER GEHT DA?

Marktdorfs Nachtwächter. Wer möchte, kann mitgehen und den mittelalterlichen Objektschützer auf seinem Rundgang begleiten. Mehr unter markdorf.de

Stippvisite beim Bären

Vorbei an Schloss Ittendorf, das über der Ortschaft wacht, biegen wir in den Rathausweg ein und fahren erneut durch saftig grüne Felder und Streuobstwiesen immer den Radwegschildern nach Bermatingen folgend. Die schicken uns auf einen Radweg entlang der Ahauser Straße, von dort biegen wir dann aber nach etwa einem Kilometer wieder rechts ab. An einer mächtigen Eiche geht es links und nach einigen Minuten werden wir auch schon von einem bronzenen Bären, dem Wappentier Bermatingens, beäugt. Die Postkartenidylle der malerischen 7 / Fachwerkhäuser Bermatingens (Salemer Straße, 88697 Bermatingen) würde die perfekte Kulisse für ein Mittelalter-Epos abgeben. Ein Leckerbissen für Rätselfans ist die etwa 6 km lange Bermatinger Escape Tour. Am Rathaus findet ihr ein Kästchen mit den Rätselheften. Hinter dem Rathaus geht's rechts und dann auf einen Radweg.

MITTELALTERLICHE KULISSE

28

Meter ragt der Hexenturm der 8 / Markdorfer Altstadt in die Höhe. Hexen darbten hier allerdings nie, auch wenn der Name das vermuten ließe. Vielmehr diente der massige Bau als „Bürgerstüble", ein hübsches Wort für „Knast". Heute beherbergt der Turm ein Museum.

Perle überm See

Wir passieren den letzten Bermatinger Torkel beim Weingut Dilger (Buchbergstraße 1A, 88697 Bermatingen, www.weingut-dilger.de) und nehmen den Radweg rechts neben der Markdorfer Straße, dem folgen wir nun bis zur „Perle" des Linzgau. Wer möchte, kann beim Weiler Wangen die Straße überqueren und einen Schlenker durch die Reben machen. Das ist zwar etwas steil, bietet aber nochmals einen großartigen Panoramablick über den Bodensee. Eines der Highlights und gleichzeitig Etappenziel ist die 8 / Altstadt von Markdorf (Untertor, 88677 Markdorf, www.markdorf.de). Wir bummeln durch das Untertor, vorbei am Bischofsschloss bis zum Hexenturm. Besonders amüsant ist die historische Nachtwächterführung. Vom Untertor rollen wir bergab in Richtung Bahnhof und erreichen kurz darauf den 1 / Parkplatz des Bildungszentrums Markdorf, unser Ziel.

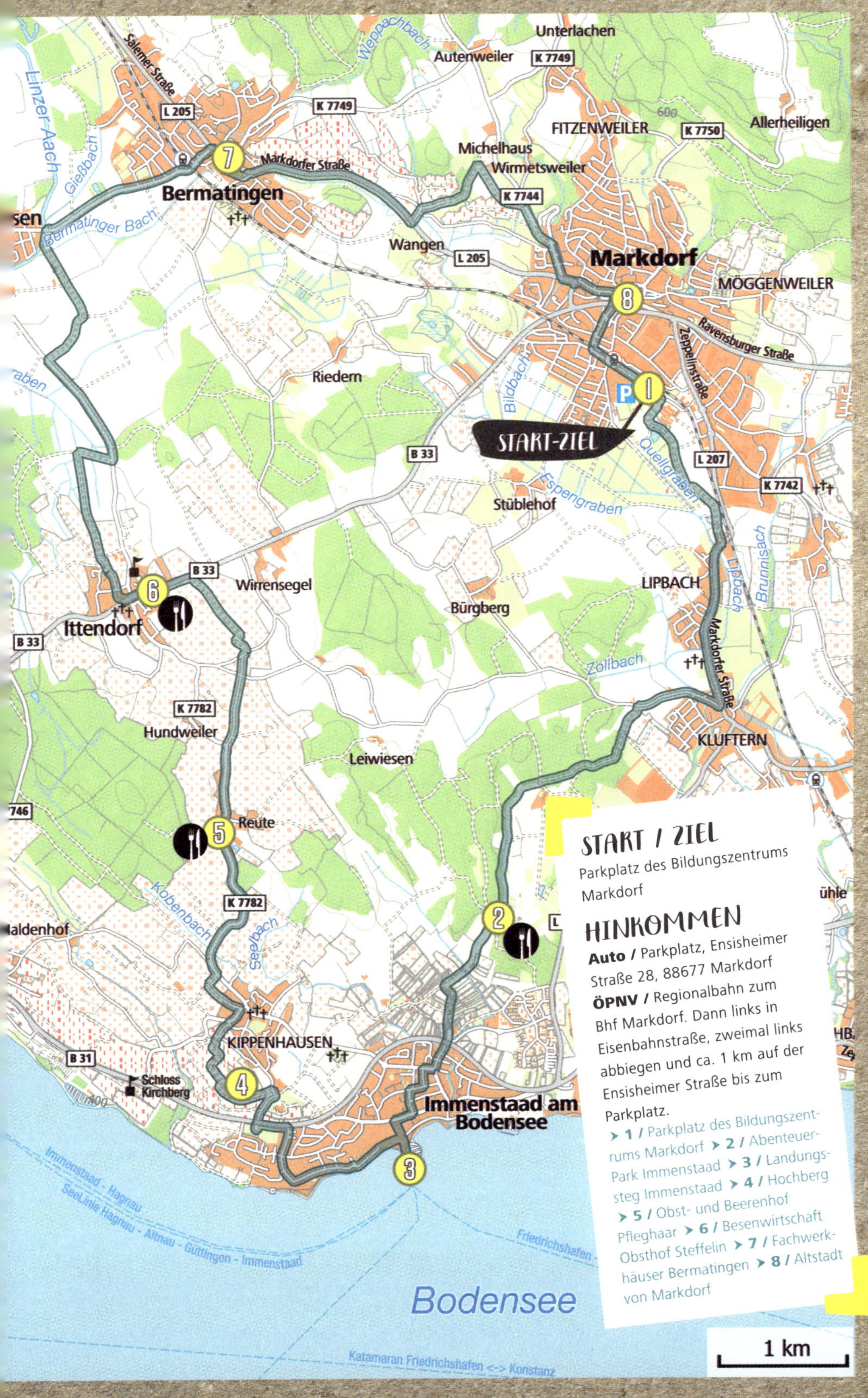
START-ZIEL
Bermatingen
Markdorf
Ittendorf
Immenstaad am Bodensee
Bodensee
Unterlachen
Autenweiler
Allerheiligen
FITZENWEILER
Michelhaus
Wirmetsweiler
Wangen
MÖGGENWEILER
Riedern
Stüblehof
Wirrensegel
Bürgberg
LIPBACH
KLUFTERN
Hundweiler
Leiwiesen
Reute
KIPPENHAUSEN
Schloss Kirchberg
Salemer Straße
Markdorfer Straße
Ravensburger Straße
Zeppelinstraße
Linzer Aach
Gießbach
Weppachbach
Bermatinger Bach
Bildbach
Quellgraben
Espengraben
Lipbach
Brunnisach
Zollbach
Kobenbach
Seelbach
L 205
K 7749
K 7750
K 7744
B 33
L 207
K 7742
K 7782
B 31
Immenstaad - Hagnau
SeeLinie Hagnau - Altnau - Güttingen - Immenstaad
Friedrichshafen
Katamaran Friedrichshafen <-> Konstanz
1 km
START / ZIEL
Parkplatz des Bildungszentrums Markdorf
HINKOMMEN
Auto / Parkplatz, Ensisheimer Straße 28, 88677 Markdorf
ÖPNV / Regionalbahn zum Bhf Markdorf. Dann links in Eisenbahnstraße, zweimal links abbiegen und ca. 1 km auf der Ensisheimer Straße bis zum Parkplatz.
› 1 / Parkplatz des Bildungszentrums Markdorf › 2 / Abenteuer-Park Immenstaad › 3 / Landungssteg Immenstaad › 4 / Hochberg › 5 / Obst- und Beerenhof Pfleghaar › 6 / Besenwirtschaft Obsthof Steffelin › 7 / Fachwerkhäuser Bermatingen › 8 / Altstadt von Markdorf

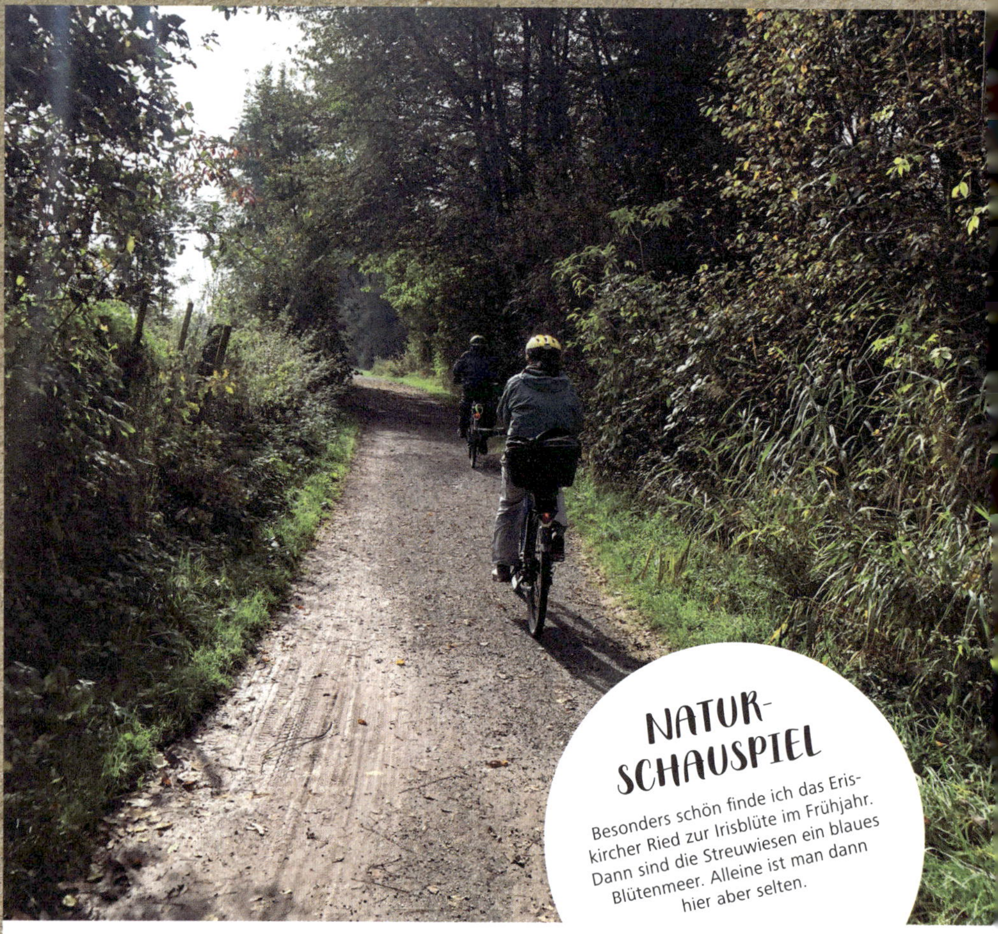

NATUR-SCHAUSPIEL

Besonders schön finde ich das Eriskircher Ried zur Irisblüte im Frühjahr. Dann sind die Streuwiesen ein blaues Blütenmeer. Alleine ist man dann hier aber selten.

> **1 /** Start am Parkplatz des Berufsschulzentrums Friedrichshafen

> **2 /** Vogelschau an der Aussichtsplattform Eriskircher Ried

> **3 /** Abkühlung im Strandbad Eriskirch

> **4 /** Vorbei an den schweigsamen Wasserwächterinnen

> **5 /** Im Tunnel über den Fluss: Eriskirchens Historische Holzbrücke

> **6 /** Wir gehen im Naturschutzzentrum Eriskirch unter die Forscher

> **7 /** Auf ein Likörchen in der Brenner Stube

> **8 /** Brücken-Déjà-Vu an der Holzbrücke Baumgarten

> **9 /** Im Fischerstüble Friedrichshafen kriegen wir was zwischen die Kiemen

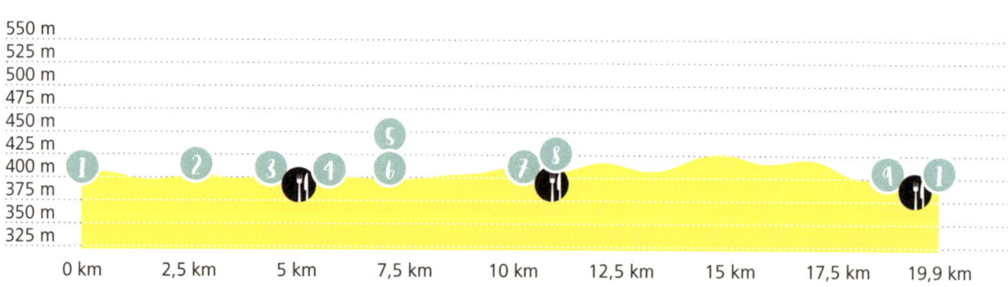

DER HAUBENTAUCHER GRÜSST

Familien-Tour durch das Eriskircher Ried

Das idyllische Eriskircher Ried am Stadtrand von Friedrichshafen gehört zu den schönsten Naturschutzgebieten am Bodensee. Die leichte und familientaugliche Tour führt unweit des Seeufers durch bunte Feuchtwiesen und urige Auenwälder.

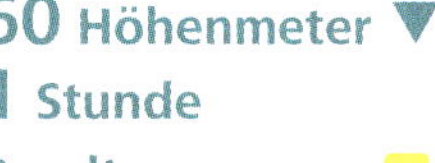

20 Kilometer
60 Höhenmeter ▲
60 Höhenmeter ▼
1 Stunde
Rundtour

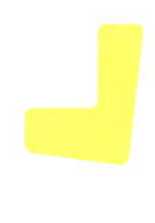

Ins Schilf

Los geht's auf dem 1 / Parkplatz des Berufsschulzentrums Friedrichshafen und wir rollen parallel zu den Bahngleisen die Steinbeisstraße entlang, bis wir nach einigen Metern auf den Bodenseeradweg treffen. Kurz nach der Unterführung zweigt der Bodenseeradweg links ab, verläuft aber dann reichlich unspektakulär neben der Bahnlinie. Wir fahren daher geradeaus und hinein ins Eriskircher Ried. Zunächst geht es durch einen lichtdurchfluteten Märchenwald voller knorriger Bäume. Besonders stimmungsvoll ist es hier am frühen Morgen, wenn zarte Nebelschleier durch den Wald ziehen. Kurz darauf weicht der Wald

CHARAKTER

Sportlich ●○○○○
Abkühlung ●●●○○
Schlemmen ●●○○○
Panorama ●●●●○

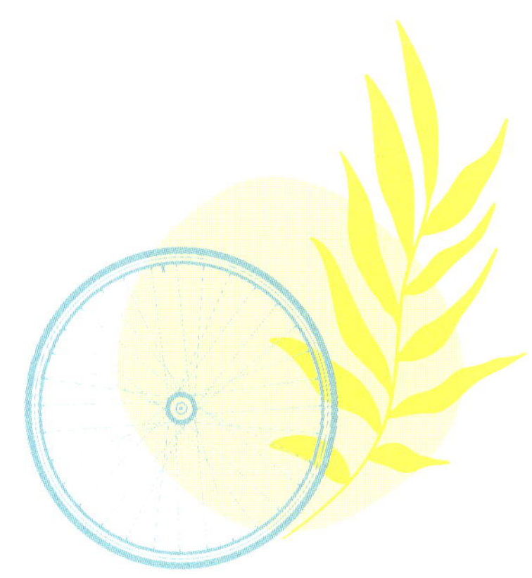

TOURENINFO / Familientaugliche Tour auf asphaltierten und sandigen Wegen. Radwege meist getrennt vom Verkehr. So gut wie keine Steigung und auch für Anhänger geeignet.

◂ links / Morgenstimmung im Eriskircher Ried

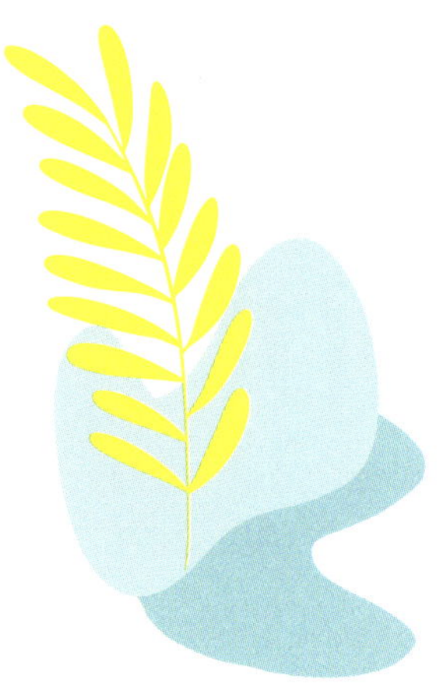

ausgedehnten Feuchtwiesen auf der einen und raschelnden Schilffeldern auf der anderen Seite. Immer wieder blitzt der See durch das Schilf. Es ist erfreulich wenig los, so dass wir ganz entspannt durch die Natur rollen. Wer sich früh in den Sattel schwingt, trifft bisweilen auf ein paar erstaunt dreinblickende Rehe. Immer wieder beobachten uns auch staksende Graureiher skeptisch aus den Augenwinkeln. Ohnehin gibt es im Ried viel zu sehen. Und zu hören: Dass das Eriskircher Ried ein Tummelplatz zahlreicher Vogelarten ist, ist nicht zu überhören.

Zu Gast in Entenhausen

GEBEN UND NEHMEN

Während der Balz schwimmen Haubentaucher mit aufgerichteten Hauben aufeinander zu und bieten sich Schilf und Rohr als Nistmaterial an.

Der See bleibt allerdings meist hinter einer hohen Wand aus Schilf verborgen. Nach einigen hundert Metern durch die Riedwiesen folgen wir dann einem Wegweiser, der uns vom Radweg zur 2 / Aussichtsplattform Eriskircher Ried lotst. Wir leinen die Drahtesel an und gelangen über einen Steg – Vorsicht, die Holzbohlen können recht rutschig sein! – bis ans Bodenseeufer. Vor der Plattform schaukeln Schwärme von Wasservögeln auf dem See. Während der Haubentaucher frühjahrs im Eriskircher Ried balzt, was das Zeug hält, schlagen die schwarz-weiße Reiherente und die schmucke Kolbenente mit ihrem roten Schnabel hier nur ihr Winterlager auf. Vom See quakt euch ein Geschnatter wie auf dem Entenhausener Marktplatz entgegen. Nach der Vogelschau cruisen wir weiter durch die Streuwiesen des Riedes. Nach einigen Minuten erreichen wir das 3 / Strandbad Eriskirch (Strandbad 1, 88097 Eriskirch). Mit seinem großen Abenteuerspielplatz direkt am Bodenseeufer ist das Freibad ein Traum für Kinder. Im großen Schwimmerbecken kannst du aber auch ganz klassisch deine Bahnen ziehen. Das Restaurant im Strandbad steht übrigens auch Wasserscheuen offen.

➤ **rechts oben / Vogelparadies am Seeufer**
➤ **rechts Mitte / Die Wasserwächterinnen an der Schussenmündung**

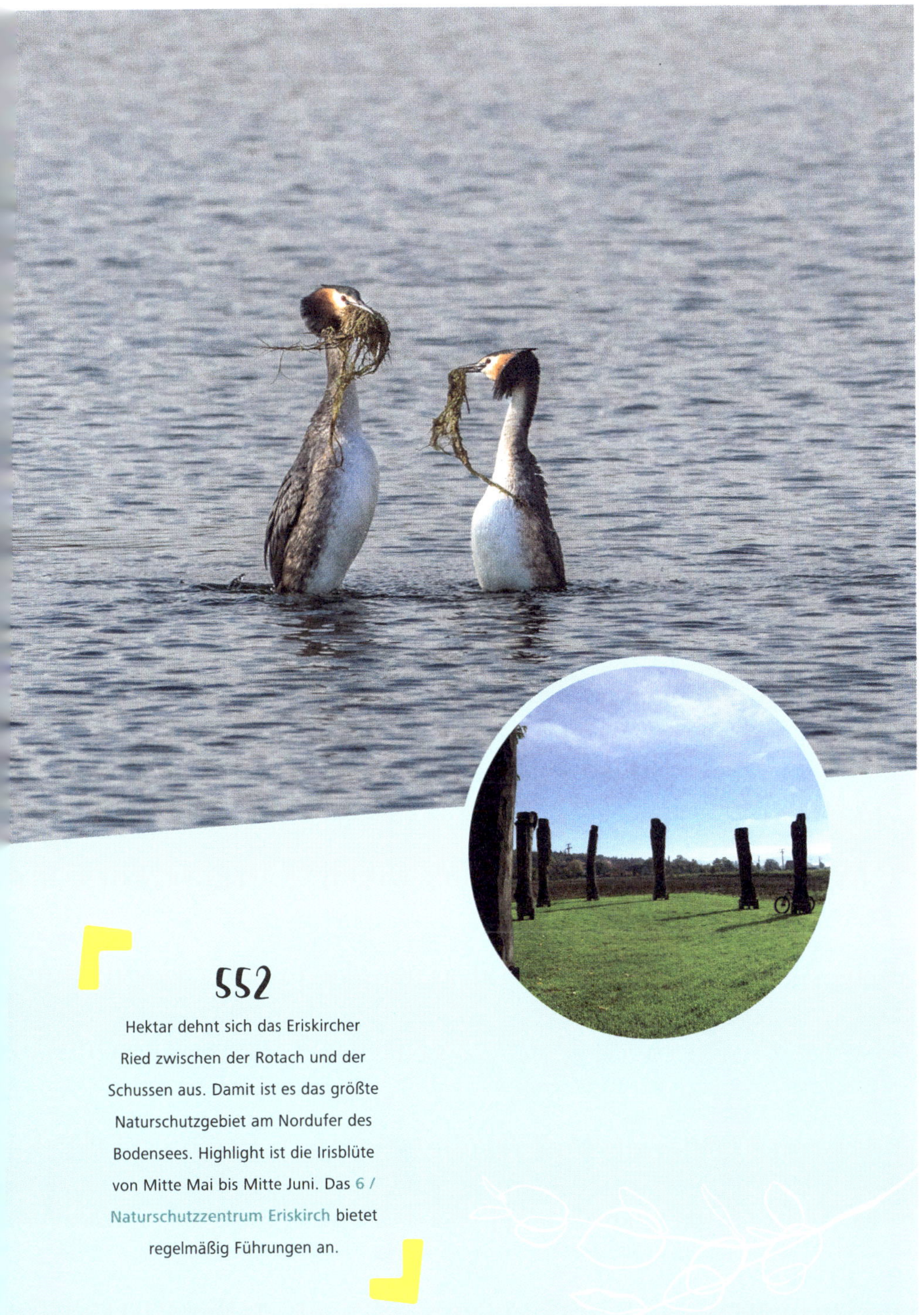

552

Hektar dehnt sich das Eriskircher Ried zwischen der Rotach und der Schussen aus. Damit ist es das größte Naturschutzgebiet am Nordufer des Bodensees. Highlight ist die Irisblüte von Mitte Mai bis Mitte Juni. Das 6 / Naturschutzzentrum Eriskirch bietet regelmäßig Führungen an.

GUT BEHÜTET

In gedeckten Brücken ohne Fenster wie der 5 / Historischen Holzbrücke in Eriskirch scheuten Pferde nicht vor dem tosenden Wasser und ließen sich leichter führen.

EISVÖGEL BEIM JAGEN BEOBACHTEN

Nachts nagt hier der Biber – Entlang der Schussen

Rechts neben dem Strandbad befindet sich eine weitere Aussichtsplattform für Hobbyvogelkundler. Wer etwas Geduld mitbringt, kann hier eventuell Eisvögel bei ihrer waghalsigen Sturzflug-Jagd beobachten. Nach einer ausgedehnten Pause kehren wir dem Strandbad wieder den Rücken und fahren nach rechts auf einem gut ausgebauten Schotterweg, der sich durch die Feuchtwiesen des Eriskircher Riedes schlängelt. Links von uns lassen sich bereits die Auen und Altwasser der Schussen erahnen. Seit einigen Jahren tummeln sich hier wieder Biber. Von den eher nachtaktiven Nagern wirst du allerdings nicht viel zu sehen bekommen. Höchstens ein paar charakteristisch abgenagte Baumstümpfe. Wir überqueren die gemütlich dahingurgelnde Schussen und biegen sofort links ab. Vorbei an den sieben Skulpturen der 4 / Wasserwächterinnen, die über die nahe Schussenmündung wachen und ein Teil des Kunst-

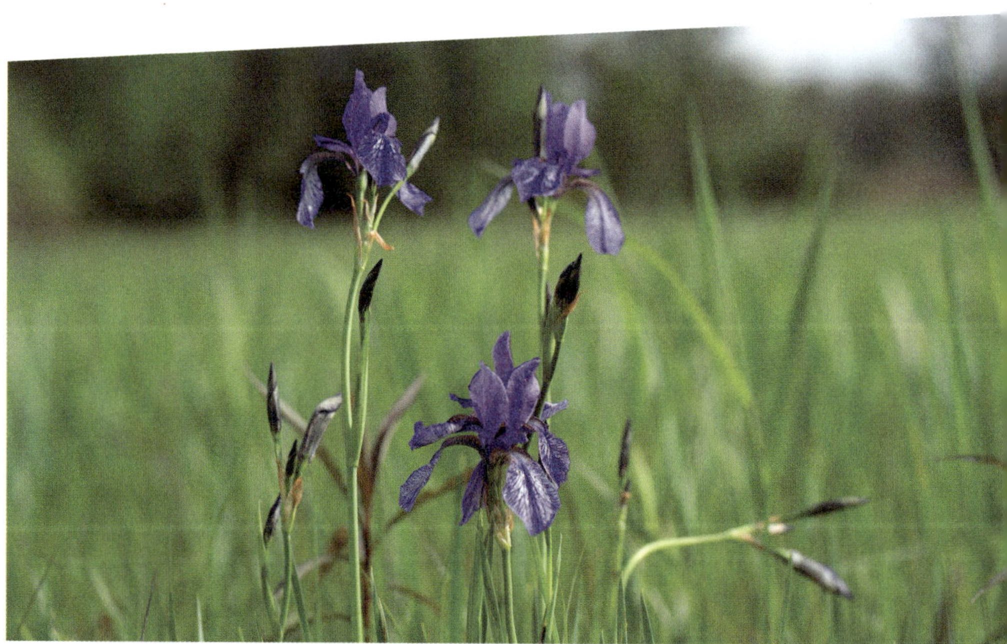

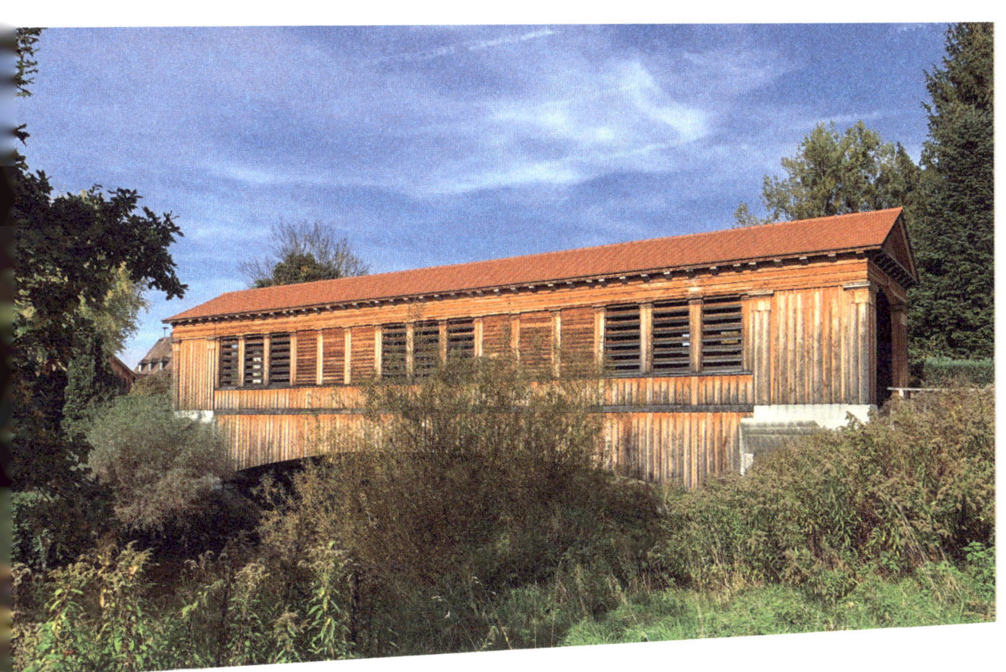

projektes Schussenweg sind, radeln wir locker und lässig am Waldrand in Richtung Eriskirch. Direkt vor der nächsten Brücke über die Schussen führt ein schmaler Weg rechts unter der Brücke hindurch. Diesem folgen wir.

Auf ein Schwabentöpfle nebst Likörchen

Am rechten Ufer der Schussen geht es nun nach Eriskirch. Schon von weitem erblicken wir die schöne 5 / Historische Holzbrücke (Brückenstraße, 88097 Eriskirch). 96 massive Holzpfähle schultern die Fundamente dieser 1828 erbauten Konstruktion. Wir rollen durch den liebevoll restaurierten Holztunnel über den Fluss. Wer möchte, kann nun links in die Bahnhofstraße abbiegen und einen Abstecher zum 6 / Naturschutzzentrum Eriskirch (Bahnhofstraße 24, 88097 Eriskirch), www.naz-eriskirch.de machen. Untergebracht ist das NAZ in einem schönen alten Bahnhofsgebäude inklusive eines sehenswerten Bauerngartens. Das Naturschutzzentrum ist Startpunkt zahlreicher Themenführungen ins Eriskircher Ried. Wir fahren zurück, biegen links in die Schussenstraße ab, überqueren dann die Lindauer Straße und rollen anschließend die Baumgartener Stra-

90

Zentimeter misst die Flügelspannweite der Kolbenente. Eigentlich in Asien heimisch, zog die Entenart erst Anfang des 20. Jahrhunderts mit Sack und Pack nach Europa. Tausende Kolbenenten überwintern regelmäßig am Bodensee und können von der 2 / Aussichtsplattform Eriskircher Ried beobachtet werden.

< links / Blaue Pracht: Irisblüte im Frühjahr
∧ oben / Über die historische Holzbrücke in Eriskirch

DARF'S OINER MEHR SEIN?

Aber klar. Ein besonderer schwäbischer Genuss der 7 / Brenner Stube ist der in liebevoller Handarbeit produzierte „Oin Gin". Unbedingt probieren!

ße entlang. Auf der geht es nun in sanften Kurven durch Wälder, Wiesen und Obstfelder. Nach einigen Minuten im Sattel stoßen wir auf die idyllisch gelegene 7 / Brenner Stube (Unterbaumgarten 3/1, 88097 Eriskirch), www.brenner-stube.de. Das gemütliche Restaurant kombiniert leckere Hausmannskost mit köstlichen Likören und Edelbränden, die die Brennmeister aus hofeigenem Obst zaubern. Achtung: An Wochentagen öffnet die Stube erst um 16 Uhr. Samstags ist geschlossen.

DURCH DEN SEEWALD

Zurück durch den Seewald

Wir eisen uns von der Brenner Stube los und folgen weiter der Baumgartener Straße. Im Ort Oberbaumgarten gibt es mit der 8 / Holzbrücke Baumgarten eine weitere historische Brücke zu sehen. Wir fahren allerdings geradeaus und folgen nun der Schussenstraße. Wir orientieren uns an den Radwegweisern nach Lochbrücke und Friedrichshafen. In Lochbrücke treffen wir schließlich auf die brausende B 30. Für wenige Meter fahren wir parallel zu dieser vielbefahrenen Verkehrsader. So bald wie möglich halten wir uns links und fahren auf ordentlichen Schotterwegen in den Seewald. Von der Straße ist bald nur noch ein entferntes Rauschen zu hören. Unser Weg verläuft weitestgehend parallel, aber mit einigem Abstand zur Straße, durch den Wald. Schließlich kommen wir an eine Weggabelung, halten uns links und fahren weiter durch den Wald, bis wir nach etwa anderthalb Kilometern auf den Radweg Hopfenschlaufe treffen. Wir biegen rechts ab und folgen der Hopfenschlaufe. Einkehren könnt ihr zum Ende der Tour nochmals im 9 / Fischerstüble Friedrichshafen (Untereschstraße 7, 88046 Friedrichshafen), www.fischerstueble-fn.de. Zu Stoßzeiten kann es aber schwierig werden, einen Tisch zu bekommen. Vom Fischrestaurant geht es auf dem Radweg zweimal rechts und wir erreichen zunächst wieder die Steinbeisstraße und schließlich den 1 / Parkplatz des Berufsschulzentrums Friedrichshafen.

1 METER

steigt der Wasserpegel in Teilen des Eriskircher Riedes während der frühsommerlichen Schneeschmelze in den Alpen. Manchmal sind es sogar 2 Meter. Zwischen März und Juni können dadurch Riedwiesen und Auenwälder wochenlang unter Wasser stehen.

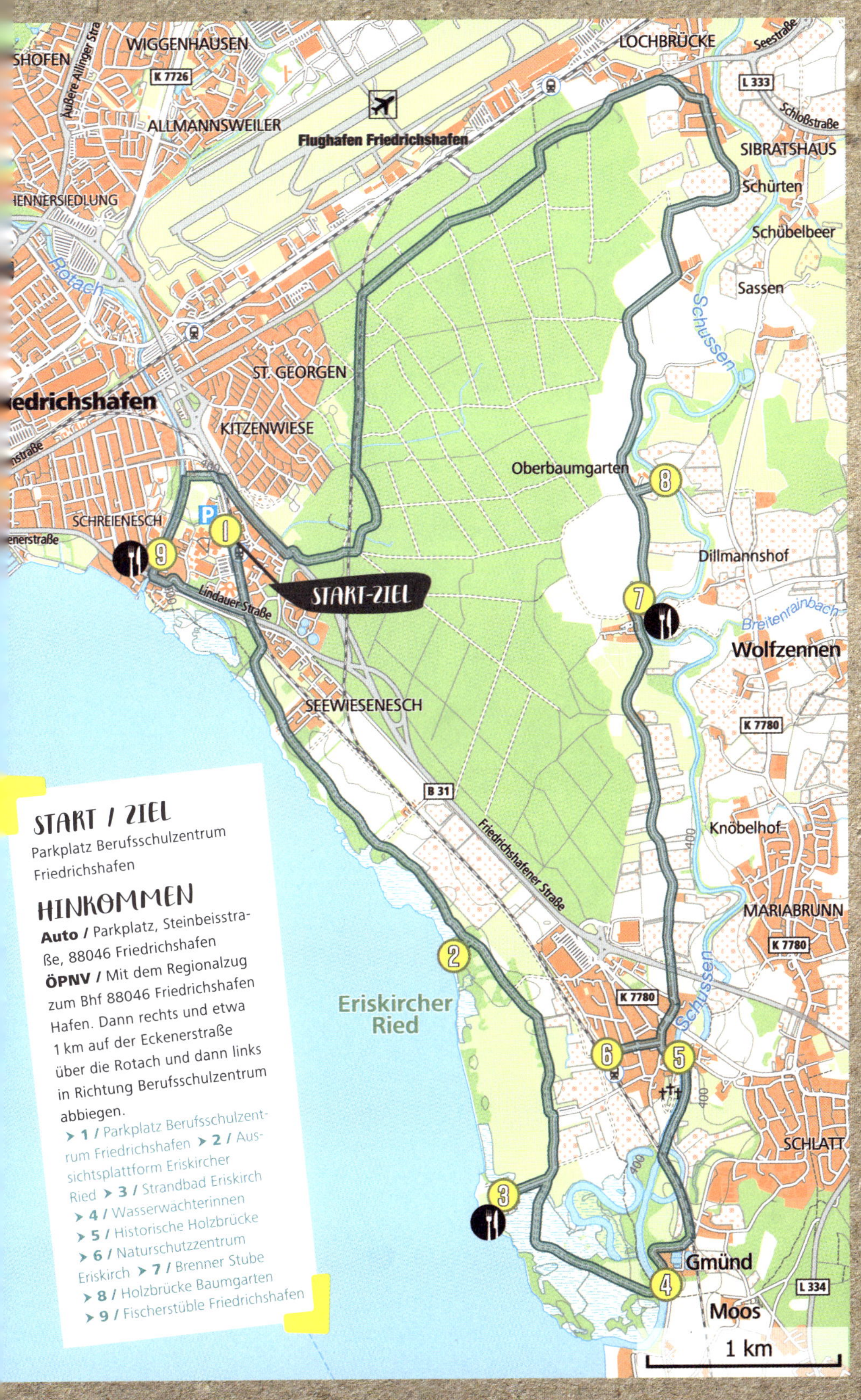

START / ZIEL

Parkplatz Berufsschulzentrum Friedrichshafen

HINKOMMEN

Auto / Parkplatz, Steinbeisstraße, 88046 Friedrichshafen
ÖPNV / Mit dem Regionalzug zum Bhf 88046 Friedrichshafen Hafen. Dann rechts und etwa 1 km auf der Eckenerstraße über die Rotach und dann links in Richtung Berufsschulzentrum abbiegen.

➤ **1** / Parkplatz Berufsschulzentrum Friedrichshafen ➤ **2** / Aussichtsplattform Eriskircher Ried ➤ **3** / Strandbad Eriskirch ➤ **4** / Wasserwächterinnen ➤ **5** / Historische Holzbrücke ➤ **6** / Naturschutzzentrum Eriskirch ➤ **7** / Brenner Stube ➤ **8** / Holzbrücke Baumgarten ➤ **9** / Fischerstüble Friedrichshafen

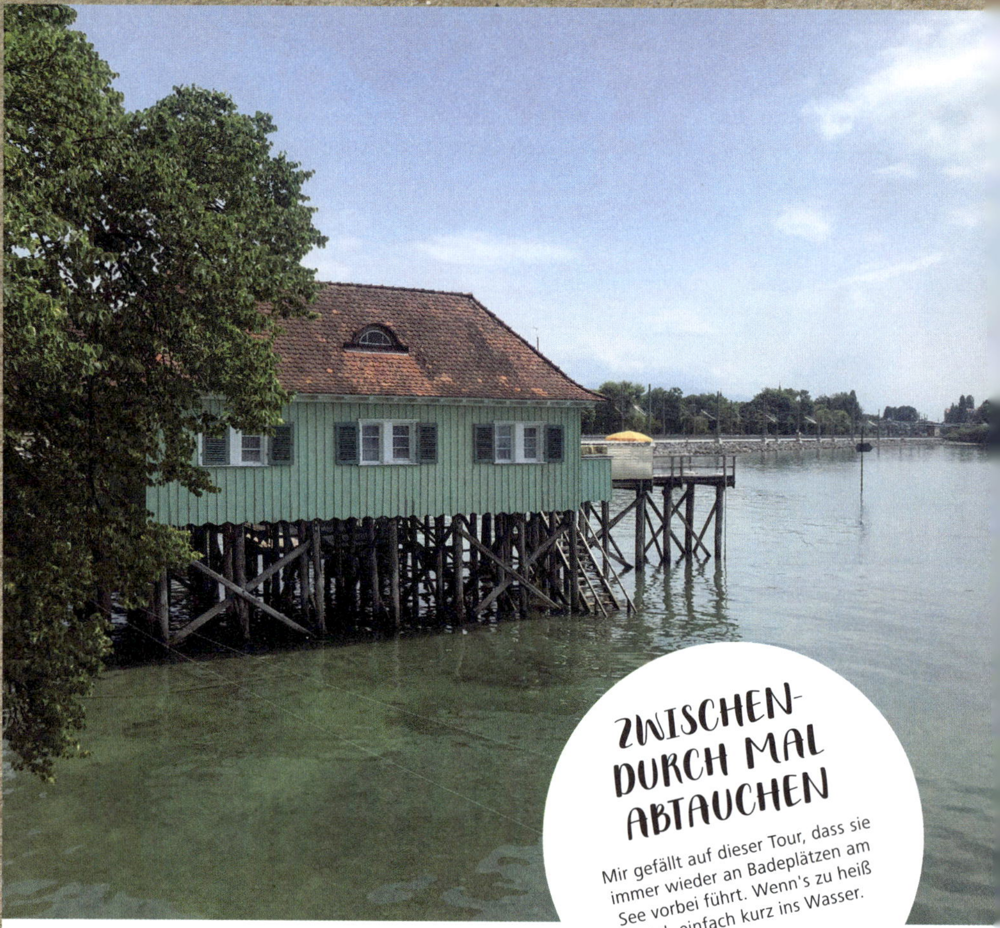

ZWISCHENDURCH MAL ABTAUCHEN

Mir gefällt auf dieser Tour, dass sie immer wieder an Badeplätzen am See vorbei führt. Wenn's zu heiß wird, einfach kurz ins Wasser.

➤ **1 /** Am Inselbahnhof Lindau schwingen wir uns in den Sattel

➤ **2 /** Beim Aeschacher Bad nehmen wir ein frühes Bad im See

➤ **3 /** Inspiration und Motivation tanken im Museum friedens räume

➤ **4 /** Die Ruine Degelstein duckt sich zwischen Büschen und Bäumen

➤ **5 /** Stärkung im Strandcafé Lindenhof

➤ **6 /** Flaniermeile in Klein: Promenade Wasserburg

➤ **7 /** Chillen im Malerwinkel direkt am See

➤ **8 /** Noch eine versteckte Oase ist die Uferanlage im Paradies

➤ **9 /** Savoir-vivre in der Weinbar Pinot zwischen den Reben

➤ **10 /** Von der Antoniuskapelle schweift der Blick über den Obersee

➤ **11 /** Erfrischend anders: der Biergarten beim Milchpilz Lindau

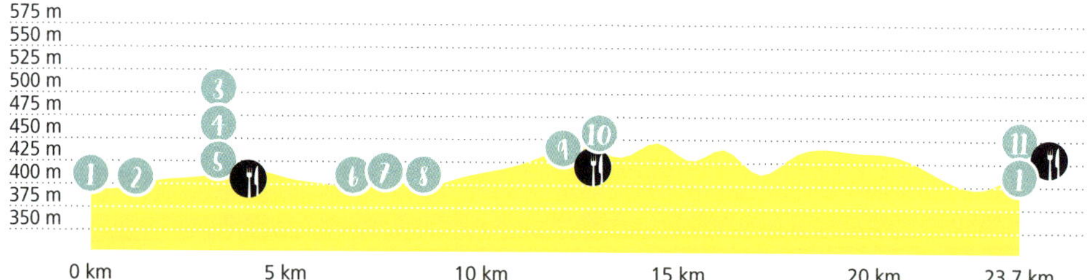

EINMAL INSEL UND ZURÜCK

Von Lindau nach Wasserburg und zurück

Von der belebten Lindauer Insel rollen wir auf dem Bodenseeradweg durch das beschauliche Wasserburg bis Nonnenhorn. Unsere recht einfache Rundtour führt zu idyllischen Badeplätzen und durch üppige Obstplantagen.

24 Kilometer
120 Höhenmeter ▲
120 Höhenmeter ▼
1:30 Stunden
Rundtour

Fliegender Inselstaat

Lindau ist mit seiner schmucken Altstadt eines der beliebtesten Ausflugsziele am Obersee. Zu Recht zählt das prachtvolle Stadtensemble zu den Perlen am See. Ist an manchen Tagen deshalb aber auch – nun ja, sagen wir ganz gut besucht. Wir beginnen unsere Rundtour am 1 / Inselbahnhof Lindau unweit des Hafens mit dem ikonischen Duo aus bayerischem Löwen und Leuchtturm. Nach unserem fliegenden Inselstart fahren wir parallel zu den Gleisen auf dem Damm von der Insel aufs Festland. Dann geht's links auf den Bodenseeradweg. Je nach Timing müssen wir am Bahnübergang etwas warten. Zeit für ein

CHARAKTER

Sportlich ●●○○○
Abkühlung ●●●●○
Schlemmen ●●○○○
Panorama ●●●●○

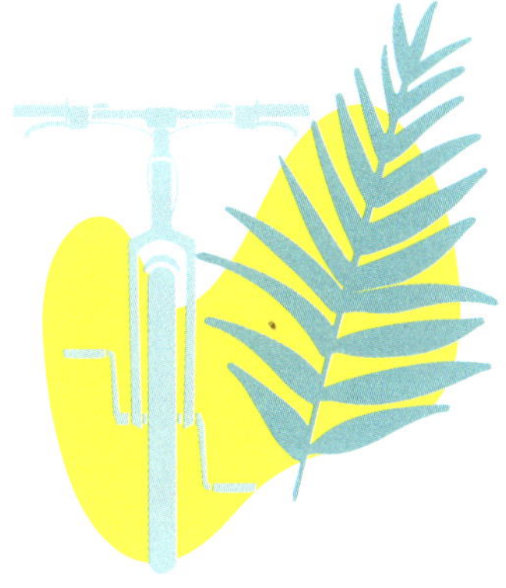

TOURENINFO / Aunahmslos auf asphaltierten und verkehrsarmen Wegen. Am See entlang auf dem Bodenseeradweg ohne Steigung. Mehrere Badeplätze am Weg. Zweite Hälfte der Tour hügeliger mit einigen Steigungen.

◂ links / Nostalgisch planschen im Aeschacher Bad

Schwätzchen mit einigen der vielen Radgenossen, die ebenfalls an der Schranke stehen.

Nix für Nackte!

Sobald sich die Balken heben, rollen wir weiter. Am Bodenseeufer taucht links nun die Badehütte des 2 / Aeschacher Bades (Lotzbeckweg 3, 88131 Lindau), lindau.de/adressen/aeschacher-bad/. Seit 1911 steht das lindgrüne Häuschen hier auf Stelzen im Bodensee. Montags bis freitags öffnet die historische Badeanstalt Erfrischungssuchenden ihre Pforten. Die Plätze sind begrenzt und Handtuch-Reservierungen zählen nicht. Hier wird mit Style geplantscht. Woran nicht zuletzt ein Schild auf dem Sonnendeck gemahnt: „Sonnenbaden oben ohne nur im Liegen! String-Tanga verboten!“ Nun gut, wir schwimmen ein- bis zweimal um den pittoresken Pfahlbau und schwingen uns dann wieder in den Sattel.

WAS' NE LEUCHTE!
Der Leuchtturm im Lindauer Hafen ist das südlichste Leuchtfeuer Deutschlands, Museum inklusive. Mehr unter lindau.de.

Easy cruising

Gut erfrischt radeln wir auf dem Bodenseeradweg weiter und erreichen Lindau Schachen. Etwa bei Kilometer drei unserer Tour biegen wir vom Bodenseeradweg links in den Lindenhofweg ein und gelangen in die gleichnamige Parkanlage. Unweit des Strandbades Schachen beheimatet die Villa Lindenhof die 3 / friedens räume (Lindenhofweg 25, 88131 Lindau), friedens-raeume.de, ein ebenso originelles wie inspirierendes Museum. Im Leseraum beschäftigt sich die Ausstellung mit „Menschen, die Mut machen“, etwa Nelson Mandela, Sophie Scholl oder Astrid Lindgren. So beflügelt, machen wir uns wieder auf den Weg. Wenige Meter weiter liegt zwischen den Bäumen die 4 / Ruine Degelstein wie im Dornröschenschlaf. Viel ist nicht mehr übrig vom 1332 errichteten Gemäuer, fotogen sind die wildromantisch überwucherten Mauern dennoch. Wem

---

➤ rechts oben / Einfach mal freimachen an der Seepromenade Wasserburg
➤ rechts Mitte / Ikonisches Duo: Löwe und Leuchtturm in Lindau

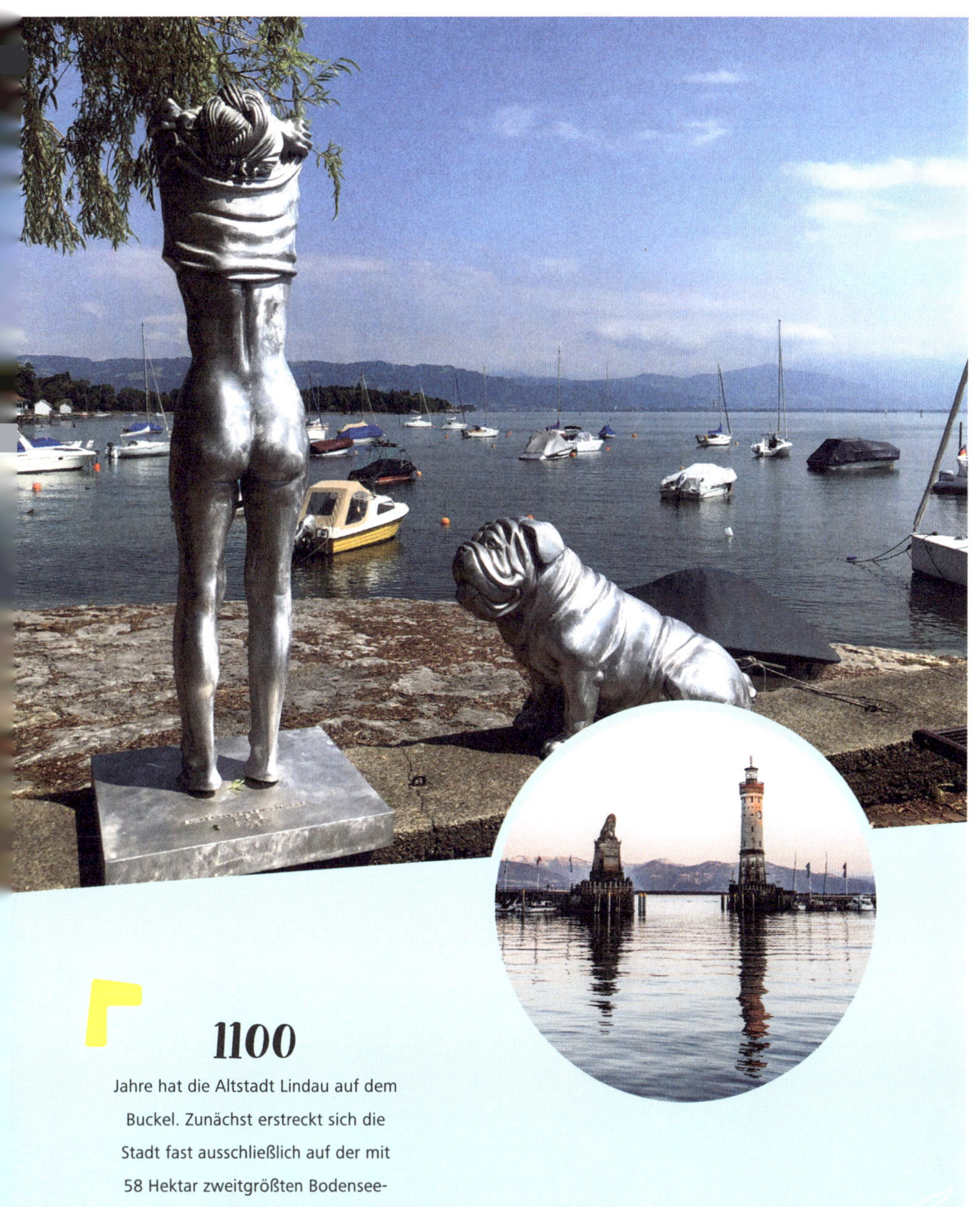

1100

Jahre hat die Altstadt Lindau auf dem Buckel. Zunächst erstreckt sich die Stadt fast ausschließlich auf der mit 58 Hektar zweitgrößten Bodensee-Insel. Erst nach und nach besiedeln die Lindauer auch das Festland. Der 1 / Inselbahnhof Lindau wurde 1853 als Endpunkt der Allgäubahn eröffnet.

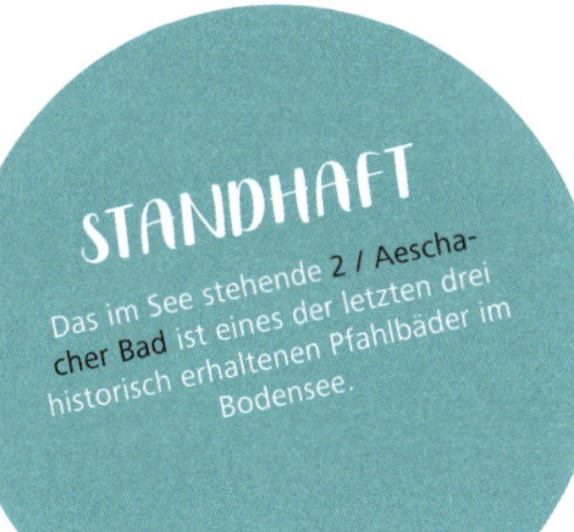

jetzt nach einer Stärkung ist, der findet Kaffee und leckeren Kuchen oder kalten Gerstensaft im 5 / Strandcafé Lindenhof (Lindenhofweg 41, 88131 Lindau).

PANORAMA AM SCHIFFS-ANLEGERSTEG

Noch 'ne Burg

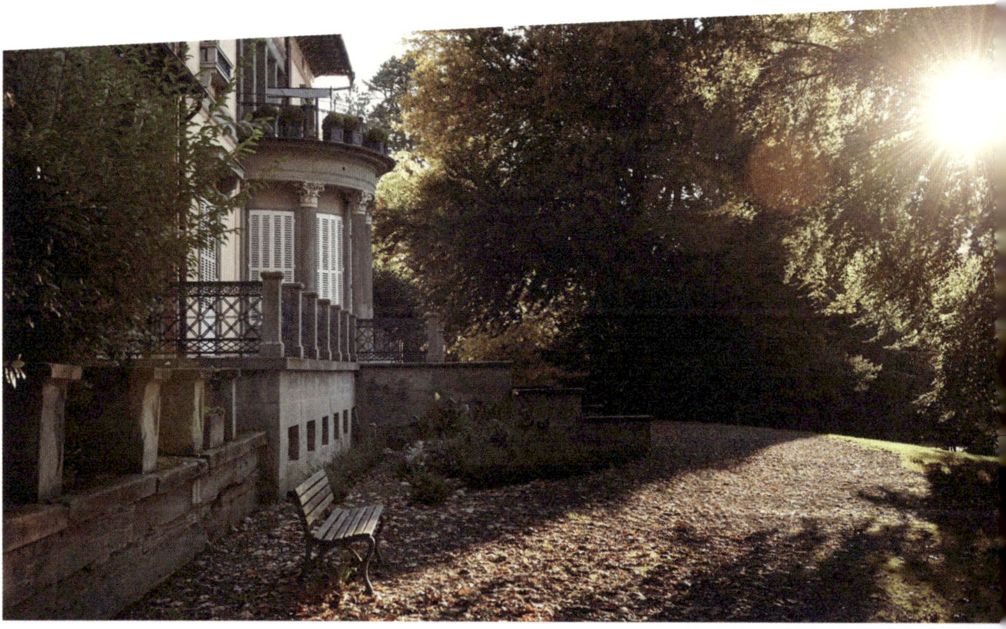

Unsere Route führt nun directamente nach Wasserburg, das sich mit seiner Halbinsel effektvoll in den bayerischen Bodensee schiebt. Vermutlich eines der meistfotografierten Motive am See. Wir schlendern über die 6 / Promenade (Halbinselstraße 73, 88142 Wasserburg) mit ihren teils skurrilen Skulpturen auf den Schiffsanlegersteg hinaus und genießen das Panorama. Vorbei an der zwiebelbetürmten St.-Georgs-Kirche und der Burg setzen wir unseren Weg fort. Einkehr gefällig? Von der Terrasse des Restaurants und Cafés Hegestrand 3 (Mooslachenstraße 3, 88142 Wasserburg, hegestrand3.de) hat man einen schönen Blick auf das kleine Naturschutzgebiet Wasserburger Bucht. Direkt auf der anderen Seite der Bucht liegt der 7 / Malerwinkel (Wasserburger Str. 42, 88149 Nonnenhorn), wo wir uns in den See werfen können.

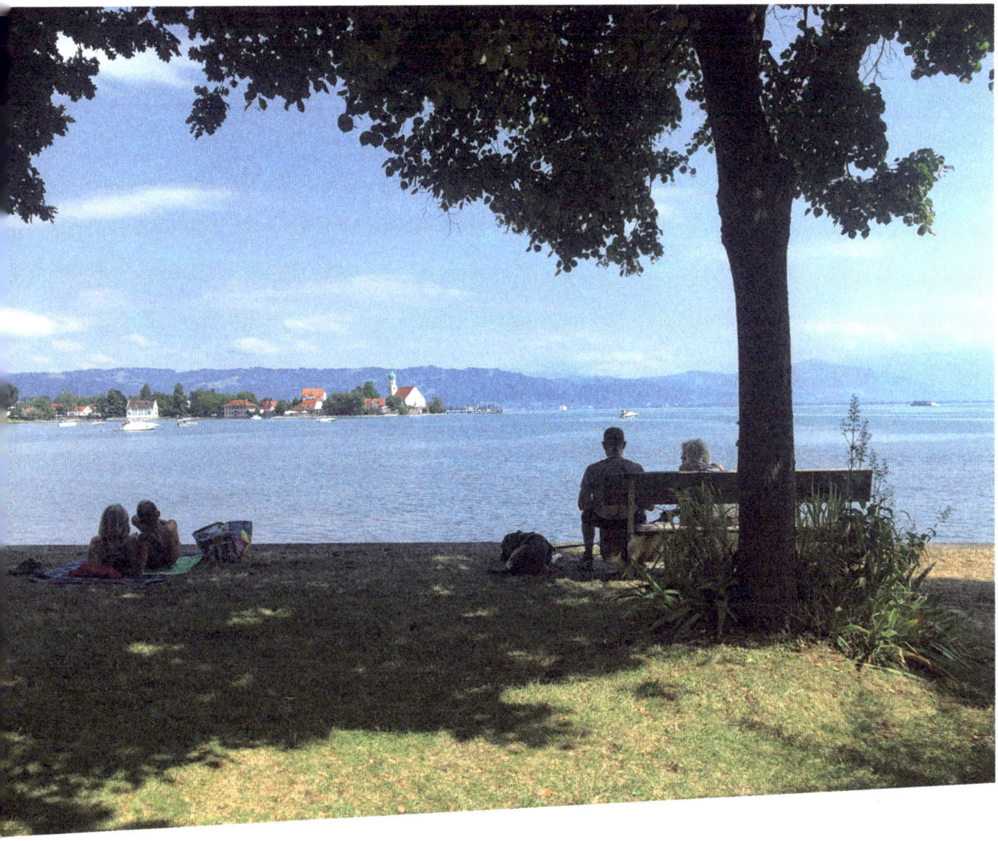

Das versteckte Paradies

Vom Malerwinkel fahren wir weiter auf dem Bodenseeradweg. Links von uns verhindern nun hohe Hecken und schicke Villen den Blick auf den See. Sobald allerdings links ein ausgedehnter Weinberg auftaucht, biegen wir sofort ab und rollen auf dem asphaltierten Weg hinab zum See. Wir halten uns erst rechts und biegen dann erneut links ab, bis wir die kleine 8 / Uferanlage im Paradies (88149 Nonnenhorn) erreichen. Im Schatten hoher Bäume bietet sich ein toller Blick auf Wasserburg. Wer hier aber ins Wasser möchte, muss die Mauer der Uferanlage herabklettern. Wir folgen der Straße Im Paradies, bis wir wieder auf dem Bodenseeradweg sind. Dem folgen wir durch Nonnenhorn vorbei am historischen Weintorkel, bis rechts die Mauthausstraße abzweigt.

Tage dauert das jährliche Winterfestival „Komm und See" in Lindau, Wasserburg und Nonnenhorn. An einem Wochenende Ende Juni oder Anfang Juli zelebrieren die Weinbauern der drei Orte ihre edlen Tropfen mit Weinproben und kulinarischen Genüssen. Programm unter kommundsee.de

---

< links / Abendstimmung im Lindenhofpark
^ oben / Idyllischer Winkel im Paradies

KÖPPER FÜR LAU

Planschen mit Blick auf die Alpen: Das Strandbad beim 5 / Lindenhof Café im Lindauer Stadtteil Schachen ist kostenlos zugänglich.

Obst mit Aussicht

Wir bleiben auf der Mauthausstraße und radeln nun durch alte Streuobstwiesen und dichte Obstplantagen. Im Dörfchen Hattnau halten wir uns rechts. Nach dem Ort zweigt rechts ein Weg zur 9 / Weinbar Pinot (Hattnau 62, 88142 Wasserburg), schmidt-am-bodensee.de, einer willkommenen Möglichkeit zur Einkehr mit grandiosem Blick über den See. Wer diesen Ausblick noch toppen möchte, kann nach der Rast einen Abstecher zur 10 / Antoniuskapelle (Selmnau 23, 88142 Wasserburg) machen. Dort hinauf ist es aber heftig steil. Nun erreichen wir Hengnau. Dort biegen wir die erste Möglichkeit rechts ab und lassen's bergab laufen. Zwischen einer Streuobstwiese rechts und einem Wäldchen links hindurch macht der asphaltierte Weg eine leichte Linkskurve. Direkt danach biegen wir scharf rechts in den Wald und folgen der schmalen Straße bis Bettnau.

EINKEHR MIT BLICK ÜBER DEN SEE

1952

schießt in Lindau der erste Milchpilz aus dem Boden. Essbar ist er nicht, aber begehbar. Der Kiosk in auffälliger Fliegenpilz-Optik ist einer von 49 in Deutschland aufgestellten „Milchverbrauchs-Werber", wie es im damaligen Marketing-Sprech heißt. Erstmal gibt's nur Milchgetränke, Eis und Limo.

Zurück auf die Insel

Auf der Bettnauer Straße fahren wir dann nach Bodholz und von dort weiter durch die Obstgärten nach Schönau. Dort geht es auf vom Kellereiweg rechts auf die Schönauer Straße und sofort wieder links weiter auf dem Kellereiweg, der sich hier fortsetzt. Jetzt die zweite Möglichkeit rechts und abwärts nach Hochbuch. Nun rechts in die Tobelstraße und dann die nächste Abzweigung links den Hochbucher Weg entlang. Letzterer setzt sich – sobald er auf den Preisingerweg trifft – etwas links versetzt fort. Jetzt müsst ihr es eigentlich nur noch rollen lassen. Ohne nennenswerte Abzweigungen führt uns der Weg direkt über die Landtorbrücke zurück auf die Lindauer Insel. Am Kreisverkehr auf der Insel nehmen wir die erste Ausfahrt und folgen der Zwanzigerstraße, bis rechts der 11 / Milchpilz Lindau (Sina-Kinkelin-Platz 1a, 88131 Lindau) auftaucht. Im lauschigen Biergarten neben dem Pilz-Kiosk lassen wir unsere Rundtour ausklingen. Zum 1 / Inselbahnhof ist es von hier nur noch ein kurzes Stück.

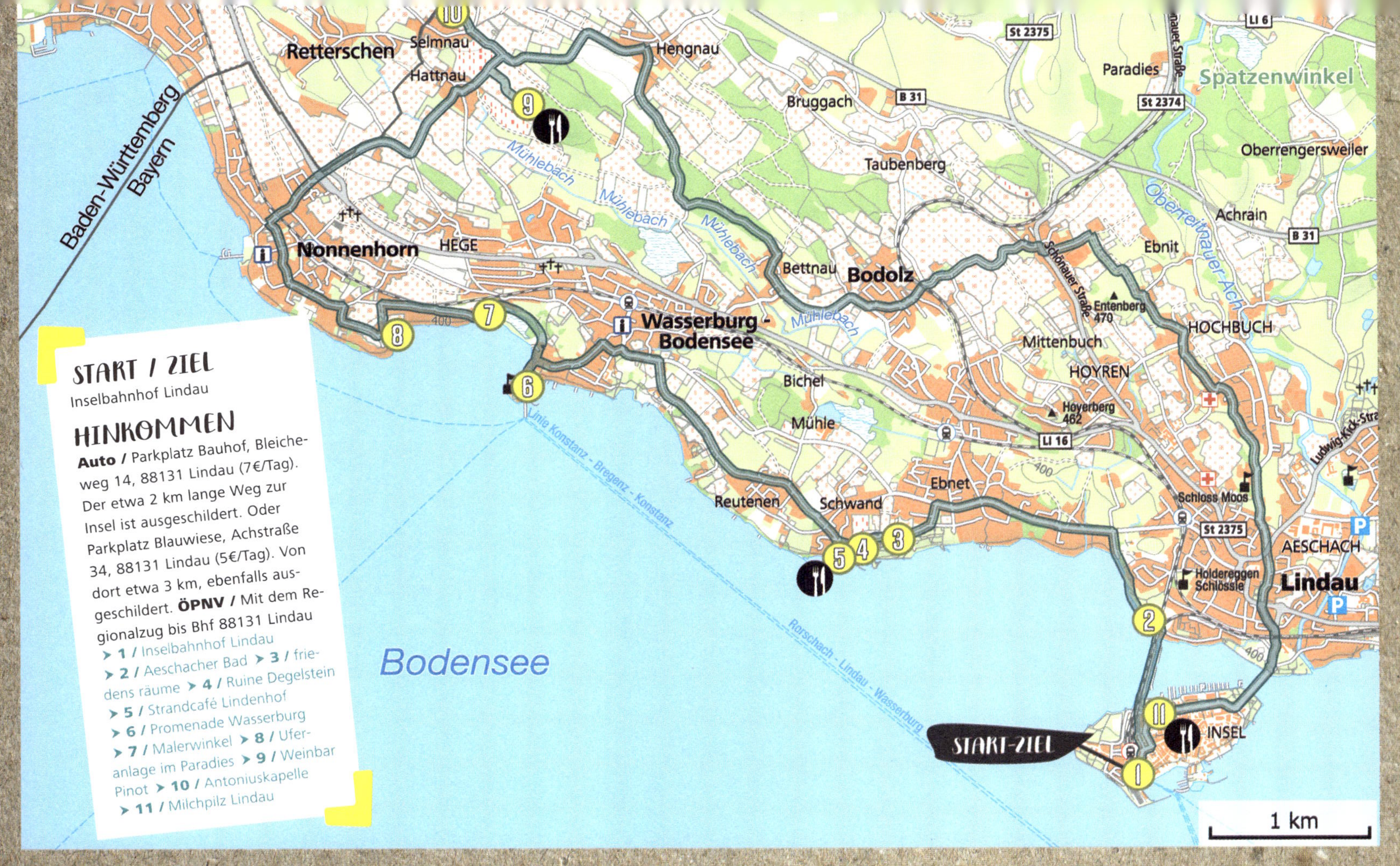

START / ZIEL

Inselbahnhof Lindau

HINKOMMEN

Auto / Parkplatz Bauhof, Bleicheweg 14, 88131 Lindau (7€/Tag). Der etwa 2 km lange Weg zur Insel ist ausgeschildert. Oder Parkplatz Blauwiese, Achstraße 34, 88131 Lindau (5€/Tag). Von dort etwa 3 km, ebenfalls ausgeschildert. **ÖPNV /** Mit dem Regionalzug bis Bhf 88131 Lindau

➤ **1 /** Inselbahnhof Lindau ➤ **2 /** Aeschacher Bad ➤ **3 /** friedens räume ➤ **4 /** Ruine Degelstein ➤ **5 /** Strandcafé Lindenhof ➤ **6 /** Promenade Wasserburg ➤ **7 /** Malerwinkel ➤ **8 /** Uferanlage im Paradies ➤ **9 /** Weinbar Pinot ➤ **10 /** Antoniuskapelle ➤ **11 /** Milchpilz Lindau

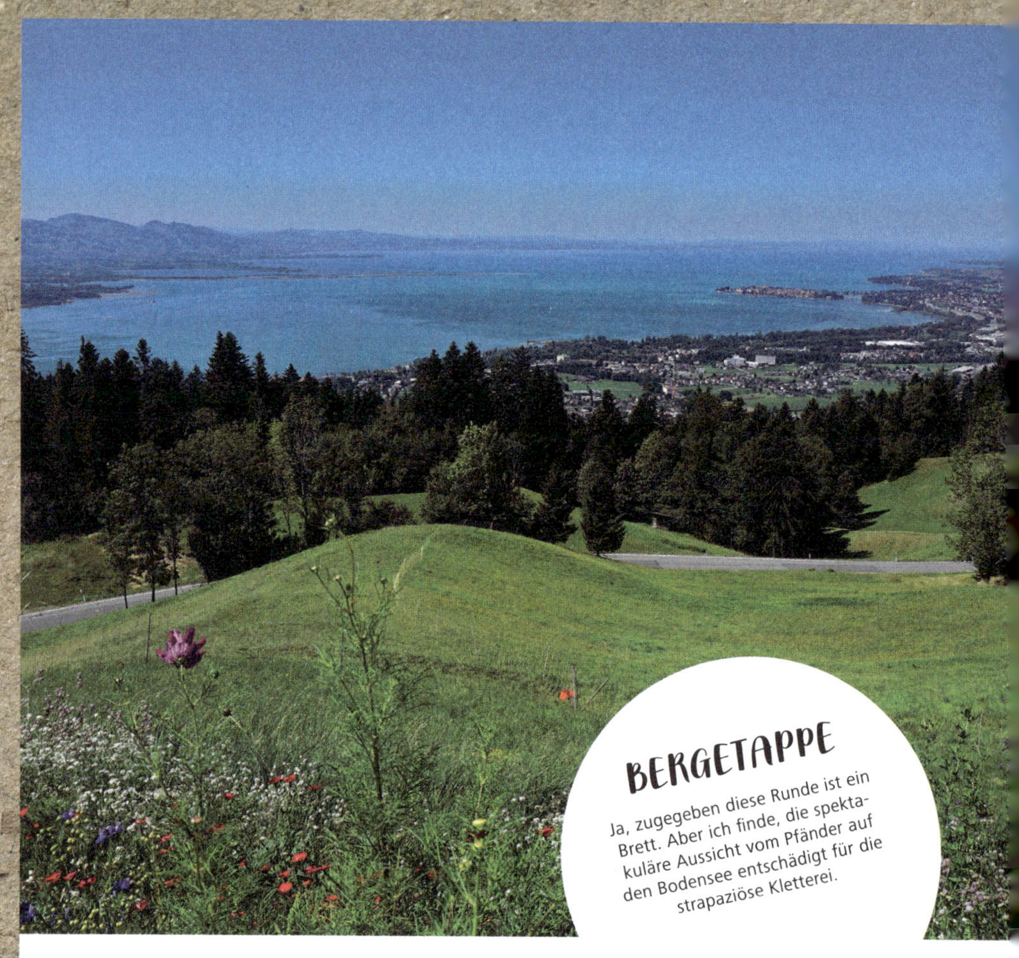

BERGETAPPE

Ja, zugegeben diese Runde ist ein Brett. Aber ich finde, die spektakuläre Aussicht vom Pfänder auf den Bodensee entschädigt für die strapaziöse Kletterei.

> **1 /** Der Startschuss fällt am Bahnhof Lochau-Hörbranz

> **2 /** Da guckste: Grandioses Bodenseepanorama von der Parzelle Flühlen

> **3 /** Am Pfänderparkplatz habt ihr das Schwerste hinter euch

> **4 /** Willkommener Boxenstopp im Berghaus Pfänder

> **5 /** Mehr See sehen von der Aussichtsplattform der Pfänderbahn

> **6 /** Auf du und du mit Steinbock und Mufflon im Alpenwildpark

> **7 /** Noch ein Blick auf den See vom Aussichtspunkt in Eichberg

> **8 /** Im Gasthaus Reiner ein kühles Selbstgebrautes genießen

> **9 /** Landgang: Eine Alte Fähre als Biergarten

> **10 /** Zum Abschluss am Badestrand Schwarzbad in die Fluten

7

HÖHENFLUG

Von Lochau
auf den Pfänder

Jetzt wird's sportlich. Von Lochau aus geht's in luftige Höhen. Die schwierige Tour führt über Serpentinen auf den Pfänder und ist perfekt für E-Biker und ambitionierte Rennradler.

23 Kilometer
690 Höhenmeter ▲
690 Höhenmeter ▼
2:15 Stunden
Rundtour

Los geht's am Ufer

Bereits als wir am 1 / Bahnhof Lochau-Hörbranz aus dem Zug steigen türmt sich der Pfänder vor uns auf wie der Mount Everest ohne Schnee. Da wollen wir rauf? Genau da wollen wir rauf. Also: Buckle up und rauf auf den Bock. Am Kreisverkehr vor dem Bahnhof radeln wir die Radroute Lochau auf der Bahnhofstraße entlang, bis die Landstraße kreuzt. Hier fahren wir rechts und dann die nächste Möglichkeit links auf die Pfänderstraße. Ab jetzt könnt ihr die Wegweiser erst einmal vergessen: Es geht immerzu bergauf. Die vergleichsweise schmale Straße ist durchgehend asphaltiert und verläuft immer mal wieder durch den Wald. An heißen Tagen ist der Schatten ein Segen, auch wenn die hohen Bäume den Blick auf den Bodensee verstellen.

CHARAKTER

Sportlich ●●●●●
Abkühlung ●●○○○
Schlemmen ●●○○○
Panorama ●●●●●

TOURENINFO / Anstrengende Tour mit teils knackiger Steigung. Ausnahmslos auf asphaltierten Wegen mit überschaubarem Verkehr.

◂ links / Auffi geht's zum Pfänder bei Lochau

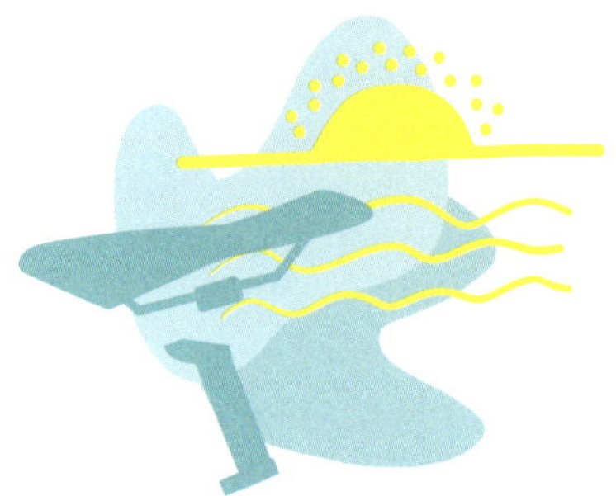

Kurvenreich durch den Forst

Nach einem Abschnitt im schattigen Wald breitet sich rechts unter uns erstmals das Panorama des Bodensees aus. Während die deutsche Seite mit Lindau und Wasserburg gut zu überblicken ist, lässt sich Bregenz zwischen den Bäumen erstmal nur erahnen. Allerdings ist die langgezogene Rheinmündung klar von hier oben auszumachen. Wir passieren einen Wanderparkplatz und folgen den ersten richtigen Serpentinen den Berg hinauf. Zwar treffen wir auf der Straße immer mal wieder Autos, trotzdem hält sich der Verkehr auf dem Weg nach oben erfreulicherweise in Grenzen. Unsere Route schlängelt sich abwechselnd durch Wald und saftige Wiesen immer weiter nach oben. Zwischendurch könnt ihr durchaus mal eine Verschnaufpause einlegen. Schließlich sind wir zum Spaß hier. Bei guter Sicht bietet sich kurz nach der 2 / Parzelle Flühlen (Flühlen 3, 6911 Lochau) erneut ein großartiger Blick auf Lindau. Die Insel ist perfekt zu sehen. Wir gucken ein bisschen, holen tief Luft und strampeln dann weiter die kurvige Straße durch den Wald hinauf. In den ganz engen Kehren kommt durchaus Alpe-d'Huez-Feeling auf. Ein bisschen zumindest.

DAUERLEIHGABE

Eigentlich liegt der Pfänder ja auf dem Gemeindegebiet Lochaus. Trotzdem betrachten die Bregenzer ihn als ihren Hausberg.

Is' ja der Gipfel!

Wir lassen schließlich den Wald hinter uns und erreichen den 3 / Pfänderparkplatz. Glückwunsch! Den dicksten Brocken unserer Tour habt ihr hinter euch. Wir rollen durch das Holztor mit der Aufschrift „Pfänder". Die asphaltierte, aber ziemlich holprige Straße zieht sich nun etwas, allerdings müssen wir keine großartige Steigung mehr hinaufklettern. Wir orientieren uns an den Wegweisern zum Berghaus Pfänder, großartig verirren können wir uns aber eher nicht. Es sind nur noch ein paar Meter. Vor uns taucht links am Wegrand erst eine ausgemusterte Gondel der Pfänderbahn auf und dann direkt dahin-

---

- **rechts oben / Panoramablick auf das Rheintal**
- **rechts Mitte / Im Alpenpark auf dem Pfänder**

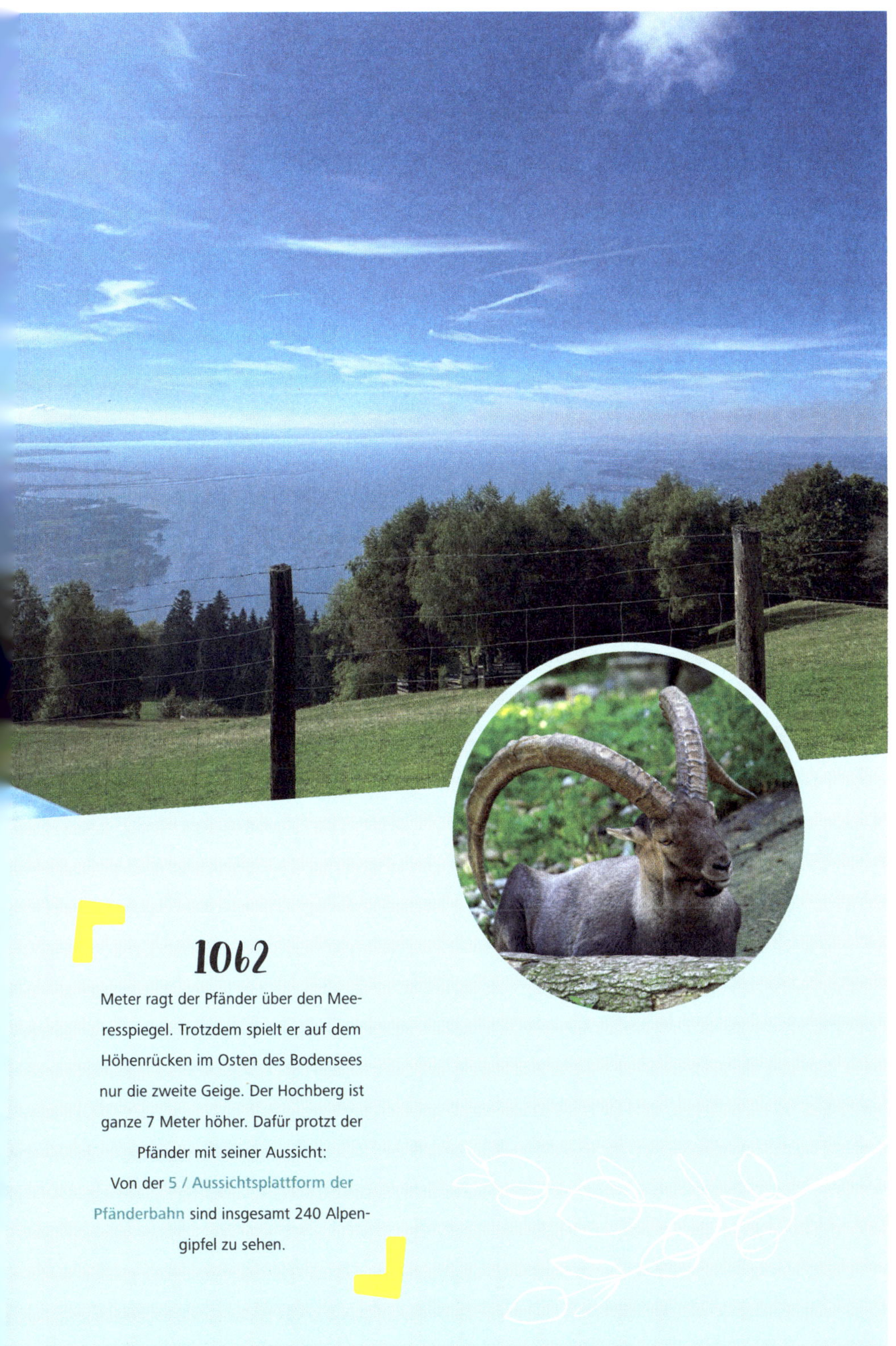

1062

Meter ragt der Pfänder über den Meeresspiegel. Trotzdem spielt er auf dem Höhenrücken im Osten des Bodensees nur die zweite Geige. Der Hochberg ist ganze 7 Meter höher. Dafür protzt der Pfänder mit seiner Aussicht: Von der 5 / Aussichtsplattform der Pfänderbahn sind insgesamt 240 Alpengipfel zu sehen.

FÜR FAULPELZE

Die Pfänderbahn befördert Fahrräder von 8 bis 10 Uhr gratis nach oben. Von Lochau sind es knapp drei Kilometer zur Talstation. Mehr: pfaenderbahn.at

ter das 4 / Berghaus Pfänder (Pfänder 3, 6911 Lochau), pfaender.at. Von der Terrasse des Restaurants hat man einen tollen Blick hinab auf den See. Auch das Panorama, das sich vor der 5 / Aussichtsplattform der Pfänderbahn ausbreitet, lässt die Kraxelei von eben ganz schnell vergessen. Von der Plattform bietet sich auch ein schöner Blick in Richtung Bregenzerwald. Auf dem Pfänder befindet sich zudem ein 6 / Alpenwildpark. Der kostenlose Rundweg vorbei an großzügigen Freigehegen mit Hirschen, Mufflons, Wildschweinen, Murmeltieren und Steinböcken nimmt etwa eine halbe Stunde in Anspruch und erfreut Groß und Klein. Am Wochenende und in den Ferien ist der Pfänder bei gutem Wetter nicht selten überlaufen. Deswegen empfiehlt es sich, die Tour möglichst unter der Woche zu machen.

ALPENTIERE IM ALPENWILDPARK

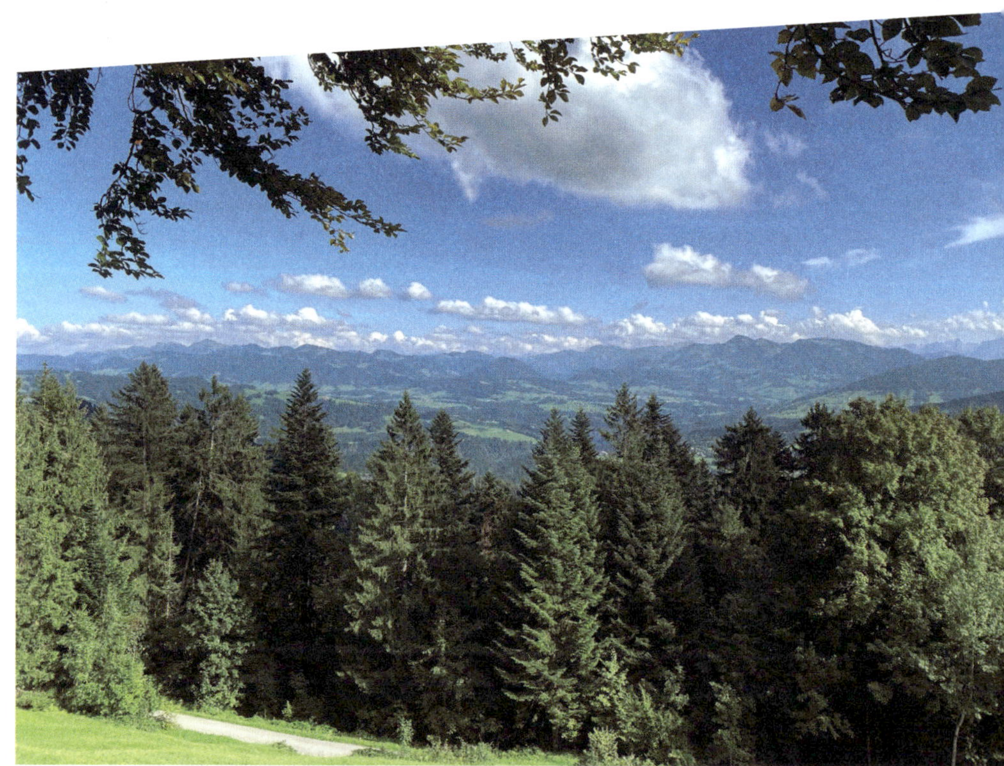

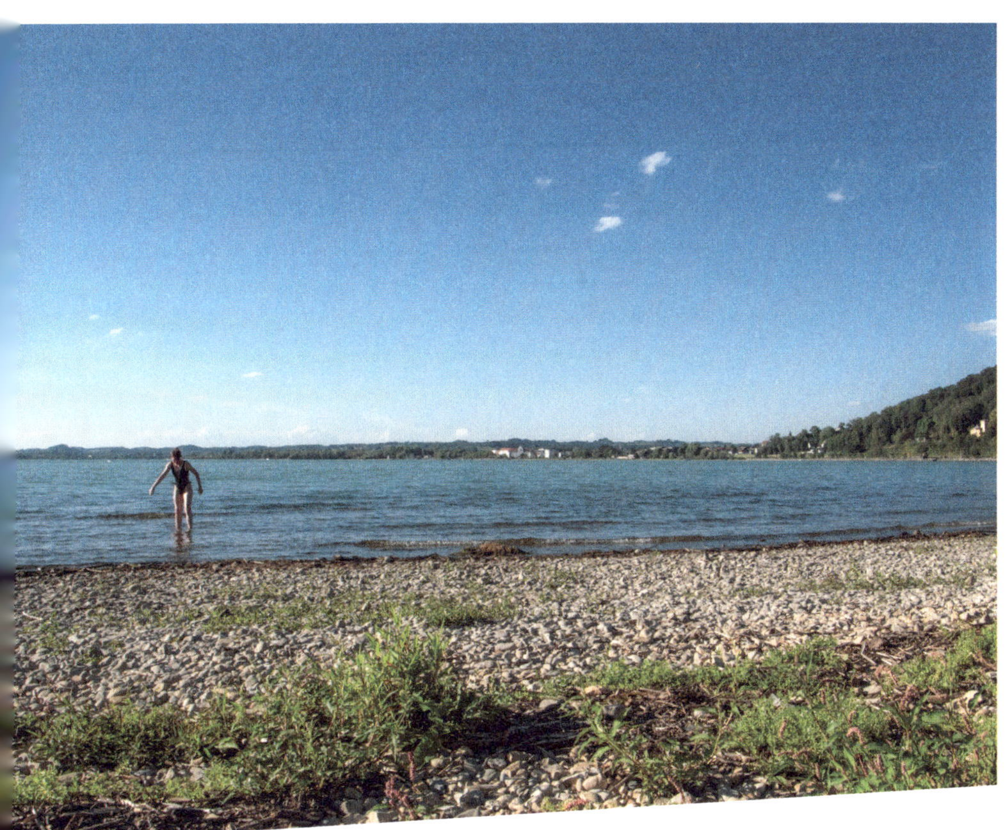

Spazierfahrt auf der Alm

Vom Berghaus Pfänder rollen wir zurück zum Pfänderparkplatz. Direkt nach dem Holztor biegen wir rechts ab. Unser Weg windet sich durch saftige Almwiesen voller stoisch mampfender Kühe. Vorbei an einigen Höfen radeln wir durch den Weiler Jungholz und folgen dem Wegweiser nach Eichenberg. Der asphaltierte Weg ist hier nur leicht abschüssig, so dass ihr es ganz entspannt laufen lassen könnt. Scharfe Kurven habt ihr auf der gut ausgebauten Straße erstmal nicht vor euch. Nachdem wir die Sennerei Hinteregg passiert haben, wird die Strecke dann aber allmählich etwas steiler. Sobald am rechten Straßenrand ein Wegweiser zum Fesslerhof auftaucht, könnt ihr euch schon mal bremsbereit machen. Denn nach wenigen Metern kommt hier eine enge Haarnadelkurve. Generell wird die Strecke ab hier deutlich kurviger als oben auf der Alm. Wir biegen kurz darauf auf die L11 in Richtung Lochau ein. Sechs Kilometer bergab haben wir noch vor unserem Lenker.

6

Minuten dauert es mit der Pfänderbahn von Bregenz bis zur Bergstation beim 4 / Berghaus Pfänder. 1927 als dritte Schwebeseilbahn Österreichs eröffnet, wuchtet sie an betriebsamen Tagen alle zehn Minuten 80 Menschen pro Gondel über einen Höhenunterschied von 603 Metern den Berg rauf.

‹ links / Im Schatten der Bäume nach oben
^ oben / Abkühlen am Lochauer Bodenseeufer

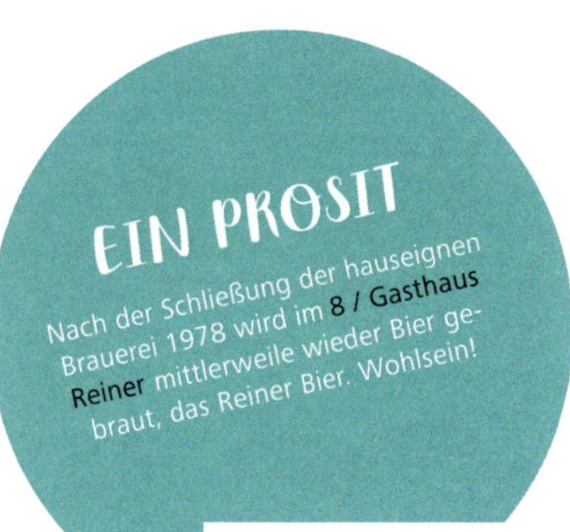

Zurück an den See

Die L11 ist zwar breiter und besser ausgebaut als die Wege davor, allerdings herrscht auch hier recht wenig Verkehr. Auf der Bergseite links von uns ragen nun bizarre Felswände empor. Kaum lassen wir die Bäume hinter uns, erreichen wir das Dorf Eichenberg. Die Aussicht auf den Bodensee – die Lindauer Insel ist wieder gut zu erkennen – verdeutlicht, wie viele Höhenmeter wir gerade abgefahren sind. Kurz vor dem Ortsende von Eichenberg liegt noch einmal ein kleiner 7 / Aussichtspunkt mit Bänken direkt rechts an der Straße. Genießt den Blick von oben auf den See noch einmal, denn ab hier geht es nun zügig ans Ufer. Nach einer langgezogenen Kurve fahren wir auf den Bodensee zu. Der blitzt auch im lichten Wald nun immer mal wieder durch die Bäume. Falsch abbiegen könnt ihr übrigens nicht. Die Straße führt euch direkt nach Lochau zurück. Wir biegen links auf die L1 ab und folgen der Straße noch ein Stück.

NOCH EINMAL AUSSICHT AUF DEN BODENSEE

1 METER

können die imposanten leicht gebogenen Hörner des Alpensteinbocks werden. Die beeindruckenden Kletterkünste dieser Bergsteiger unter den Ziegen lassen sich im 6 / Alpenwildpark auf dem Pfänder beobachten.

Ausklang mit Strandidylle

Nach ein paar Minuten liegt auf der rechten Seite das 8 / Gasthaus Reiner (Hofriedenstraße 1, 6911 Lochau), reiner-lochau.at, ein gemütliches Wirtshaus aus dem 18. Jahrhundert mit schönem Biergarten. Es ist nun nicht mehr weit bis zum 1 / Bahnhof Lochau-Hörbranz. Bevor wir unsere Tour jedoch dort beenden, machen wir noch einen Abstecher an den Bodensee. Im Kreisverkehr am Bahnhof fahren wir deshalb die erste Ausfahrt raus, biegen kurz darauf links ab und rollen durch die Unterführung. Linker Hand könnt ihr nun das 9 / Café und Restaurant Alte Fähre (Am Yachthafen 1, 6911 Lochau) sehen. Der Biergarten an Bord eines ausgemusterten Fährschiffs bietet sich für einen Umtrunk zum Abschluss an. Wer noch in den See hüpfen möchte, fährt rechts am kleinen Yachthafen von Lochau vorbei und erreicht kurz darauf den 10 / Badestrand Schwarzbad, einen flachen Strand mit Liegewiese.

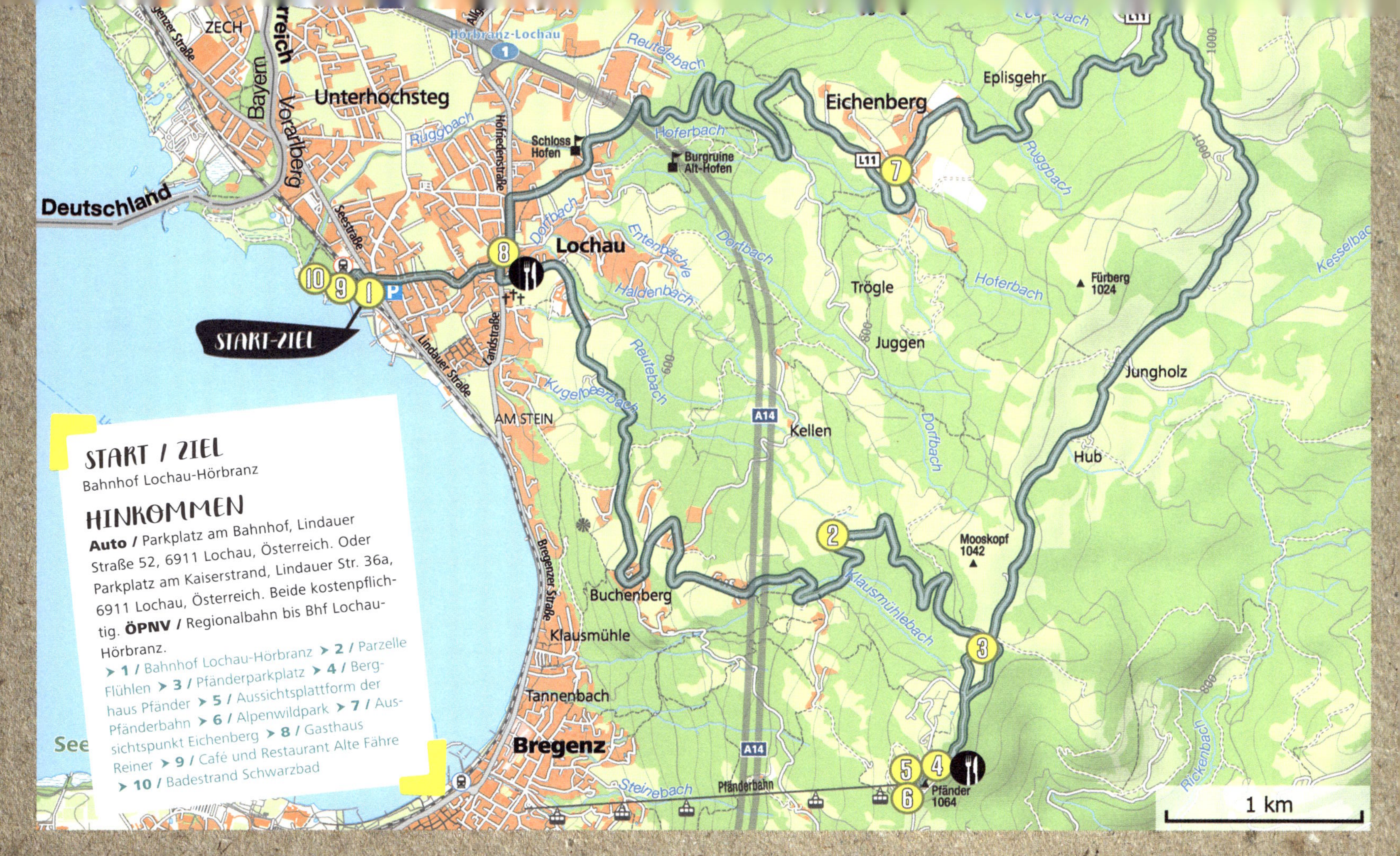

START / ZIEL

Bahnhof Lochau-Hörbranz

HINKOMMEN

Auto / Parkplatz am Bahnhof, Lindauer Straße 52, 6911 Lochau, Österreich. Oder Parkplatz am Kaiserstrand, Lindauer Str. 36a, 6911 Lochau, Österreich. Beide kostenpflichtig. **ÖPNV /** Regionalbahn bis Bhf Lochau-Hörbranz.

➤ **1 /** Bahnhof Lochau-Hörbranz ➤ **2 /** Parzelle Flühlen ➤ **3 /** Pfänderparkplatz ➤ **4 /** Berghaus Pfänder ➤ **5 /** Aussichtsplattform der Pfänderbahn ➤ **6 /** Alpenwildpark ➤ **7 /** Aussichtspunkt Eichenberg ➤ **8 /** Gasthaus Reiner ➤ **9 /** Café und Restaurant Alte Fähre ➤ **10 /** Badestrand Schwarzbad

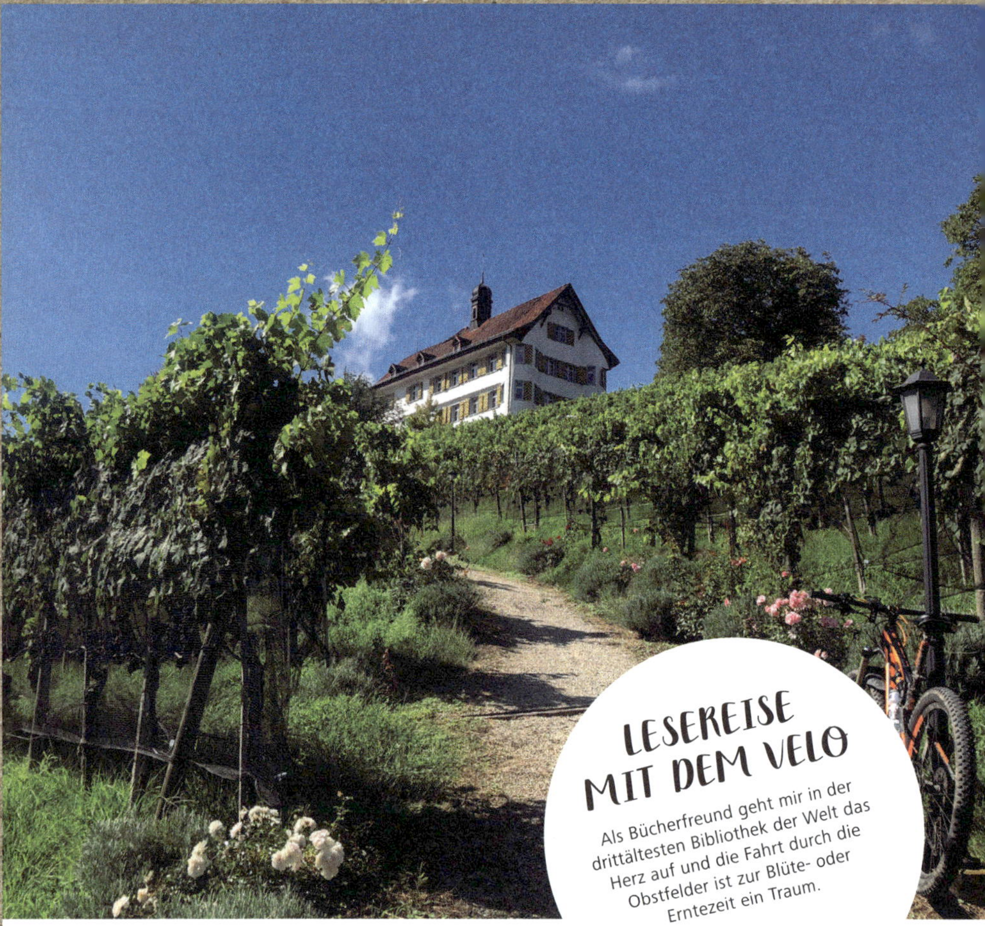

LESEREISE MIT DEM VELO

Als Bücherfreund geht mir in der drittältesten Bibliothek der Welt das Herz auf und die Fahrt durch die Obstfelder ist zur Blüte- oder Erntezeit ein Traum.

➤ **1 /** Aufgalopp zur Tour direkt am Bahnhof St. Gallen

➤ **2 /** Auf dem Roten Platz wird die Stadt zum Wohnzimmer

➤ **3 /** Bibliophile Zeitreise im Stiftsbezirk St. Gallen

➤ **4 /** Inmitten der Reben lädt Schloss Dottenwil zur Einkehr

➤ **5 /** Massivbauweise: das schöne Schloss Mammertshofen

➤ **6 /** Das Mosterei- und Brennereimuseum Möhl ist ein Saftladen mit Stil

➤ **7 /** Im Seebad Steinach planschen wir mit Vintage-Flair

➤ **8 /** Hier schippen die Profis: Sandskulpturenfestival Rorschach

➤ **9 /** Badi, Beiz & Kleinkunst in der Badhütte Rorschach

➤ **10 /** Zieleinfahrt am Bahnhof Rorschach Hafen

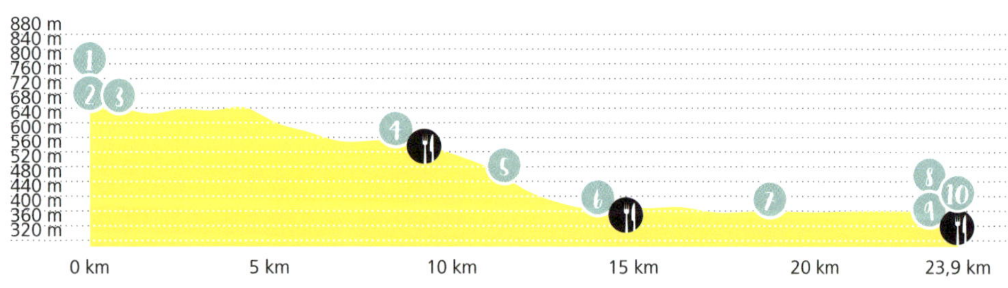

VON BÜCHERN UND BIRNEN

Vom Stiftsbezirk St. Gallen durch die Obstgärten zum Seeufer

Auf dieser einfachen Tour lassen wir es rollen und genießen den Fahrtwind! Während unserer Route von der Innenstadt St. Gallens bis hinunter nach Rorschach am Bodensee müssen wir kaum in die Pedale treten.

24 Kilometer
40 Höhenmeter ▲
300 Höhenmeter ▼
1:45 Stunden
Strecke

Zickzack übern roten Teppich

Im Herzen der Ostschweiz nimmt unsere Tour ihren Anfang. Startpunkt ist der 1 / Bahnhof St. Gallen im Zentrum der geschäftigen Metropole. Zunächst geht es im Zickzack-Kurs durch St. Gallens Straßen. Wir fahren vom Bahnhofsvorplatz die Gutenbergstraße bis zur St.-Leonhard-Straße, biegen dort links ab. An der nächsten Kreuzung geht es rechts in die Kornhausstraße und gleich wieder links in die Bleichestraße. Vor uns breitet sich nun der 2 / Rote Platz (Raiffeisenplatz, 9000 St. Gallen) aus, der im Gegensatz zu seinem Namensvetter im fernen Moskau tatsächlich knallrot ist. Sitzgelegenheiten, Brunnen und Skulpturen dieser Stadtlounge liegen hier unter einer leuchtenden Decke. Das Kunststoffgranulat wirkt tatsächlich irgendwie

CHARAKTER
Sportlich ●○○○○
Abkühlung ●●●○○
Schlemmen ●●●○○
Panorama ●●●●○

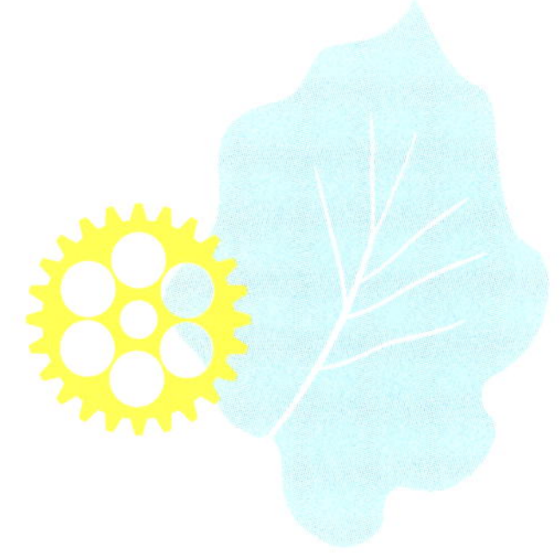

TOURENINFO / Einfache Tour, die uns fast ausschließlich auf Asphalt bergab zum Bodensee führt. Außerhalb von St. Gallen kaum Verkehr. Sehr gut geeignet für Familien mit Anhänger.

◂ **links / Highlight in den Reben: Schloss Dottenwil**

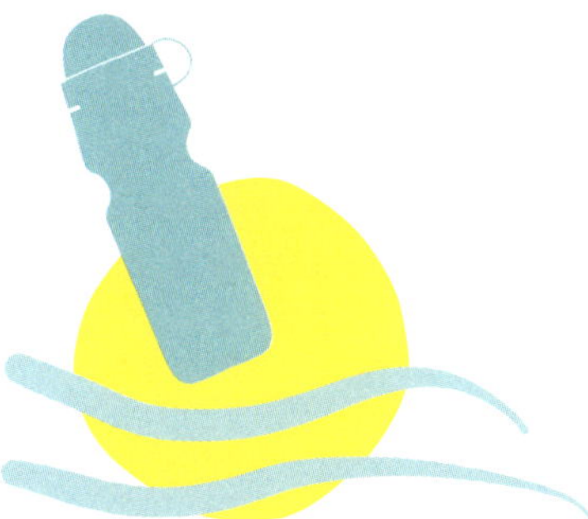

flauschig. Auf dem roten Teppich wenden wir uns nach rechts und erreichen die Gartenstrasse. Hier nun links und an der nächsten T-Kreuzung dem roten Radwegschild nach rechts folgen. Kurz darauf taucht auf der linken Seite das Klosterviertel auf. Dank einer auffälligen Hinweistafel am Straßenrand könnt ihr das gar nicht verfehlen.

Weltkulturerbe und Aushängeschild

Wenige Meter weiter stehen wir vor dem beeindruckenden Wahrzeichen der Stadt, dem 3 / Stiftsbezirk St. Gallen (Klosterhof 6D, 9000 St. Gallen, stiftsbezirk.ch). Über allem thronen hier die beiden Türme der spätbarocken Kathedrale St. Gallus und Othmar. Bereits seit 1983 gehört die Klosteranlage zum Weltkulturerbe der UNESCO. Ein Besuch gehört zum Pflichtprogramm. Regelmäßig gibt es Führungen durch die Kathedrale. Treffpunkt ist vor dem Westeingang. Dort findest du auch ein Schild mit den jeweiligen Zeiten. Die Rundgänge sind kostenfrei, allerdings freut sich die Kollekte über einen Obolus. Im Gebäude nebenan gleiten wir dann auf Filzpantoffeln durch die mutmaßlich drittälteste Bibliothek der Welt, die Stiftsbibliothek. Eine barocke Schatzkammer des Wissens und „Apotheke für die Seele“, so steht es zumindest in griechischen Lettern über der Eingangstür. Eine Etage tiefer liegt im Gewölbekeller des Stifts mit dem „Evangelium Longum“ zudem eines der ältesten original erhaltenen Bücher des Mittelalters hinter Panzerglas. Nach unserer bibliophilen Zeitreise gönnen wir uns im gemütlichen Kloster-Bistro eine Pause. Anschließend führt die Gallusstrasse aus dem Klosterviertel zurück in die Gegenwart.

SCHICKE STADTLOUNGE

Unter dem dicken „Teppich“ aus Gummigranulat des 2 / Roten Platzes zeichnet sich neben Tischen, Stühlen, Sofas und Liegen sogar ein schnittiger Sportwagen ab.

Aus dem barocken Himmel durch paradiesische Obstgärten

Wir erreichen den Marktplatz St. Gallens und folgen nun der Goliathgasse. Jetzt befinden wir uns auf der Obstgarten-Route. Der

---

➤ rechts oben / Der Stiftsbezirk St. Gallen ist ein Must-See
➤ rechts Mitte / Läuft mit der Beschilderung

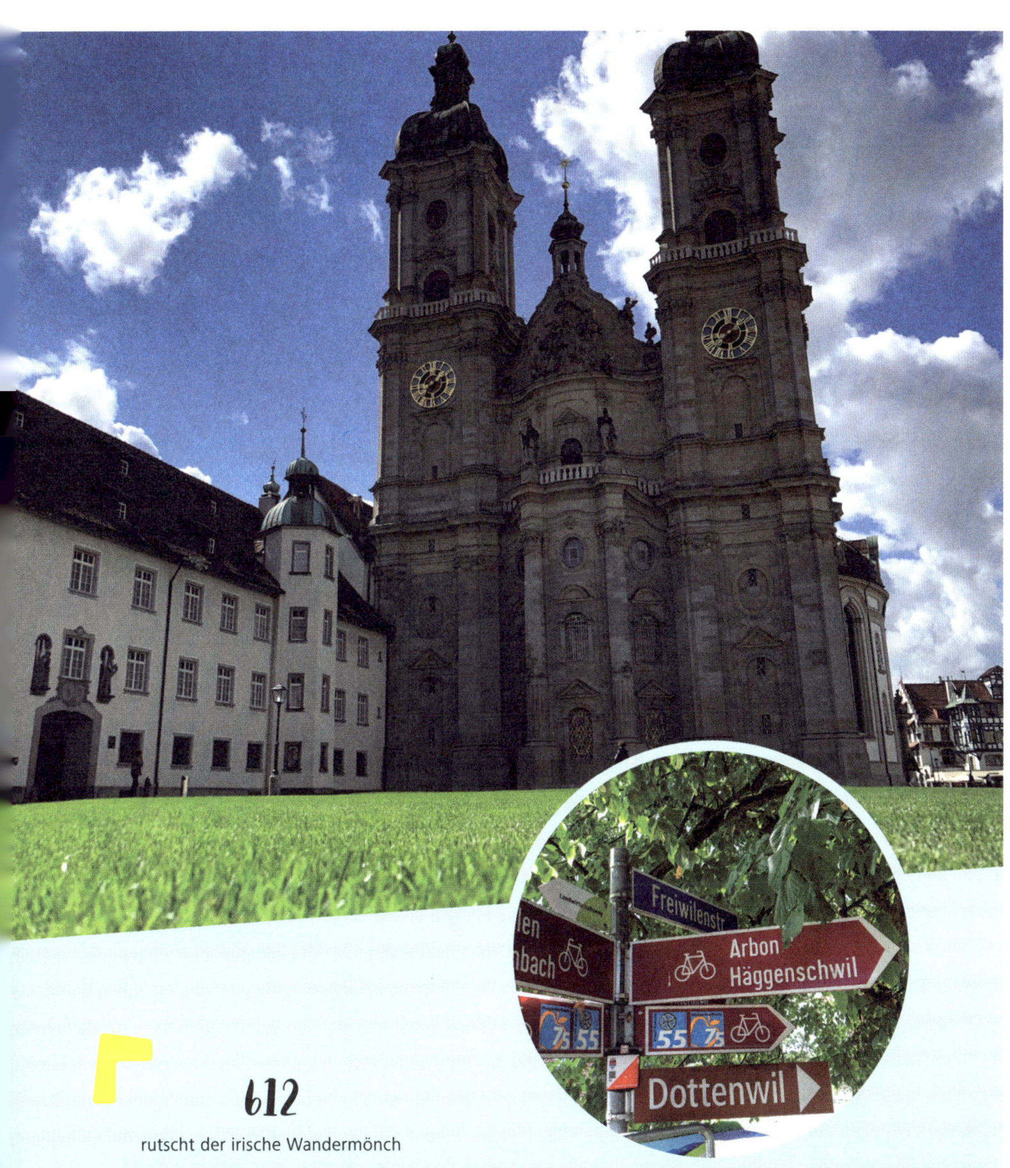

612

rutscht der irische Wandermönch Gallus angeblich an einem Wasserfall der Steinach aus und landet in einem Dornenbusch. Schmerzhaft, für ihn aber ein Zeichen Gottes! Genau hier soll er bleiben. Macht er und gründet eine Einsiedelei – die Keimzelle, aus der sich St. Gallen entwickeln wird.

SAFTPRESSE DELUXE

Je nachdem, wie die Ernte ausfällt, verarbeitet die Mosterei Möhl, kurz 6 / MoMö, zwischen 20.000 und 40.000 Tonnen Mostobst für ihre Säfte.

AUF DER OBST-GARTEN-ROUTE

Radweg aus St. Gallen hinaus ist etwas zäh und eintönig, aber wir sind glücklicherweise noch ganz beseelt von den Eindrücken des barocken Stiftsbezirks. Orientieren könnt ihr euch nun an den roten Radwegschildern und den Wegweisern zur Obstgarten-Route. Letztere teilt sich die Strecke bisweilen mit dem Konzil-Radweg. Spätestens nach der Ortschaft Wittenbach erstreckt sich vor uns eine liebliche, mit Streuobstwiesen durchwirkte Landschaft. Eine prächtige Einkehrmöglichkeit ist 4 / Schloss Dottenwil (Dottenwil 1094, 9300 Wittenbach. www.dottenwil.ch), das geradezu unerhört pittoresk inmitten von Weinreben auf einem Hügel liegt. Gut gestärkt satteln wir unsere Bikes und kurbeln weiter die Obstgarten-Route entlang. Kaum zu glauben, aber hier könnt ihr tatsächlich Äpfel mit Birnen

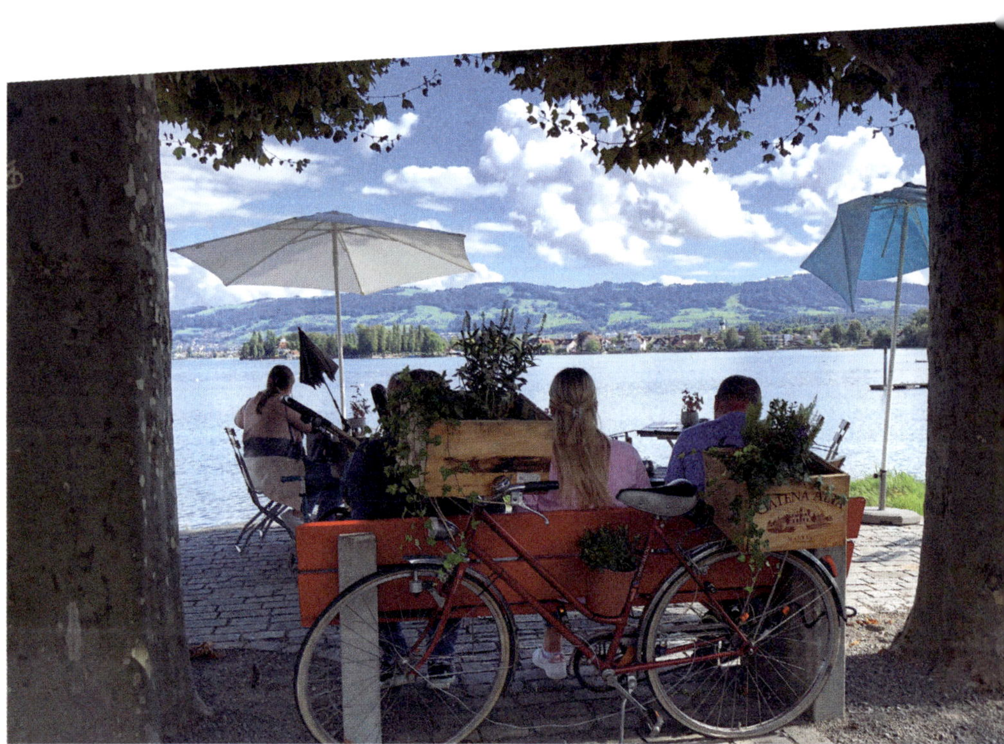

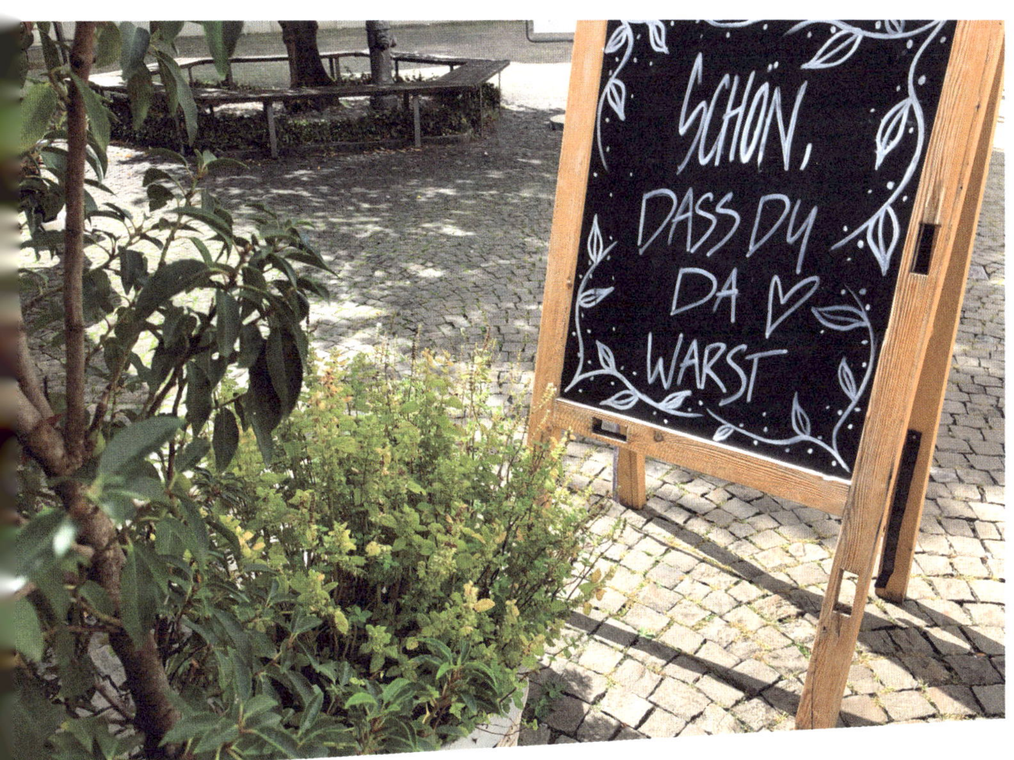

vergleichen. Von allem ist mehr als genug da. Zur Obsternte ächzen die Bäume unter der Last der reifen Früchte.

170.000

Bände umfasst die Sammlung der 719 gegründeten Bibliothek im 3 / Stiftsbezirk St. Gallen. Darunter auch das „Gallus Abrogans", welches als ältestes deutsches Buch gilt. Hinzu kommen 2100 Handschriften sowie 1650 Drucke. So viel mag auch ein E-Book-Reader schlucken, riecht aber nicht so gut!

Schicker Saftladen

Zurück auf dem Velo rollen wir weiter bergab. Einfach immer den roten Schildern mit dem gelb-blauen Apfelsymbol nach. Zwischen Freidorf und Roggwil schraubt sich 5 / Schloss Mammertshofen (9325 Roggwil) empor, einer der mächtigsten Bergfriede der Schweiz. Die Trutzburg ist heute in Privatbesitz und nicht zugänglich, demonstriert aber eindrücklich die gelungene Transformation von mittelalterlichem Einbruchschutz in die Moderne. Wir rauschen weiter und erreichen die ersten Ausläufer von Arbon. Im 6 / Mosterei- und Brennereimuseum Möhl (St. Gallerstrasse 209, 9320 Arbon. www.moehl.ch), oder kurz schlicht MoMö, erfahren wir schließlich, wie man denn nun aus dem ganzen Obst, an dem wir bisher vorbeigeradelt sind, das Beste herausholt. Bereits seit 125 Jahren zelebriert man hier das Safthandwerk. Während der Obsternte im

< links / Abschalten bei einem kühlen Hellen
^ oben / Uf Wiederluege. Schön war's

VINTAGE KÖPPER

Gebaut 1918, ist das **7 / Seebad Steinach** eines der ältesten seiner Art am Bodensee. Das Badehaus befindet sich noch weitestgehend im Originalzustand.

125 JAHRE SAFTHANDWERK

250

Tonnen Quarzsand werden seit 1998 jährlich für das 8 / Sandfestival Rohrschach von August bis September auf die Arionwiese geschaufelt. Im richtigen Verhältnis mit Wasser gemischt, wird der Sand schließlich hart wie Beton und ermöglicht spektakuläre Formen.

Oktober lohnt sich ein Besuch besonders. Da ist das Museum die ganze Woche geöffnet. In der Bar des MoMö gibt's außerdem znüni, zmittag und zvieri regionale Gaumenfreuden. Nach einem Schlückchen Saft geht's weiter. Auf unserem Weg bleiben wir der Obstgarten-Route treu, passieren Schloss Arbon und treffen am Hafen schließlich auf den Bodenseeradweg. Den werden wir nun bis zu unserem Etappenziel nicht mehr verlassen. Auf dem Weg direkt am Ufer ist bisweilen ordentlich Velo-Verkehr, dafür ist die Piste hier aber auch angenehm breit. Nahezu alle paar Meter locken Cafés oder Lounge-Bars.

Nostalgische Badekultur

Mit dem 7 / Seebad Steinach (Seestrasse, 9232 Steinach, seebadsteinach.ch) erreichen wir bald eines der ältesten Seebäder am Bodensee. Das liebevoll restaurierte Badehaus verströmt ein gemütliches Vintage-Flair. Die aktuelle Wassertemperatur könnt ihr einer kleinen Schiefertafel am Eingang entnehmen. Außerhalb der Badesaison wird die „Perle am Bodensee" kurzerhand zu einem kleinen Restaurant umfunktioniert. Es ist nun nicht mehr weit bis zu unserem Etappenziel Rorschach. Jeden Sommer findet hier auf der Arionwiese direkt am Seeufer das 8 / Sandskulpturenfestival Rorschach (sandskulpturen.ch) statt und gewährt einen faszinierenden Einblick in die hohe Kunst des Sandburgenbaus. Das im heimischen Sandkasten nachzubauen, wird eine Herausforderung! Nur wenige Meter entfernt umspülen die Wellen ein absolutes Kleinod am See: die 9 / Badhütte Rorschach (Thurgauerstrasse 26, 9400 Rorschach, badhuette.ch). Als 1924 aus Holz gefertigte Herzlichkeit, vereint die Badhütte auf charmante Weise Badi, Restaurant und Kleinkunstbühne in einem. Wir rollen nun am historischen Kornhaus vorbei und erreichen schließlich den 10 / Bahnhof Rorschach Hafen, unser Ziel.

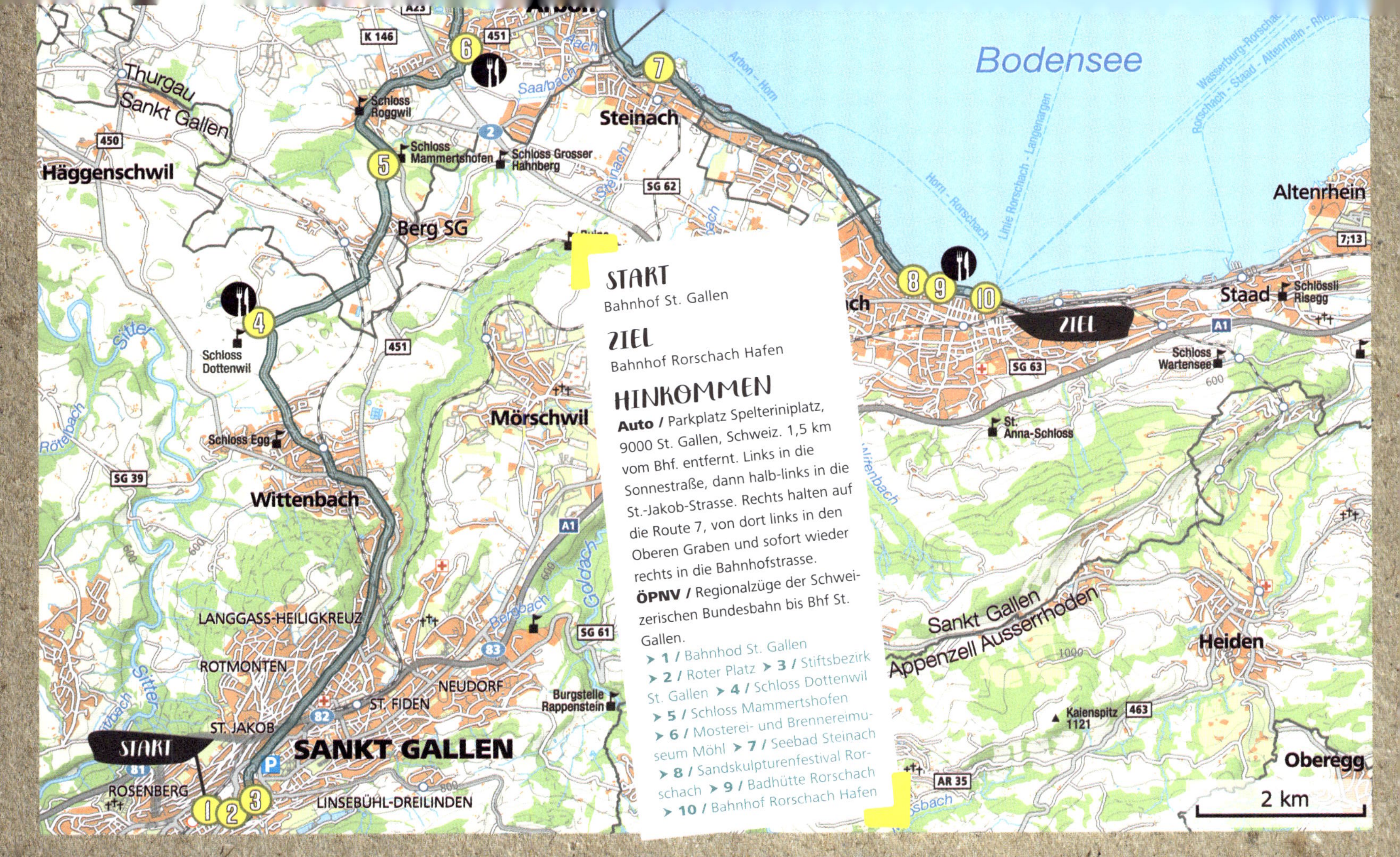

START
Bahnhof St. Gallen

ZIEL
Bahnhof Rorschach Hafen

HINKOMMEN
Auto / Parkplatz Spelteriniplatz, 9000 St. Gallen, Schweiz. 1,5 km vom Bhf. entfernt. Links in die Sonnestraße, dann halb-links in die St.-Jakob-Strasse. Rechts halten auf die Route 7, von dort links in den Oberen Graben und sofort wieder rechts in die Bahnhofstrasse.
ÖPNV / Regionalzüge der Schweizerischen Bundesbahn bis Bhf St. Gallen.

➤ **1** / Bahnhod St. Gallen ➤ **2** / Roter Platz ➤ **3** / Stiftsbezirk St. Gallen ➤ **4** / Schloss Dottenwil ➤ **5** / Schloss Mammertshofen ➤ **6** / Mosterei- und Brennereimuseum Möhl ➤ **7** / Seebad Steinach ➤ **8** / Sandskulpturenfestival Rorschach ➤ **9** / Badhütte Rorschach ➤ **10** / Bahnhof Rorschach Hafen

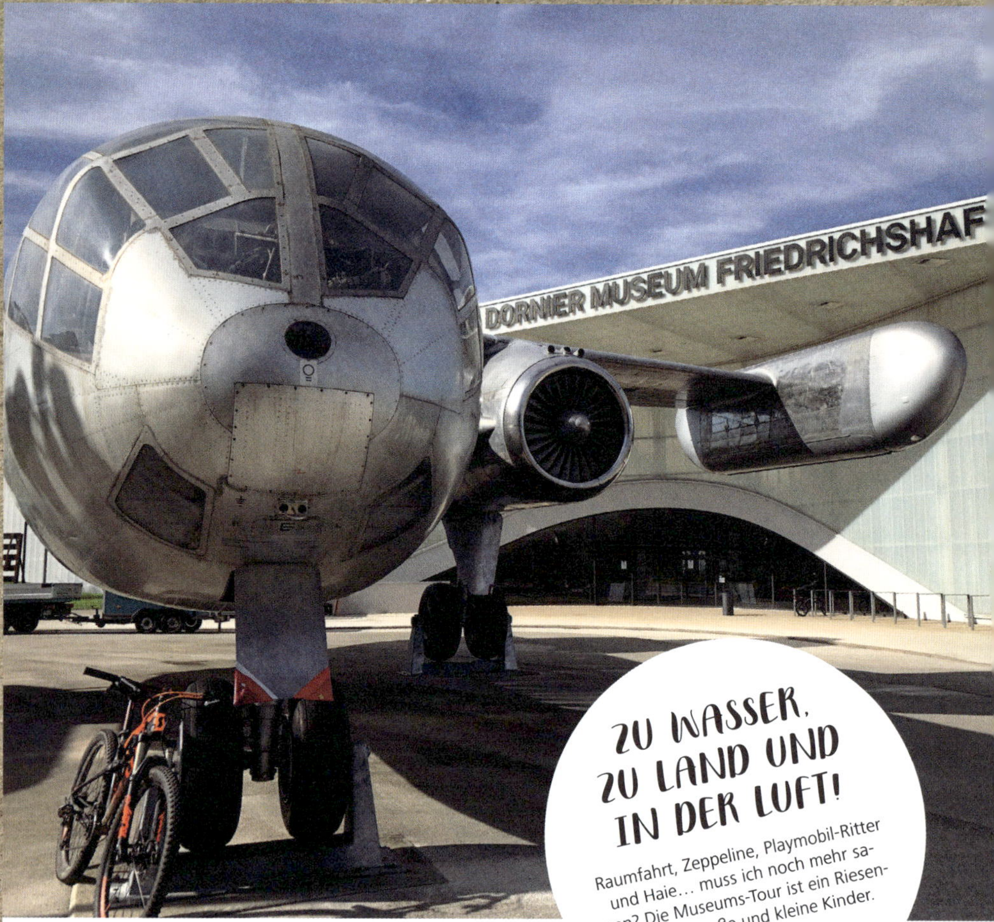

ZU WASSER, ZU LAND UND IN DER LUFT!

Raumfahrt, Zeppeline, Playmobil-Ritter und Haie… muss ich noch mehr sagen? Die Museums-Tour ist ein Riesenspaß für große und kleine Kinder.

- **1 /** Abflug am Bahnhof Friedrichshafen Flughafen
- **2 /** 100 Jahre Luft- und Raumfahrt im Dornier Museum
- **3 /** Bei den fliegenden Zigarren: Zeppelin Museum
- **4 /** Ins Krähennest: Moleturm Friedrichshafen als Ausguck auf den See
- **5 /** Unaufhörlich dreht sich die Imperia vor Konstanz
- **6 /** Der Rothaus Biergarten ist ein versteckter Logenplatz am Seeufer
- **7 /** Mit Playmo in die Vergangenheit: Archäologisches Landesmuseum
- **8 /** In der Pizzeria Seekuh werden weder Weidegras noch Algen serviert
- **9 /** Hai-Life im Sealife Konstanz
- **10 /** Endstation ist am Bahnhof Konstanz

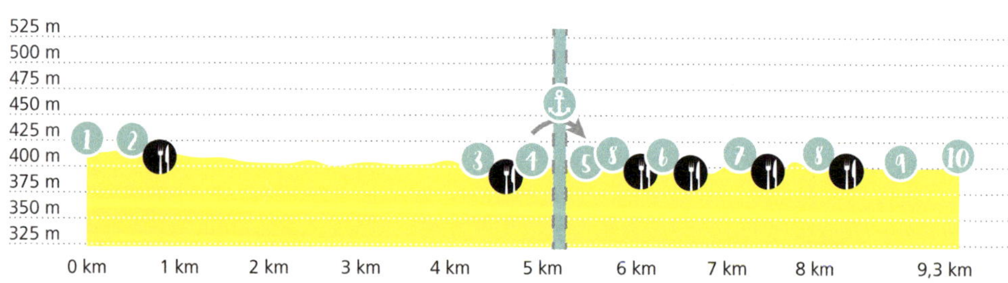

MUSEUMS-HOPPING ÜBERS WASSER

Von Friedrichshafen nach Konstanz

Die Bodenseeregion ist gespickt mit einer Vielzahl abwechslungsreicher Museen. Eines faszinierender als das andere. Diese einfache Tour führt uns in Friedrichshafen und Konstanz gleich zu vier der schönsten Museen am See.

9 Kilometer
20 Höhenmeter ▲
40 Höhenmeter ▼
1 Stunde
Strecke

Ready for take off

Am einfachsten gestaltet sich unser Museums-Hopping, wenn ihr mit dem Zug anreist. Wir starten am 1 / Bahnhof Friedrichshafen Flughafen. Während rechts von uns in regelmäßigen Abständen Flieger abheben und landen, rollen wir nur ein paar Meter, bevor wir am ersten Highlight der Tour, dem 2 / Dornier Museum (Claude-Dornier-Platz 1, 88046 Friedrichshafen), dorniermuseum.de schon wieder aus dem Sattel steigen. Die mächtige silbrige Dornier Do 31 vor dem Museum ist nicht zu verfehlen und macht sofort klar, wohin die Reise gehen soll: nach oben. Die Ausstellung im Hangar des größten Technikmuseums am Bodensee nimmt uns mit auf eine Reise durch 100 Jahre Luft- und Raumfahrt. Die zwölf Originalflugzeuge und Hub-

CHARAKTER

Sportlich ●○○○○
Abkühlung ●○○○○
Schlemmen ●●●○○
Panorama ●●●○○

TOUR, DIE DU SO NIE GEMACHT HÄTTEST

TOURENINFO / Sehr einfache Streckentour ausschließlich auf gut befahrbaren Radwegen.

◂ links / Ready for takeoff im Dornier Museum

TOUR, DIE DU SO NIE GEMACHT HÄTTEST

schrauber sind teilweise begehbar und im Flugsimulator wird der Traum vom Fliegen dann tatsächlich beinahe Wirklichkeit. Ein Highlight: die Raumfahrtausstellung für zukünftige Nachwuchs-Astronauten. Von Oktober bis April ist das Museum übrigens montags geschlossen. Vom Dornier Museum folgen wir den grün-weißen Radwegweisern zum Hafen.

Auf eine Zigarre

Eine ganz besondere sogar: eine fliegende Silberzigarre. Fantastisch! Gereicht wird diese im 3 / Zeppelin Museum (Seestraße 22, 88045 Friedrichshafen), zeppelin-museum.de direkt am Hafenbecken Friedrichshafen, wo sich alles um die Erfolge und Dramen der Luftschifffahrt dreht. Ein Streifzug durch die originalgetreu nachgebauten Passagierräume und das Promenadendeck im Bauhaus-Stil versetzt uns an Bord der legendären LZ 129 Hindenburg. Dem gigantischen Zeppelin, der 1937 bei der Landung im amerikanischen Lakehurst tragisch verunglückte, ist eine ganze Ausstellungshalle gewidmet. Ein Kuriositäten-Kabinett ist die Wunderkammer des Museums, in der von der Briefmarke bis zum Blechspielzeug allerlei skurriler Zeppelin-Nippes zu sehen ist. Nicht ganz so hoch hinaus, wie mit einem Luftschiff, geht es nun in direkter Nachbarschaft. Wir erklimmen die 117 Stufen des stählernen 4 / Moleturms Friedrichshafen (88045 Friedrichshafen) am Hafenbecken. Von der knapp 22 Meter hohen Aussichtsplattform bietet sich ein toller Blick auf Friedrichshafen und den Fährverkehr im Hafenbecken.

FLOTTES DREIGESTIRN

Constanze, Fridolin und Ferdinand heißen die drei baugleichen Schiffe der Katamaran-Flottille. Fahrplan: derkatamaran.de

Ruckzuck übern See

Vom Moleturm sehen wir auch unsere Mitfahrgelegenheit über den See rechtzeitig angeschippert kommen. Daumen raus reicht

---

➤ rechts oben / Ausguck am Hafen: der Moleturm Friedrichshafen
➤ rechts Mitte / Kurtisane mit Drehwurm: die Konstanzer Imperia

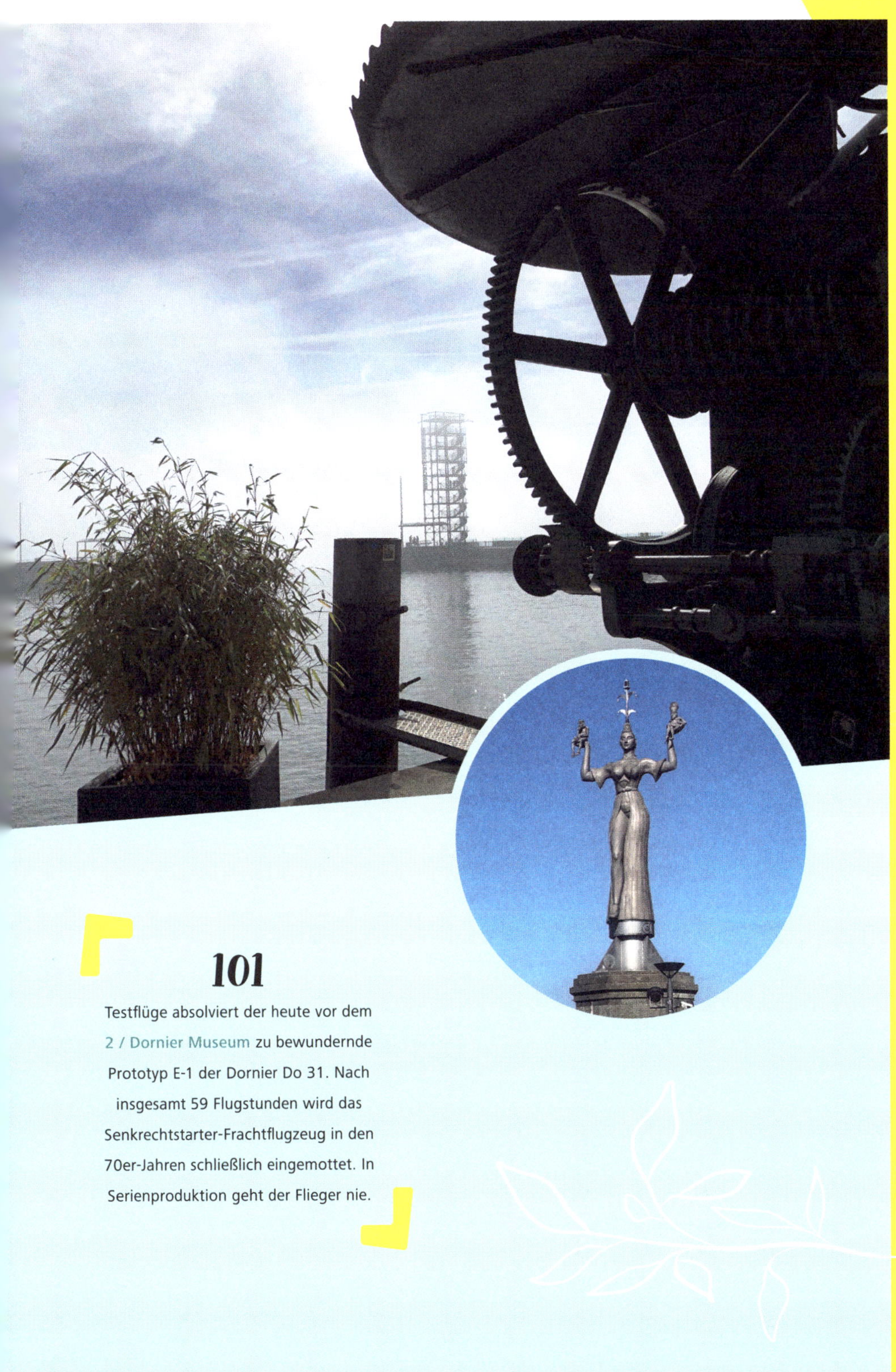

101

Testflüge absolviert der heute vor dem 2 / Dornier Museum zu bewundernde Prototyp E-1 der Dornier Do 31. Nach insgesamt 59 Flugstunden wird das Senkrechtstarter-Frachtflugzeug in den 70er-Jahren schließlich eingemottet. In Serienproduktion geht der Flieger nie.

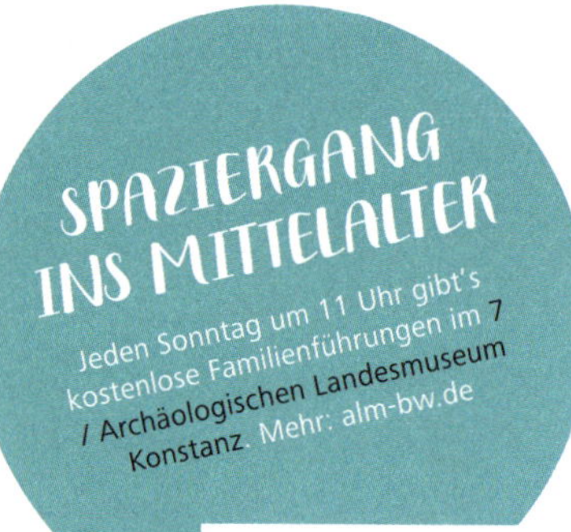

allerdings hier oben nicht. Wir gönnen uns eine Direktfahrt mit dem Katamaran nach Konstanz. Stündlich lichtet eines der schnittigen Boote seinen Anker. Die Fahrradmitnahme kostet zwar extra, zur Feier des Tages gönnen wir uns das aber auch. Bei gutem Wetter lässt sich die rasante Fahrt quer über den Bodensee bestens an Deck genießen. Die Nase im Wind rauscht uns Konstanz regelrecht entgegen. Die 5 / Imperia (Hafenstraße, 78462 Konstanz) am Hafen rotiert bereits vor Freude. Nachdem unser Schiff angelegt hat, machen wir der Neun-Meter-Kurtisane unsere Aufwartung. Anfangs heftig kritisiert, ist die Statue längst zum Konstanzer Wahrzeichen geworden. Sobald sich die freizügig gekleidete Monumentalfigur wieder von uns wegdreht, machen wir uns wieder auf den Weg.

TOUR, DIE DU SO NIE GEMACHT HÄTTEST

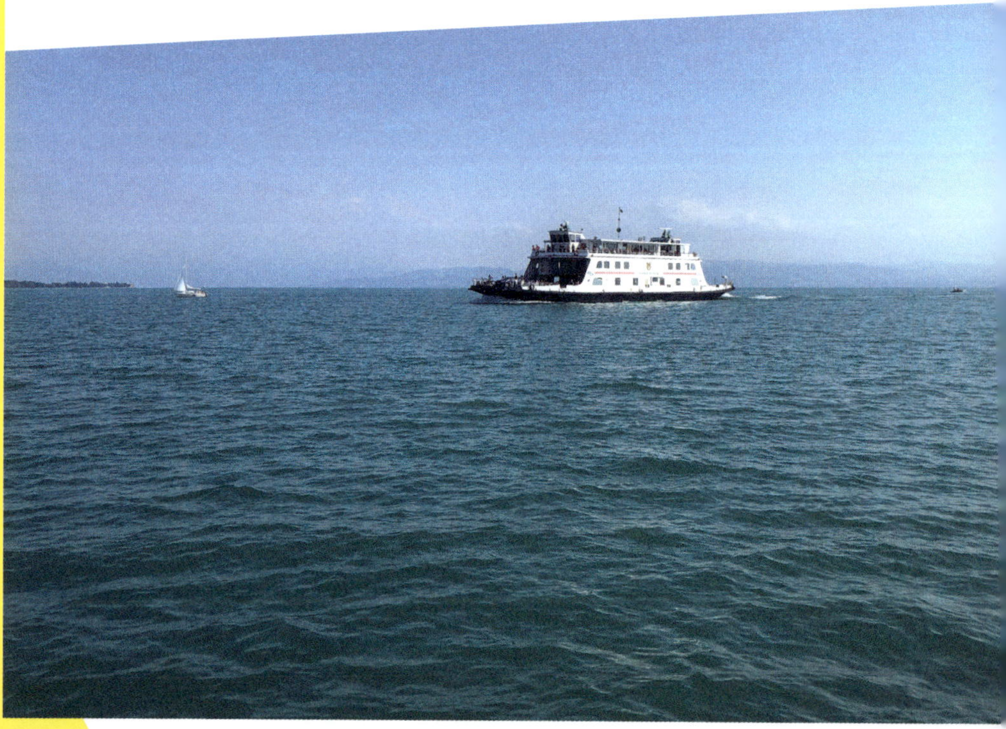

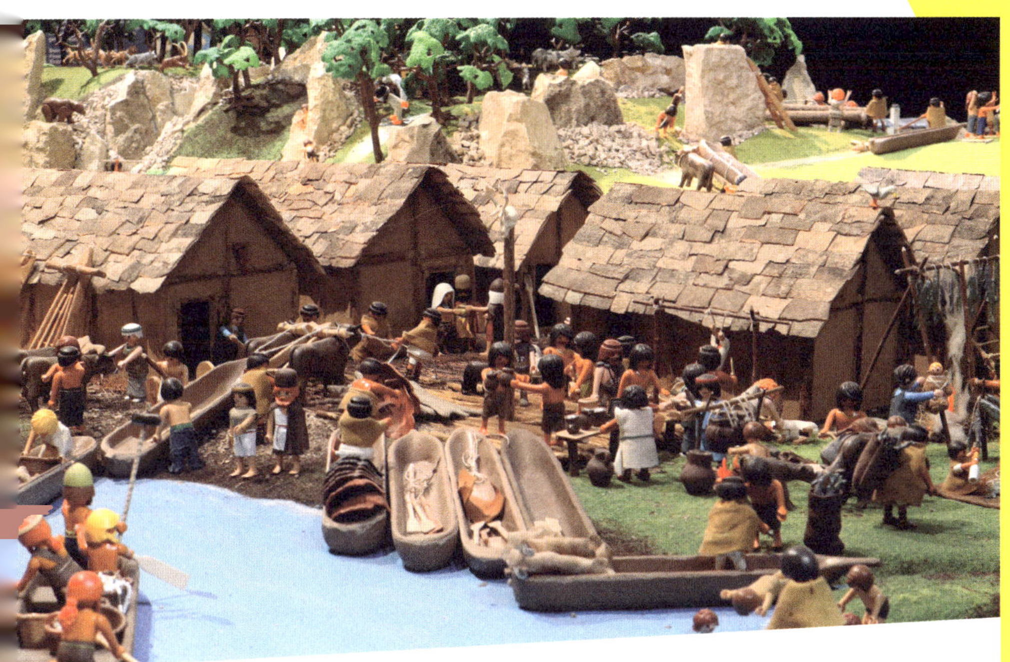

Konstanzer Schattenspiele

Wir überqueren die Gleise und fahren auf dem Radweg parallel zur Konzilstraße in Richtung Rheinbrücke. Nach ein paar Minuten überqueren wir am Bahnübergang die Konzilstraße erneut und gelangen auf die „Insel". Gleich links finden wir den 6 / Rothaus Biergarten (Auf der Insel 1, 78462 Konstanz). Der liegt im Schatten hoher Bäume etwas versteckt an der Rheinmündung. Quasi ein Logenplatz direkt am See. Perfekt für eine Erfrischung. In den Sommermonaten lässt es sich hier auf Liegestühlen und Loungemöbeln bestens aushalten. Wir machen uns wieder auf unsere Museums-Tour. Zurück auf dem Radweg kurven wir durch die Unterführung am Rheintorturm auf die Rheinbrücke. Auf der anderen Flussseite kurven wir wieder von der Brücke herunter und fahren rechts durch die Unterführung. Vor uns haben wir jetzt das 7 / Archäologische Landesmuseum (Benediktinerplatz 5, 78467 Konstanz), alm-bw.de.

700.000

Rinderblinddarme werden bis in die 30er-Jahre für die Traggaszellen eines einzelnen Zeppelins verarbeitet. Also sind die fliegenden Zigarren anfangs eigentlich fliegende Bratwürste im Naturdarm. Alle Details zur Konstruktion der Luftschiffe gibt's im 3 / Zeppelin Museum.

Mit Playmo auf Zeitreise

Zu bestaunen gibt's, was in Baden-Württemberg bisher so alles an steinzeitlichen, römischen und mittelalterlichen Hinterlassenschaften ausgebuddelt wurde. Die Fülle der Schätze ist atembe-

< links / Seeüberquerung mit dem Katamaran
^ oben / Playmobil meets Archäologie im ALM Konstanz

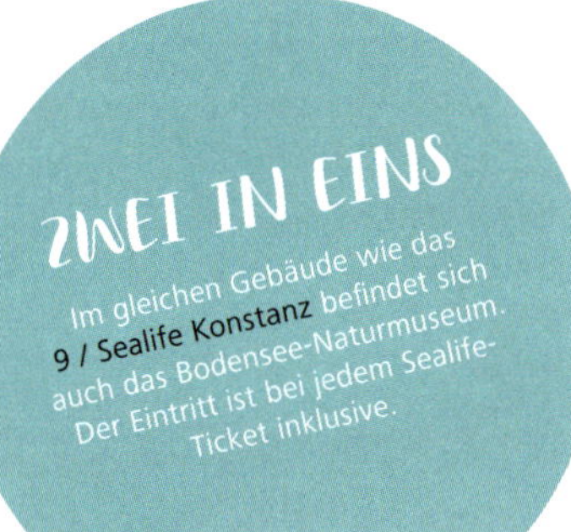

raubend. Wie nebenbei wird auch noch gezeigt, wie Archäologen die historischen Kostbarkeiten eigentlich heben. Schaut im Museum genau hin! Beim Gang durch die Ausstellung gibt's in den Vitrinen immer wieder Playmobil-Figuren zu entdecken. Quasi ein augenzwinkernder Spielzeug-Kommentar zu den Exponaten. Im dritten Stock verschmelzen dann Kreativität, Humor, Modellbau und Wissenschaft zum grandiosen Wimmelbild der Sonderausstellung „Archäologie & Playmobil". In einem detailgetreuen Diorama erleben Heerscharen von Playmobil-Figuren turbulente Abenteuer. Da wird gefochten, belagert und gefeiert. Detailreich und authentisch. Viele kleine Szenerien vermitteln einen faszinierenden Eindruck vergangener Tage. Keine Frage: Das stellen wir zu Hause nach!

1278

oder ein paar Jahre später – so genau lässt sich das leider nicht mehr sagen – versenkt vermutlich ein Mönch sein hölzernes Spielbrett in der Latrine. Schlecht gewürfelt? Trotz Spielverbot wird im Kloster ordentlich gezockt, wie die Ausstellung im 7 / Archäologisches Landesmuseum Konstanz zeigt.

Ohne Luft holen abtauchen

Wir fahren auf dem gleichen Weg zurück. Rechts am Weg stoßen wir bald auf die gemütliche 8 / Pizzeria Seekuh (Konzilstraße 1, 78462 Konstanz), seekuh.de mit ihrem schönen Biergarten. Zum Bahnhof ist es von hier nicht weit, daher merken wir uns die Seekuh, um dort später unsere Tour ausklingen zu lassen. Zunächst rollen wir allerdings noch ein paar Meter zur letzten Station unserer Viermuseentournee, das 9 / Sealife Konstanz (Hafenstraße 9, 78462 Konstanz), visit-sealife.de direkt am Hafen. Jetzt heißt es abtauchen! Das geht im spektakulären Unterwassertunnel sogar, ohne nass zu werden oder Luft holen. Auf der anderen Seite der Scheibe drehen Ammenhai und Meeresschildkröte ihre Kreise durch ein Riff wie im Roten Meer. Und gleich nebenan planschen die Piranhas im Regenwald-Becken. Mehr Exotik geht wirklich nicht. Zum Ziel unserer Tour, dem 10 / Bahnhof Konstanz, sind es von hier dann nur noch ein paar Schritte. Wenn das Auto noch in Friedrichshafen steht, auch kein Problem: Mit dem Zug sind es etwa 90 Minuten in die Zeppelinstadt. Je nach Verbindung, müsst ihr in Radolfzell oder Singen einmal umsteigen.

TOUR, DIE DU SO NIE GEMACHT HÄTTEST

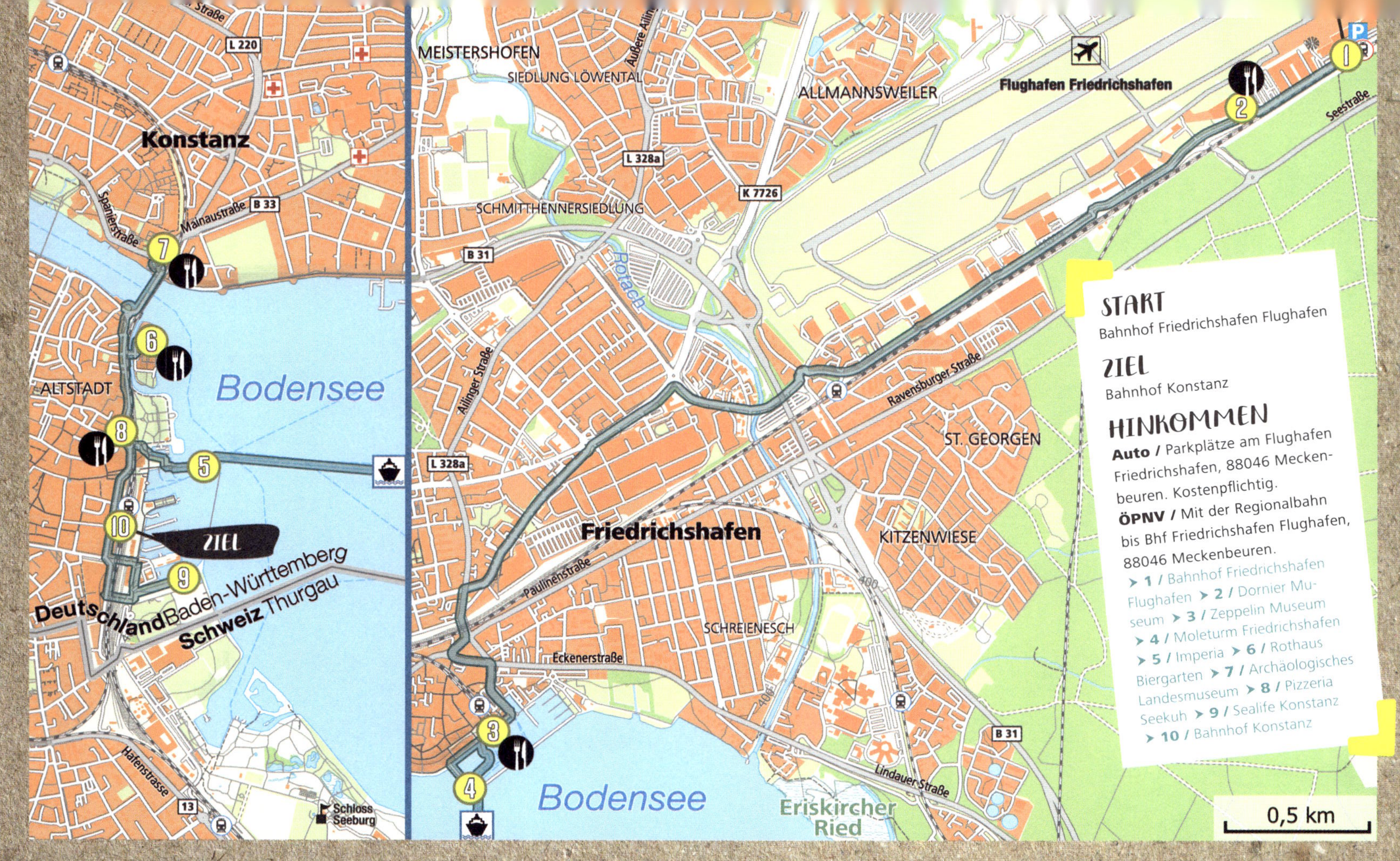

START
Bahnhof Friedrichshafen Flughafen

ZIEL
Bahnhof Konstanz

HINKOMMEN
Auto / Parkplätze am Flughafen Friedrichshafen, 88046 Meckenbeuren. Kostenpflichtig.
ÖPNV / Mit der Regionalbahn bis Bhf Friedrichshafen Flughafen, 88046 Meckenbeuren.

› 1 / Bahnhof Friedrichshafen Flughafen › 2 / Dornier Museum › 3 / Zeppelin Museum › 4 / Moleturm Friedrichshafen › 5 / Imperia › 6 / Rothaus Biergarten › 7 / Archäologisches Landesmuseum › 8 / Pizzeria Seekuh › 9 / Sealife Konstanz › 10 / Bahnhof Konstanz

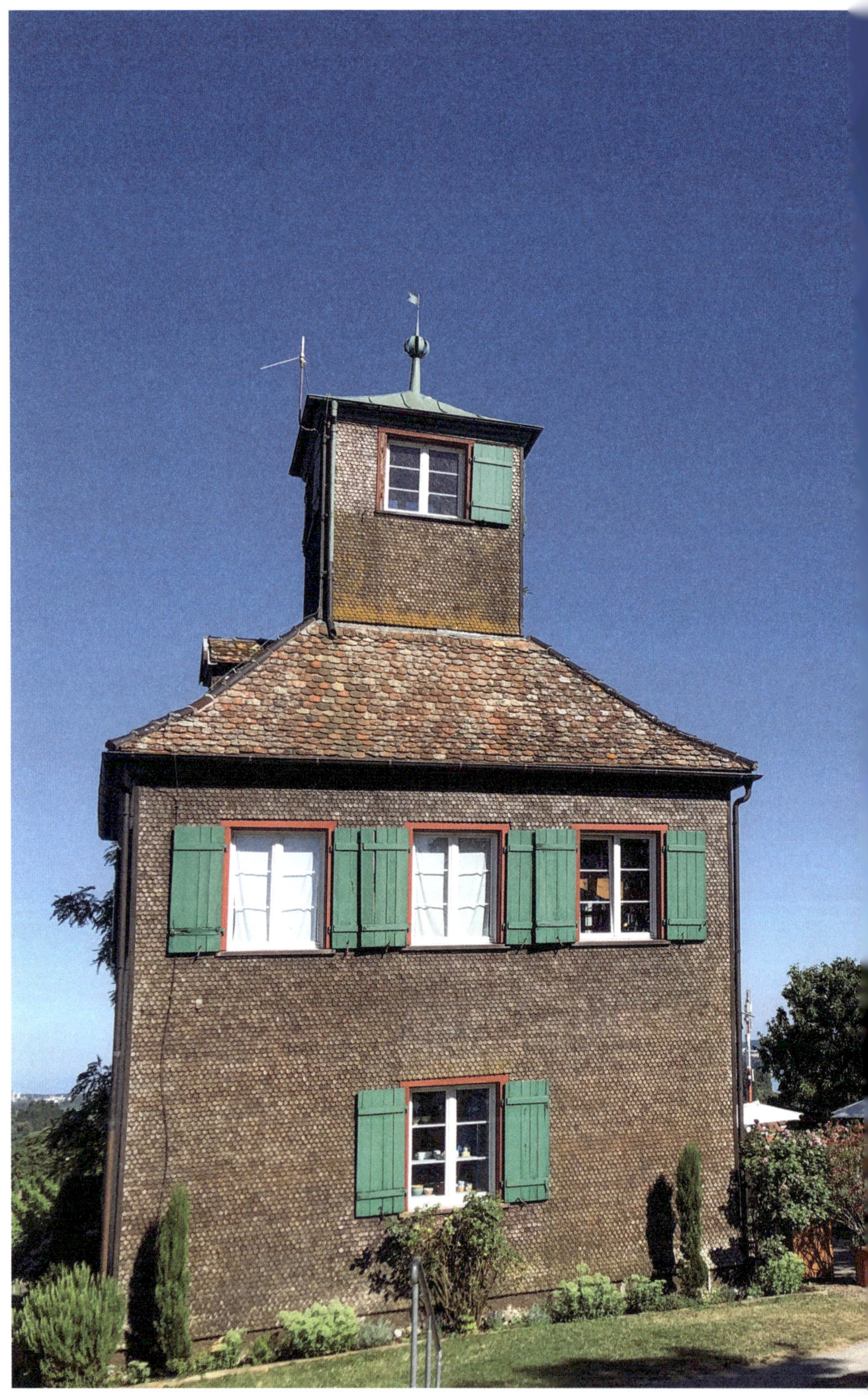

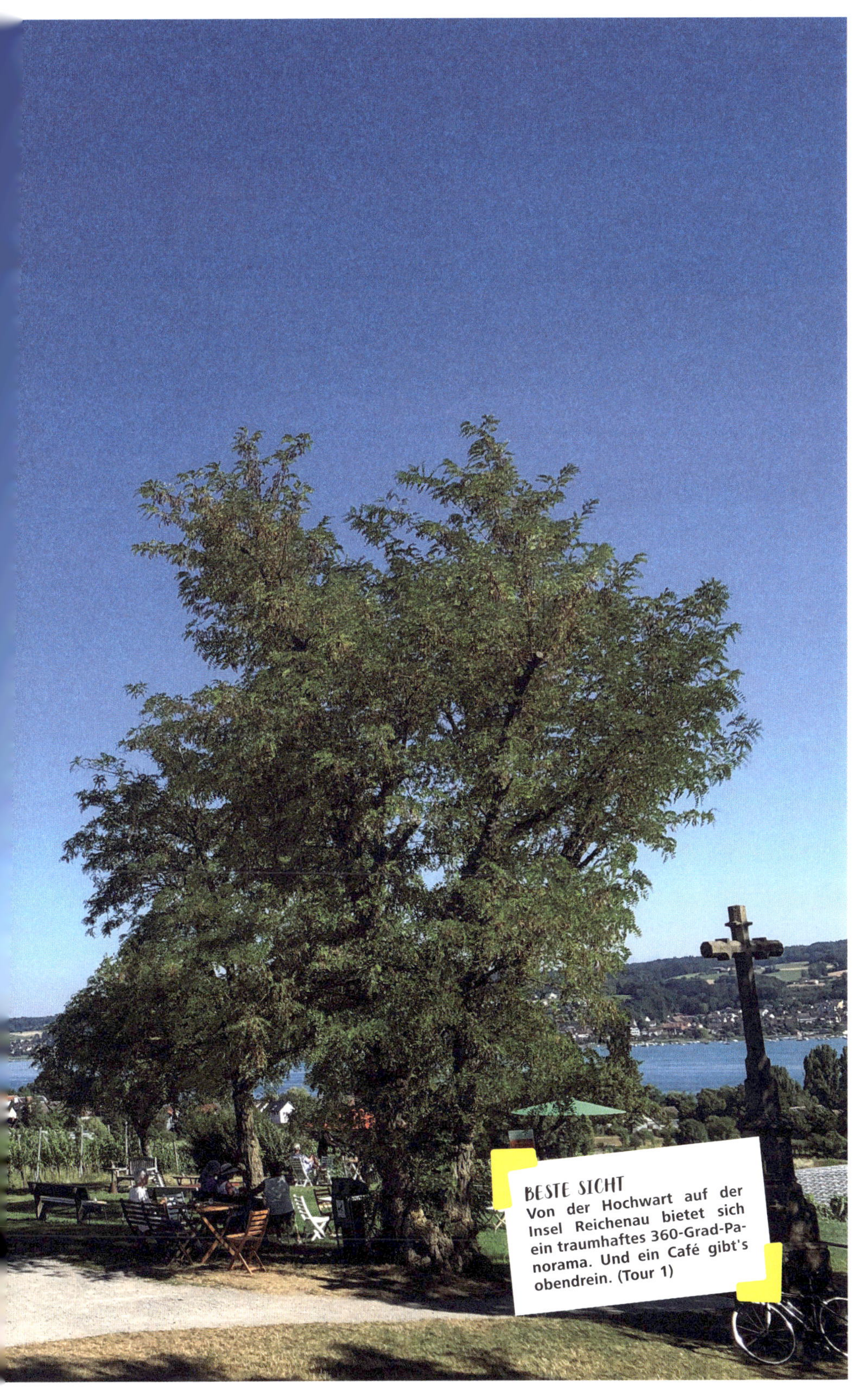

BESTE SICHT
Von der Hochwart auf der Insel Reichenau bietet sich ein traumhaftes 360-Grad-Panorama. Und ein Café gibt's obendrein. (Tour 1)

MEHR ERFAHREN

SPANNENDE TAGESTOUREN, DIE JEDER SCHAFFT

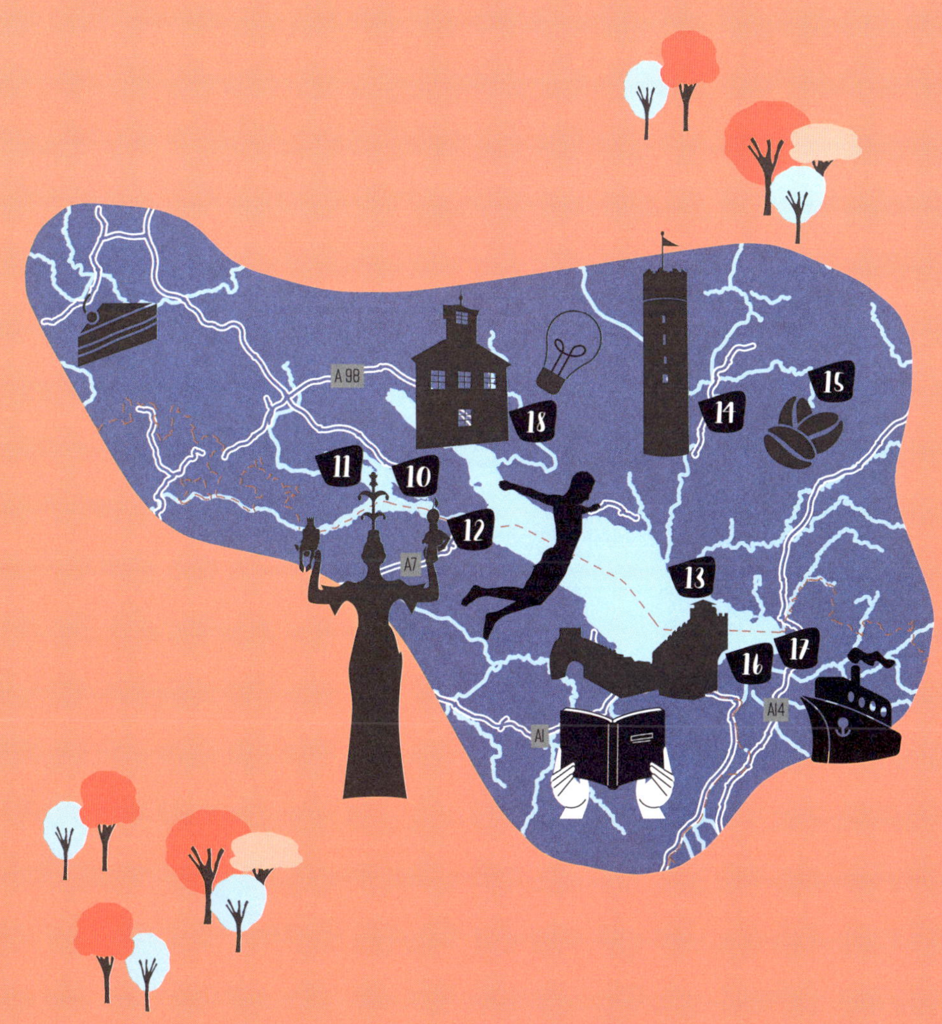

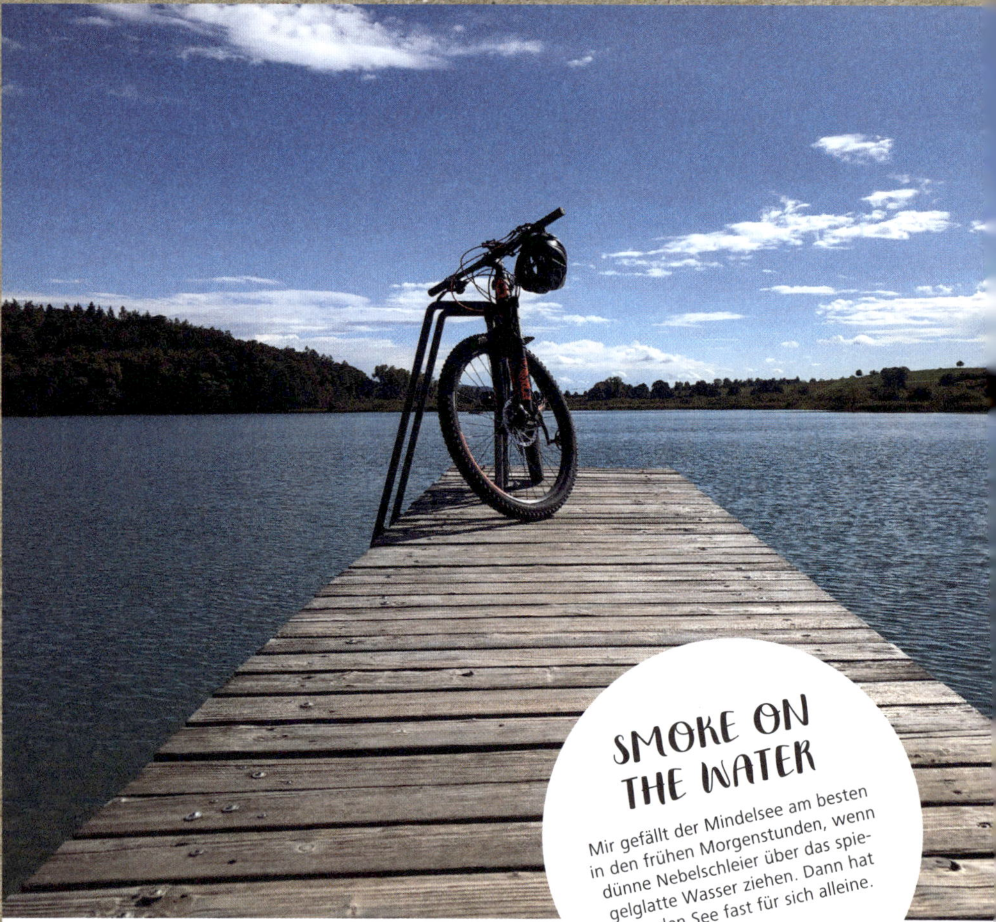

SMOKE ON THE WATER

Mir gefällt der Mindelsee am besten in den frühen Morgenstunden, wenn dünne Nebelschleier über das spiegelglatte Wasser ziehen. Dann hat man den See fast für sich alleine.

- **1 /** Am Bahnhof Allensbach geht's zu unserer Traumtour los
- **2 /** Mit den Wölfen heulen im Wild- und Freizeitpark Allensbach
- **3 /** Eiszeitschönheit: der Mindelsee
- **4 /** Badesteg im Naturparadies
- **5 /** Bildungs-Café im BUND Naturschutzzentrum Möggingen
- **6 /** Verhaltensforschung im MaxCine
- **7 /** Köpper vom Steg in der Badeoase Buchenseen
- **8 /** Felsenfest ohne Pattex Stein-Balance
- **9 /** Flüsterrunde auf der Solarfähre HELIO
- **10 /** Über den Dingen: auf dem Mettnauturm
- **11 /** Paddeln oder Kaffeeklatsch im Naturfreundehaus Bodensee

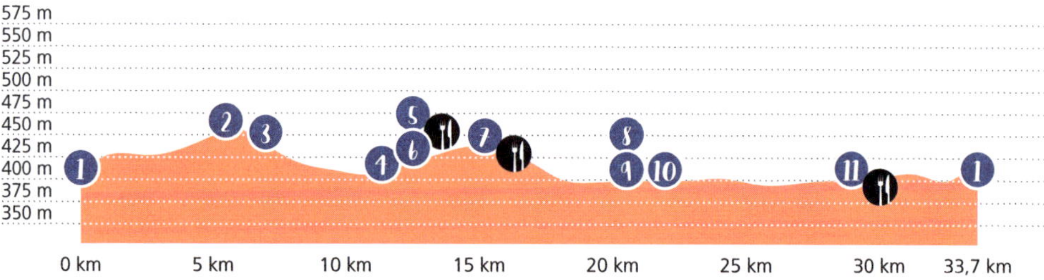

Expedition ins Tierreich

Durch die Naturparadiese Mindelsee und Mettnau

Die Naturschutzgebiete um den Mindelsee und auf der Halbinsel Mettnau sind ein Paradies für gefährdete Vogelarten und seltene Pflanzen. In Allensbach brechen wir zu unserer Expeditions-Runde zwischen Überlinger See und Untersee auf. Packt ein Fernglas ein, es gibt viel zu sehen!

34 Kilometer
130 Höhenmeter ▲
130 Höhenmeter ▼
2 Stunden
Rundtour

Vom Seeufer ins Moor

Das Umland des Bodensees ist durchwirkt von einem Netz aus einzigartigen Naturschutzgebieten. Zahllose Seen, Feuchtwiesen und Moore dienen seltenen Pflanzen- und Tierarten als Rückzugsgebiet. Eines der schönsten ist der eiszeitliche Mindelsee auf dem Bodanrück. Los geht es am 1 / Bahnhof Allensbach. Den blau schimmernden Bodensee im Rücken wenden wir uns nach links und folgen der Radolfzeller Straße, bis wir nach einem halben Kilometer rechts in die Holzgasse einbiegen. Wir folgen der schmalen Landstraße, bis wir nach ungefähr zwei Kilometern ein kleines Waldstück erreichen. Hier halten wir uns links und

Charakter
Sportlich ●●○○○
Abkühlung ●●●●○
Schlemmen ●●○○○
Panorama ●●●○○

Toureninfo / Einfache Tour auf Asphalt und gut ausgebauten Schotterwegen. In den Naturschutzgebieten lässt sich viel beobachten, also ein Fernglas mitnehmen.

‹ links / Abgelegenes Badeparadies am Mindelsee

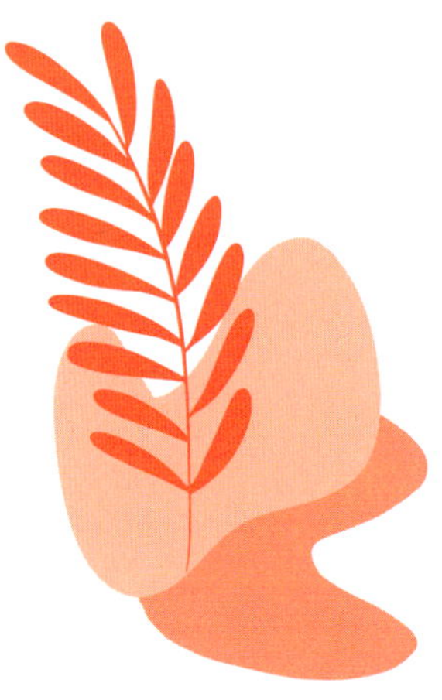

folgen weiter der Asphaltstraße. Bald darauf gelangen wir an eine T-Kreuzung, wo wir geradeaus auf dem Schotterweg weiterfahren. Der Weg führt uns entlang des Fischwassermoores. Auf den Feuchtwiesen leuchten die Blüten von Knabenkraut und Schwertlilien. Während wir weiterrollen, schaukeln Schmetterlinge neben uns durch die Luft und schillernde Libellen flitzen an uns vorbei. Wir folgen den Wegweisern zum 2 / Wild- und Freizeitpark Allensbach (Gemeinmärk 7, 78476 Allensbach). Auf schattigen Waldwegen durchqueren wir das Bündtlisried, bis wir den Parkplatz des Wildparks erreichen. Der Park ist mit seinen Freigehegen für Wildschweine, Damwild, Wölfe und Braunbären sowie Rutschenturm und Parkeisenbahn ein gut besuchtes Ausflugsziel. Sehenswert ist auch die Falknerei. Einkehren kann man gut im benachbarten Landgasthaus Mindelsee.

PETRI HEIL

Der dickste Brummer, der bisher aus dem klaren Wasser des 3 / Mindelsees gezogen wurde, war ein 2,40 Meter langer und knapp 70 Kilo schwerer Wels.

Auf ein Bad im Vogelparadies

An der Einfahrt des Parkplatzes passieren wir einen ebenso stolzen wie männlichen Bronze-Steinbock, das Wappentier des Wildparkes. Beinahe direkt gegenüber zweigt neben einer Infotafel ein gut befahrbarer Schotterweg von der Straße ab. Der Waldweg führt uns direkt zum 3 / Mindelsee. Der schicke See, eine Hinterlassenschaft der Würmeiszeit, blitzt am bewaldeten Südufer immer wieder durch die Bäume. An einigen Stellen erlaubt das steile Ufer einen Zugang zum See. Auch wenn wir hier nicht ins verlockende Nass hüpfen dürfen, bietet sich ein sagenhafter Ausblick aufs Wasser. Gut, dass wir ein Fernglas dabeihaben. Wir folgen dem Weg weiter, bis zur nächsten Möglichkeit, rechts auf die schmale Mühlbachbrücke abzubiegen. Unsere Route führt durch Feuchtwiesen und ein wogendes Schilfmeer. Regelmäßig brüten hier bedrohte Arten wie Teichrohrsänger, Wasserralle und Baumfalke. Kurz nach der offenen Riedwiese, die der Weg durchquert,

---

➤ rechts oben / Beste Sicht vom Mettnauturm ➤ rechts Mitte / Im klaren Wasser des Mindelsees tummeln sich zahlreiche Fischarten

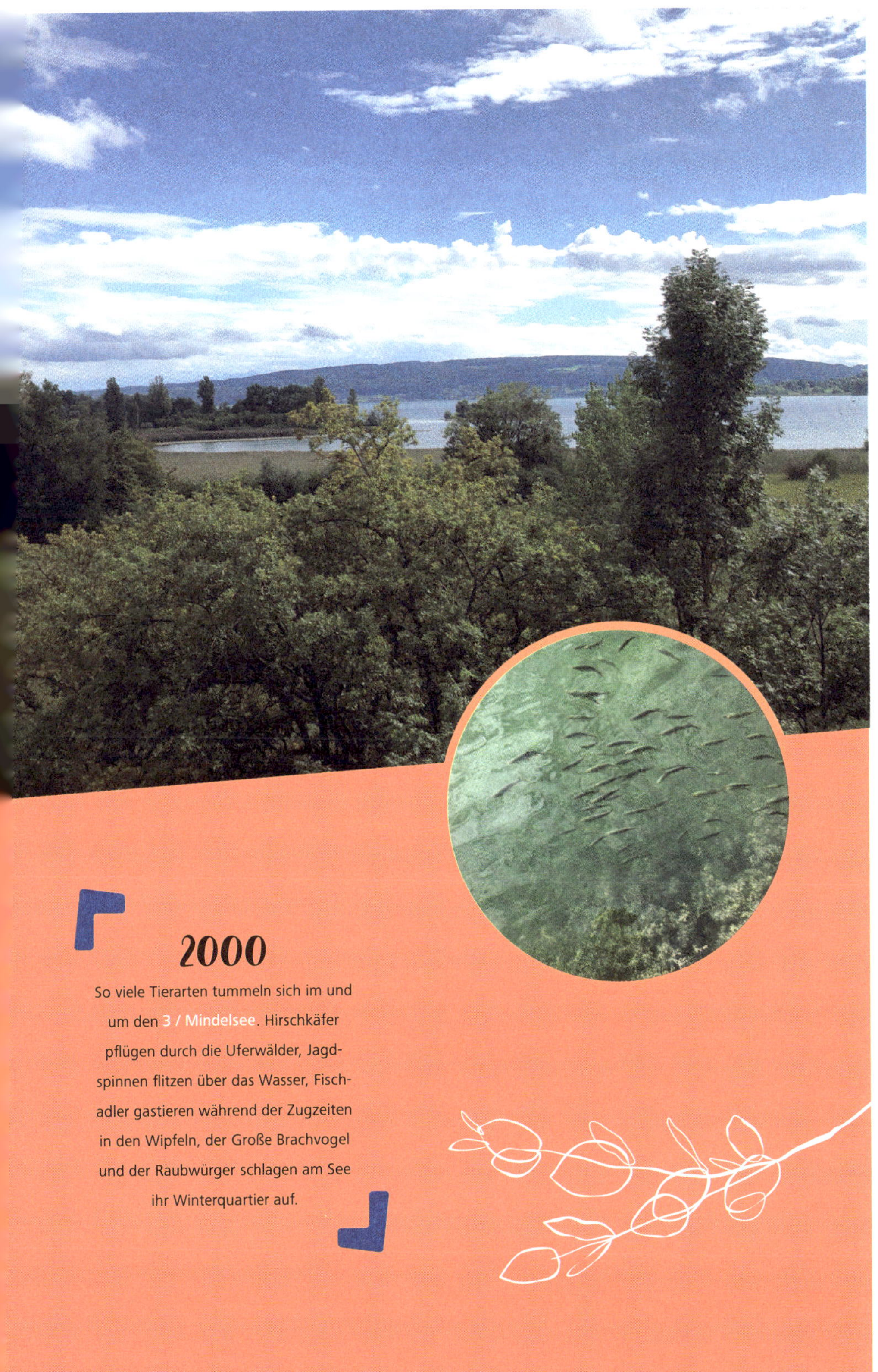

2000

So viele Tierarten tummeln sich im und um den 3 / Mindelsee. Hirschkäfer pflügen durch die Uferwälder, Jagdspinnen flitzen über das Wasser, Fischadler gastieren während der Zugzeiten in den Wipfeln, der Große Brachvogel und der Raubwürger schlagen am See ihr Winterquartier auf.

SEE IN GOLD

Die 10 / Solarfähre HELIO gleitet von Mai bis September jeden Dienstag und Donnerstag im Flüstermodus zur Sonnenuntergangsrunde über den Untersee.

biegen wir erneut scharf rechts auf einen etwas holperigen Pfad ab. Nach kurzer Fahrt durch den dichten Wald erreichen wir einen 4 / Badesteg. Obwohl der Mindelsee weitestgehend unter Naturschutz steht, ist das Bad im See an diesem Steg erlaubt. Also nichts wie rein!

INTERAKTIVE AUSSTELLUNG DES BUND NATURSCHUTZZENTRUMS

Strandbad-Idylle

Erfrischt rollen wir vom Steg wieder zurück durch den Busch und halten uns rechts. Dann geht es links und wir fahren auf der asphaltierten Straße entspannt hinein nach Möggingen. Im 5 / BUND Naturschutzzentrum Möggingen (Mühlbachstraße 2, 78315 Radolfzell am Bodensee), das direkt an unserer Route liegt, ist neben einer interaktiven Ausstellung zum Mindelsee ebenfalls ein kleines Café eingerichtet. Wir fahren auf dem ausgeschilderten Radweg

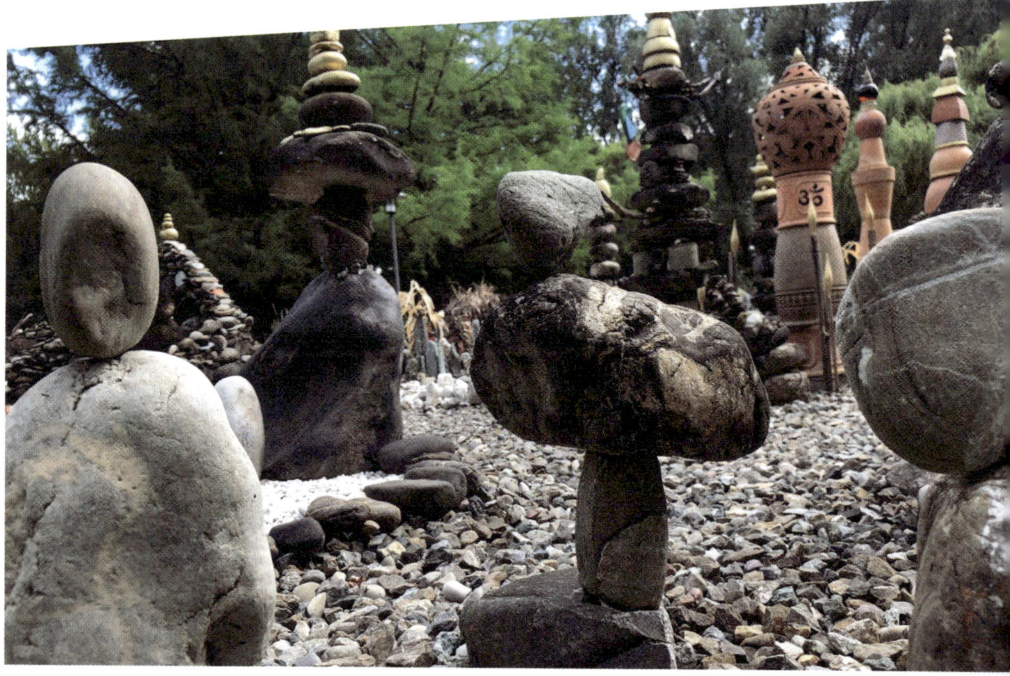

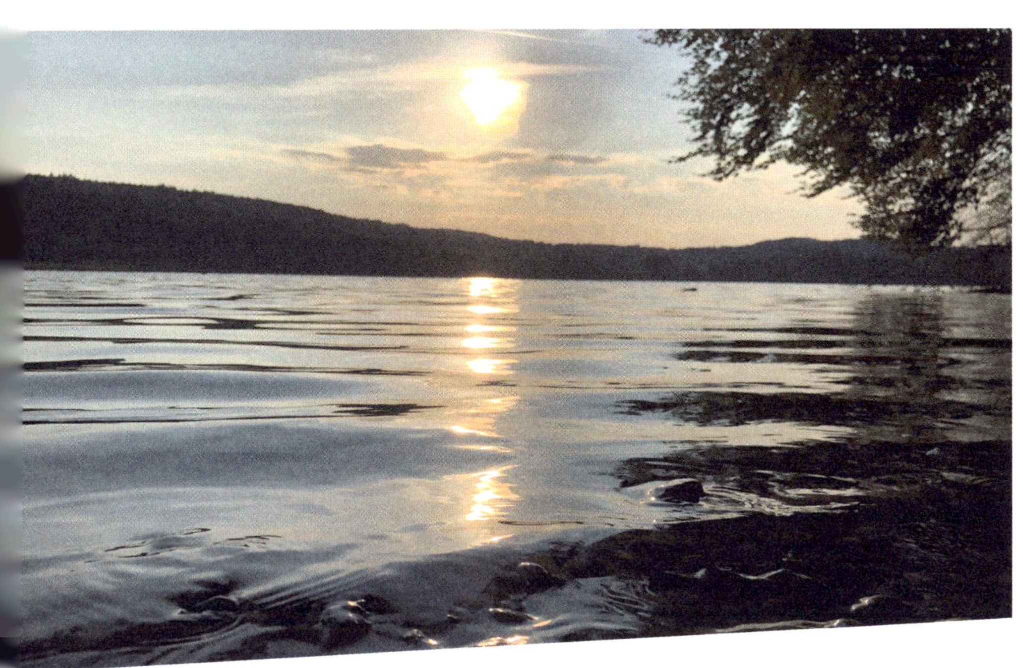

in Richtung Güttingen. Nach einigen Metern zweigt ein Weg zum Wasserschloss Möggingen ab. In der Mühle des etwas versteckten Schlosses befindet sich das 6 / MaxCine, das Besucherzentrum des Max-Planck-Instituts für Verhaltensbiologie (Schloßallee 1, 78315 Radolfzell am Bodensee) mit einem interaktiven Medienraum. Kurz hinter der Ortsgrenze Güttingens biegen wir links ab und erreichen nach einer Unterführung bald darauf die drei idyllisch gelegenen 7 / Buchenseen (Buchenseebad 1, 78315 Radolfzell am Bodensee). Der perfekte Ort für ein Picknick nebst Badepause.

3

Der größte der drei 8 / Buchenseen bei Güttingen lockt als kostenfreies Strandbad zur Arschbombe vom Steg. Inklusive Kiosk für Pommes und Cola, Umkleiden und Toiletten. Die beiden anderen Seen des feuchten Dreigestirns stehen unter Naturschutz. Planschen ist hier tabu.

Balanceakt

Vom Parkplatz des Buchenseebads biegen wir rechts auf eine schmale Straße, von der wenige hundert Meter der Radweg nach Radolfzell abzweigt. Der verläuft zunächst im Wald parallel zur Schützenstraße und wird nach der Ortsgrenze Radolfzells zur Stockacher Straße. Wir orientieren uns an den weiß-grünen Radwegweisern in Richtung Mettnau. Das Naturschutzgebiet auf der Halbinsel ist die nächste Etappe unserer NaTour. Wir überqueren zuerst die Konstanzer Brücke, danach die Günther-Neurohr-Brücke und rollen auf der Strandbadstraße weiter. Bald weichen auf der linken Seite die letzten Häuser einem wogenden Schilfmeer. Kontrastiert vom

---

< links / Klebstoff verboten! Skulpturen in perfekter Stein-Balance
^ oben / Mehr Idylle geht nicht: Am frühen Morgen am Mindelsee

gegenüberliegenden Mettnaupark, dessen akkurate Wege bis ans Bodenseeufer führen. Mitten in der Parkanlage stößt man auf den kleinen Skulpturengarten 8 / Stein-Balance (Mettnau-Park / Radolfzell, 78315 Radolfzell am Bodensee). Dessen perfekt ausbalancierte Stein-Gebilde trotzen der Schwerkraft. Klebstoff? Fehlanzeige. Einzig Dreipunktlagerung hält die Steine an ihrem Platz. Nebenan schmiegt sich das schöne Strandbad Mettnau ans Bodenseeufer. Einen herrlichen Blick über den See bietet die Terrasse des Strandcafés. Nur wenige Meter von hier liegt auch die 9 / Anlegestelle der Solarfähre HELIO (Strandbadstraße 102, 78315 Radolfzell am Bodensee).

PADDEL-RUNDE

Die Schönheit des Markelfinger Winkels erschließt sich vom Wasser aus. Im 12 / Naturfreundehaus Bodensee gibt's Kajaks und SUPs für Entdeckungstouren zu mieten.

Hoch über dem Schilf

Wieder im Sattel, passieren wir das in märchenhaftem Rosa gestrichene Scheffelschlösschen und gelangen tiefer ins Naturschutzgebiet Mettnau. Wie durch einen grünen Tunnel geht es tiefer in den Dschungel. Kommentiert wird unsere Fahrt lautstark vom Gesang und Geschnatter zahlloser Vögel. Hier geben Drosselrohrsänger, Teichrohrsänger und Kiebitze den Ton an. Urplötzlich wächst linker Hand der 10 / Mettnauturm aus dem Boden. Wir seilen die Drahtesel an und erklim-

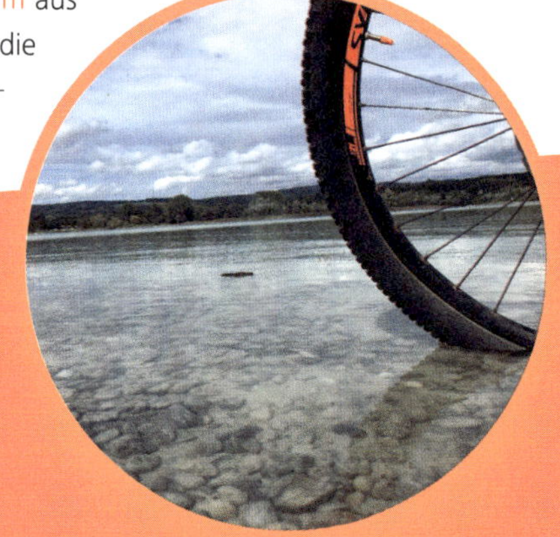

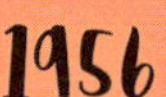

1956

entstand mit „Die Fischerin vom Bodensee" ein schnulziger Klassiker des deutschen Heimatfilms. Die berühmte Liebesszene des Films wurde auf der kleinen Liebesinsel gedreht, die vom 11 / Mettnauturm zu sehen ist. Abgelegen knutschen geht aber nicht mehr, denn mittlerweile ist das Betreten des Inselchens verboten.

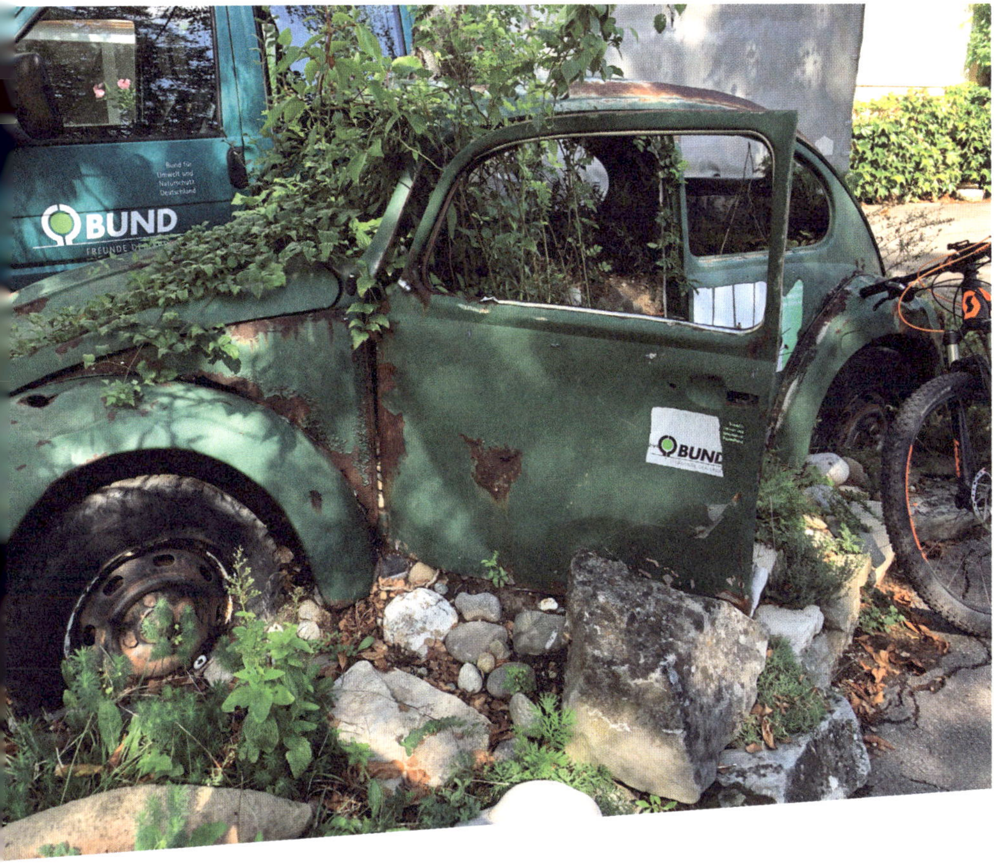

men den 18 Meter hohen Holzkoloss, der die umliegenden Baumwipfel durchbricht und geradezu über der Halbinsel zu schweben scheint. Der Ausblick ist ebenso atemraubend wie der Aufstieg zur Plattform des Turms. Bei guter Sicht blickt ihr von hier aus bis in den Hegau auf der einen und die Schweizer Alpen auf der anderen Seite. Spannender ist allerdings, was direkt um den Turm kreucht und fleucht. Während die Rohrsänger immer noch trällern, flitzen in der Abenddämmerung Fledermäuse auf der Jagd vorbei und Graureiher staksen würdevoll am nahen Seeufer entlang. Wir eisen uns los und fahren zurück hinein nach Radolfzell. Vor dem Kreisverkehr der Strandbadstraße biegen wir rechts ab und gelangen auf einen gut ausgebauten Schotterweg, der uns entlang des Bodenseeufers über Markelfingen und dem 11 / Naturfreundehaus Bodensee (Radolfzeller Str. 1, 78315 Radolfzell am Bodensee) zurück zum 1 / Bahnhof Allensbach bringt.

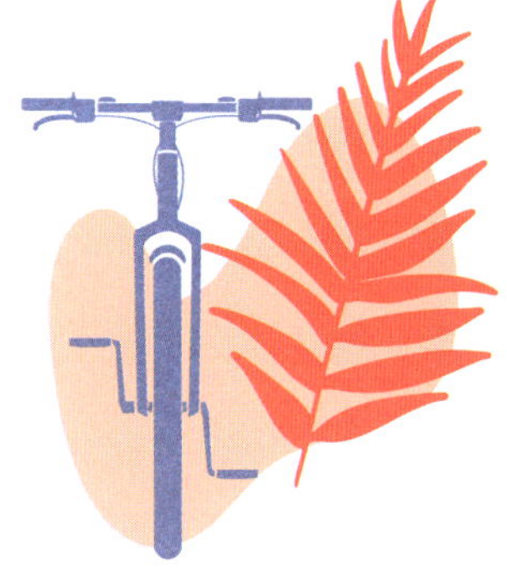

‹ links / Ausblick vom Ufer auf den Markelfinger Winkel
^ oben / Spielstand in Möggingen: Natur 1, Käfer 0

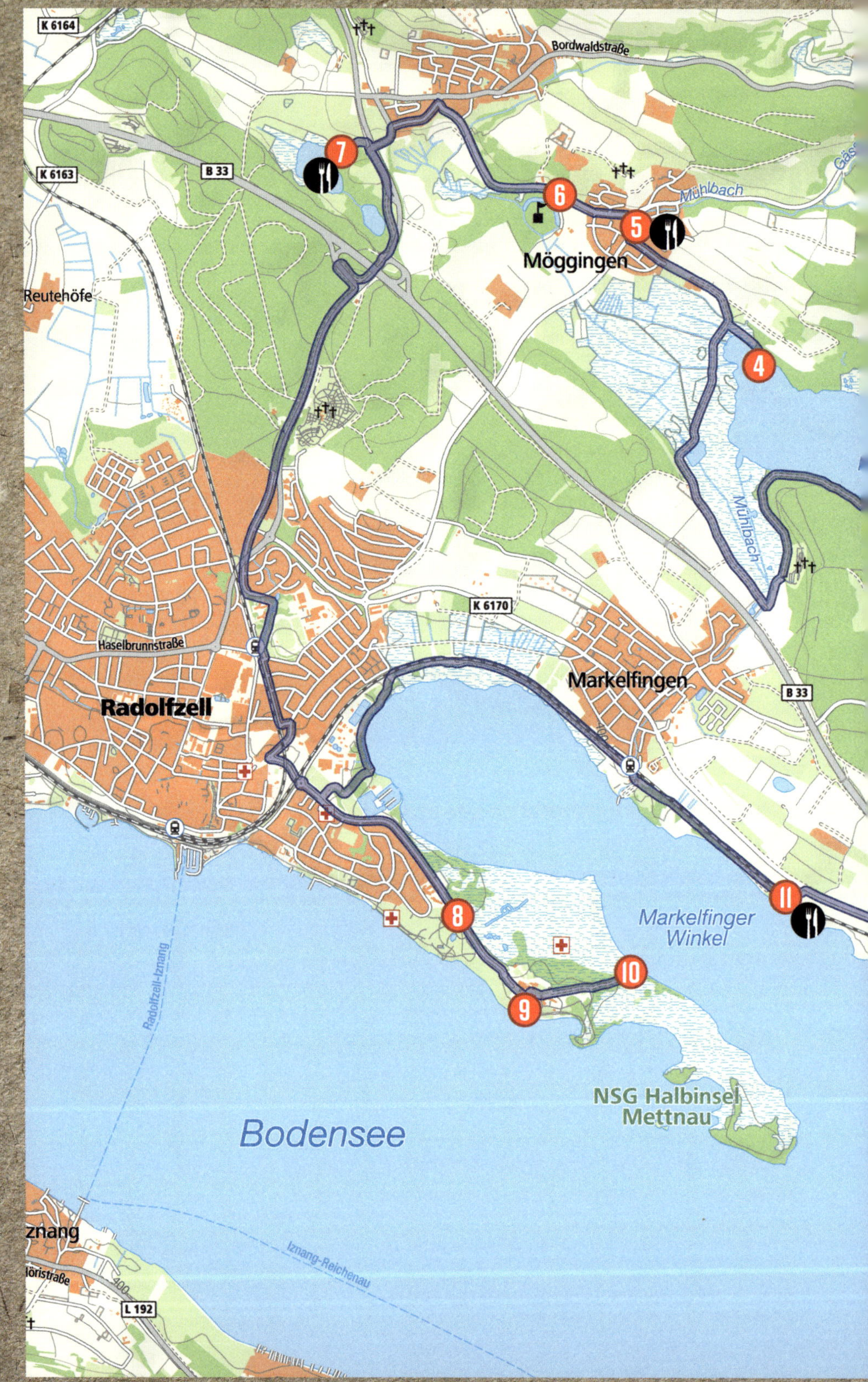
K 6164
Bordwaldstraße
K 6163
B 33
7
6
5
Mühlbach
Möggingen
Reutehöfe
4
Mühlbach
K 6170
Haselbrunnstraße
Markelfingen
B 33
Radolfzell
11
8
Markelfinger
Winkel
10
9
Radolfzell-Iznang
NSG Halbinsel
Mettnau
Bodensee
znang
Iznang-Reichenau
L 192

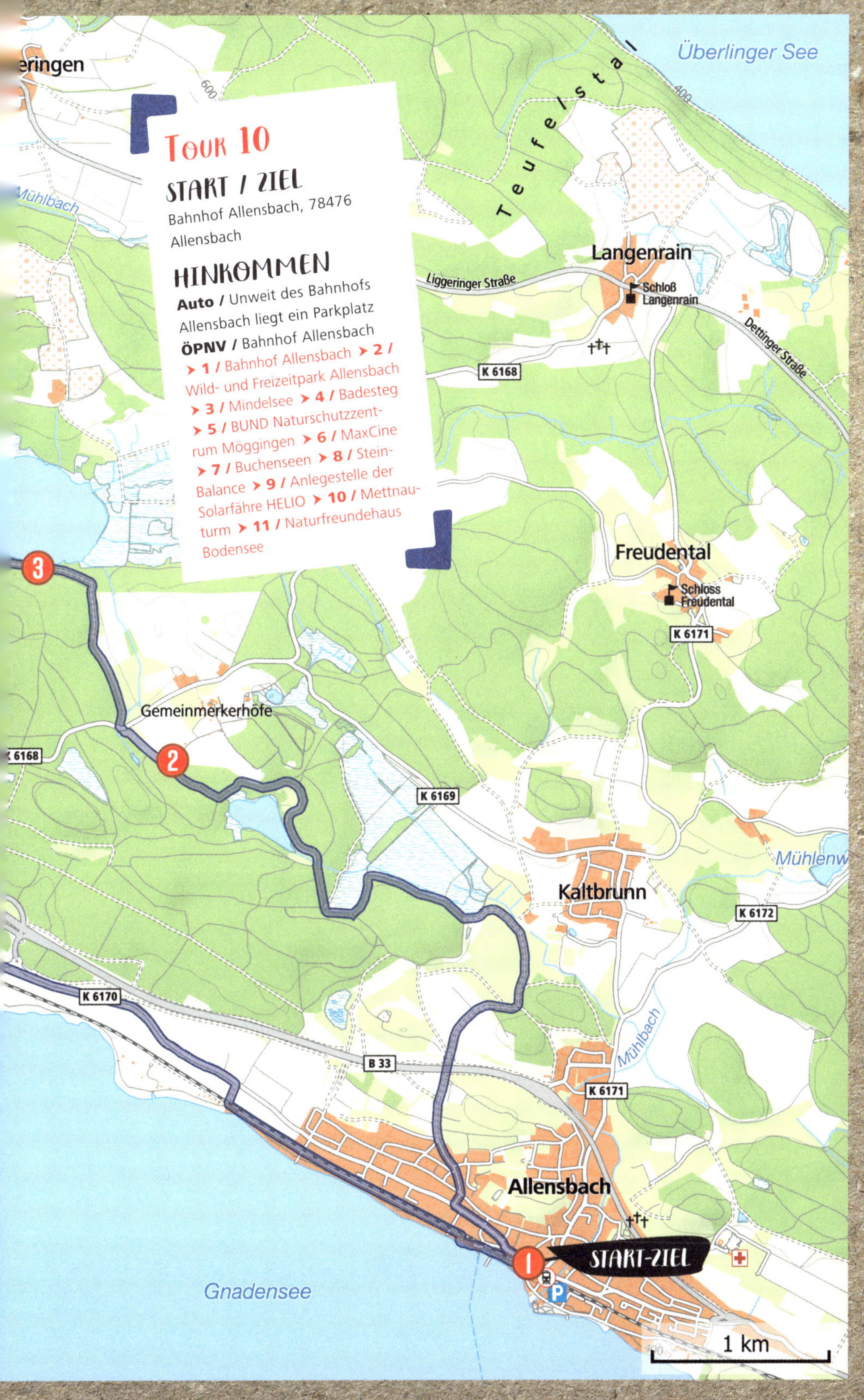

Tour 10
START / ZIEL
Bahnhof Allensbach, 78476 Allensbach
HINKOMMEN
Auto / Unweit des Bahnhofs Allensbach liegt ein Parkplatz
ÖPNV / Bahnhof Allensbach
➤ 1 / Bahnhof Allensbach ➤ 2 / Wild- und Freizeitpark Allensbach ➤ 3 / Mindelsee ➤ 4 / Badesteg ➤ 5 / BUND Naturschutzzentrum Möggingen ➤ 6 / MaxCine ➤ 7 / Buchenseen ➤ 8 / SteinBalance ➤ 9 / Anlegestelle der Solarfähre HELIO ➤ 10 / Mettnauturm ➤ 11 / Naturfreundehaus Bodensee
eringen
Mühlbach
Überlinger See
Teufelstal
Langenrain
Liggeringer Straße
Schloß Langenrain
Dettinger Straße
K 6168
Freudental
Schloss Freudental
K 6171
Gemeinmerkerhöfe
K 6168
K 6169
Kaltbrunn
Mühlenw
K 6172
K 6170
B 33
Mühlbach
K 6171
Allensbach
START-ZIEL
Gnadensee
1 km

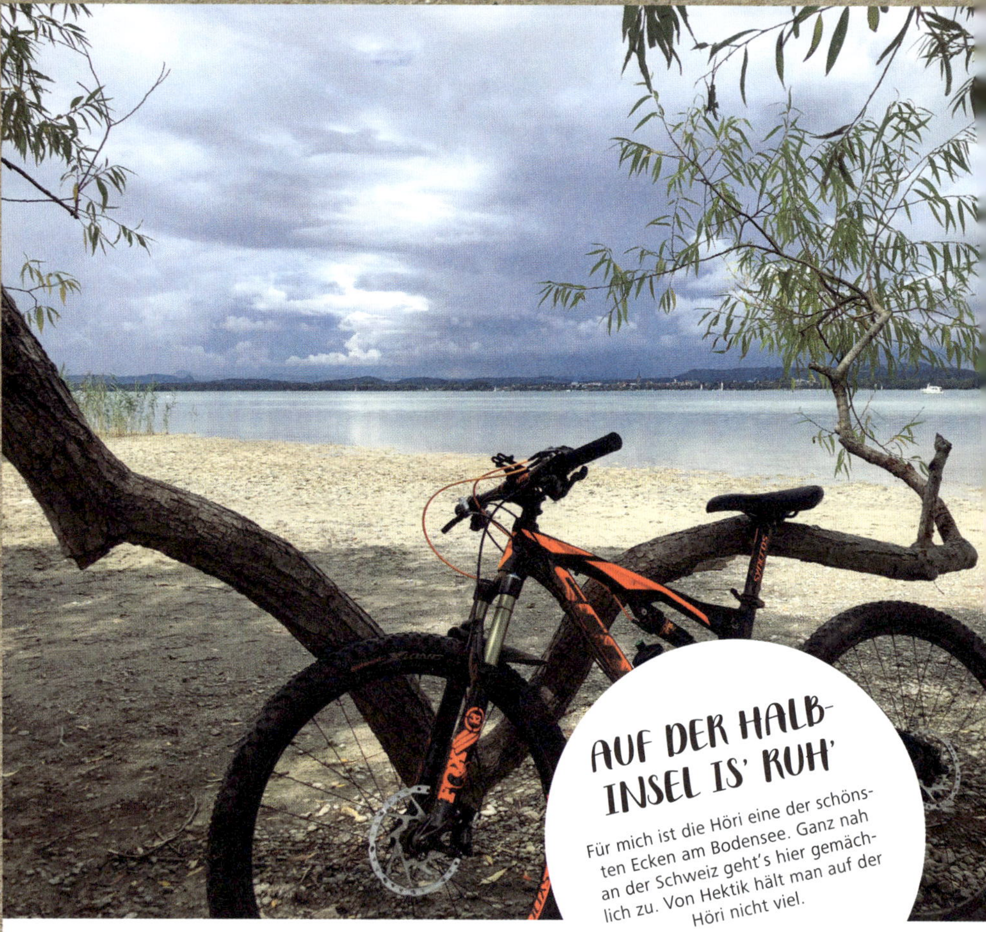

AUF DER HALB-INSEL IS' RUH'

Für mich ist die Höri eine der schönsten Ecken am Bodensee. Ganz nah an der Schweiz geht's hier gemächlich zu. Von Hektik hält man auf der Höri nicht viel.

➤ **1 /** Am Parkplatz am Hafen strampeln wir munter drauf los

➤ **2 /** Ideal fürs After-Tour-Baden ist das Strandbad Moos

➤ **3 /** Karibikflair mit Strandfeeling: Badeplatz am Seeufer

➤ **4 /** Hohe Literatur auf der Höri im Hesse Museum

➤ **5 /** Einkehr mit Seeblick im Biergarten Häfele direkt am Schiffsanleger

➤ **6 /** Im Museum Haus Dix blickt man in die Vergangenheit

➤ **7 /** Steinzeit zum Anfassen im Pfahlbauhaus

➤ **8 /** An der malerischen Altstadt von Stein am Rhein kann man sich kaum satt sehen

➤ **9 /** Im Bistro chez Ulrique beim Espresso entspannen

➤ **10 /** Industriekultur über dem Rhein: die Hemishofener Eisenbahnbrücke

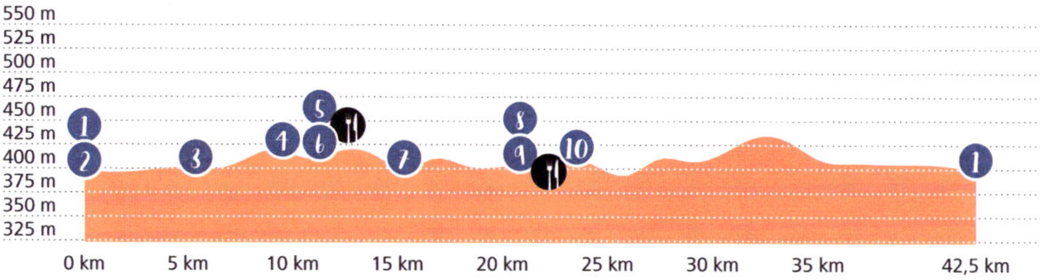

IM SATTEL STATT UNTERM RAD

Auf den Spuren von Hermann Hesse und Otto Dix

Am westlichen Ende des Sees schiebt sich die Halbinsel Höri in den Untersee. Hier, wo der Rhein den Bodensee wieder verlässt, breitet sich vor unserem Lenker eine Landschaft aus, die schon Literaten und Maler inspirierte. Eine Kulturlandschaft in R(h)einkultur.

43 Kilometer
160 Höhenmeter ▲
160 Höhenmeter ▼
3 Stunden
Rundtour

Wo die Bülle blüht

Nur wenige Kilometer von Radolfzell entfernt starten wir unsere KulTour im beschaulichen Moos. Auf dem kostenfreien 1 / Parkplatz am Hafen machen wir unsere Räder bereit und schwingen uns in den Sattel. Am Seeufer wiegt sich ein breiter Schilfgürtel im Wind. Wir folgen dem Radweg entlang des Bodenseeufers und passieren nur wenige Minuten nach dem Start das 2 / Strandbad Moos (Strandweg 38, 78345 Moos). Das merken wir uns schon mal fürs Ende unserer Tour. Beschwingt rollen wir durch die grünen Wiesen der lieblichen Landschaft. Immer wieder laden gut gefüllte Obststände zur Selbstbedienung fürs

CHARAKTER

Sportlich ●●○○○
Abkühlung ●●●○○
Schlemmen ●●●○○
Panorama ●●●●○

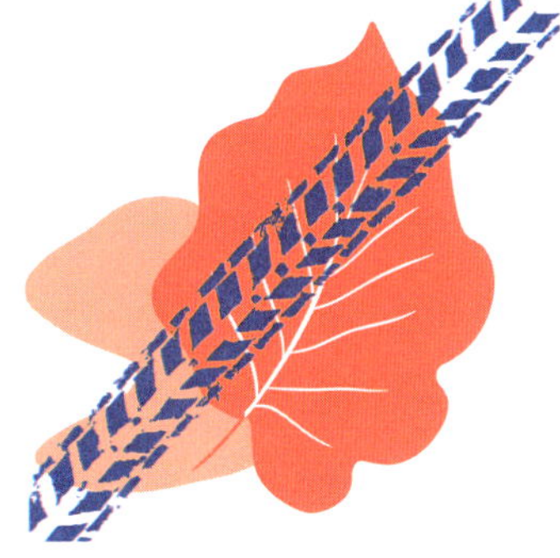

TOURENINFO / Aussichtsreiche Rundtour mit gelegentlichen Steigungen. Größtenteils asphaltierte Wege, unterbrochen von kurzen, gut ausgebauten Schotter-Abschnitten. Verkehrsarm.

◂ links / Karibik-Feeling auf der Höri

Picknick. Von Verkaufstischchen am Wegesrand leuchten uns hier nahezu überall Zwiebelzöpfe aus der roten Höri-Bülle entgegen. Ihre milde Schärfe veredelt den hier so beliebten Wurstsalat. Unbedingt probieren!

Südseeflair und hohe Literatur

Nach etwa 6 Kilometern macht uns ein Wegweiser auf einen 3 / Badeplatz am Seeufer aufmerksam. Der kleine Abstecher lohnt sich. Die angenehm schattige Uferwiese geht hier in einen feinen Kiesstrand über. Beinahe wähnt man sich in der Karibik. Fehlen nur noch die Hängematte und ein gutes Buch. Vielleicht etwas von Hermann Hesse, der von 1904 bis 1912 nicht weit von hier auf der Höri lebte. Nachdem wir die Spitze der Halbinsel im Örtchen Horn umrundet haben, erreichen wir auch schon Gaienhofen. Genau hier richtete sich Literaturnobelpreisträger Hesse mit seiner ersten Ehefrau Maria „Mia" Bernoulli häuslich ein. Ihre erste Bleibe, ein Bauernhaus ohne fließend Wasser, beherbergt heute das 4 / Hesse Museum (Kapellenstraße 8, 78343 Gaienhofen am Bodensee). Hesse selbst, der von seiner Zeit in auf der Höri später als „Gaienhofer Umweg" sprach, bezeichnete das Haus „erste legitime Werkstatt meines Berufes". Hier plante der Literat auch das neue Zuhause des Ehepaares im Ort. Das hübsche Haus und der üppige Garten sind heute in Privatbesitz, können zu bestimmten Veranstaltungen allerdings besichtigt werden.

GESCHMACKVOLLE DIVA

So lecker sie auch ist... einfach ist die Höri-Zwiebel nicht. Die kapriziöse Bülle lässt sich einzig von Hand ernten. Sonst gibt's unschöne Druckstellen.

Unter dem Radar

Unsere Route führt uns in den Nachbarort Hemmenhofen. Wir biegen hier links in die Dorfstraße und fahren ganz ohne Schlangenlinien auf der Torkelgasse zum kleinen Hafen des Ortes. Im gemütlichen Biergarten 5 / Häfele (Uferstraße 24, 78343 Gaienhofen),

---

➤ rechts oben / Hermann Hesse, Literaturnobelpreisträger und begeisterter Radler ➤ rechts Mitte / Die milde Höri-Bülle wächst nur hier

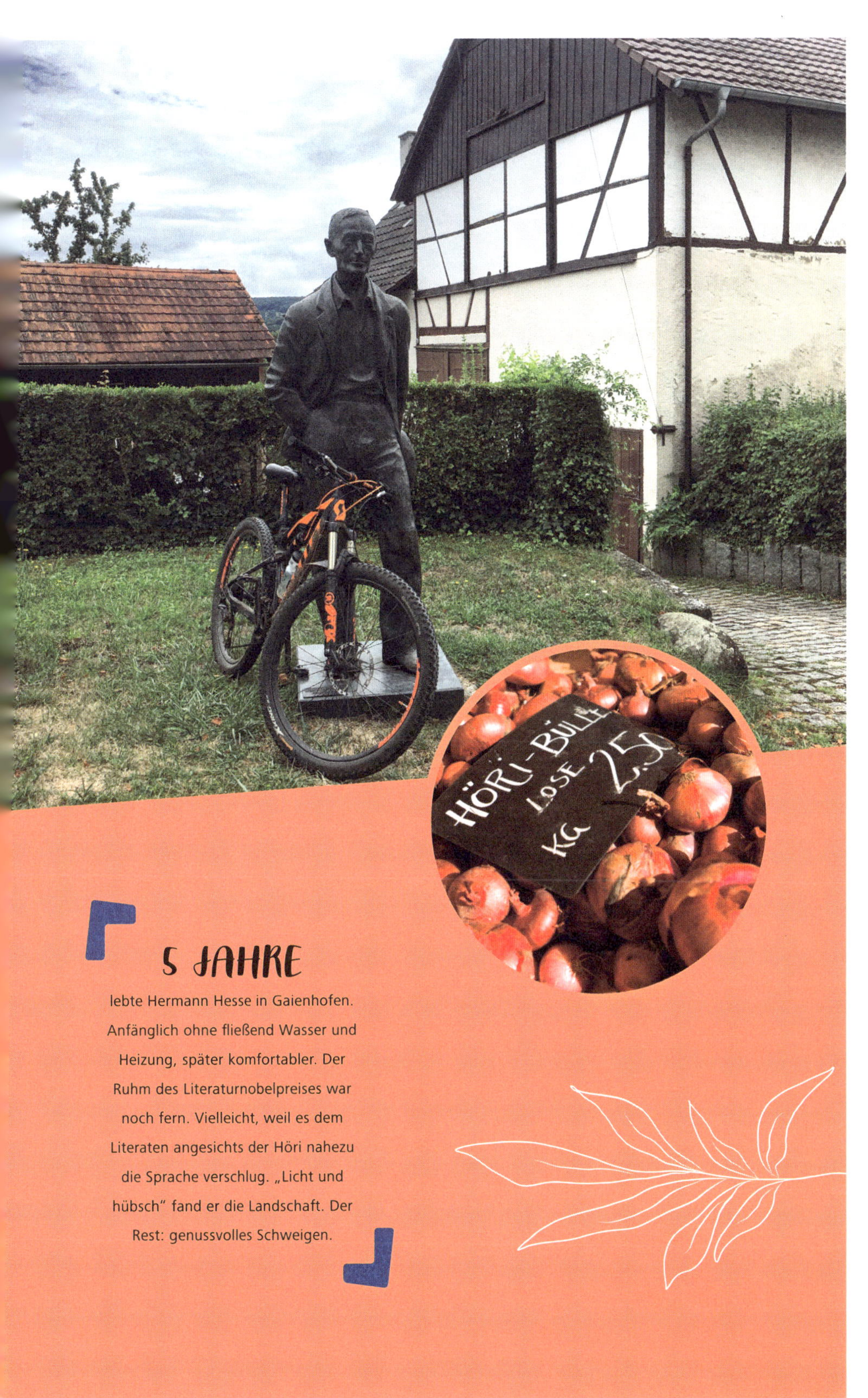

5 JAHRE

lebte Hermann Hesse in Gaienhofen. Anfänglich ohne fließend Wasser und Heizung, später komfortabler. Der Ruhm des Literaturnobelpreises war noch fern. Vielleicht, weil es dem Literaten angesichts der Höri nahezu die Sprache verschlug. „Licht und hübsch" fand er die Landschaft. Der Rest: genussvolles Schweigen.

Etz hör i uff!

jauchzte der Allmächtige nach seiner letzten Schöpfung freudig erregt aus. So kam die Höri der Legende nach zu ihrem Namen.

haefele-bodensee.de direkt am Anlegesteg könnt ihr euch stärken oder ein kühles Helles genießen. E-Biker können hier bei Bedarf ihre Akkus laden. Nach unserem Boxenstopp folgen wir zunächst der Uferstraße, biegen dann rechts in den Kirchsteig und fahren den Wegweisern zum 6 / Museum Haus Dix nach. 1936 bezog der Maler Otto Dix das schön gelegene Haus in Hemmenhofen mit seiner Familie. Angesichts des immer aggressiver auftretenden Nationalsozialismus entwickelte sich die Höri in den 30er-Jahren zu einer Zuflucht für zahlreiche Künstler. So wählten neben Otto Dix unter anderen auch Helmuth Macke, Max Ackermann und Erich Heckel die abgelegene Halbinsel am Untersee als Rückzugsort. Das restaurierte Atelier- und Wohnhaus von Familie Dix vereint in seinen musealen Räumen elegant und ganz wie nebenbei Zeit- und Kunstgeschichte.

Rückzugsort von Otto Dix

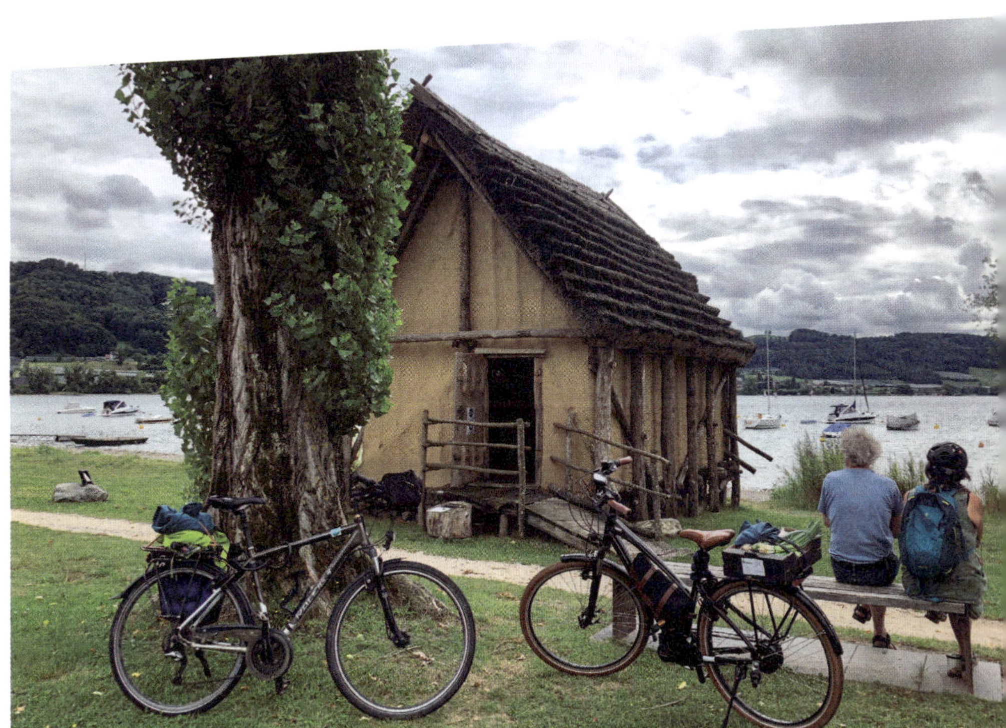

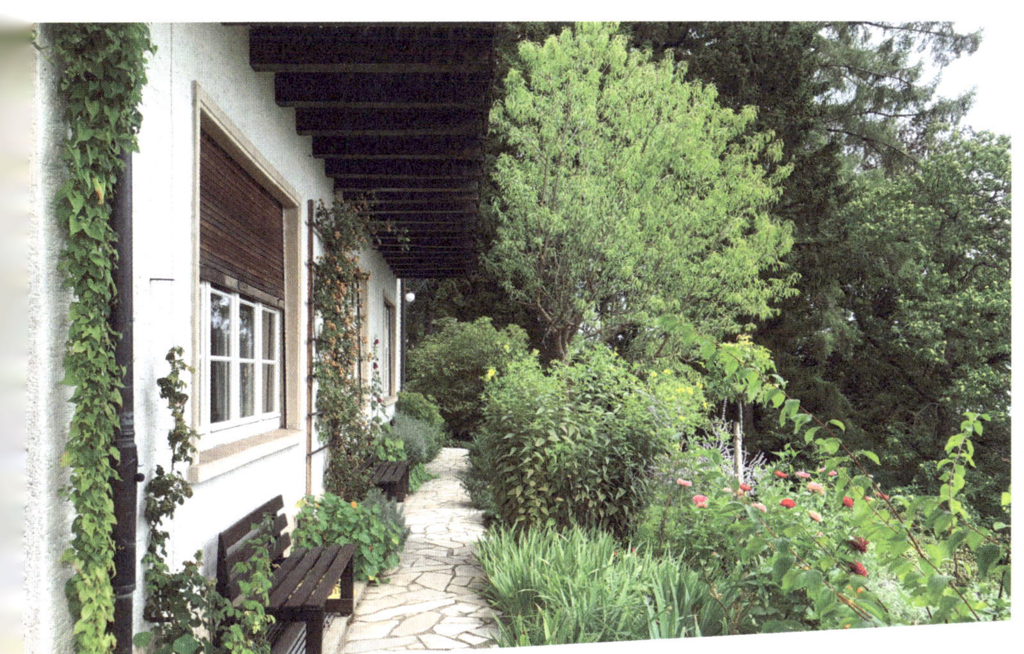

Zurück in die Steinzeit

Kurz hinter Hemmenhofen wird es etwas steil. Doch dann geht es kontinuierlich bergab. Wir rollen auf dem Bodenseeradweg nach Wangen am See. In Sichtweite zum Ufer fahren wir durch den pittoresken Ort, bis kurz hinter der Hafenanlage ein kleines 7 / Pfahlbauhaus direkt am Ufer auftaucht. Schon vor rund 4000 bis 6000 Jahren war auf der Höri kulturell einiges los, wie steinzeitliche Siedlungen belegen. Das kleine Pfahlbauhaus ist ein möglichst originalgetreuer Nachbau jener Behausungen, die hier einst in der Flachwasserzone standen. Ein Schaufenster in die Steinzeit. Direkt gegenüber liegt das Museum Fischerhaus (Seeweg 1, 78337 Öhningen) in einem Fachwerkhaus. Der Radweg verläuft von hier für etwa einen Kilometer parallel zur Straße. Kurz vor der Ortschaft Öhningen orientieren wir uns wieder in Richtung Ufer, indem wir den Schildern des Fernradweges EuroVelo 6 folgen. Der Bodensee wird hier merklich schmaler. Lange wird es nicht mehr dauern und der See wird vollständig zum Rhein.

1936

quartierte sich der Maler und Grafiker Otto Dix nebst Familie in Hemmenhofen ein. Möglichst weit weg von Hitlers Nazischergen, die sein Werk als entartet diffamierten. Die ländliche Idylle der Höri beschrieb er ebenso deftig wie überschwänglich: „Zum Kotzen schön!" fand er's.

Grüezi Schwiiz

Kurz hinter Öhningen geht es über die grüne Grenze in die Schweiz. Vor uns liegt Stein am Rhein, wo der mächtige Flusslauf den Bodensee wieder verlässt. „Staa", so nennen sie das Städtchen hier kurz,

< links / Schöner wohnen in der Steinzeit: Pfahlbauhaus in Wangen
^ oben / Ruheoase Museum Haus Dix in Gaienhofen

ist ein historisches Schmuckkästchen. Die 8 / Altstadt von Stein am Rhein wirkt mit ihren filigranen Fachwerkbauten und den detailreichen Fassadenmalereien wie aus dem Mittelalter in die Gegenwart katapultiert. Wer die Zeitreise vertiefen möchte, kann das in der ehemaligen Benediktinerabtei St. Georg (Fischmarkt 3, 8260 Stein am Rhein). So viel Schönheit hat dann aber auch einen Preis: Stein am Rhein ist ein Touristen-Magnet und gelegentlich sind Altstadt und der kleine Hafen, die Schiffsländi, arg überlaufen. In Seitengassen wie der Schwarzhorngass geht's etwas ruhiger zu. Hier liegt das charmante 9 / Bistro chez Ulrique (Schwarzhorngass 5). Zeit, bei einem Espresso durchzupusten. Es geht weiter. Vorbei an der Schiffsländi und in Richtung Hemishofen. Rechts über uns thront die massive Burg Hohenklingen wie ein ritterlicher Wächter. Ein Abstecher hinauf ist lohnenswert, allerdings geht es richtig steil bergauf. Wir verlassen Stein am Rhein auf einem hervorragend ausgebauten Radweg, der allerdings direkt an der Straße verläuft. Zum Glück nicht allzu lange. Wir folgen dem Weg, bis links die 10 / Hemishofener Eisenbahnbrücke auftaucht. Mit etwas Glück bekommen wir hier eine historische Dampflock der Museumsbahn zu sehen, die hin und wieder zwischen Etzwilen und Hemishofen verkehrt.

WIE GEMALT

Wer in der Altstadt von Stein am Rhein steht, ist erst mal baff. Comics gab's wirklich schon im Mittelalter – kunstvoll auf Häuserfassaden gepinselt.

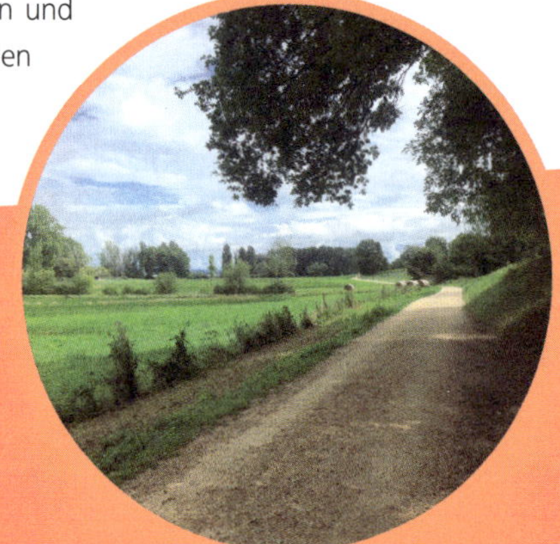

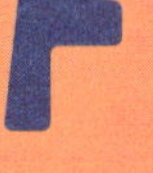

50.000

Pfähle stecken noch heute im Seegrund der Bucht östlich des beschaulichen Wangen. Das versunkene Erbe jungsteinzeilicher Pfahlbauten. Entdeckt wurden die Reste von Kaspar Löhle, seines Zeichens Ratsschreiber, 1854 – als erste ihrer Art am Bodensee überhaupt. Seit 2011 gehören sie zum UNESCO-Welterbe.

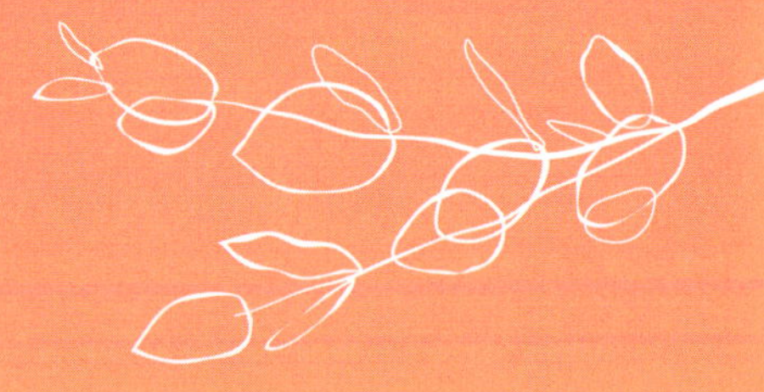

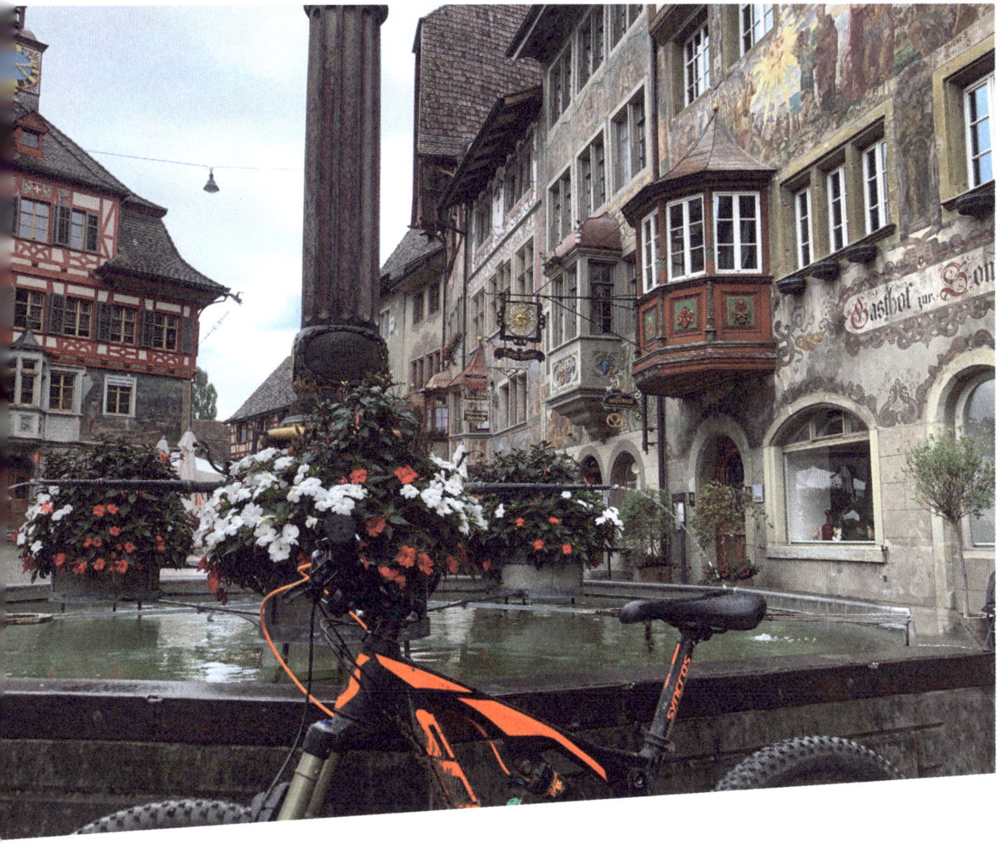

Vom Rhein zurück zur Aach

Wer möchte, kann ab Hemishofen dem Radweg in Richtung Singen folgen. Der ist zwar so breit wie eine Autobahn, folgt aber schnurgerade – und ziemlich eintönig – der Straße bis Ramsen. Wir nehmen einen schöneren Weg und fahren deshalb weiter nach Bibermühle. Nach dem Weiler biegen wir rechts in Richtung Ramsen ab. Nun geht es auf einem asphaltierten Weg durch Felder und am Waldrand entlang. In Ramsen folgen wir dem weißen Verkehrsschild nach Singen. Nach dem Bahnübergang fahren wir in Richtung Rielasingen-Worblingen. Wir orientieren uns an den Wegweisern des Burgenwegs. In Worblingen fahren wir links an einem kleinen Friedhof vorbei und erreichen dann das Ufer der Radolfzeller Aach. Dem Radweg folgen wir nun bis zurück nach Moos, wo wir unsere Runde beenden. Bei gutem Wetter lassen wir den Tag natürlich im 2 / Strandbad Moos ausklingen.

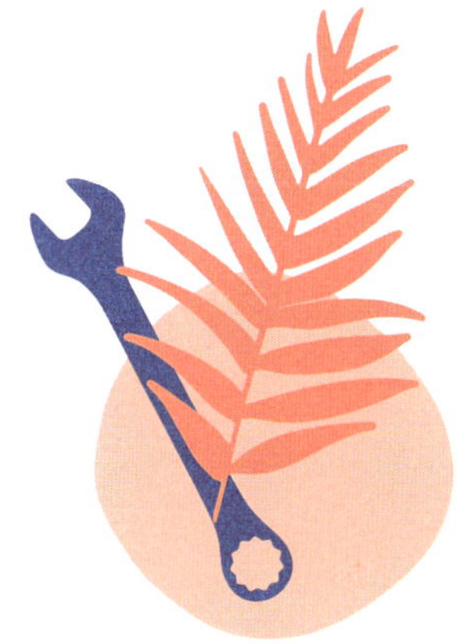

< links / Traumhafte Radwege auf der Höri ^ oben / Die Altstadt von Stein am Rhein gleicht einem Schaufenster ins Mittelalter

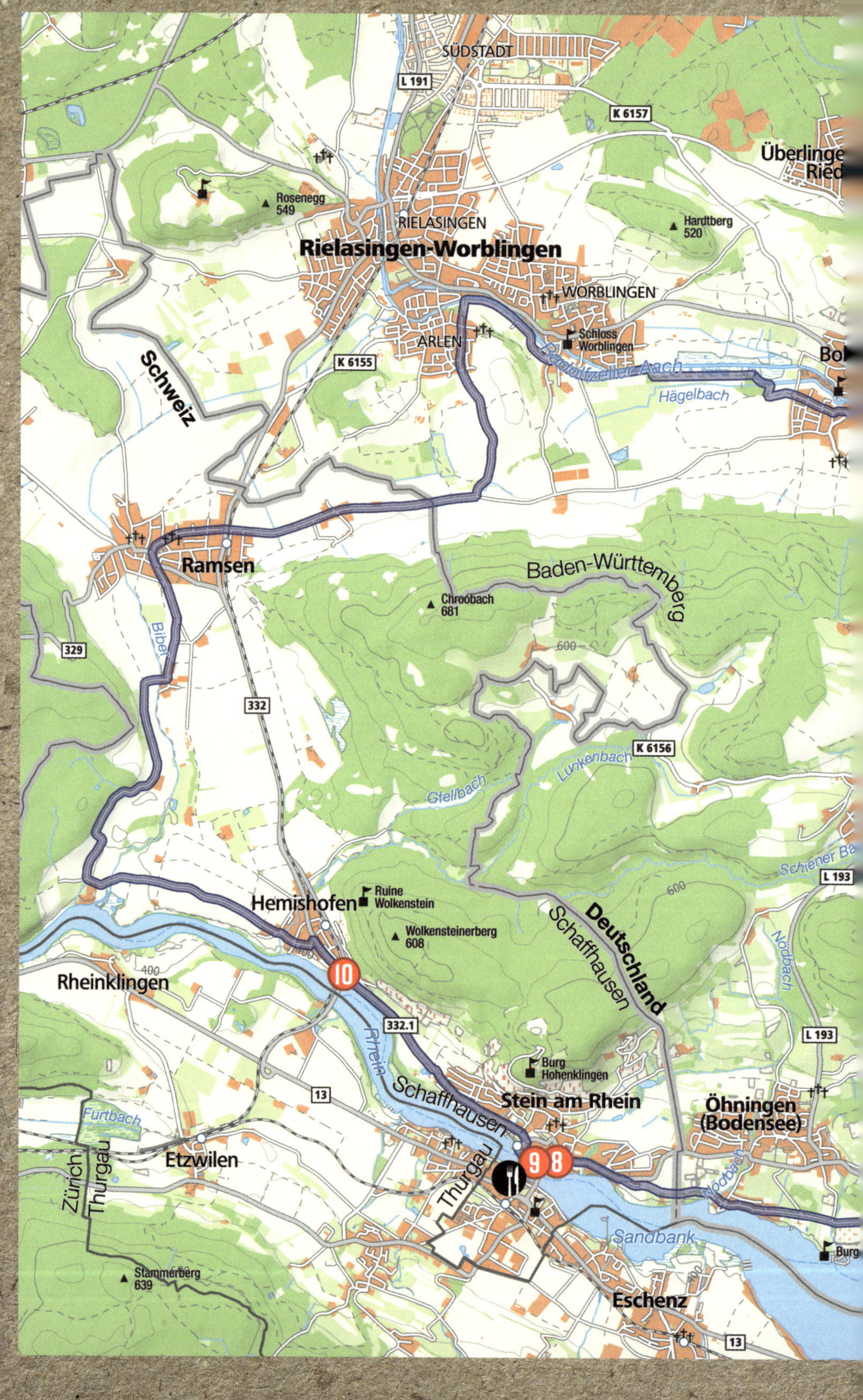
SÜDSTADT
L 191
K 6157
Überlingen Ried
Rosenegg 549
RIELASINGEN
Rielasingen-Worblingen
Hardtberg 520
WORBLINGEN
Schloss Worblingen
ARLEN
K 6155
Radolfzeller Aach
Hägelbach
Schweiz
Ramsen
Chroobach 681
Baden-Württemberg
Bibel
329
332
600
K 6156
Lunkenbach
Gfellbach
Schiener Bach
L 193
Hemishofen
Ruine Wolkenstein
Wolkensteinerberg 608
Deutschland
Schaffhausen
Nödbach
10
Rheinklingen
400
332.1
Rhein
L 193
Burg Hohenklingen
13
Schaffhausen
Stein am Rhein
Öhningen (Bodensee)
Furtbach
Etzwilen
9
8
Zürich
Thurgau
Thurgau
Sandbank
Burg
Stammerberg 639
Eschenz
13

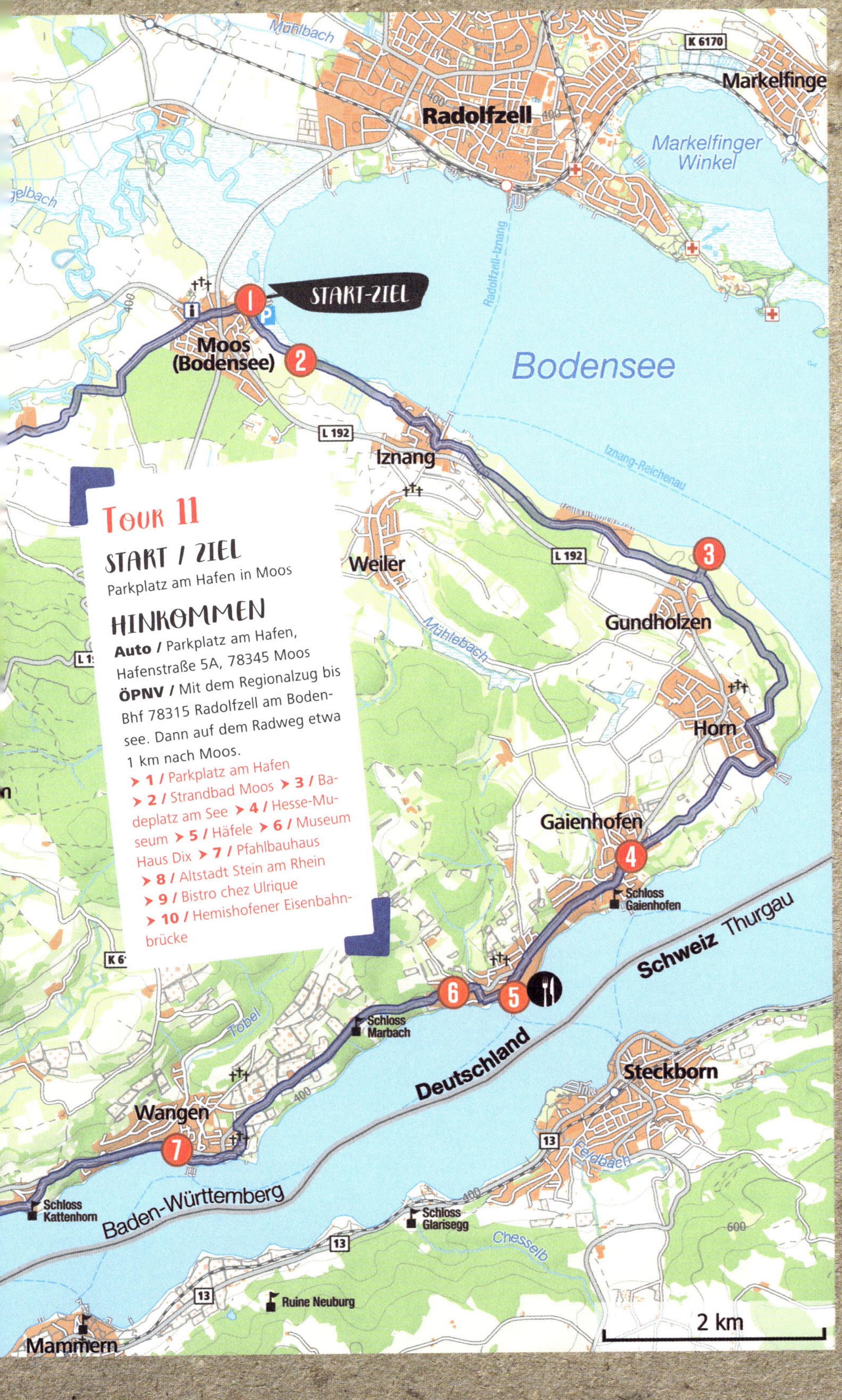
START-ZIEL
Tour 11
START / ZIEL
Parkplatz am Hafen in Moos
HINKOMMEN
Auto / Parkplatz am Hafen, Hafenstraße 5A, 78345 Moos
ÖPNV / Mit dem Regionalzug bis Bhf 78315 Radolfzell am Bodensee. Dann auf dem Radweg etwa 1 km nach Moos.
➤ 1 / Parkplatz am Hafen ➤ 2 / Strandbad Moos ➤ 3 / Badeplatz am See ➤ 4 / Hesse-Museum ➤ 5 / Häfele ➤ 6 / Museum Haus Dix ➤ 7 / Pfahlbauhaus ➤ 8 / Altstadt Stein am Rhein ➤ 9 / Bistro chez Ulrique ➤ 10 / Hemishofener Eisenbahnbrücke
Radolfzell
Markelfinger Winkel
Bodensee
Moos (Bodensee)
Iznang
Weiler
Gundholzen
Horn
Gaienhofen
Schloss Gaienhofen
Schloss Marbach
Wangen
Schloss Kattenhorn
Steckborn
Schloss Glarisegg
Ruine Neuburg
Mammern
Schweiz Thurgau
Deutschland
Baden-Württemberg
Mühlbach
Mühlebach
Radolfzell-Iznang
Iznang-Reichenau
Tobel
Feldbach
Chesselb
L 192
K 6170
2 km

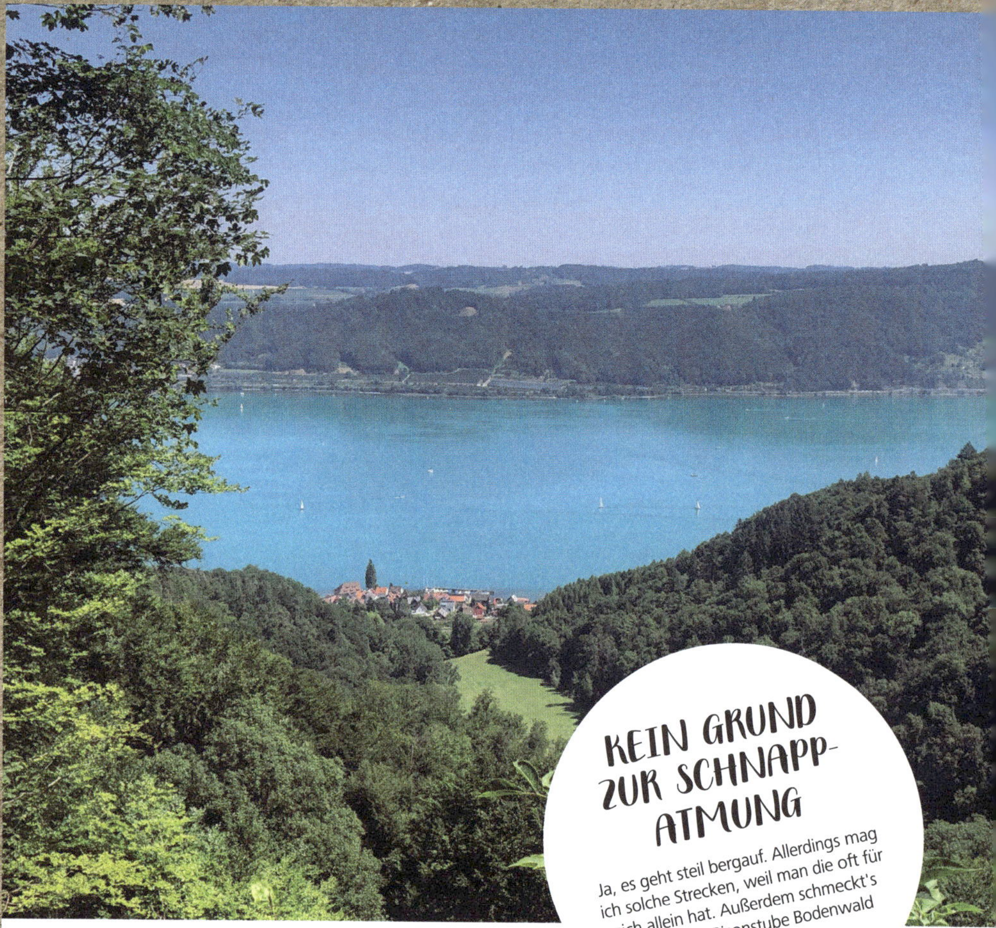

KEIN GRUND ZUR SCHNAPP-ATMUNG

Ja, es geht steil bergauf. Allerdings mag ich solche Strecken, weil man die oft für sich allein hat. Außerdem schmeckt's dann in der Bisonstube Bodenwald besonders gut.

➤ **1 /** Am Bahnhof Konstanz klemmen wir uns hinter den Lenker

➤ **2 /** Blick auf den Hafen und die Imperia von der Seepromenade Konstanz

➤ **3 /** Durch den grünen Tunnel der Graf-Lennart-Bernadotte-Allee

➤ **4 /** Auf ein kaltes Getränk in der Bauernstube Litz

➤ **5 /** Boxenstopp vor dem Husarenritt im Hof Höfen

➤ **6 /** Bergankunft an der Bisonstube Bodenwald

➤ **7 /** Beeindruckendes Gemäuer mit Übersicht: Ruine Altbodman

➤ **8 /** Im Skulpturengarten Peter Lenk tummeln sich die skurrilen Figuren

➤ **9 /** Durchs Schilfmeer des Naturschutzgebietes Stockacher Aach

➤ **10 /** Sprung vom Jahrhundertsteg im Strandbad Ludwigshafen

➤ **11 /** Zieleinfahrt am Bahnhof Ludwigshafen

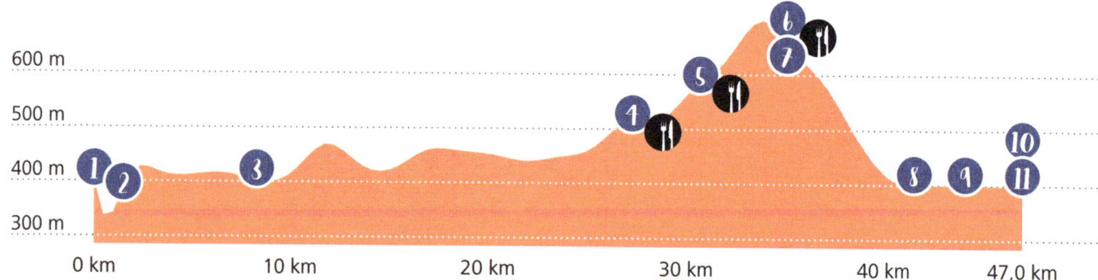

Ochsentour zur Büffelherde

Von Konstanz über den Bodanrück nach Ludwigshafen

Vom quirligen Konstanz aus führt uns diese sportliche Tour zunächst am Seeufer entlang, bis wir ins hügelige Hinterland abbiegen. Ist der steile Bodanrück erklettert, wartet am Ende der Etappe in Ludwigshafen eines der ältesten Strandbäder am Bodensee als Belohnung.

47 Kilometer
480 Höhenmeter ▲
480 Höhenmeter ▼
3 Stunden
Strecke

Konstanzer Hafenansichten

Für diese MuskulaTour haben wir uns einen ordentlichen Brocken vorgenommen. Wir starten am 1 / Bahnhof Konstanz. Zunächst orientieren wir uns an den Schildern der D8 Rhein-Route. Kurz hinter dem Bahnhof blicken wir nach rechts auf den Konstanzer Hafen und winken der Imperia zu. Die üppige Kurtisane dreht sich im Konstanzer Hafen leicht bekleidet, aber unermüdlich, den König in der rechten, den Papst in der linken Hand. Beide verschrumpelt und nackt. Einst ein Skandal, ist die 18 Tonnen schwere Dame mittlerweile längst das Wahrzeichen der Stadt.

Charakter
Sportlich ●●●●●
Abkühlung ●●●○○
Schlemmen ●●●○○
Panorama ●●●○○

Toureninfo / Sportliche Tour über Asphalt und Schotterwege mit zahlreichen knackigen Steigungen. Der Weg zur Bisonstube ist nichts für Rennräder. Nimm viel zu Trinken mit!

◂ links / Toller Panoramablick auf den Überlinger See vom Bodanrück

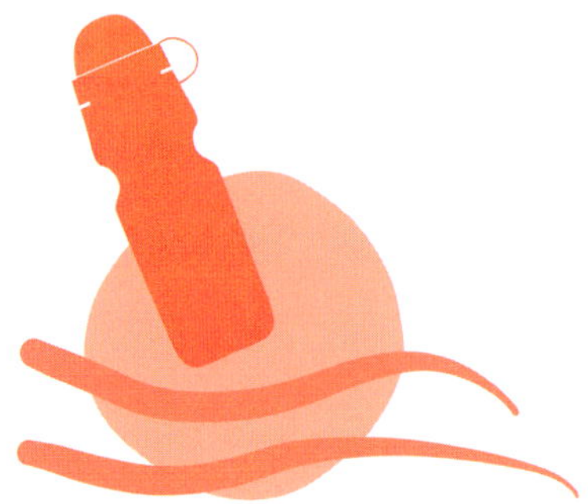

Am Rheintorturm geht es kurz darauf über die Rheinbrücke. An der Seestraße, auch 2 / Seepromenade, geht es direkt am Ufer entlang. Von hier bietet sich ein schöner Blick auf die Rheinmündung und den Konstanzer Hafen. Von der Seepromenade geht es weiter Richtung Therme und Bodenseestadion, dann fahren wir im Schatten hoher Bäume gemächlich durch den Lorettowald. Wenn du immer dem Radweg zur Insel Mainau folgst, bist du richtig.

Durch den grünen Tunnel

Zwischen den Bäumen bieten sich uns auf der rechten Seite immer wieder herrliche Aussichten auf den See. Bei guter Sicht schweift der Blick von hier bis Meersburg und Hagnau auf der anderen Seeseite. Mit der malerischen 3 / Graf-Lennart-Bernadotte-Allee erreichen wir ein weiteres Highlight unserer Tour. Wie durch einen lichten grünen Tunnel fahren wir auf dem gut befestigten Sandweg auf die Mainau zu. Die Blumeninsel ist unbedingt einen Besuch wert, allerdings sind Fahrräder auf ihr tabu. Deshalb gucken wir nur von weitem und vertagen den Ausflug ins Blütenparadies. Die schattige Allee führt uns weiter parallel zum Seeufer. Wenn der Bodenseeradweg scharf rechts abbiegt, fahren wir weiter geradeaus. Der Weg macht hier einen sanften Bogen und mündet schließlich in eine steile, aber kurze Rampe. Die strampeln wir hinauf und erreichen Litzelstetten. Allmählich wird es sportlich. Die Route verläuft durch eine grüne Hügellandschaft, gespickt mit Obstplantagen und kleinen Gärten.

DER WEG IST DAS ZIEL

So schön wie in der schattigen 3 / Lennart-Bernadotte-Allee ist der Bodenseeradweg an wenigen Stellen. Zur Rush hour wird es bisweilen voll.

Weiter, immer weiter!

Auf der spärlich befahrenen Straße passieren wir nacheinander Oberndorf, Dingelsdorf, Dettingen und Kaltbrunn. In den Ortschaften bieten kleine Bäckereien und Wirtshäuser Möglichkeiten für eine kurze Verschnaufpause. Nach und nach verlieren wir den

---

➤ **rechts oben / Die Ruine Altbodman ist einen Abstecher wert**
➤ **rechts Mitte / Auch Bisons wollen rumkugeln**

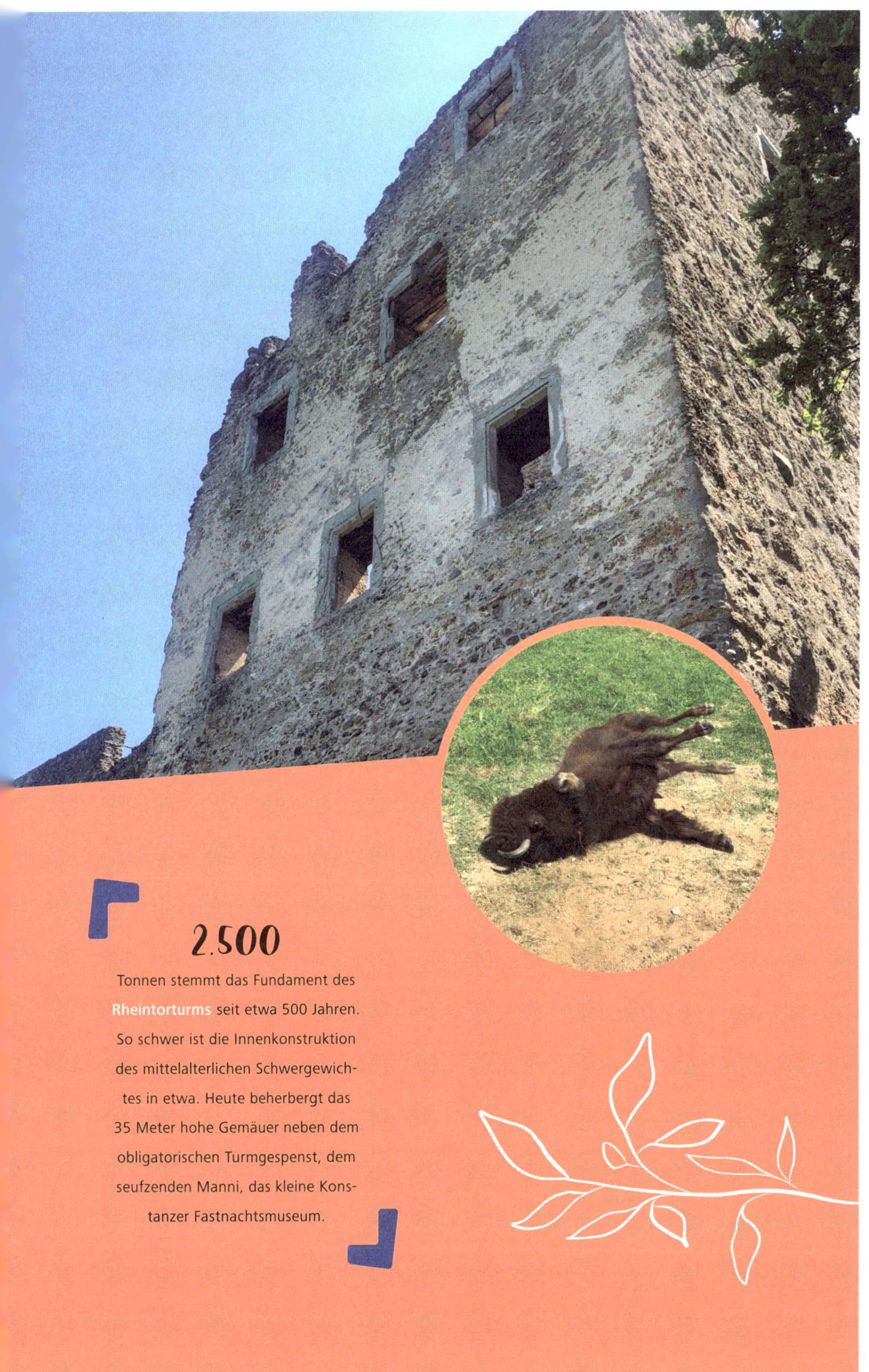

2.500

Tonnen stemmt das Fundament des Rheintorturms seit etwa 500 Jahren. So schwer ist die Innenkonstruktion des mittelalterlichen Schwergewichtes in etwa. Heute beherbergt das 35 Meter hohe Gemäuer neben dem obligatorischen Turmgespenst, dem seufzenden Manni, das kleine Konstanzer Fastnachtsmuseum.

Hart im Nehmen

Die zwanzig zähen nordamerikanischen Bisons der Zucht Bodenwald verbringen das ganze Jahr im Freien. Ein ausgewachsener Bulle bringt 900 Kilogramm auf die Waage.

Jetzt geht es ins Hinterland

Bodensee aus dem Blick und dringen tiefer in das hügelige Hinterland vor. Der Bodanrück, dessen höchste Erhebungen wir heute bezwingen wollen, baut sich bereits vor uns auf. Wir nehmen die Herausforderung an und treten in die Pedale. Zunächst lassen wir unsere Drahtesel allerdings rollen und genießen den Fahrtwind. Nach dem Ortsausgang Kaltbrunns geht es durch den Wald und dann nach rechts. Sobald am linken Straßenrand eine Bushaltestelle auftaucht, biegen wir rechts auf einen schmalen asphaltierten Weg ein, der uns über eine knackige Steigung nach Freudental führt. Auf einer Anhöhe thront dort herrschaftlich das Schloss Freudental. Wo einst der Adel tafelte, lädt heute ein luxuriöses Hotel zum exklusiven Aufenthalt. Nach dem Aufstieg eben steht uns allerdings eher der Sinn nach einem kalten Bier oder Radler denn nach perlendem Champagner. Wir lassen das Schloss also Schloss sein und finden unsere wohlverdiente Erfrischung in der 4 / Bauernstube Litz (Zum Einfang 2, 78476 Freudental). Die schöne Gartenwirtschaft erreichen wir, indem wir uns an der T-Kreuzung erst rechts und dann sofort wieder links halten.

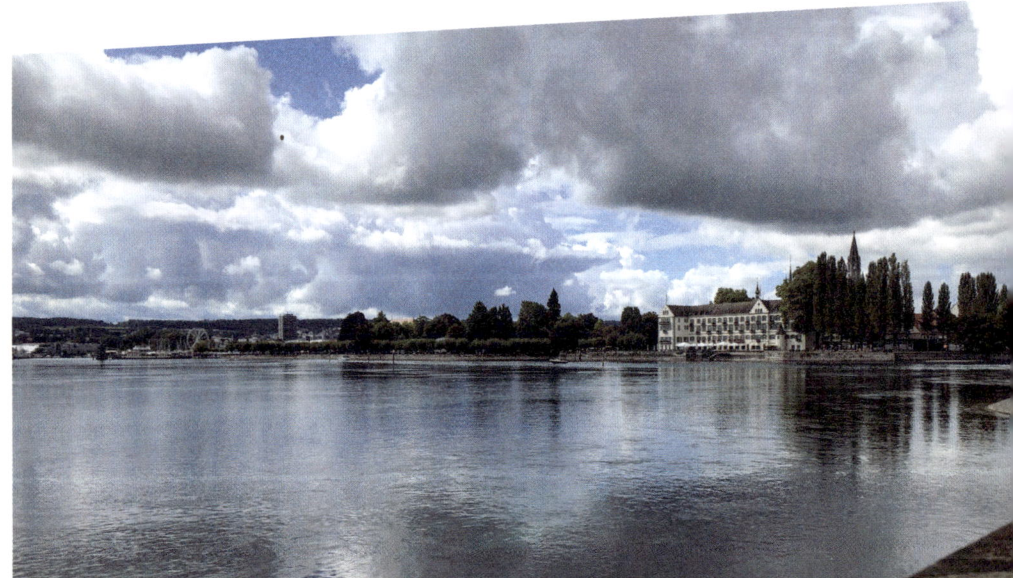

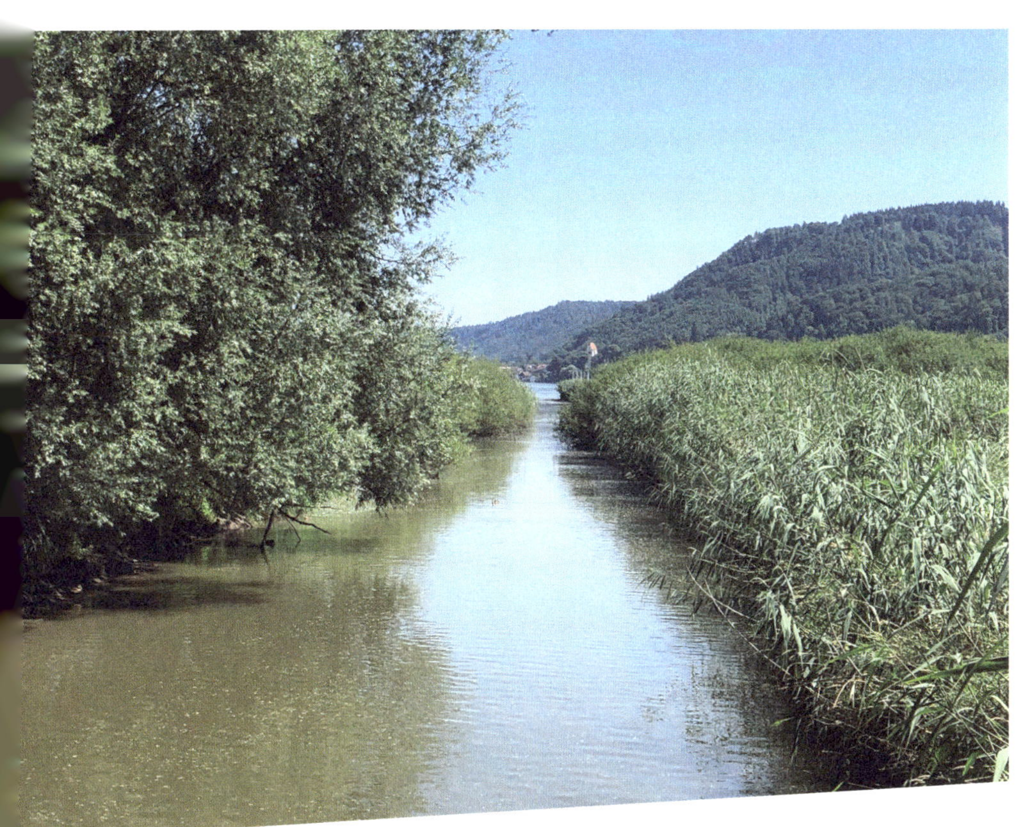

Hors categorie

Gut gestärkt stellen wir uns nun dem schwersten Abschnitt der Königsetappe. Kurz hinter Langenrain geht es auf einem Schotterweg stetig hinauf in den Wald. Wir folgen den Schildern zum 5 / Hof Höfen (Hof Höfen 1, 78476 Allensbach), der mit seinem Biergarten idyllisch am Waldrand liegt. Der Gasthof öffnet seine Tore jedoch nur am Wochenende vor 16 Uhr. Montags und dienstags ist zu. Wir strampeln weiter. Das gepunktete Bergtrikot dieser MuskulaTour ist uns so gut wie sicher. Nach einer letzten steilen Rampe ist der höchste Punkt der Tour geschafft. Der exotische Anblick, der sich dir nun bietet, ist real und keine durch Sauerstoffmangel verursachte Halluzination: In aller Seelenruhe grasen hier Bisons. Die mächtigen Rinder gehören zur Bisonzucht Bodenwald. Wir fahren direkt auf die 6 / Bisonstube Bodenwald (Bodenwald 1, 78351 Bodman-Ludwigshafen), bisonstube-bodenwald.de zu, einem urigen Biergarten. Genau das, was wir nach unserer Ochsentour jetzt brauchen.

1307

Vor dem Baubeginn der heutigen 7 / Ruine Altbodman zerstörte ein Feuer die alte Burg. Einziger Überlebender: der einjährige Johannes von Bodman. Der entging dem Inferno nur, weil ihn seine Amme geistesgegenwärtig in einen großen Kessel steckte und aus dem Fenster warf.

< links / An der Konstanzer Seepromenade
^ oben / Die Stockacher Aach mündet am westlichen Ende in den Bodensee

Trutzburg im Wald

Nicht weit von der Bisonstube liegt die 7 / Ruine Altbodman im Wald. Am besten ihr parkt die Räder bei den Bisons und geht zu Fuß zur Ruine. Nach etwa 15 Minuten taucht das massive Gemäuer vor uns zwischen den Bäumen auf. Vom Turm lässt sich der gesamte Überlinger See bewundern. Zurück bei unseren Drahteseln rollen wir den Schotterweg von der Bisonstube in Richtung Bodman hinab. Wenn der Schotterweg auf eine asphaltierte Straße trifft, wenden wir uns nach rechts und sausen durch den Wald. Es geht nun in die Ortschaft Bodman, wo wir einen Schlenker machen und den Bodenseeradweg verlassen. Nach dem Ortsschild folgen wir zunächst der Kaiserpfalzstraße, bis uns der Wegweiser zum 8 / Skulpturengarten des Bildhauers Peter Lenk (Kaiserpfalzstraße 20, 78351 Bodman-Ludwigshafen) nach rechts schickt. Wem ein Blick über den Zaun nicht genügt, für den gibt es auch Führungen. Lenks kontroverse Skulpturen sind um den gesamten See verteilt. Auch die Imperia im Hafen Konstanz geht auf seine Kappe. Die stellte er 1993 in einer Nacht-und-Nebel-Aktion auf. Wohl bis heute die größte Statue einer Prostituierten weltweit.

STILL IM SCHILF

Wo die Stockacher Aach in den Bodensee mündet, ist's erfreulich leise. Geradezu schüchtern schleicht sich der schmale Fluss in den See.

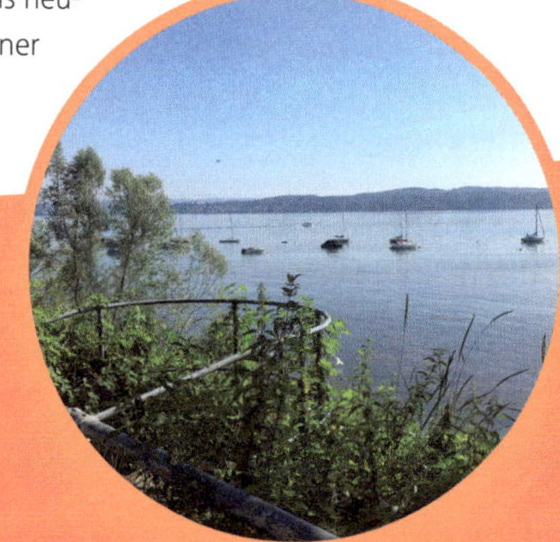

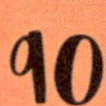

90

Minuten dauert es, wenn Peter Lenk durch seinen weitläufigen 8 / Skulpturengarten führt. Plus minus. Dann jagt eine Anekdote die nächste. Humorvoll erzählt der Bildhauer von seinen Arbeiten. Vom Überlinger „Bodenseereiter", dem „Pimmel über Berlin" und der „Imperia". April bis September. Termine: bodman-ludwigshafen.de

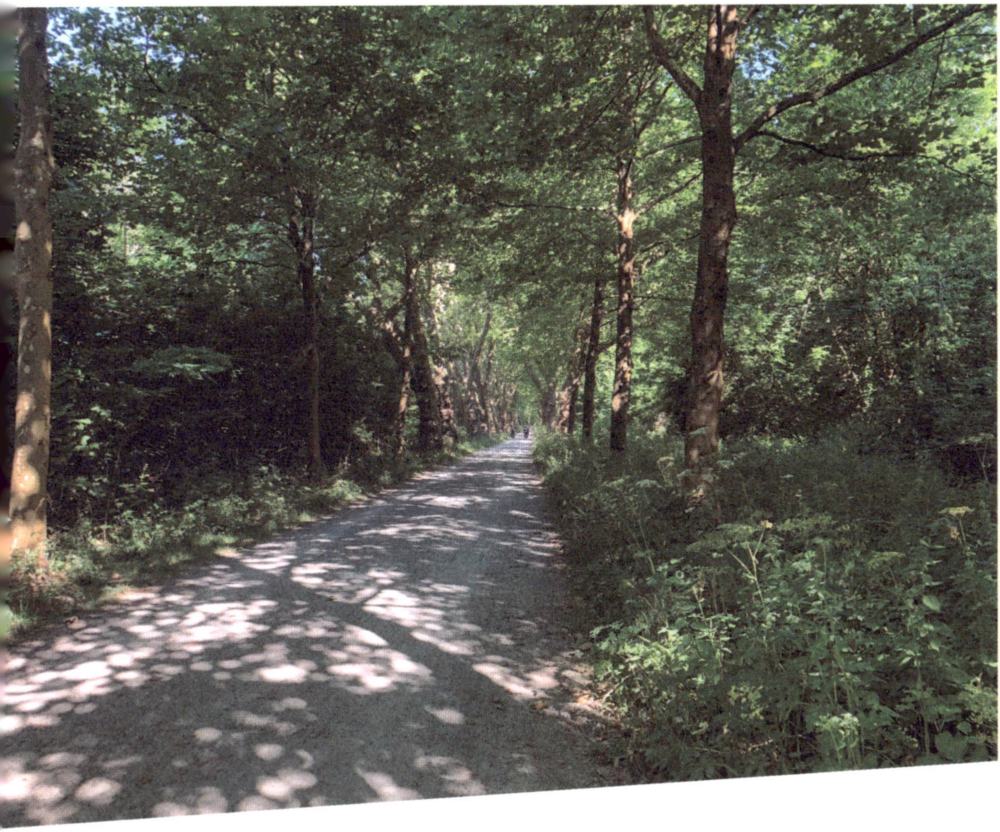

Zum ältesten Strandbad am Bodensee

Vom Lenk'schen Panoptikum machen wir uns auf Richtung Ludwigshafen. Bei der Kapelle halten wir uns rechts, biegen vor dem Sportplatz rechts ab und durchqueren nun das 9 / Naturschutzgebiet Stockacher Aach. Die schilfgesäumte Bucht bildet den nördlichsten Teil des Bodensees. In Ludwigshafen ignorieren wir unser heutiges Ziel zunächst und rollen ein paar hundert Meter weiter, bis wir das 10 / Strandbad (Seehalde 8, 78351 Bodman-Ludwigshafen) erreichen. Schon seit über 100 Jahren springen hier die Gäste mit Anlauf ins Wasser, was die Badeanstalt zu einem der ältesten Strandbäder am Bodensee macht. Herzstück ist der denkmalgeschützte Holzsteg, quasi ein Jahrhundertsteg mit Erfolgsgarantie für die Arschbombe. Die Abkühlung im See habt ihr euch redlich verdient. Jetzt noch ein Eis und dann zurück zum 10 / Bahnhof Ludwigshafen, dem Endpunkt unserer MuskulaTour.

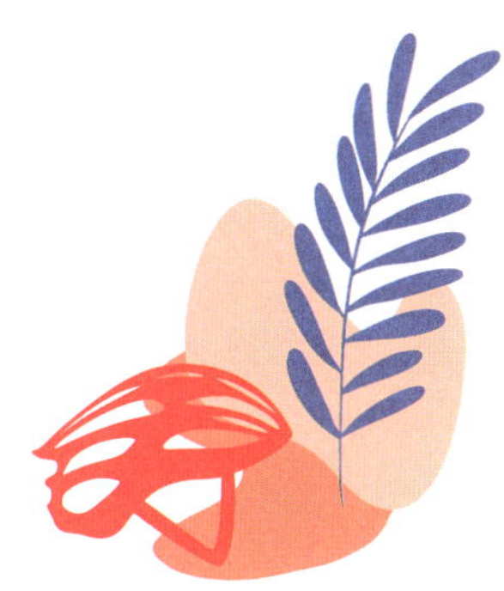

‹ links / See-Idylle zwischen Hörnle und Mainau
^ oben / Grüner Tunnel: die Graf-Lennart-Bernadotte-Allee

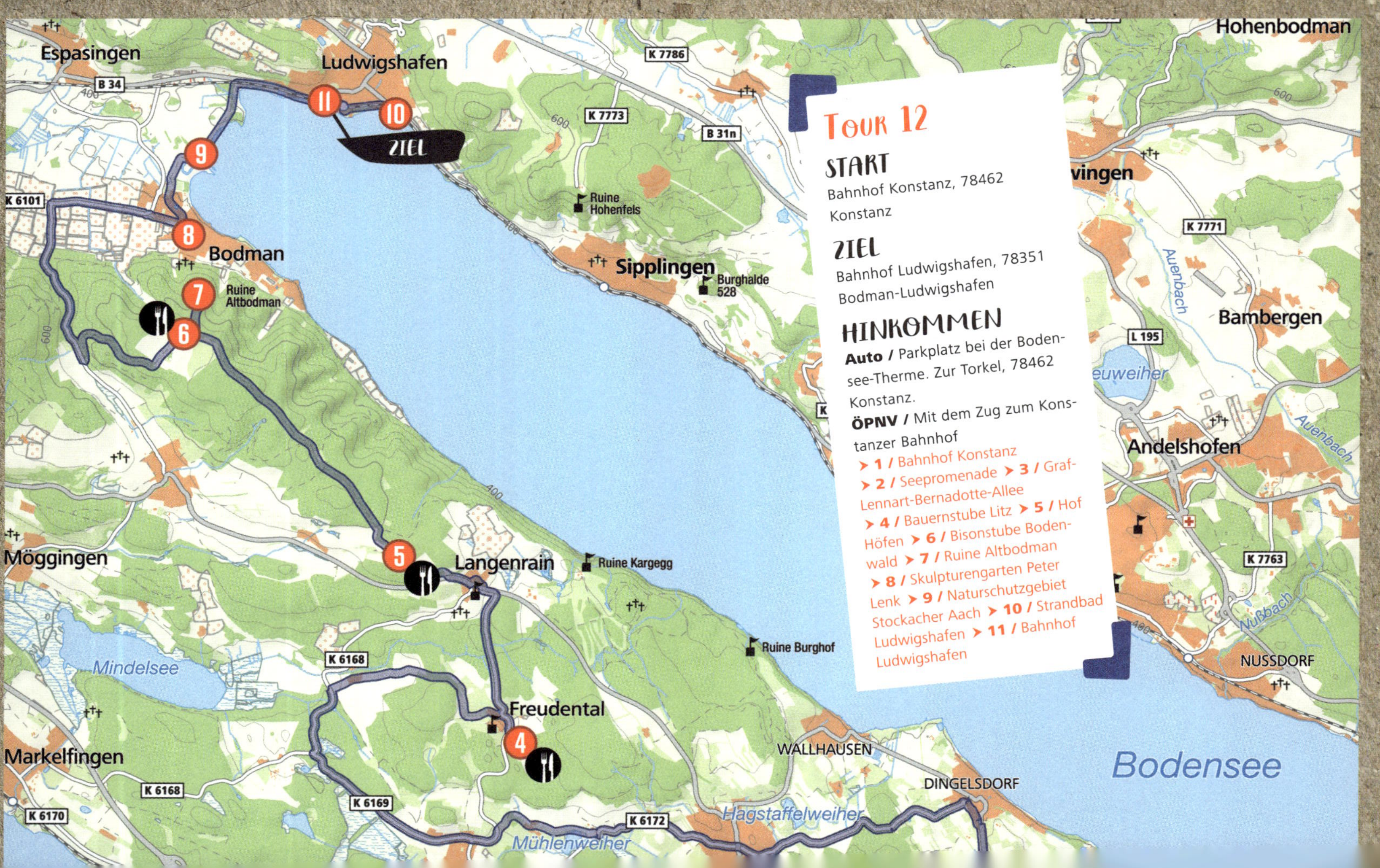
Tour 12
START
Bahnhof Konstanz, 78462 Konstanz
ZIEL
Bahnhof Ludwigshafen, 78351 Bodman-Ludwigshafen
HINKOMMEN
Auto / Parkplatz bei der Bodensee-Therme. Zur Torkel, 78462 Konstanz.
ÖPNV / Mit dem Zug zum Konstanzer Bahnhof
➤ 1 / Bahnhof Konstanz ➤ 2 / Seepromenade ➤ 3 / Graf-Lennart-Bernadotte-Allee ➤ 4 / Bauernstube Litz ➤ 5 / Hof Höfen ➤ 6 / Bisonstube Bodenwald ➤ 7 / Ruine Altbodman ➤ 8 / Skulpturengarten Peter Lenk ➤ 9 / Naturschutzgebiet Stockacher Aach ➤ 10 / Strandbad Ludwigshafen ➤ 11 / Bahnhof Ludwigshafen
ZIEL
Espasingen
Ludwigshafen
Hohenbodman
Bodman
Ruine Altbodman
Ruine Hohenfels
Sipplingen
Burghalde 528
Bambergen
Andelshofen
Auenbach
Nußbach
NUSSDORF
Möggingen
Langenrain
Ruine Kargegg
Ruine Burghof
Freudental
Mindelsee
Markelfingen
WALLHAUSEN
DINGELSDORF
Hagstaffelweiher
Mühlenweiher
Bodensee
B 34
B 31n
K 6101
K 7786
K 7773
K 7771
L 195
K 7763
K 6168
K 6169
K 6170
K 6172

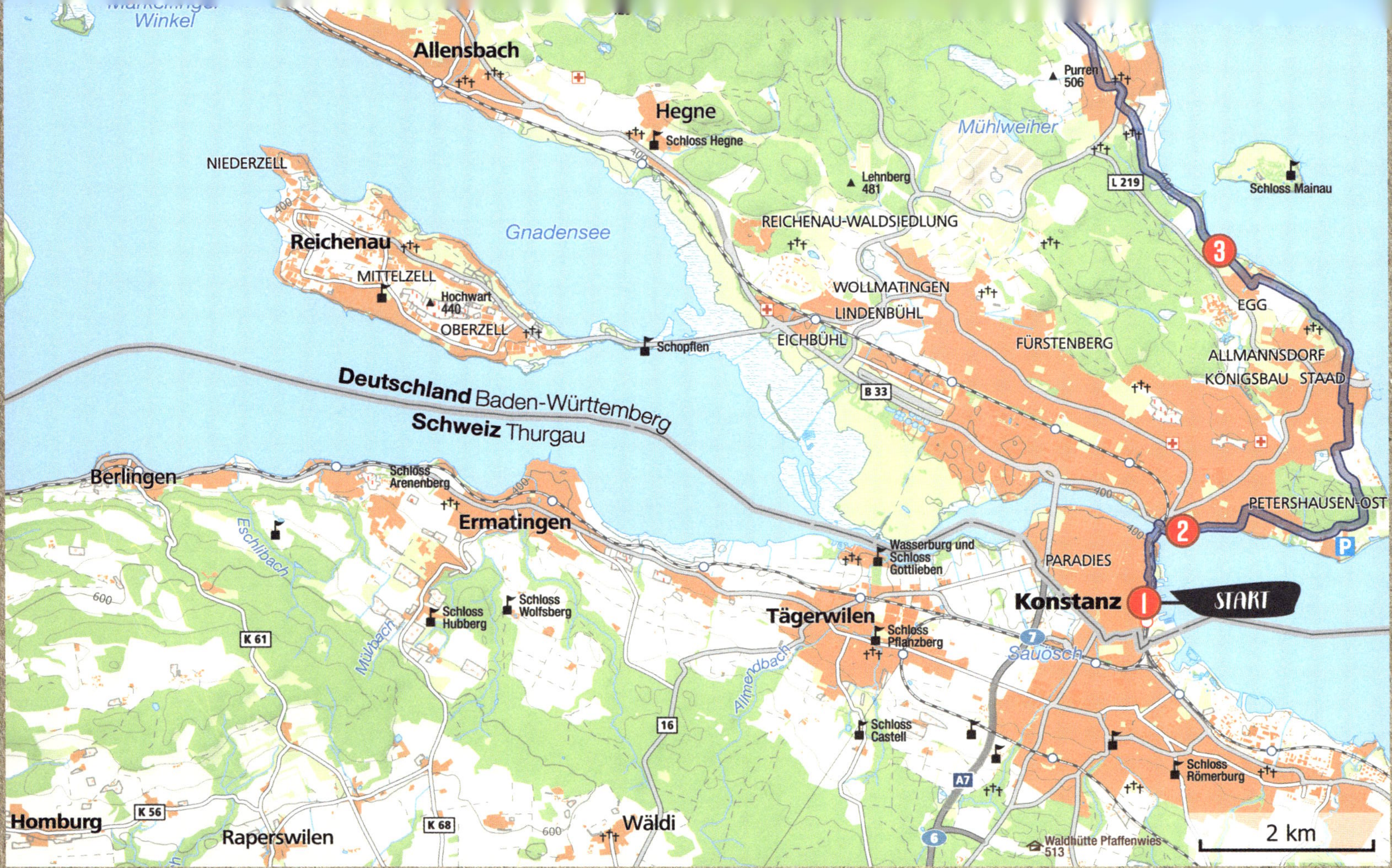

Winkel
Allensbach
Hegne
Schloss Hegne
Purren 506
Mühlweiher
Lehnberg 481
L 219
Schloss Mainau
NIEDERZELL
Gnadensee
REICHENAU-WALDSIEDLUNG
3
Reichenau
MITTELZELL
Hochwart 440
OBERZELL
WOLLMATINGEN
LINDENBÜHL
EICHBÜHL
Schopflen
FÜRSTENBERG
EGG
ALLMANNSDORF
KÖNIGSBAU
STAAD
B 33
Deutschland Baden-Württemberg
Schweiz Thurgau
Berlingen
Schloss Arenenberg
Ermatingen
Eschlibach
PETERSHAUSEN-OST
2
Wasserburg und Schloss Gottlieben
PARADIES
Konstanz
1
START
Schloss Hubberg
Schloss Wolfsberg
Tägerwilen
Schloss Pflanzberg
7
Saubach
K 61
Mülbach
Allmendbach
16
Schloss Castell
A7
Schloss Römerburg
Homburg
K 56
Raperswilen
K 68
Wäldi
6
Waldhütte Pfaffenwies 513
2 km

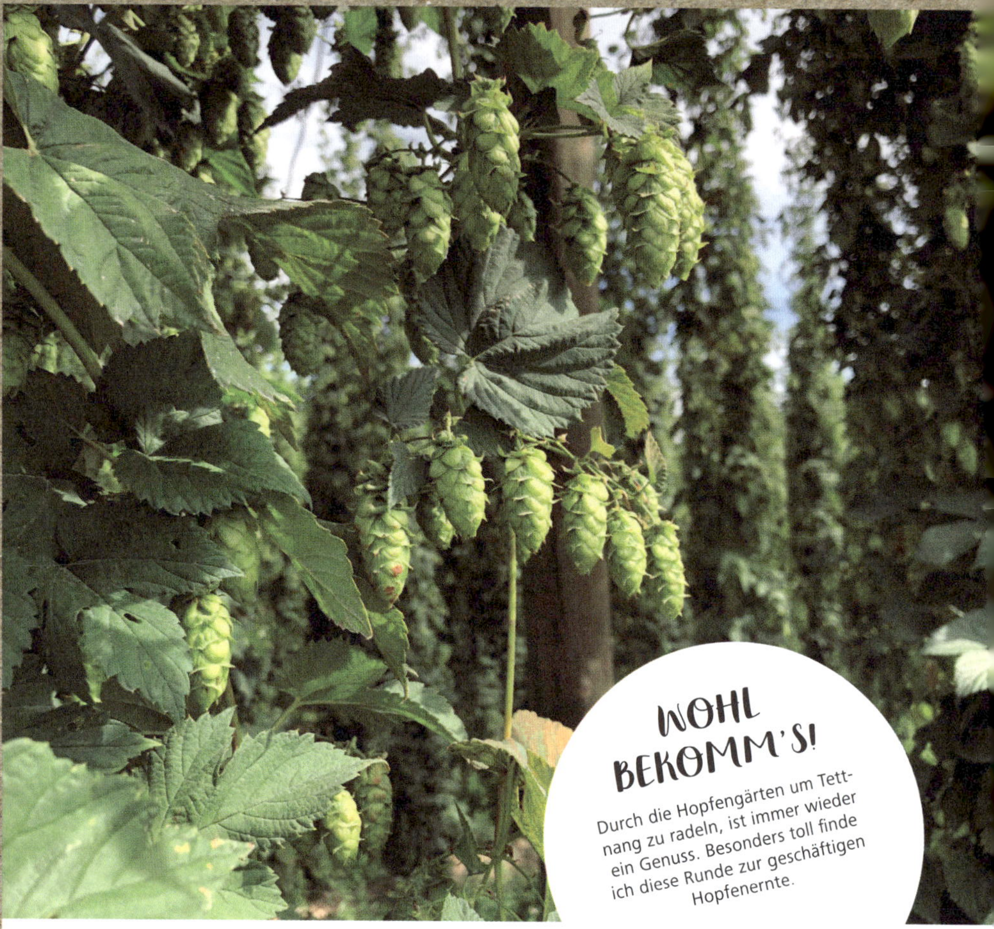

WOHL BEKOMM'S!

Durch die Hopfengärten um Tettnang zu radeln, ist immer wieder ein Genuss. Besonders toll finde ich diese Runde zur geschäftigen Hopfenernte.

- **1 /** Bei der Kabelhängebrücke Langenargen schwingen wir uns aufs Rad
- **2 /** Erste Pause im schönen Biergarten Zum Zollhaus
- **3 /** Ausflug in die Renaissance: Schloss Tettnang
- **4 /** Panoramablick: Aussichtspunkt am Hopfenpfad
- **5 /** Ein Hoch auf das Bier im Hopfenmuseum Hopfengut N° 20
- **6 /** Badepause im lauschigen Strandbad am Degersee
- **7 /** Wir irren durchs Maislabyrinth Nitzenweiler
- **8 /** Chillen am Kiesstrand im Seepark Kressbronn

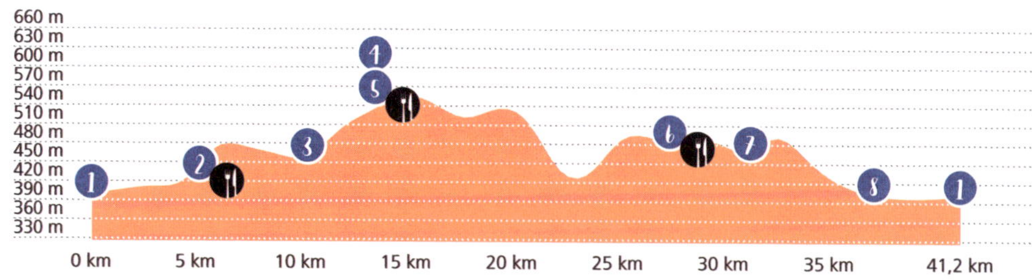

TOUR DE HOPFEN

Vom Ufer der Argen durch die Hopfengärten und Obstfelder bei Tettnang

Es riecht nach Hopfen. Herrlich! Wir fahren durch eines der größten Hopfengebiete der Welt: Vom Seeufer geht es in die grünen Hügel um Tettnang, wo Bierspezialitäten und ruhige Badeseen locken.

41 Kilometer
360 Höhenmeter ▲
360 Höhenmeter ▼
2:45 Stunden
Rundtour

Auftakt mit Hängepartie

Wir beginnen unsere Runde zwischen Langenargen und Kressbronn und starten auf dem Parkplatz direkt an der historischen 1 / Kabelhängebrücke Langenargen über die gemächlich dahingurgelnde Argen. Fertiggestellt 1897 ist das spektakuläre Bauwerk die drittälteste Hängebrücke Deutschlands. Cahpeau! Langenargen im Rücken biegen wir sofort nach der Brücke auf einen befestigten Schotterweg ein. Während der Fluss links von uns in der Sonne glitzert, rollen wir gemächlich durch den schattigen Wald. Auf der rechten Seite ächzen im Spätsommer regelmäßig Apfelbäume unter ihrer leuchtend roten Last. Nach etwa 5 Kilometern kreuzt unser Radweg eine Landstra-

CHARAKTER
Sportlich ●●●○○
Abkühlung ●●●●○
Schlemmen ●●●○○
Panorama ●●●●○

TOURENINFO / Mäßig sportliche Tour mit tollen Einkehrmöglichkeiten und Badestopps. Ideale Tour für E-Biker. Größtenteils asphaltiert mit einigen Schotter-Passagen. Wenig Verkehr.

< links / In den Hopfengärten von Tettnang

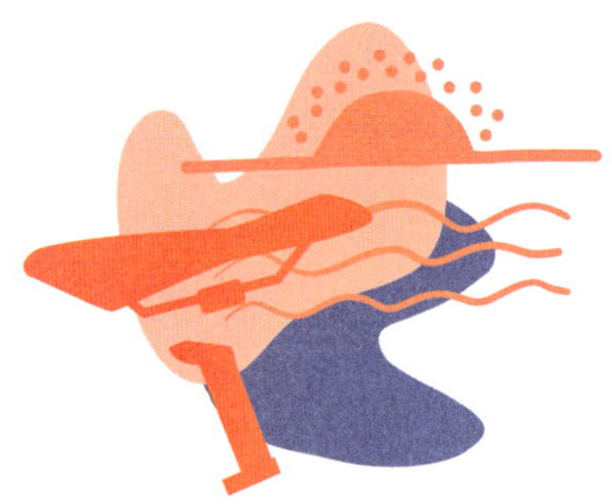

ße, wir biegen hier links ab und überqueren die Argen. Wem bereits der Magen knurrt, der kann sich im malerischen Biergarten des 2 / Gasthofs Zum Zollhaus (Gießenbrücke 1, 88079 Kressbronn am Bodensee), gasthauszumzollhaus.de gutbürgerlich stärken. Wir folgen der Straße ein kurzes Stück, bis rechts eine breite Fahrradstraße abzweigt. Wir klettern den Hügel hinauf und flitzen dann bergab auf Tettnang zu. Kurz vor dem Ortseingang passieren wir das Gasthaus Grüner Baum, dessen hübscher Biergarten direkt am Radweg liegt. Ebenfalls eine Einkehr wert.

SCHÖN... KOSTSPIELIG

Ein schwäbisches Versailles soll 3 / Schloss Tettnang werden. Bis der Prunkbau nach 20 Jahren Bauzeit steht, geht den Montforts das Geld aus – zweimal

Hopfenhauptstadt Tettnang

Wir cruisen die Lindauer Straße entlang nach Tettnang hinein, bis die Martin-Luther-Straße links abbiegt. Hier folgen wir ein Stück dem Radweg Hopfenschlaufe, dem wir im Verlauf unserer Tour noch mehrmals begegnen werden. Unsere Drahtesel tragen uns nun direkt auf das 3 / Tettnanger Schloss (Montfortplatz 1, 88069 Tettnang), schloss-tettnang.de zu, das zu den schönsten Schlössern in ganz Oberschwaben zählt. Außen Renaissance-Schönheit, schnörkelt sich innen eher der Barock durch das schicke Gemäuer. So ist etwa der Bacchussaal nicht nur dem Namen nach berauschend schön. Fürst müsste man sein. Na ja, gewesen sein: Das einflussreiche Geschlecht der Montfort erlosch bereits 1787. Hatten einst die Montforts in Tettnang das Sagen, gibt heute ein ganz anderer den Ton an: der Hopfen. Im Herzen des südlichsten Hopfenanbaugebiets Deutschlands genießt der einen besonders hohen Stellenwert. Folgerichtig regiert zur Fastnacht hier natürlich der Hopfennarr. Wir verlassen die Tettnanger Altstadt durch das Torhaus, fahren links in die Storchenstraße und folgen den Wegweisern zum – genau, richtig geraten – Hopfenpfad.

➤ **rechts oben / Schon schön: Panoramablick am Hopfenpfad**
➤ **rechts Mitte / Gute Laune auf dem Hopfengut**

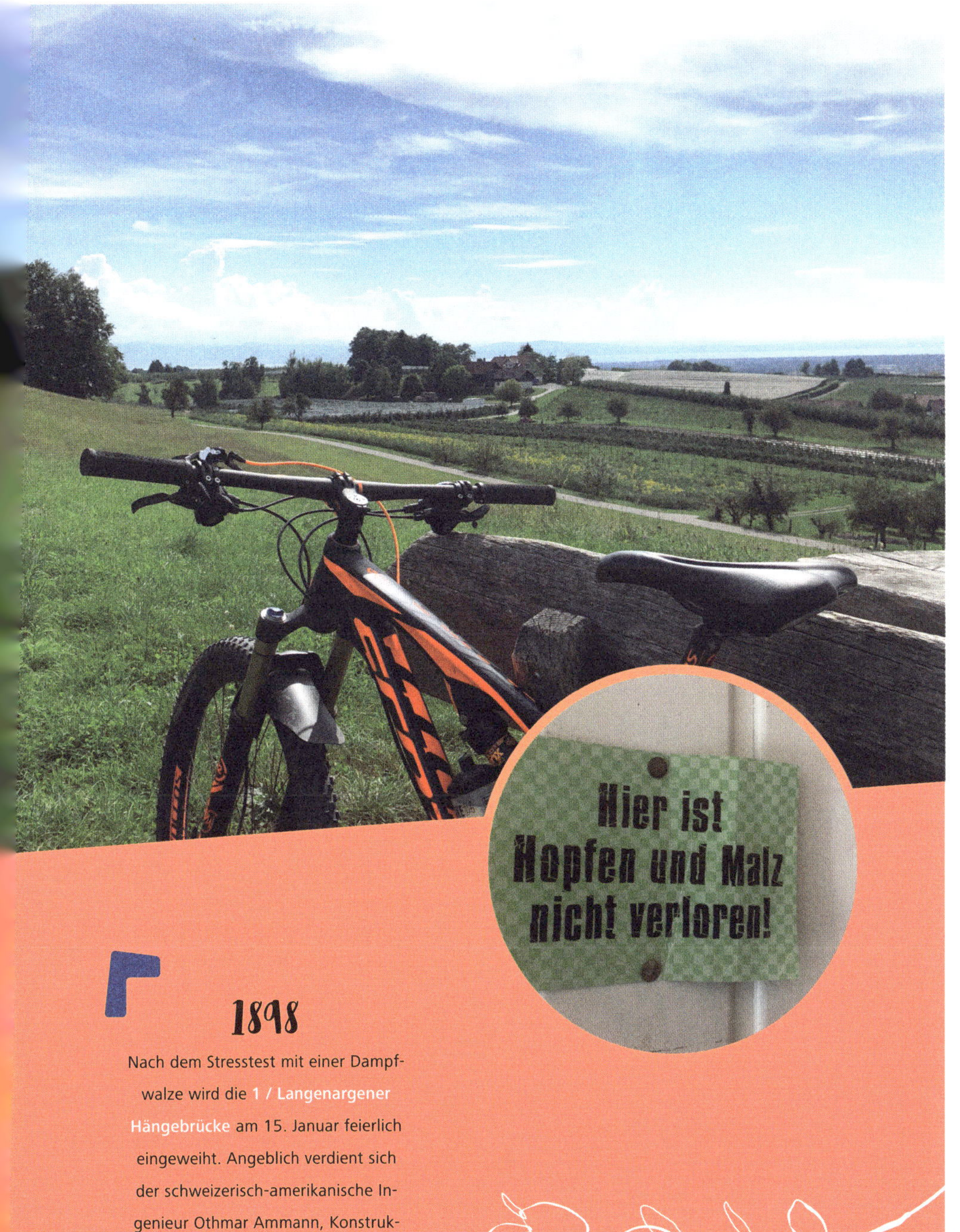

1898

Nach dem Stresstest mit einer Dampfwalze wird die 1 / Langenargener Hängebrücke am 15. Januar feierlich eingeweiht. Angeblich verdient sich der schweizerisch-amerikanische Ingenieur Othmar Ammann, Konstrukteur der George-Washington-Bridge in New York, als Praktikant auf der Baustelle erste Sporen als Brückenbauer

Kletterexperte

Hopfen schraubt sich so schnell in die Höhe, dass man ihm auf dem **4 / Hopfenpfad** dabei zugucken kann. 30 Zentimeter im Tag schafft die Pflanze bei idealen Bedingungen.

Aromatherapie der anderen Art

Foto-Stopp mit Selfie-Stick

Jetzt geht es bergauf. Also: tretet in die Pedale. Tettnangs Häuser weichen bald ausgedehnten Apfelplantagen und den unvermeidlichen Hopfengärten. Wir folgen dem Themenweg Hopfenpfad, der sich hier die Route mit der Hopfenschlaufe teilt. Auf dem schön gelegenen Höhenweg erreichen wir schließlich einen 4 / Aussichtspunkt am Hopfenpfad, vor dem sich ein großartiges Panorama des Bodensees ausbreitet. Bei guter Sicht wirken die Gipfel der Alpen zum Greifen nah. Also: Foto-Stopp! Wenn keiner guckt, könnt ihr auch euren Selfie-Stick auspacken, aber nur dann! Weiter geht es, immer den liebevoll gestalteten Infotafeln des Hopfenpfads nach. Schließlich erreichen wir das 5 / Hopfenmuseum Hopfengut N° 20 (Hopfengut 20, 88069 Tettnang), hopfengut.de. Das Fachwerkgebäude vereint Brauerei, Museum, Shop und Gasthaus unter einem Dach. Die Hopfen-Gurus des Hofguts kreieren hier leckere Bierspe-

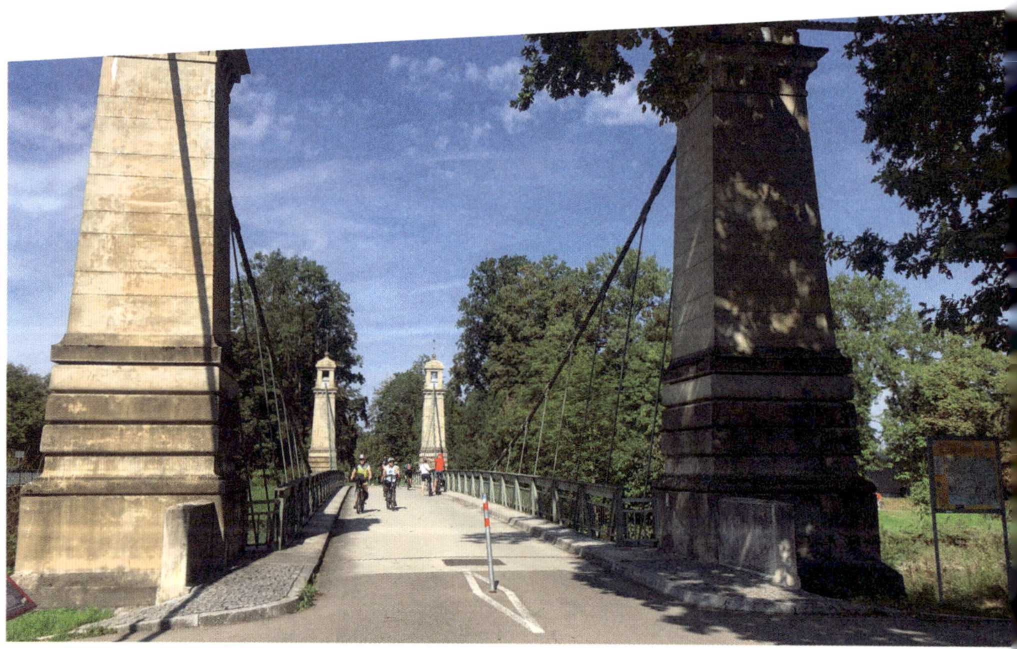

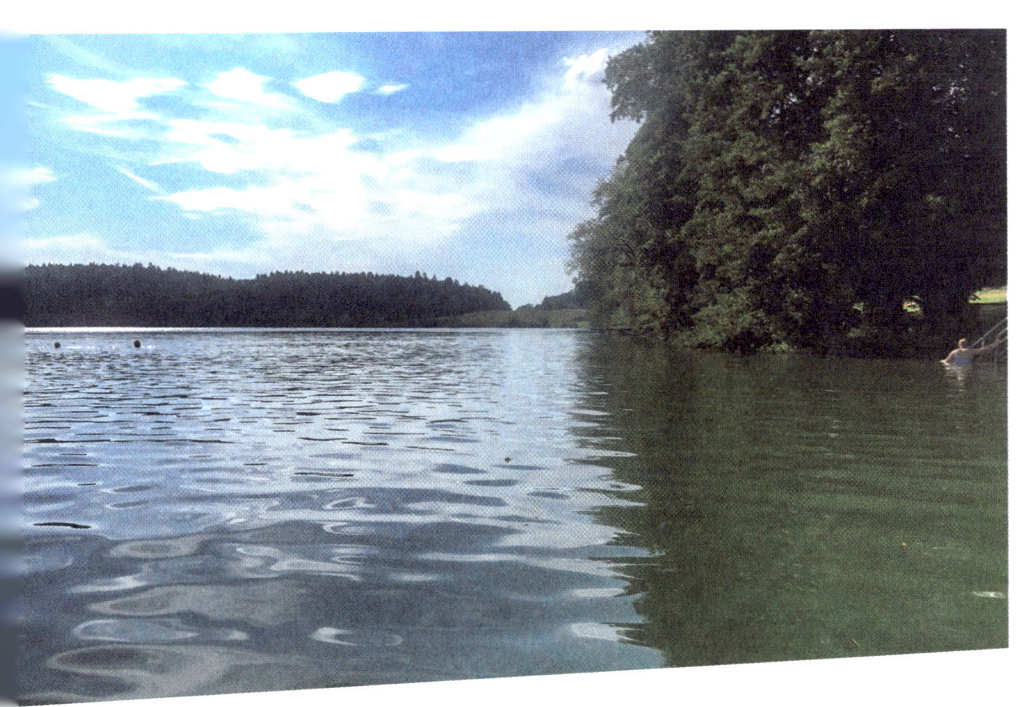

zialitäten aus feinstem Aromahopfen. Eine solche lassen wir uns jetzt selbstverständlich schmecken. Besonders lohnend ist ein Besuch des Hopfenguts während der Erntezeit, die meist Ende August beginnt. Bis Mitte September rumpeln dann die Pflückmaschinen durch die Hopfengärten und über allem liegt das charakteristische Hopfenaroma. Für eine Führung solltest du dir unbedingt Zeit nehmen.

1480

Hektar machen die Hopfengärten um das 6 / Hopfengut zu Deutschlands zweitgrößtem Hopfenanbaugebiet aus. Der hier schwerpunktmäßig angebaute Tettnanger wird weltweit als Aromahopfen zum Bierbrauen verwendet. Bestens geeignet ist er für Lagerbiere, Pils, Ale und Lambic.

Natürliches Badeparadies im Hügelland

Wir schwingen uns wieder aufs Rad und kurbeln uns durch die grüne Hügellandschaft. Orientieren kannst du dich an den Wegweisern der Hopfenschlaufe. Über Brünnensweiler, Neuhäusle und Iglerberg fahren wir bis nach Laimnau. Es geht wieder über die Argen. Wir bleiben nach der Brücke zunächst auf dem Radweg, überqueren bei einem kleinen Bushäuschen die Straße und fahren via Rattenweiler durch die Felder weiter nach Hiltensweiler, wo wir auf den Donau-Bodensee-Radweg treffen. Nach einem guten Kilometer erreichen wir ein absolutes Highlight der Tour: Idyllisch eingebettet in die umliegenden Hügel liegt der 6 / Degersee. Nach dem Auf und Ab der letzten Kilometer gönnen wir uns eine Badepause im lauschigen Strandbad. Hier geht es deutlich weniger turbulent zu als in den

---

‹ links / Große Ingenieurskunst: die Kabelhängebrücke Langenargen
^ oben / Mit Anlauf in den Degersee!

Freibädern am Bodenseeufer. Von der Terrasse der Degerseestube (Degersee 3, 88069 Tettnang, degerseestube.de) aus lässt sich bei einem Kaltgetränk oder bei Kaffee und Kuchen der herrliche See überblicken. Wir machen uns wieder auf den Weg und passieren nur wenige Fahrradminuten vom Degersee entfernt den etwas kleineren Schleinsee.

QUANTENTHEORIE IM SEE

Kurz vor dem Ende unserer Tour erreichen wir im Stadtpark Kressbronn wieder den See. Runter von den Pedalen mit den Füßen und rein ins Wasser.

Zurück an den Bodensee

Nachdem wir den Schleinsee hinter uns gelassen haben, erreichen wir die kleine Ortschaft Nitzenweiler. Hier machen wir einen Abstecher zum 7 / Maislabyrinth Nitzenweiler (Nitzenweiler 4, 88079 Kressbronn am Bodensee), maisabenteuer.de. Von Juli bis Mitte September kannst du dich hier zwischen den Maiskolben auf die Suche nach dem richtigen Pfad machen. Hartgesottene wagen sich kurz vor Ende der Saison zum Sonderevent Gruselgeister ins Maisfeld. Dann machen Vampire und andere Spukgestalten das Labyrinth unsicher. Ein großer Spaß, Gänsehaut inklusive. Sobald wir wieder aus dem weitläufigen Maislabyrinth herausgefunden haben, fahren wir weiter. Die grünen Radwegschilder lotsen uns zuverlässig nach Kressbronn am Bodenseeufer. Kurz bevor wir das See-

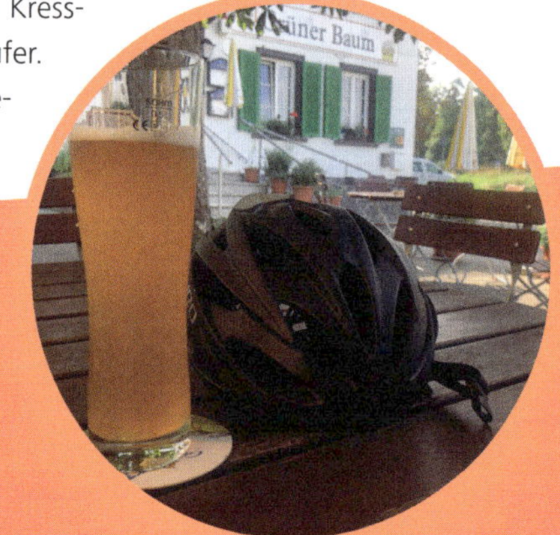

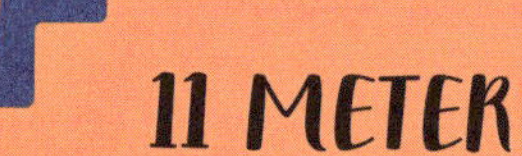

ist der 7 / Degersee an seiner tiefsten Stelle. Im Schnitt liegt der Grund etwa 6 Meter unter der Oberfläche des Sees. Nochmals drei Meter unter dem Seeboden fanden Archäologen 2002 durch Zufall ein komplettes steinzeitliches Dorf. Einige Fundstücke weisen sogar auf Handelsbeziehungen nach Oberitalien hin.

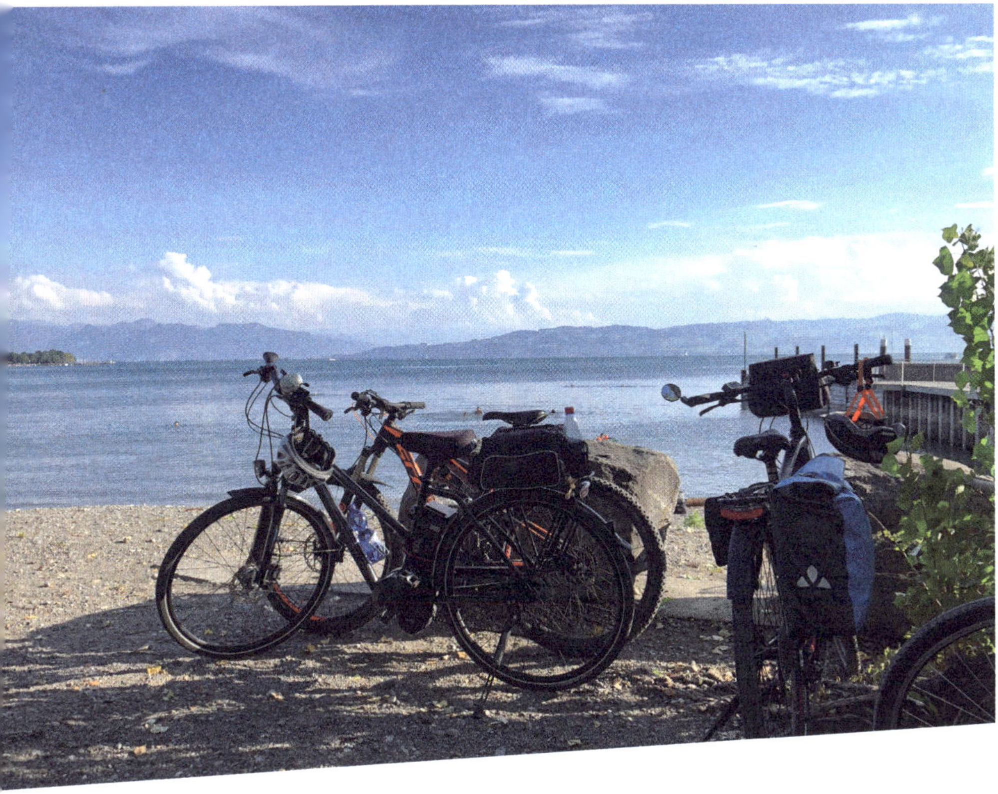

ufer erreichen, liegt rechts am Wegrand der schattige Schlösslepark mit seinem alten Baumbestand. Im kleinen Museum Schlössle ankern die handgeschnitzten Schiffsmodelle des Kressbronner Künstlers Ivan Trtanj. Die Detailverliebtheit der filigranen Arbeiten nach historischen Vorbildern ist beeindruckend. Am Bodensee rollen wir gemächlich weiter, bis wir im Schatten hoher Bäume am 8 / Seepark Kressbronn ankommen. Wer die Badeklamotten vergessen hat, sollte am schmalen Kiesstrand zumindest seinen Füßen etwas Abkühlung gönnen. Entlang der D8 Rhein-Route rollen wir auf den Rädern weiter in Richtung Langenargen. In Tunau lockt mit dem Dorfkrug nochmals ein Biergarten direkt am Weg zur Einkehr. Am Kreisverkehr in Schnaidt nehmen wir die vierte Ausfahrt und fahren zuerst am Campingplatz vorbei und passieren anschließend den Segelhafen Kressbronns. Vor dem Argensteg biegen wir rechts ab, folgen der Argen flussaufwärts, erreichen nach einigen Minuten die 1 / Kabelhängebrücke Langenargen und machen für heute Feierabend.

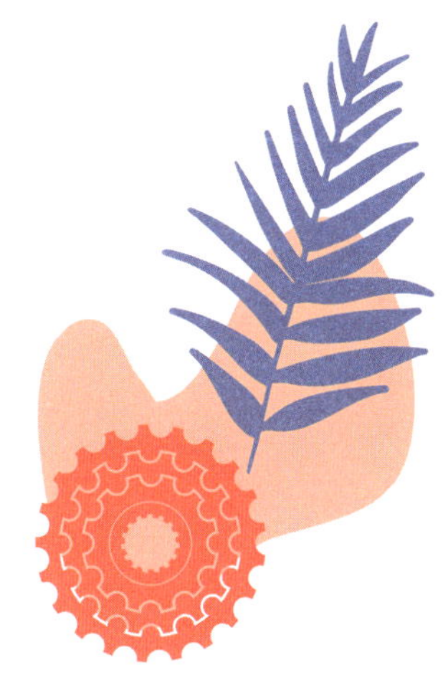

‹ links / Pause muss sein und Einkehren ist Pflicht!
˄ oben / Zum Abschluss im Seepark Kressbronn ab in den See

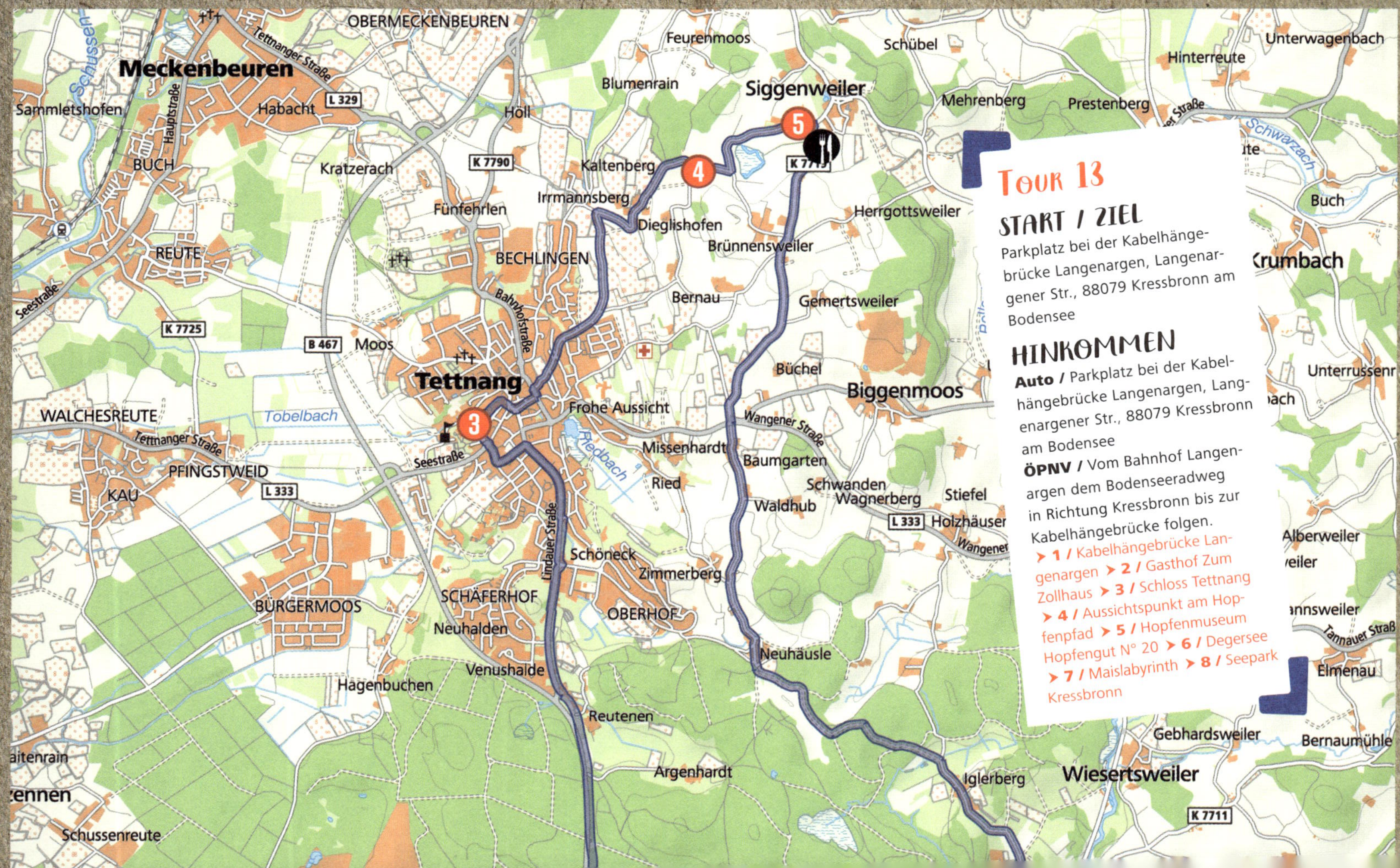

Tour 13

Start / Ziel

Parkplatz bei der Kabelhängebrücke Langenargen, Langenargener Str., 88079 Kressbronn am Bodensee

Hinkommen

Auto / Parkplatz bei der Kabelhängebrücke Langenargen, Langenargener Str., 88079 Kressbronn am Bodensee

ÖPNV / Vom Bahnhof Langenargen dem Bodenseeradweg in Richtung Kressbronn bis zur Kabelhängebrücke folgen.

› **1 /** Kabelhängebrücke Langenargen › **2 /** Gasthof Zum Zollhaus › **3 /** Schloss Tettnang › **4 /** Aussichtspunkt am Hopfenpfad › **5 /** Hopfenmuseum Hopfengut N° 20 › **6 /** Degersee › **7 /** Maislabyrinth › **8 /** Seepark Kressbronn

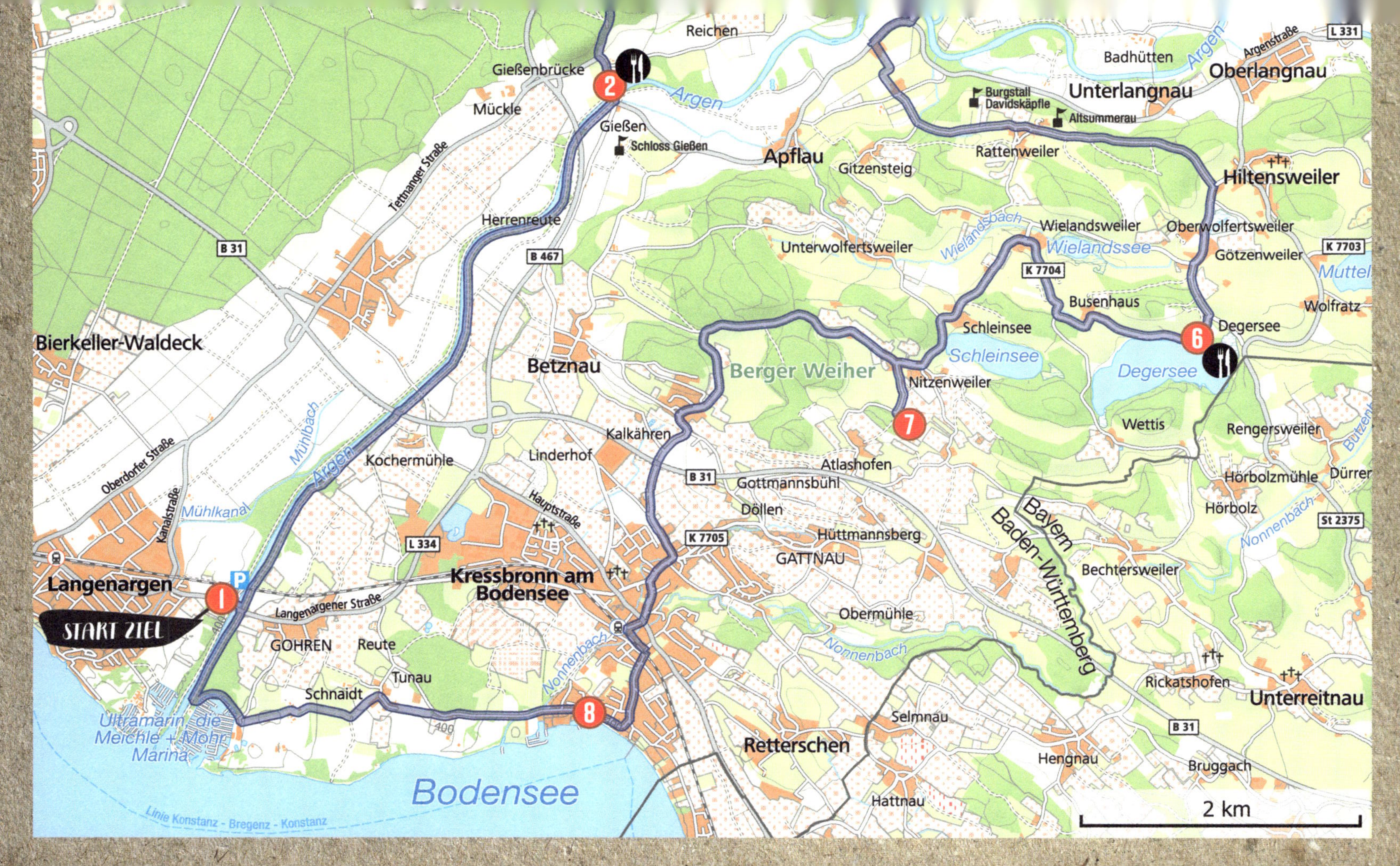

Reichen
Gießenbrücke
Mückle
Argen
Gießen
Schloss Gießen
Apflau
Gitzensteig
Badhütten
Unterlangnau
Oberlangnau
Argenstraße
L 331
Burgstall
Davidskäpfle
Altsummerau
Rattenweiler
Hiltensweiler
Tettnanger Straße
Herrenreute
B 31
B 467
Unterwolfertsweiler
Wielandsbach
Wielandsweiler
Oberwolfertsweiler
Wielandssee
Götzenweiler
K 7703
Muttel
K 7704
Busenhaus
Wolfratz
Bierkeller-Waldeck
Betznau
Schleinsee
Degersee
Berger Weiher
Nitzenweiler
Wettis
Rengersweiler
Oberdorfer Straße
Mühlbach
Kochermühle
Linderhof
Kalkähren
Atlashofen
Gottmannsbühl
Hörbolzmühle
Dürrer
Kanalstraße
Mühlkanal
Hauptstraße
Döllen
Bayern
Baden-Württemberg
Hörbolz
Nonnenbach
St 2375
L 334
K 7705
Hüttmannsberg
GATTNAU
Langenargen
Kressbronn am Bodensee
Bechtersweiler
START ZIEL
Langenargener Straße
Obermühle
GOHREN
Reute
Tunau
Rickatshofen
Unterreitnau
Schnaidt
Selmnau
Ultramarin die Meichle + Mohr Marina
Retterschen
B 31
Hengnau
Bruggach
Bodensee
Hattnau
2 km
Linie Konstanz - Bregenz - Konstanz

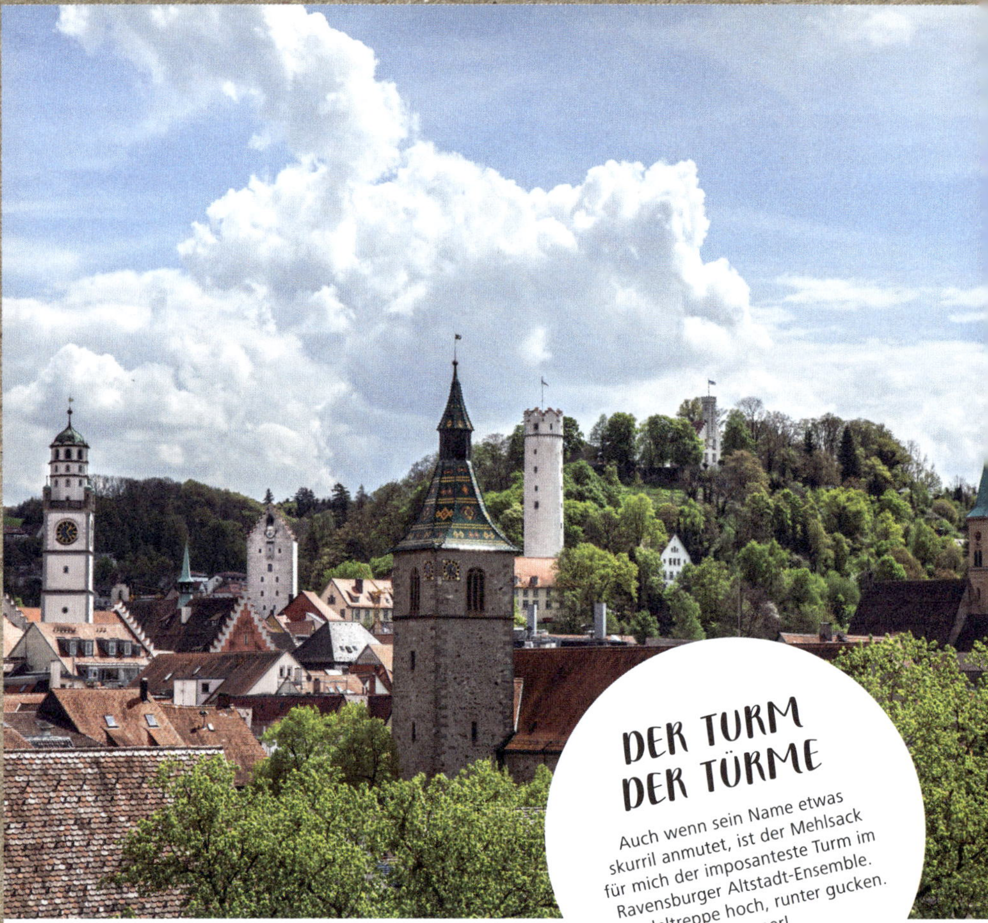

DER TURM DER TÜRME

Auch wenn sein Name etwas skurril anmutet, ist der Mehlsack für mich der imposanteste Turm im Ravensburger Altstadt-Ensemble. Wendeltreppe hoch, runter gucken. Hammer!

> 1 / Unser Startfeld ist der Scheffelplatz

> 2 / Im Herzen der Ravensburger Altstadt hoch auf den Blaserturm

> 3 / Im Humpis-Quartier geht's zurück ins Mittelalter

> 4 / Wir lassen im Ravensburger Museum unserem Spieltrieb Lauf

> 5 / Leckomio! Ganz schön hoch, der Mehlsack

> 6 / Barockjuwel an der Schussen: Klosterkirche St. Peter und Paul

> 7 / Wir tafeln im Gasthaus Schloss Brochenzell

> 8 / Vom Untertor an der Stadtmauer entlang

> 9 / Im Bärengarten stoßen wir auf die Tour an

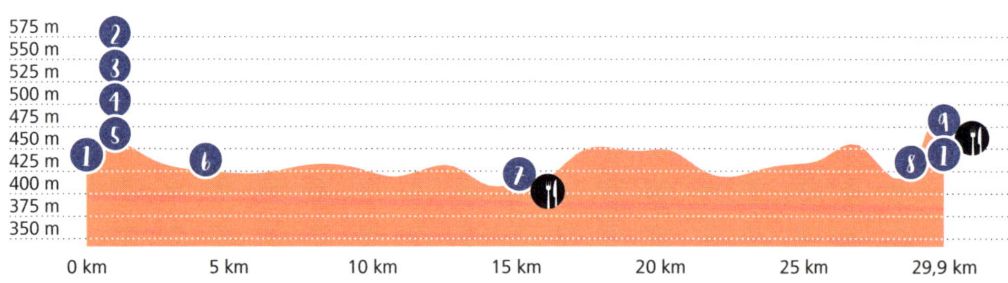

SCHUSS(EN)FAHRT

Von Ravensburg nach Meckenbeuren und zurück

Nördlich des Bodensees erkunden wir Ravensburg mit seiner turmgespickten Altstadt. Entlang der Schussen geht es dann durch die sanften Hügel der oberschwäbischen Kulturlandschaft nach Meckenbeuren.

30 Kilometer
160 Höhenmeter ▲
160 Höhenmeter ▼
2 Stunden
Rundtour

Auf ein Spielchen

Wir beginnen diese Tour auf dem 1 / Scheffelplatz, einem kostenfreien Parkplatz nahe des Zentrums. Das ist sozusagen unser Startfeld. Denn das oberschwäbische Ravensburg hat nicht nur jede Menge bestens erhaltene Türme in der Altstadt stehen, es ist auch die „Stadt der Spiele". Weltweit bekannt ist Ravensburg durch die blaue Ecke an Brettspielen, Puzzles und Büchern des Ravensburger Spieleverlags. Vom Scheffelplatz radeln wir die Schützenstraße entlang direkt in die Altstadt. Zwar ist „Das verrückte Labyrinth" ein Ravensburger Spiele-Klassiker, aber so verwirrend sind die Gassen hier glücklicherweise nicht. Wir erreichen den zentralen Marienplatz, biegen rechts

CHARAKTER
Sportlich ●●○○○
Abkühlung ●○○○○
Schlemmen ●●●○○
Panorama ●●●○○

TOURENINFO / Recht einfache Tour mit moderater Steigung. Abwechselnd auf Asphalt, Schotter und gut ausgebauten Waldwegen. Kurze Abschnitte auf Radwegen an der Straße.

◂ links / Stadt der Türme: Ravensburg

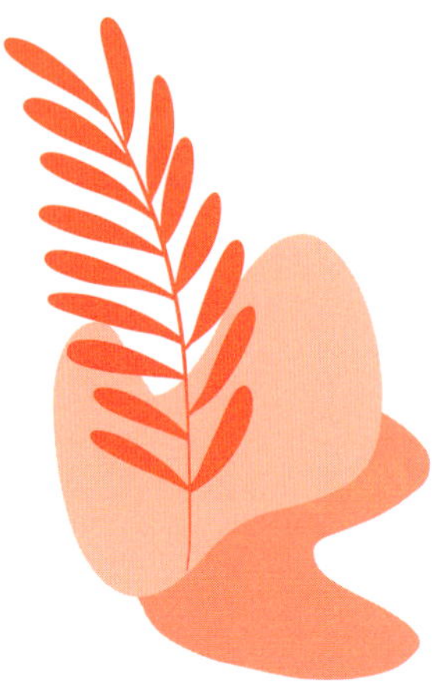

ab und sehen vor uns einen der spektakulären Mittelalter-Wolkenkratzer, den 2 / Blaserturm (Marienplatz 28, 88212 Ravensburg), ravensburg.de. Von Mai bis September könnt ihr den schicken Renaissance-Turm montags bis samstags von 11 bis 16 Uhr gegen eine kleine Gebühr erklimmen (mit der Bodensee Card Plus kostet's nix).

Mittelalter trifft Moderne

Wir ziehen ohne zu würfeln weiter. Am Fuße des Blaserturms biegen wir links ab und gelangen auf die Marktstraße. Wenige Meter von hier befindet sich das 3 / Humpis-Quartier (Marktstraße 45, 88212 Ravensburg), museum-humpis-quartier.de, eines der am besten erhaltenen Wohnquartiere aus dem späten Mittelalter in Süddeutschland. Die teils aus dem 12. Jahrhundert stammenden Gebäude beherbergen ein Museum. Ganze 60 Räume widmen sich unterschiedlichen Epochen der Kultur- und Stadtgeschichte Ravensburgs. Sehr eindrücklich sind die Kabinettausstellungen zu den Schwabenkindern und der Hexenverfolgung. Besonderer Blickfang des Humpis-Quartiers ist das Zusammenspiel von alter Bausubstanz und moderner Architektur. Direkt gegenüber ist das 4 / Ravensburger Museum (Marktstraße 26, 88212 Ravensburg), museum-ravensburger.de des bekannten Spieleherstellers mit der blauen Ecke zu finden. Aber Vorsicht: In diesem interaktiven Spielemuseum geht locker mal ein ganzer Tag flöten. Zu Recht!

HERGEHÖRT

Im 3 / Humpis-Quartier gibt's auf die Ohren: Mit dem kostenlosen Audioguide wird die Vergangenheit dank Hörspielen und Kurzgeschichten quicklebendig.

Vom weißen Mehlsack ins grüne Weißenau

Genug gespielt, wir sind ja auch zum Radeln da. Wer möchte, kann von der Ecke Marktstraße/Burgstraße die Treppen hinauf zum strahlend weißen 5 / Mehlsack (Mehlsackweg 10, 88212 Ravensburg) erklimmen. Der massive Turm thront als weithin sichtbares Wahrzeichen hoch über der Stadt. Die Turmbesteigung ist im Juni, August

---

➤ **rechts oben / Wahrzeichen Ravensburgs: der Mehlsack**
➤ **rechts Mitte / Barock-Perle Klosterkirche St. Peter und Paul in Weißenau**

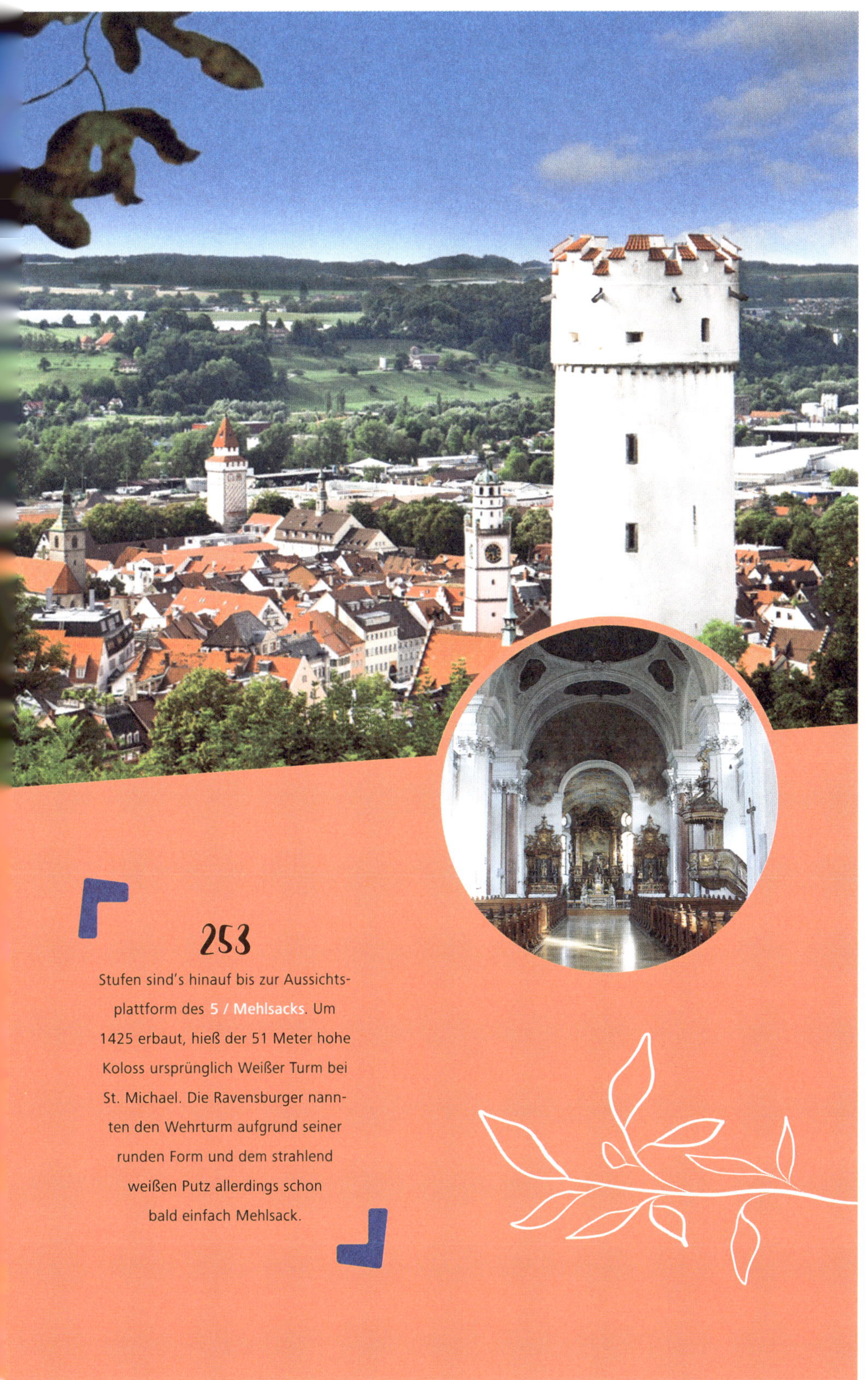

253

Stufen sind's hinauf bis zur Aussichtsplattform des 5 / Mehlsacks. Um 1425 erbaut, hieß der 51 Meter hohe Koloss ursprünglich Weißer Turm bei St. Michael. Die Ravensburger nannten den Wehrturm aufgrund seiner runden Form und dem strahlend weißen Putz allerdings schon bald einfach Mehlsack.

Spielerische Stadttouren

Mit der kostenfreien Ravensburg GO App wird die Altstadt zur Spielwiese. Auf vier interaktiven Themen-Touren gibt's Punkte und Gutscheine.

Wahrzeichen: Der Mehlsack

und September sonntags von 11 bis 16 Uhr möglich. Wir rollen die Burgstraße herunter, biegen dann links auf die Seestraße und folgen den weiß-grünen Radwegweisern in Richtung Weißenau. An der großen Kreuzung geht's geradeaus weiter. Am Denkmal der grauen Busse, Mahnmal für die Opfer des Euthanasie-Wahnsinns der Nazis, fahren wir rechts. Am Torplatz links in die Abteistraße. Die führt uns nun an der barocken 6 / Klosterkirche St. Peter und Paul (Abteistraße 2, 88214 Ravensburg) vorbei. In Teilen des Klosters ist heute das Zentrum für Psychiatrie untergebracht. Jetzt wird es um uns immer grüner. Wir fahren nun durch eine Allee geradeaus, durch Mariatal, halten uns dann links und sofort wieder rechts. Dem gewundenen Weiherstobelweg folgen wir nun eine Weile. Sobald sich der Weg gabelt, links in den Wald.

Wald radeln, nicht baden

Wir rollen aus dem Wald und hören rechts von uns die B30 rauschen. Da müssen wir jetzt rüber. Es geht die nächste Möglichkeit

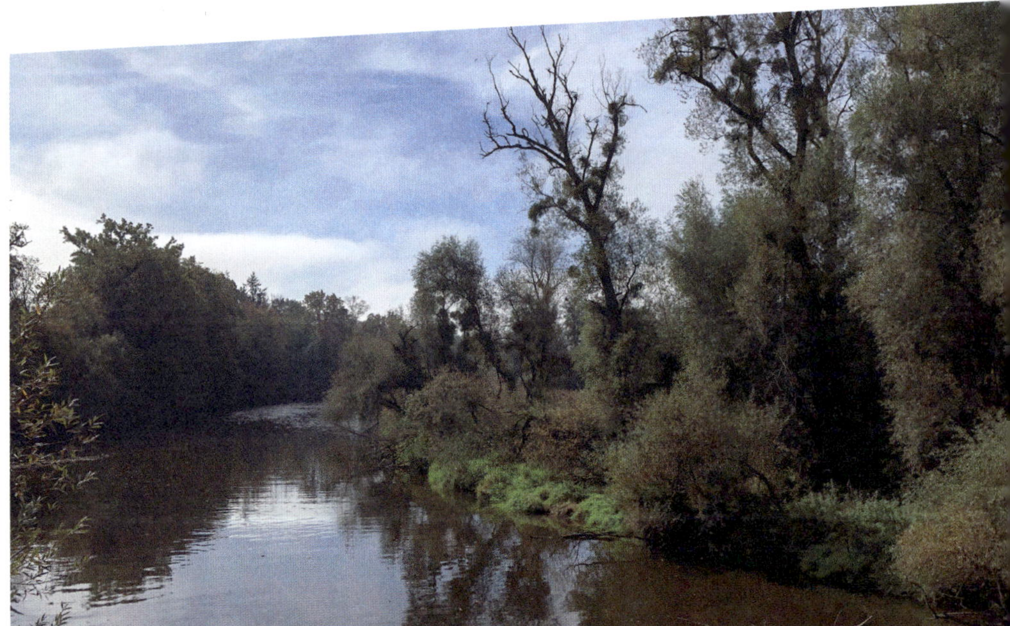

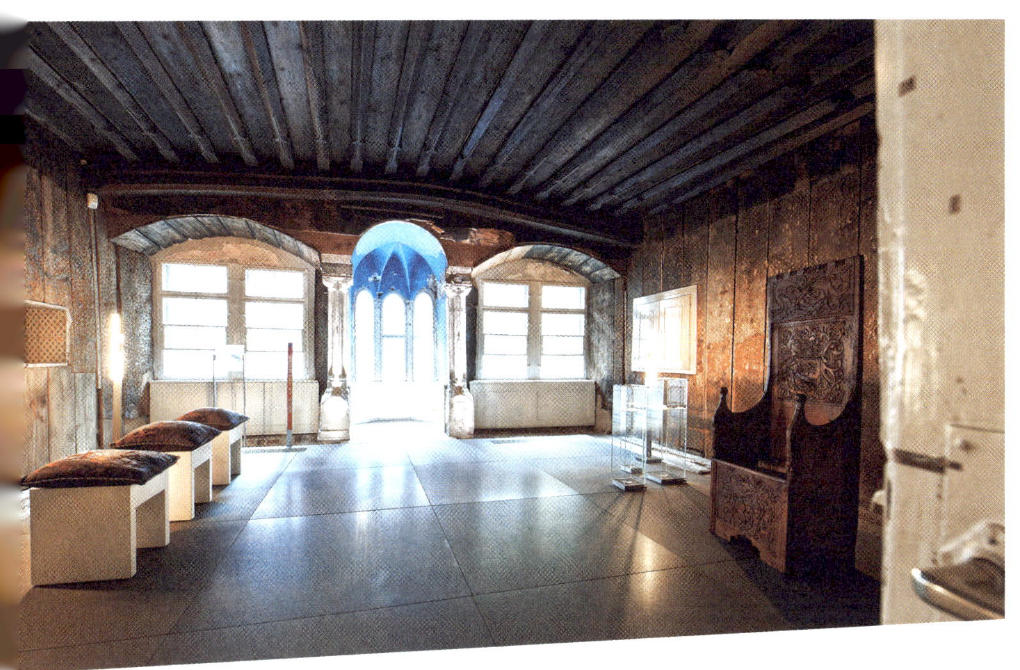

scharf rechts, über die Brücke, danach links und gleich nochmals links auf den Waldweg. Jetzt holpern wir immer weiter über den Schotterweg, ohne abzubiegen. Wenn sich der Weg gabelt, halten wir uns links. Nach etwa einem Kilometer erreichen wir das Ende des Forsts und stoßen auf eine asphaltierte Straße. Hier rechts und über die Brücke. Auf der anderen Seite der Bahnlinie nehmen wir die nächste links und fahren nun am Ufer der Schussen entlang. Wir bleiben auf dem asphaltierten Weg. Bei der nächsten Brücke über die Gleise wechseln wir erneut die Seite und folgen dem Weg durch den Wald. Den Trimm Dich Pfad hier lassen wir jedoch Trimm Dich Pfad sein und biegen rechts ab, sobald wir wieder Asphalt unter den Pneus haben. Weiter geradeaus und am Hofladen-Selbstbedienungs-Automat dann links. In Sichtweite der Schussen geht es nun schnurstracks auf Meckenbeuren zu.

59

Kilometer schlängelt sich die Schussen von ihrer Quelle meist recht gemächlich vorbei an Ravensburg und Meckenbeuren durch die oberschwäbische Kulturlandschaft, bis sie im Eriskircher Ried schließlich in den Bodensee mündet.

Schlemmen im Schloss

In Meckenbeuren stoßen wir dann auf die Brochenzeller Straße. Hier fahren wir jetzt rechts. Das nächste Stück ist etwas unschön an der Straße entlang. Wir müssen hier aber über die Schussen und die Blechlawinen-Breitseite dauert auch keinen ganzen Kilometer. Sobald wir über die Schussen sind, geht's rechts in die Humpis-

---

< links / Die Schussen hat es auf dem Weg zum Bodensee nicht wirklich eilig
^ oben / Zeitreise im Museum Humpis Quartier

straße. Kurz darauf erreichen wir das 7 / Gasthaus Schloss Brochenzell (Humpisstraße 3, 88074 Meckenbeuren), schloss-brochenzell.de, landläufig auch mal einfach als Humpisschloss bezeichnet, auf der rechten Straßenseite. Höchste Zeit für eine Einkehr! Nach einer zünftigen Mahlzeit schwingen wir uns wieder in den Sattel und verlassen Meckenbeuren auf der Andreas-Hofer-Straße. Auf der schmalen Landstraße fahren wir nun bis Appenweiler. Dort an der Kreuzung rechts und weiter durch die Obstgärten bis zum Weiler Hinterhof. Hier rollen wir rechts von der Landstraße auf den Fahrradweg. Kurz darauf wieder rechts halten und dann auf dem Waldweg auf gerader Linie durch den Forst bis zum Waldrand.

WAS FÜR PFEIFEN!

Die denkmalgeschützte Orgel in der 6 / Klosterkirche St. Peter und Paul ist Baujahr 1787. Das spätbarocke Instrument verfügt über 41 Register.

Zurück in die Turmstadt

Wir folgen nun dem Radweg, der sich bisweilen am Ufer der Schussen entlang durch die Felder schlängelt. In Oberfeld biegen wir rechts auf die Bavendorfer Straße. An der nächsten T-Kreuzung geht's links auf den Radweg Richtung Weißenau. Der verläuft bald durch einen schmalen Grünstreifen getrennt parallel zur Straße. Sobald wir die Ampel kurz vor dem Ortsausgang erreichen, wechseln wir die Seite und fahren

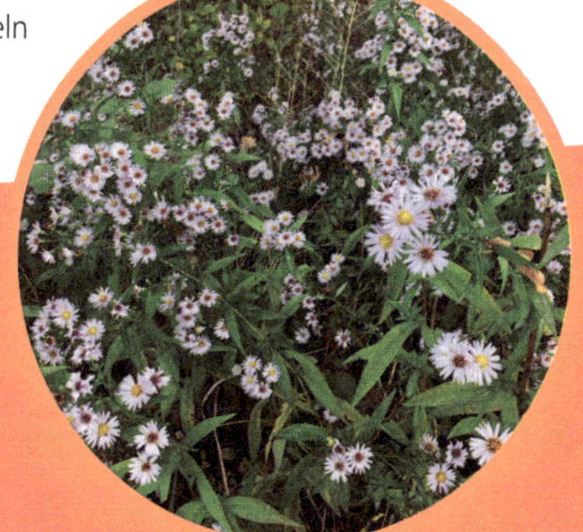

1624

erhielt das Humpisschloss von seinen adligen Hausherren eine zeitgemäße Frischekur. Die Humpis – reich geworden durch den Handel mit Stoffen, Gewürzen und Spezereien – spendierten dem Bau, in dem heute das 7 / Gasthaus Schloss Brochenzell residiert, ein standesgemäßes Ecktürmchen und einen Brunnen.

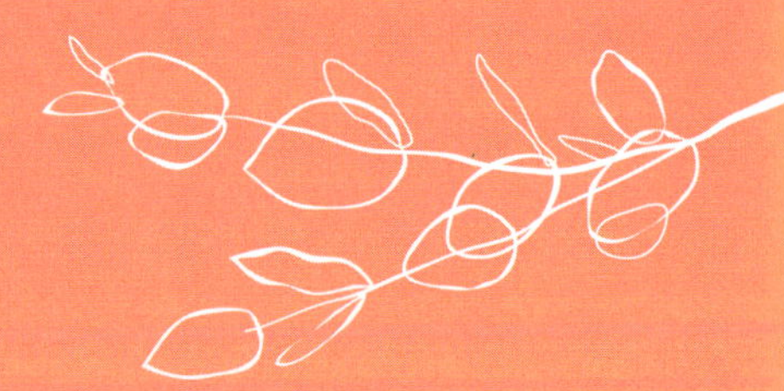

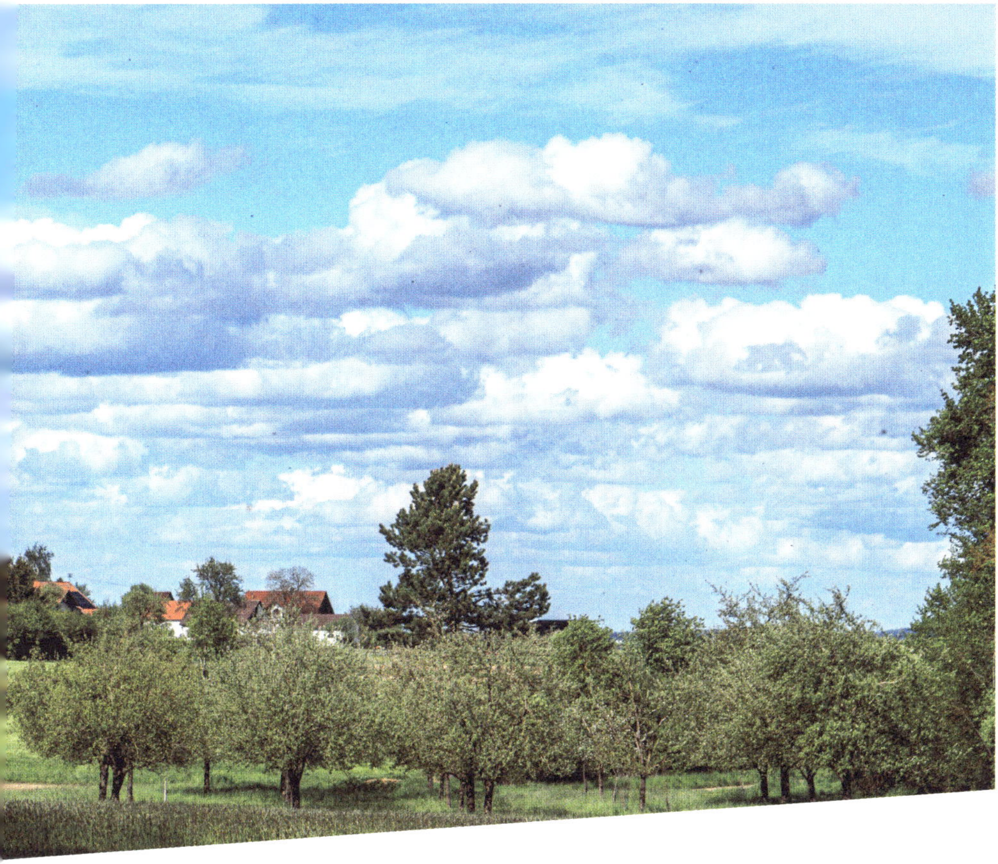

auf der Albersfelderstraße weiter. Es geht nun wieder entspannt durchs Grüne. Nach ein paar Minuten biegen wir scharf links ab, dann überqueren wir die B33. Beim schönen Rahlenhof macht der Weg einen Linksknick. An der folgenden Kreuzung geht's rechts und dann immer geradeaus, bis in einem Wohngebiet rechts die Sunthhaimstraße abzweigt. Von hier aus folgen wir nun wieder den weiß-grünen Radwegweisern bis zum 8 / Untertor (Bachstraße 74, 88214 Ravensburg) in der Ravensburger Altstadt. Von hier geht es entlang der alten Stadtmauer. Am Gemalten Turm geht es über die B32 in die Berger Straße und dann die dritte rechts. Kurz darauf taucht links der 9 / Bärengarten (Schützenstraße 21, 88212 Ravensburg), baerengarten.de auf, in dessen Biergarten wir auf unsere Tour anstoßen. Der 1 / Scheffelplatz ist nur noch ein paar Meter die Straße runter.

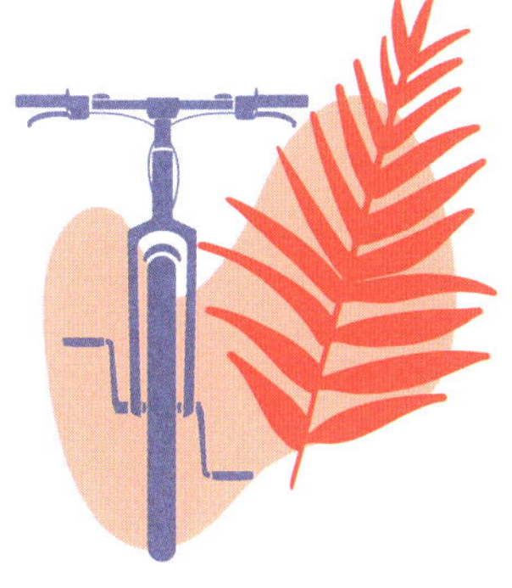

< links / Schätze am Wegesrand entlang der Schussen
^ oben / Durch Oberschwabens Streuobstwiesen

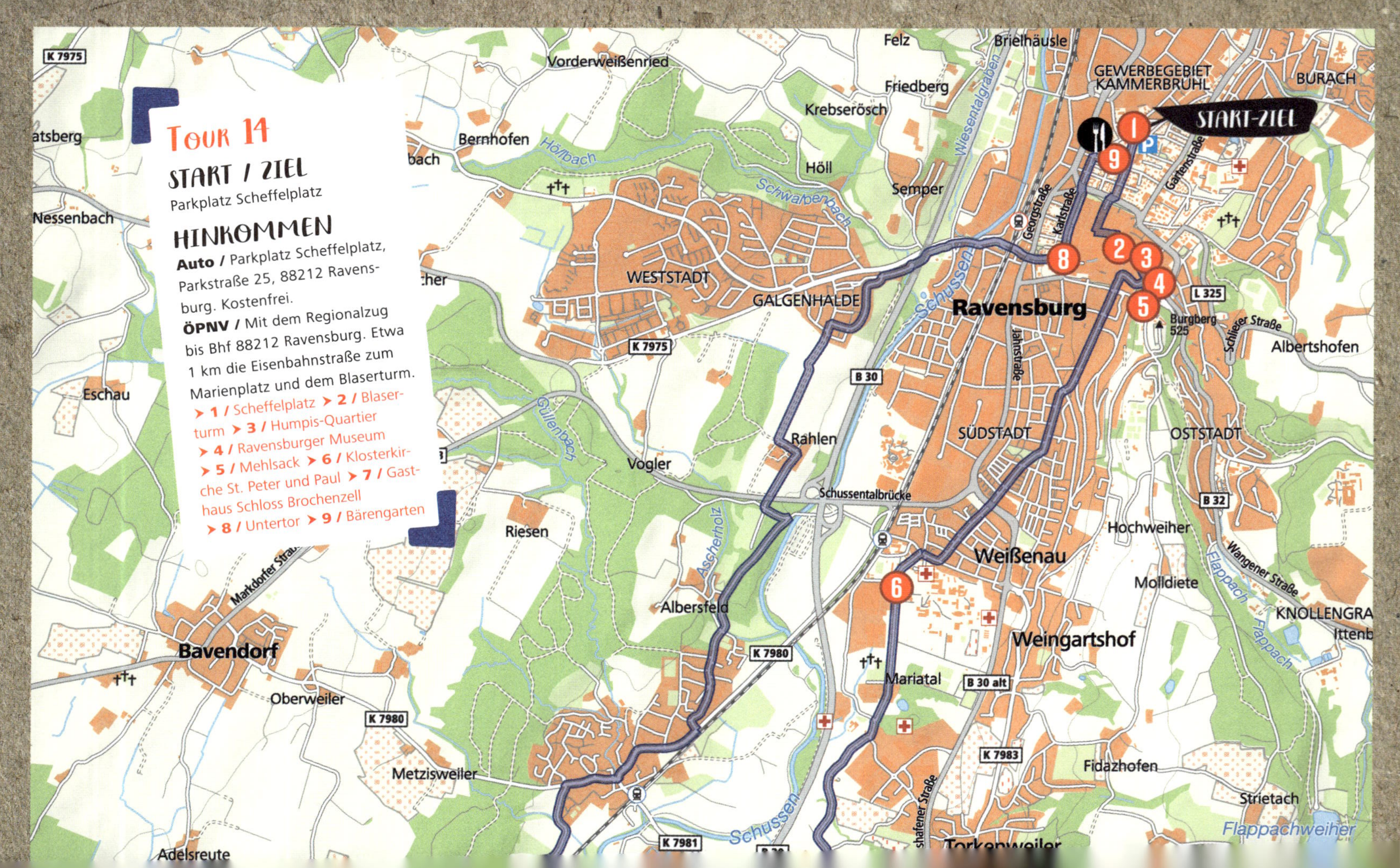

Tour 14

Start / Ziel

Parkplatz Scheffelplatz

Hinkommen

Auto / Parkplatz Scheffelplatz, Parkstraße 25, 88212 Ravensburg. Kostenfrei.

ÖPNV / Mit dem Regionalzug bis Bhf 88212 Ravensburg. Etwa 1 km die Eisenbahnstraße zum Marienplatz und dem Blaserturm.

➤ 1 / Scheffelplatz ➤ 2 / Blaserturm ➤ 3 / Humpis-Quartier ➤ 4 / Ravensburger Museum ➤ 5 / Mehlsack ➤ 6 / Klosterkirche St. Peter und Paul ➤ 7 / Gasthaus Schloss Brochenzell ➤ 8 / Untertor ➤ 9 / Bärengarten

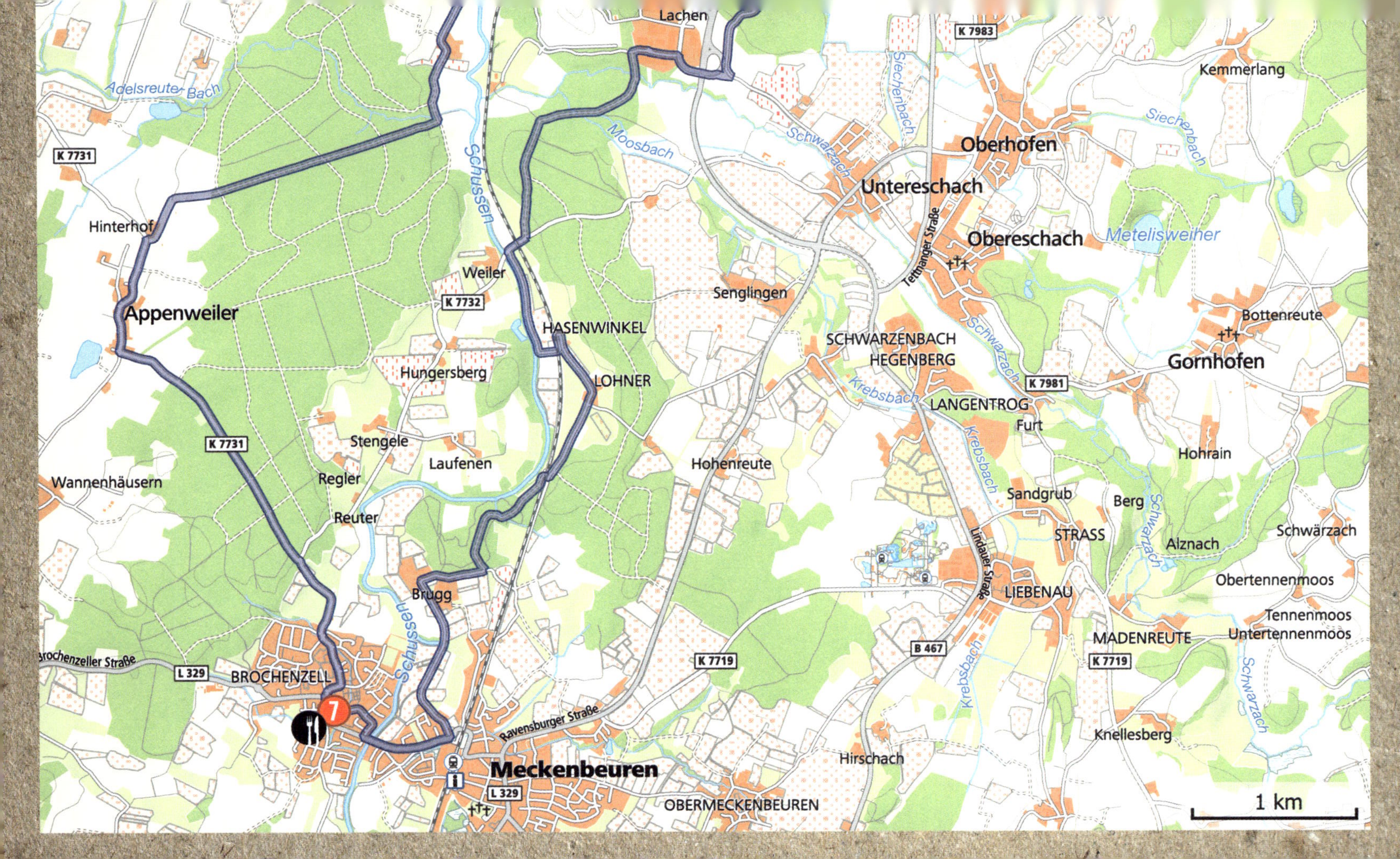
Lachen
K 7983
Kemmerlang
Adelsreute-Bach
Siechenbach
Siechenbach
Moosbach
Schwarzach
Oberhofen
K 7731
Schussen
Untereschach
Hinterhof
Obereschach
Metelisweiher
Tettnanger Straße
Weiler
Senglingen
K 7732
Bottenreute
Appenweiler
HASENWINKEL
SCHWARZENBACH
HEGENBERG
Schwarzach
Gornhofen
Hungersberg
LOHNER
K 7981
Krebsbach
LANGENTROG
Furt
Stengele
K 7731
Krebsbach
Laufenen
Hohenreute
Hohrain
Wannenhäusern
Regler
Sandgrub
Berg
Schwarzach
Reuter
Lindauer Straße
STRASS
Alznach
Schwärzach
Brugg
LIEBENAU
Obertennenmoos
Tennenmoos
Untertennenmoos
MADENREUTE
Brochenzeller Straße
K 7719
B 467
K 7719
L 329
BROCHENZELL
Schussen
Krebsbach
Schwarzach
7
Ravensburger Straße
Knellesberg
Hirschach
Meckenbeuren
L 329
OBERMECKENBEUREN
1 km

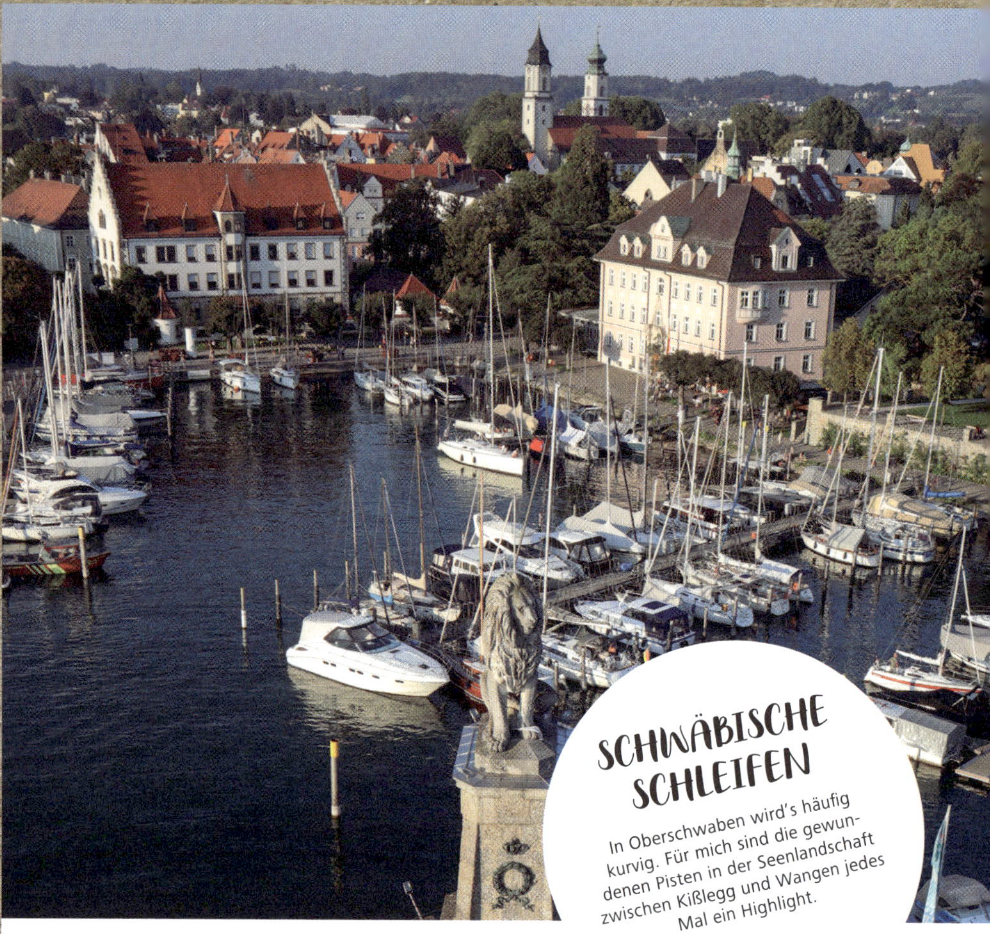

SCHWÄBISCHE SCHLEIFEN

In Oberschwaben wird's häufig kurvig. Für mich sind die gewundenen Pisten in der Seenlandschaft zwischen Kißlegg und Wangen jedes Mal ein Highlight.

> **1 /** Für unsere Tour radeln wir am Bahnhof Wolfegg los

> **2 /** Landpartie im Bauernhofmuseum Wolfegg, wo es viel zu sehen gibt

> **3 /** Barocke Pracht bestaunen im Neuen Schloss Kißlegg

> **4 /** Die Altstadt Wangen ist ein Schaufenster in die Vergangenheit

> **5 /** 500 Jahre Back-Tradition: Fidelisbäck

> **6 /** Käffchen? In der Kaffeerösterei Jehle kein Problem

> **7 /** Bummel durch die Lindauer Altstadt

> **8 /** Im Hafen Lindau sagen sich Löwe und Leuchtturm Gute Nacht

> **9 /** Hoch die Tassen im Biergarten der Eilguthalle

> **10 /** Abflug am Inselbahnhof Lindau

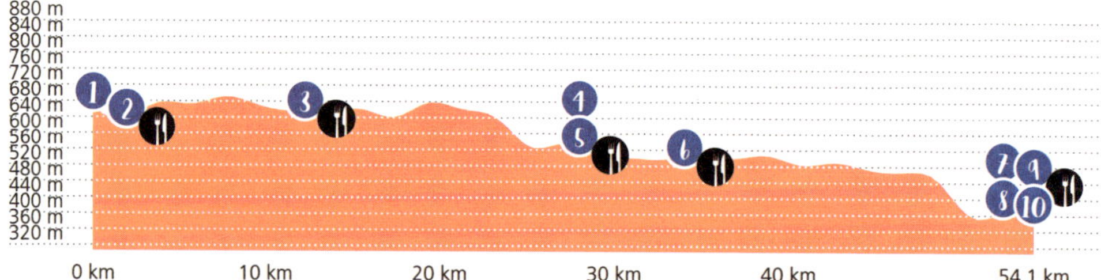

Oberschwaben-Rallye

Von Wolfegg über Wangen im Allgäu nach Lindau

Das beschauliche Oberschwaben im Hinterland des Bodensees ist mit seinen sanft geschwungenen Hügeln ein Paradies für Radfahrer. Diese lange Tour führt uns durch die oberschwäbische Kulturlandschaft bis in den Hafen von Lindau.

54 Kilometer
250 Höhenmeter ▲
480 Höhenmeter ▼
3:45 Stunden
Strecke

Zum Start gackern die Hühner

Aufgesattelt wird am 1 / Bahnhof Wolfegg. Mit dem Zug könnt ihr später vom Zielort Lindau wieder hierher zurückfahren, sodass ihr auch die Option habt, mit dem Wagen anzureisen. Nicht weit entfernt vom Bahnhof findet ihr einen Wanderparkplatz. Wir folgen den weiß-grünen Radwegweisern nach Wolfegg hinein und stoßen bald auf den Donau-Bodensee-Radweg. Wir lassen Schloss Wolfegg – ohnehin im Privatbesitz und nicht zugänglich – rechts liegen und rollen durch den Ort hinab zum 2 / Bauernhofmuseum Wolfegg (Vogter Str. 4, 88364 Wolfegg, bauernhofmuseum-wolfegg.de. Das Freilichtmuseum besteht aus einem Ensemble historischer Gebäude in-

Charakter
Sportlich ●●●●○
Abkühlung ●○○○○
Schlemmen ●●●○○
Panorama ●●●●○

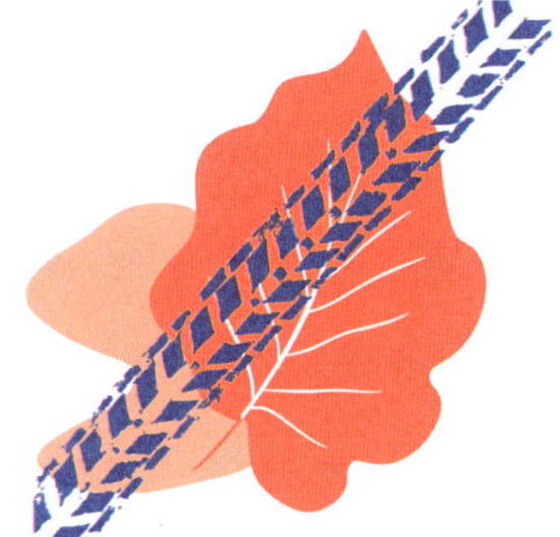

Toureninfo / Lange Tour mit wechselndem Untergrund. Viel Asphalt, aber auch Schotter- und Waldweg-Passagen. Schöne Rennradtour. Bestens für E-Biker geeignet.

‹ links / Auf Stippvisite beim Lindauer Löwen

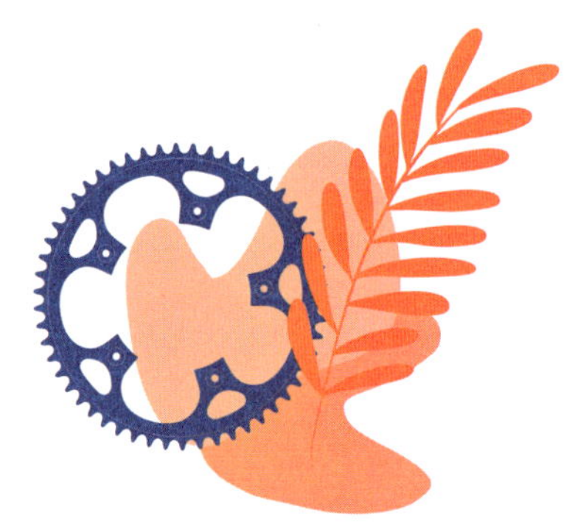

mitten blühender Bauerngärten. Für die passende Geräuschkulisse gackern Hühner, meckern Ziegen und grunzen Schweine um die Wette. Kühe muhen ihren Senf ebenfalls dazu.

Allgäuer Landpartie

Direkt gegenüber der Einfahrt zum Museum führt ein Feldweg den Hügel hinauf. Dort geht es weiter. Den kurzen Anstieg bringen wir rasch hinter uns, passieren den Wolfegger Friedhof und stoßen bald auf die Rötenbacher Straße. Jetzt folgen wir den Schildern der Radrunde Allgäu. Orientierungspunkt auf dem Hügel links von uns ist eine kleine Loretokapelle aus dem 17. Jahrhundert. Vor uns gabelt sich schließlich der Weg bei einer Gruppe alter Bäume. Wir fahren rechts und folgen dem asphaltierten Weg vorbei an mehreren Höfen. An der nächsten T-Kreuzung geht es links (ignoriert das Schild nach Wolfegg – stimmt schon!). Nach einem kleinen Waldstück überqueren wir die Landstraße und folgen den Radwegweisern vorbei am Weiler Neuhaus. Es geht jetzt über kaum befahrene, meist asphaltierte Landwirtschaftswege durch die typische Allgäuer Hügellandschaft – grandioses Alpenpanorama inklusive. Nach Matzenweiler passieren wir Burg und erreichen dann Kißlegg. Das 3 / Neue Schloss Kißlegg (Schloßstraße 8, 88353 Kißlegg), kisslegg.de findet ihr problemlos, wenn ihr den entsprechenden Wegweisern folgt.

BAROCKE OPULENZ

Das 3 / Neue Schloss Kißlegg ist Teil der Oberschwäbischen Barockstraße. Regelmäßig werden Führungen angeboten. Lohnt sich! Infos: kisslegg.de

Holpriges Geläuf

Am Schloss findet ihr einen schattigen Biergarten, ideal für eine Erfrischung. Das Schloss im Rücken wenden wir uns gut gestärkt nach links, dann die nächste rechts und sofort wieder links dem Donau-Bodensee-Radweg nach. Der teilt sich ab Sommersried die Strecke allerdings mit einer Landstraße, auf der dann doch ab und

---

➤ rechts oben / Im Bauernhofmuseum Wolfegg wird Vergangenes greifbar ➤ rechts Mitte / Vorsicht! Diese gestapelten Gesellen in der Wangener Altstadt spucken

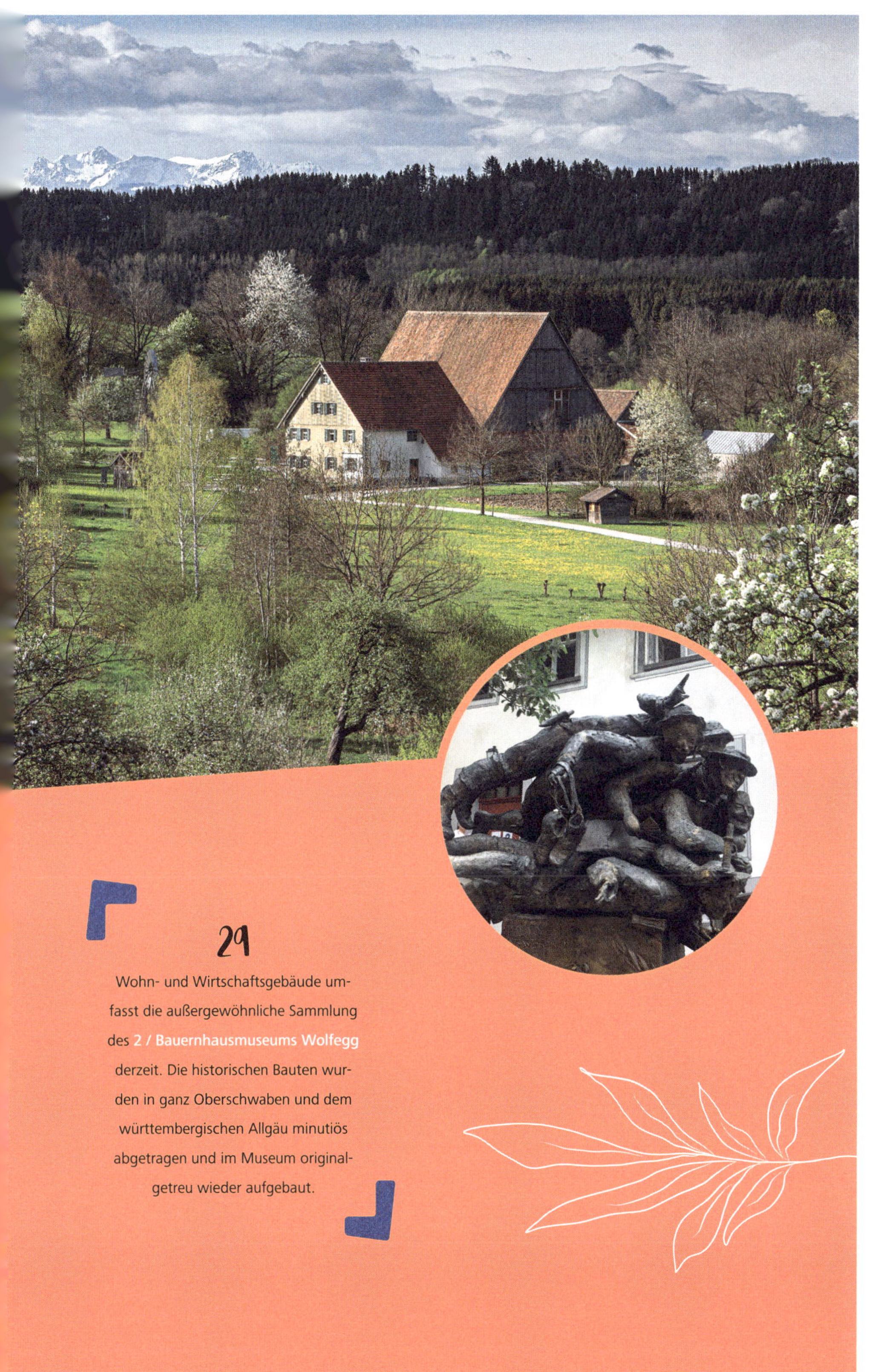

29

Wohn- und Wirtschaftsgebäude umfasst die außergewöhnliche Sammlung des 2 / Bauernhausmuseums Wolfegg derzeit. Die historischen Bauten wurden in ganz Oberschwaben und dem württembergischen Allgäu minutiös abgetragen und im Museum originalgetreu wieder aufgebaut.

Wer spuckt denn da?

Vorsicht beim Übergang von der Ober- zur Unterstadt in der 5 / Altstadt Wangen: Die gestapelten Figuren des originellen Brunnens spucken Wasser.

zu mal mehr los ist. Wenn ihr einen kleinen etwas holperigen Umweg in Kauf nehmt, könnt ihr ab dem Weiler Wangen-Allewinden rechts abbiegen und einen Schlenker über Weihers und Stützenberg machen. Die Wegweiser lotsen euch recht zuverlässig. Erst nach etwa zwei Kilometern biegt ihr erneut rechts ab, fahrt links am Campingplatz Röhrenmoos und dem Großweiher vorbei. Immer geradeaus auf einem Feldweg, unter der Autobahn durch. Dann stoßt ihr automatisch wieder auf den Donau-Bodensee-Radweg. Wer die Straße nicht scheut oder auf dem Rennrad keine Lust auf Schotter- oder Waldwege hat, bleibt einfach bis Wangen auf dem Donau-Bodensee-Radweg.

Malerisches Gesamtkunstwerk: Das historische Wangen

In Wangen bleibt man hangen

So heißt es in der zweitgrößten Stadt des Landkreis Ravensburgs. Und tatsächlich: Die historische 4 / Altstadt Wangen (Marktplatz 1, 88239 Wangen im Allgäu) präsentiert sich als malerisches Gesamtkunstwerk aus Fachwerk, bunten Fassaden, Lüftlmalerei und originellen Brunnen. Wie schlendern die Schmiedstraße entlang und

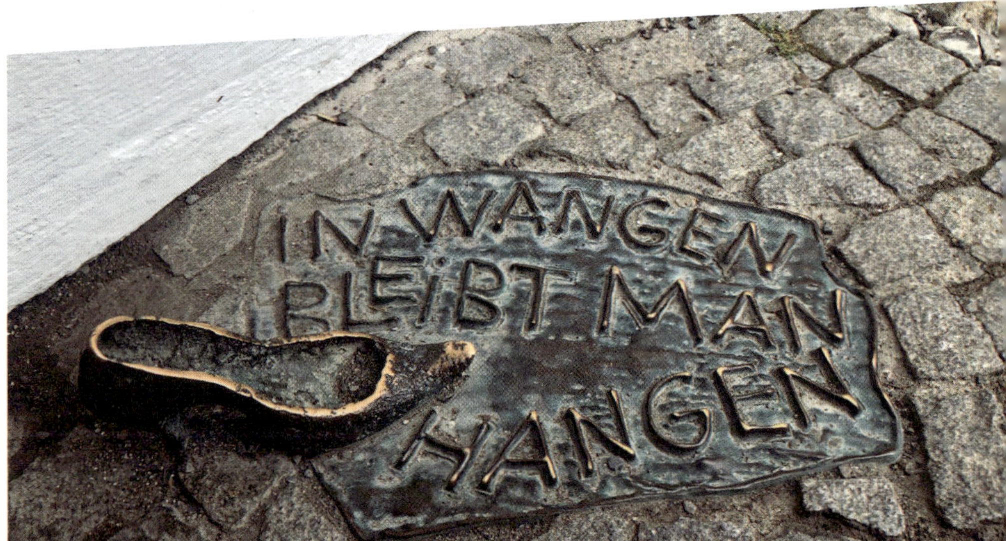

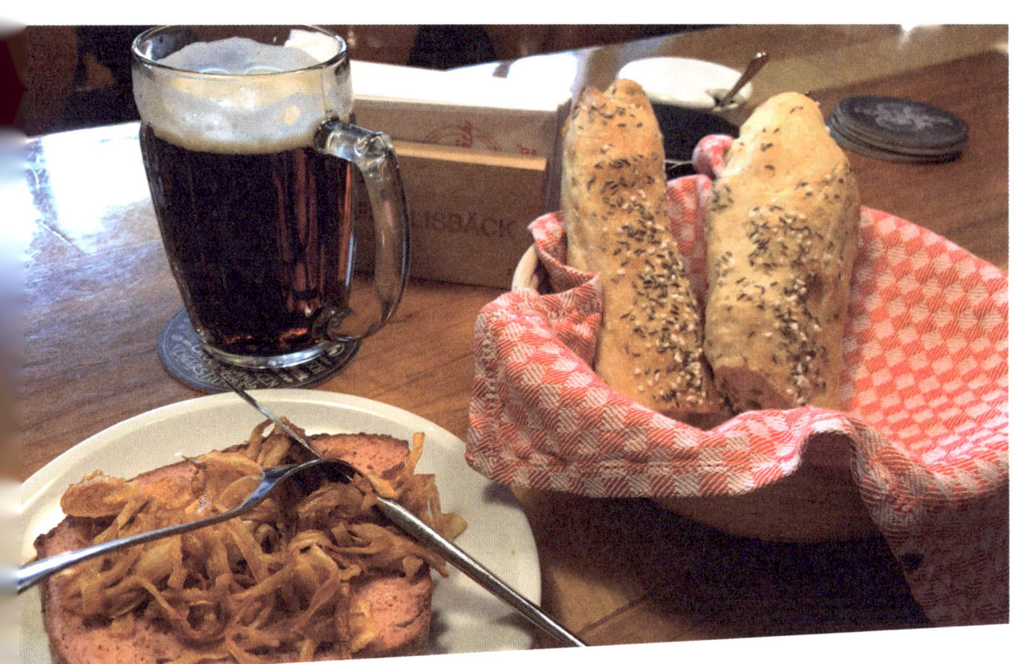

erreichen über die Herrenstraße den Marktplatz. Von hier zweigt die Paradiesstraße ab, wo wir im 5 / Fidelisbäck (Paradiesstraße 3, 88239 Wangen im Allgäu), fiedelisbaeck.de einkehren. Die Bäckerei mit Gaststube (sonntags geschlossen!) blickt auf über 500 Jahre Tradition zurück. Unbedingt probieren: die knusprigen Seelen oder den Leberkäs frisch aus dem Ofen. Da bleibt man gerne hangen. Wir gönnen uns ein zünftiges Mahl, bevor es weiter in Richtung Bodensee geht. Durch das Martinstor verlassen wir den ältesten Teil Wangens und wenden uns nach links.

1505

wird im 6 / Fidelisbäck in Wangen bereits gebacken, was das Zeug hält. Seither lässt sich das Backhandwerk hier nahezu lückenlos belegen. Das macht die Bäckerei zur einer der ältesten ihrer Zunft. Damals wie heute wird ohne Konservierungsstoffe oder andere Zusätze gebacken.

Flussabwärts die Obere Argen entlang

Orientieren könnt ihr euch an den Wegweisern des Oberschwaben-Allgäu-Radwegs. Der führt uns aus der Stadt und dann entlang der Oberen Argen. Wir folgen der gluckernden Argen, bis beim Örtchen Niederwangen die Wasserroute 14 links vom Radweg abzweigt. Die führt uns weiter am Flussufer entlang. Bei der nächsten T-Kreuzung verlassen wir die Wasserroute wieder und fahren nach rechts die Kuppe hinauf. Nach etwa einem Kilometer taucht am rechten Wegesrand unverhofft die kleine 6 / Kaffeerösterei Jehle (Schuppenberg 2, 88239 Wangen im Allgäu), jehlekaffee.de auf. Mittwoch- und Freitagnachmittag hat die Rösterei geöffnet.

< links / Stimmt irgendwie, aber weiter geht's trotzdem
^ oben / Klassiker im Fidelisbäck: Frischer Leberkäs mit Seele

Weiter durch die Weiler

Immer den Radwegweisern nach! Auf denen taucht Lindau bereits auf. Nacheinander rollen wir durch Untermooweiler, Egnetsweiler, Degnetsweiler und Volklings (wo wir das „Weiler" irgendwie vermissen), bis wir Hergensweiler erreichen. Im Kreisverkehr vor Hergensweiler fahren wir die erste Ausfahrt raus. Anstatt auf dem gähnend langweiligen Radweg neben der Bundesstraße zu bleiben, biegen wir die zweite Möglichkeit links ab. Kurz darauf geht es scharf links in die Bahnhofstraße und fahren parallel zu den Gleisen. Immer den Radwegschildern folgen und ihr macht nichts verkehrt. In Schlachters biegen wir kurz vor der Christophorus Apotheke links in die Weiherstraße ein, überqueren die A96 auf einer Brücke und fahren nach Oberhof. An einer T-Kreuzung seht ihr links eine Unterführung. Wir fahren aber rechts und folgen den Wegweisern nach Motzach. Kurz darauf erreichen wir die Ausläufer von Lindau. Folgt jetzt immer den Wegweisern zum Hafen.

PFFFFFFFFFFF... PLATSCH!

Trajektfähren schippern ganze Züge über den See. 1936 gibt ein Lokführer zu viel Dampf und schiebt einen ganzen Güterwagen ins Lindauer Hafenbecken.

Die Stadt im Wasser

Die 7 / Lindauer Altstadt (Marktplatz 2, 88131 Lindau), lindau.de liegt auf der drittgrößten Insel im Bodensee. Zugänglich ist

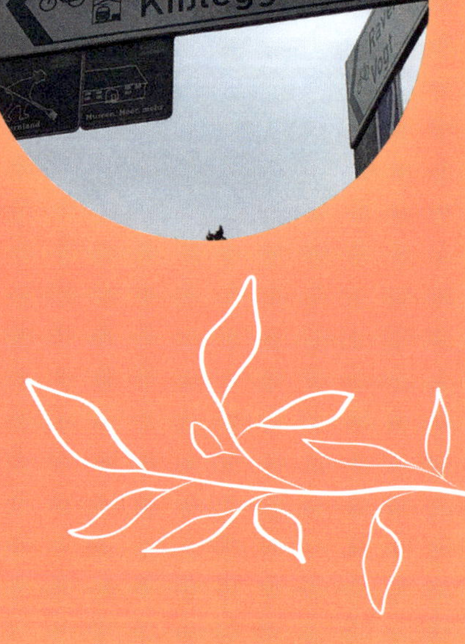

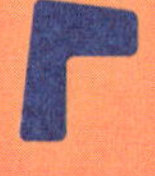

139

Stufen geht's den Leuchtturm im 9 / Hafen Lindau hoch. Dank der Malereien und Infotexte im Treppenhaus steigt ihr nicht nur hinauf zur Aussichtsplattform, sondern taucht gleichzeitig tief in die Geschichte der Schifffahrt auf dem See ein. Wer aufmerksam liest, ist oben eine Leuchte in Sachen See-Historie.

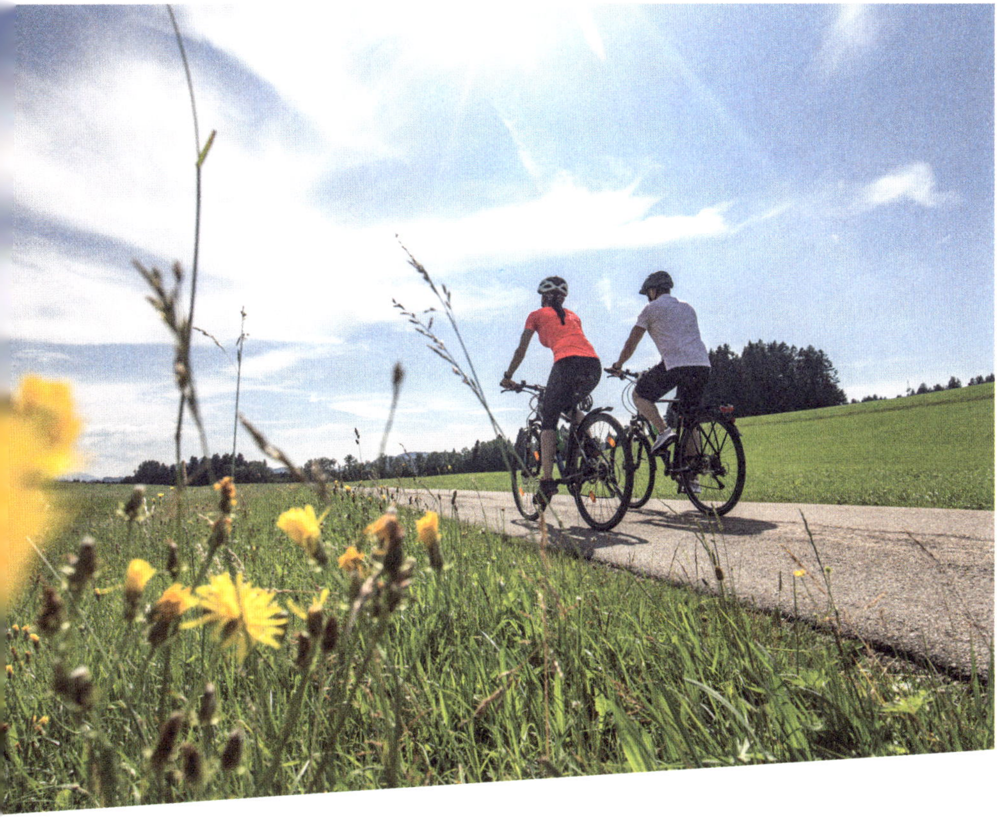

sie einzig durch zwei Brücken. Wir nehmen die Landtorbrücke. Wenn ihr jetzt über eure linke Schulter nach hinten seht, dann erhascht ihr gerade noch einen Blick auf die winzige Hoy, die kleinste Insel im See. Klein, aber mit eigenem Baum. Immerhin. Die historischen Gassen Lindaus sind ein Traum – leider aber meist völlig überlaufen. Insbesondere im Sommer quillt Lindau vor Touristen quasi über. Dennoch sind das Alte Rathaus mit seinen Treppengiebeln und der berühmte 8 / Hafen Lindau (Hafenplatz, 88131 Lindau) mit seinem Leuchtturm und dem sechs Meter hohen Bayerischen Löwen ein Highlight. Auch schön: Hängt am Mangturm ein langer Rapunzel-Zopf aus dem Fenster, ist abends Märchenstunde. Unweit des Leuchtturms sitzt man im Biergarten der 9 / Eilguthalle (Schützingerweg 2, 88131 Lindau, eilguthalle.li) direkt am See – wenn man einen Platz bekommt. Bei einem Kaltgetränk endet hier unsere Oberschwaben-Allgäu-Radtour in Sichtweite des 10 / Inselbahnhofs Lindau (Am Bahnhof, 88131 Lindau).

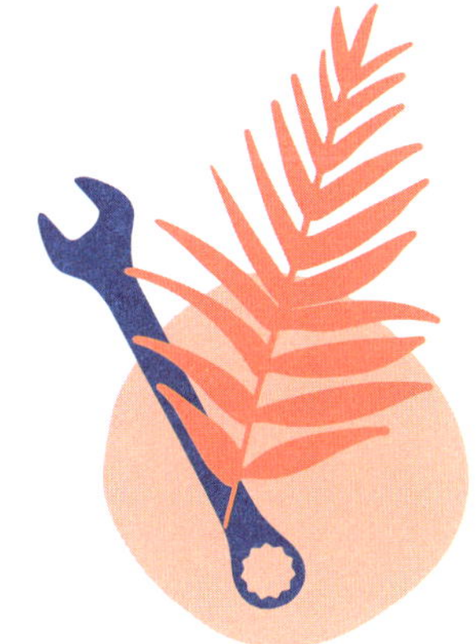

‹ links / Dank zuverlässiger Radwegweiser ohne große Umwege zum Ziel
^ oben / Durch die Allgäuer Hügellandschaft

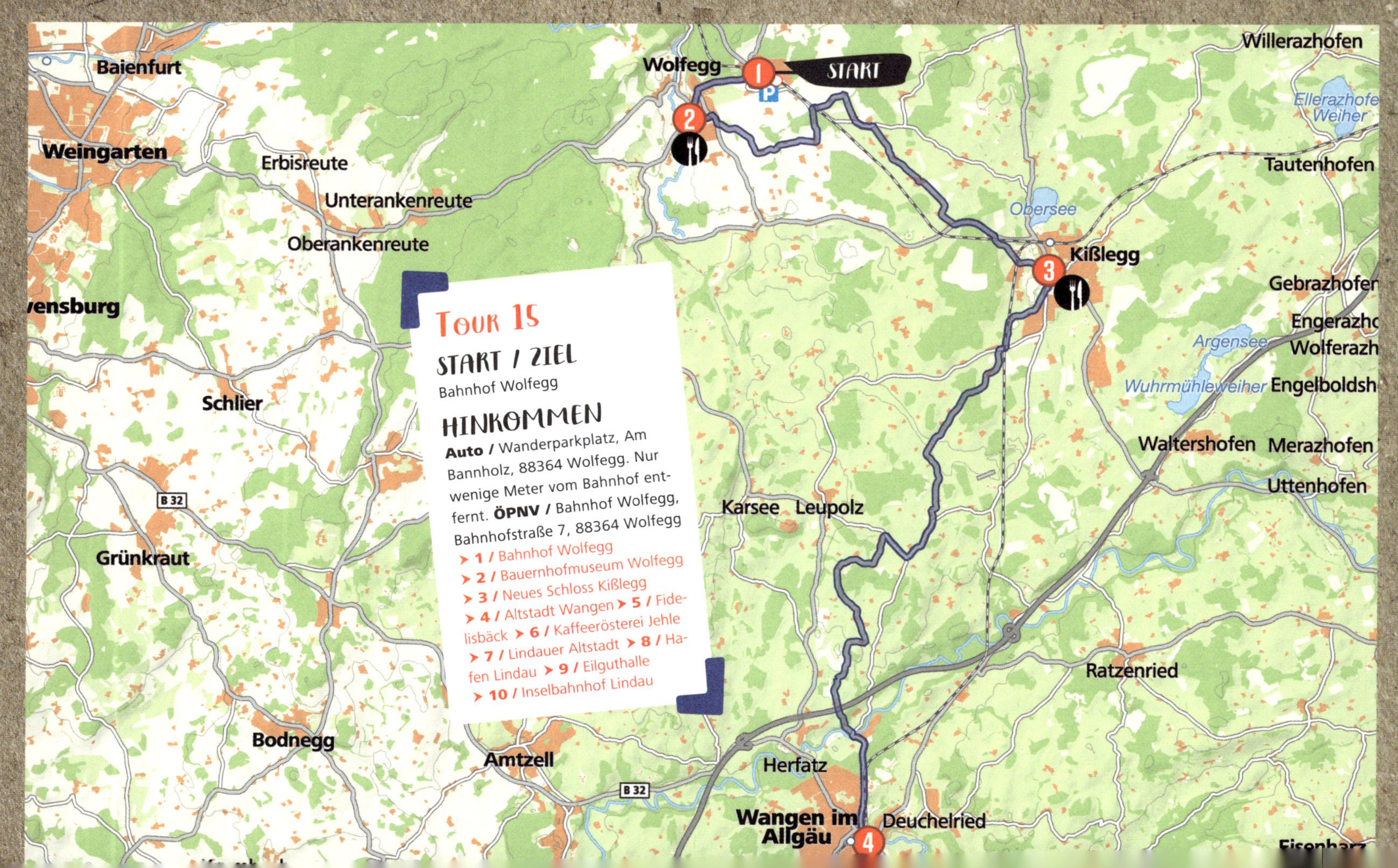

Tour 15

Start / Ziel

Bahnhof Wolfegg

Hinkommen

Auto / Wanderparkplatz, Am Bannholz, 88364 Wolfegg. Nur wenige Meter vom Bahnhof entfernt. **ÖPNV /** Bahnhof Wolfegg, Bahnhofstraße 7, 88364 Wolfegg

➤ 1 / Bahnhof Wolfegg
➤ 2 / Bauernhofmuseum Wolfegg
➤ 3 / Neues Schloss Kißlegg
➤ 4 / Altstadt Wangen **➤ 5 /** Fidelisbäck **➤ 6 /** Kaffeerösterei Jehle **➤ 7 /** Lindauer Altstadt **➤ 8 /** Hafen Lindau **➤ 9 /** Eilguthalle
➤ 10 / Inselbahnhof Lindau

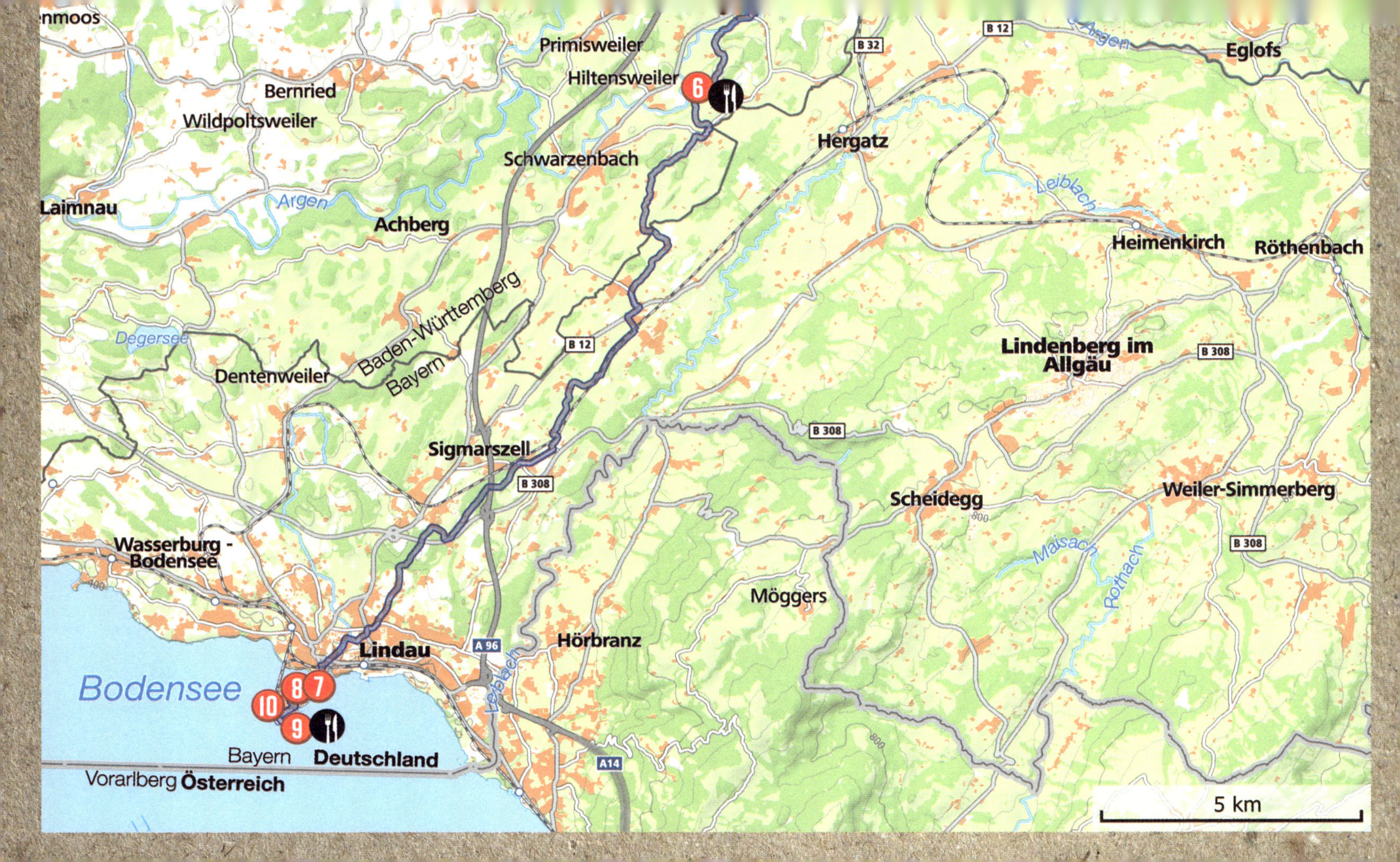

nmoos
Primisweiler
Hiltensweiler
6
Eglofs
Argen
B 32
B 12
Bernried
Wildpoltsweiler
Schwarzenbach
Hergatz
Leiblach
Laimnau
Argen
Achberg
Heimenkirch
Röthenbach
Baden-Württemberg
Bayern
Degersee
Dentenweiler
B 12
Lindenberg im Allgäu
B 308
Sigmarszell
B 308
B 308
Scheidegg
Weiler-Simmerberg
Wasserburg - Bodensee
Maisach
Rothach
B 308
Möggers
Lindau
A 96
Hörbranz
Leiblach
Bodensee
8
7
10
9
Bayern
Deutschland
Vorarlberg Österreich
A14
5 km

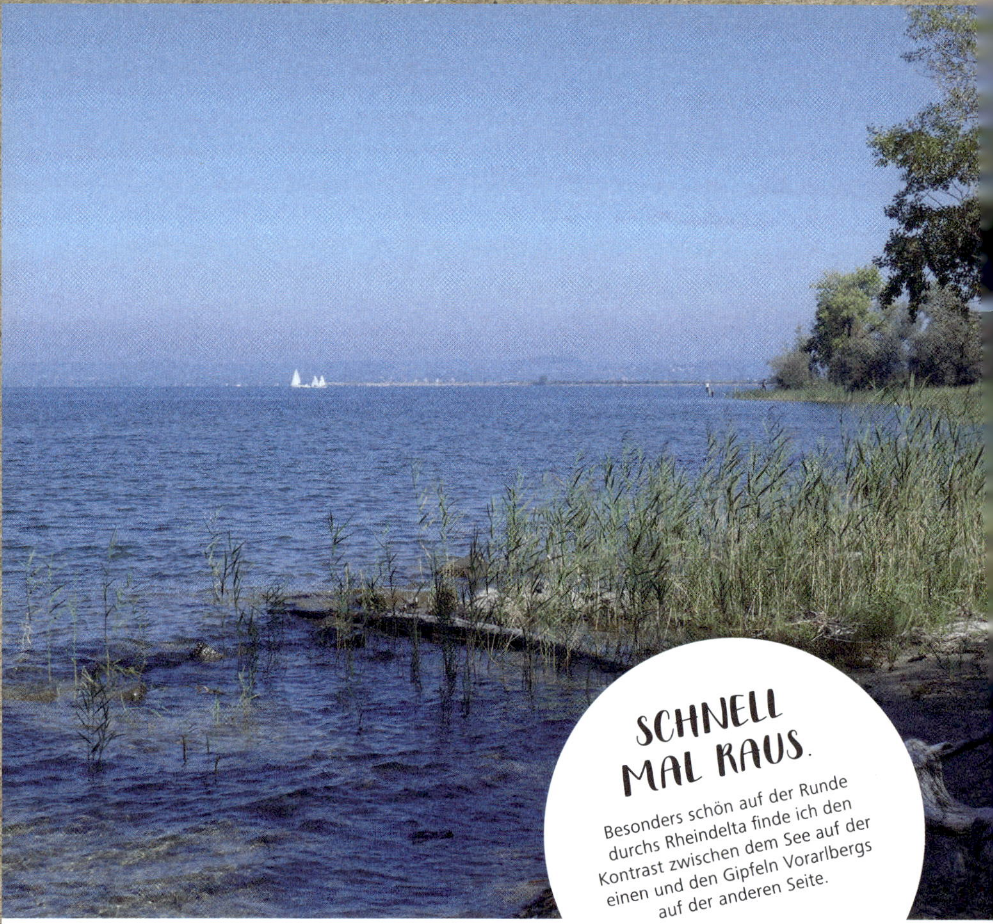

SCHNELL MAL RAUS.

Besonders schön auf der Runde durchs Rheindelta finde ich den Kontrast zwischen dem See auf der einen und den Gipfeln Vorarlbergs auf der anderen Seite.

➤ **1 /** Am Parkplatz Ost in Bregenz rollen wir munter drauf los

➤ **2 /** Immer ein Spektakel: die Bregenzer Seebühne

➤ **3 /** Snacks to drive gibt's im Kiosk Wocherhafen

➤ **4 /** Im Dampferhafen Hard ankert das älteste Schiff auf dem Bodensee

➤ **5 /** Schicker Holzweg: die Holzbrücke Dornbirner Ache

➤ **6 /** Abkühlung am Naturbadestrand Hörnlebad

➤ **7 /** Panoramafahrt auf dem Polderdamm

➤ **8 /** Genießen im Gewölbe: Klosterkeller Mehrerau

➤ **9 /** Sundowner an der Bregenzer Seepromenade

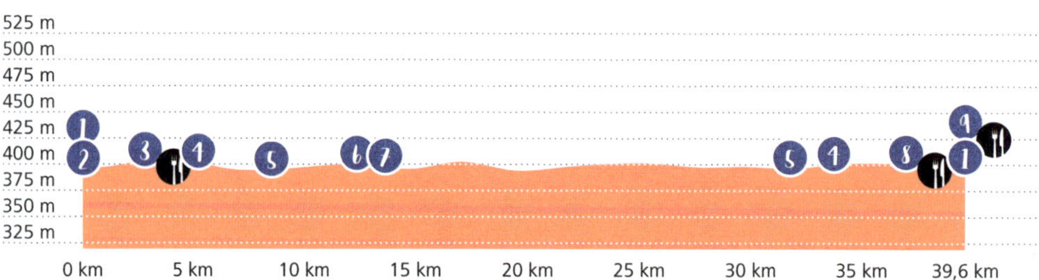

R(H)EIN IN DEN SEE

Ruhe tanken zwischen Bregenz und dem Rheindelta

Raus aus dem trubeligen Bregenz ans idyllische Seeufer. Am Wasser entlang cruisen wir durch das Naturschutzgebiet des Rheindeltas. Auf der Runde ohne nennenswerte Steigung lässt sich die Vorarlberger Ecke des Bodensees herrlich genießen.

40 Kilometer
110 Höhenmeter ▲
110 Höhenmeter ▼
2:45 Stunden
Rundtour

Festspiel am Wasser

Als Startpunkt unserer Rheindelta-Tour wählen wir den 1 / Parkplatz Ost in Sichtweite des Bregenzer Festspielhauses. Der ist zwar nicht kostenlos, der Preis für das Tagesticket ist allerdings überschaubar. Einen spektakulären Anblick bietet alle zwei Jahre aufs Neue die 2 / Bregenzer Seebühne (Platz der Wiener Symphoniker 1, 6900 Bregenz, Österreich). Das riesige Auge für Tosca, das im James-Bond-Film „Ein Quantum Trost" verewigt wurde, ist da nur eines von zahlreichen Bühnen-Kunstwerken. Wir schwingen uns in den Sattel und orientieren uns an den Schildern des Bodenseeradwegs in Richtung Romanshorn. Wir sind bald im Grünen, rechts taucht bald die Liegewiese

CHARAKTER

Sportlich ●○○○○
Abkühlung ●●○○○
Schlemmen ●●○○○
Panorama ●●●○○

TOURENINFO / Leichte Rundtour ohne nennenswerte Steigungen. Hauptsächlich auf separaten Radwegen. Im Wechsel auf Asphalt und gut ausgebauten Schotterwegen.

< **links / Das Naturschutzgebiet Rheindelta**

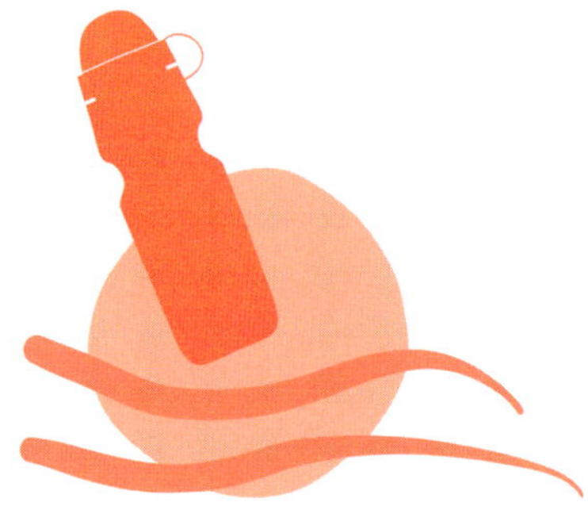

Wocherhafen auf. Hier gibt es einen freien Zugang zum See. Der 3 / Kiosk Wocherhafen (6900 Bregenz, Österreich) bietet Gelegenheit für einen kleinen Snack.

Schiffs-Dino mit Schaufelrad

Zunächst geht es schnurgerade weiter, bis der Radweg scharf rechts abbiegt und wir nach wenigen Minuten die Bregenzer Ach auf einer wuchtigen Brücke überqueren. Unsere Route führt uns durch einen lichten Auwald am Rand der Ortschaft Hard direkt auf den kleinen Auhafen zu. Wir folgen der Hafenstraße. Kurz bevor wir in den See plumpsen, biegen wir scharf links ab. Im 4 / Dampferhafen Hard (Hafenstraße 15, 6971 Hard, Österreich), hs-bodensee.eu liegt mit dem Dampfschiff Hohentwiel das älteste Passagierschiff am Bodensee vor Anker. Gleich daneben das Museumsschiff Oesterreich. Liebevoll restauriert wirken die beiden historischen Schiffe wie aus der Zeit gefallen. Wir rollen weiter. Sobald rechts der Stedepark am Ufer auftaucht, halten wir uns rechts und erreichen bald den Fischteich. Kurz hinter dem Wehr orientieren wir uns erneut rechts und fahren direkt an der Uferlinie auf der Landzunge weiter.

NAH AM WASSER GEBAUT

Mit 6.980 Sitzplätzen ist die 2 / Bregenzer Seebühne ein kultureller Superlativ: Nirgendwo gibt es eine größere Bühne, die komplett im Wasser steht.

Canale Infernale

An der imposanten Silber-Weide, an deren Ästen eine selbstgebastelte Schaukel baumelt, biegen wir links ab. Kurz darauf stoßen wir auf die Dornbirner Ache, die hier etwas verschüchtert neben dem großen Rhein in den Bodensee mündet. Wir rollen am Wasserlauf entlang weiter. Da wir uns wieder auf dem Bodenseeradweg befinden, sind wir hier je nach Jahreszeit nicht die einzigen auf dem Drahtesel. An der schon recht betagten, aber immer noch fotogenen 5 / Holzbrücke Dornbirner Ache kann man bereits auf die

---

➤ **rechts oben / Schilfmeer im Rheindelta bei Bregenz**
➤ **rechts Mitte / Die Hohentwiel ist das dienstälteste Schiff auf dem Bodensee**

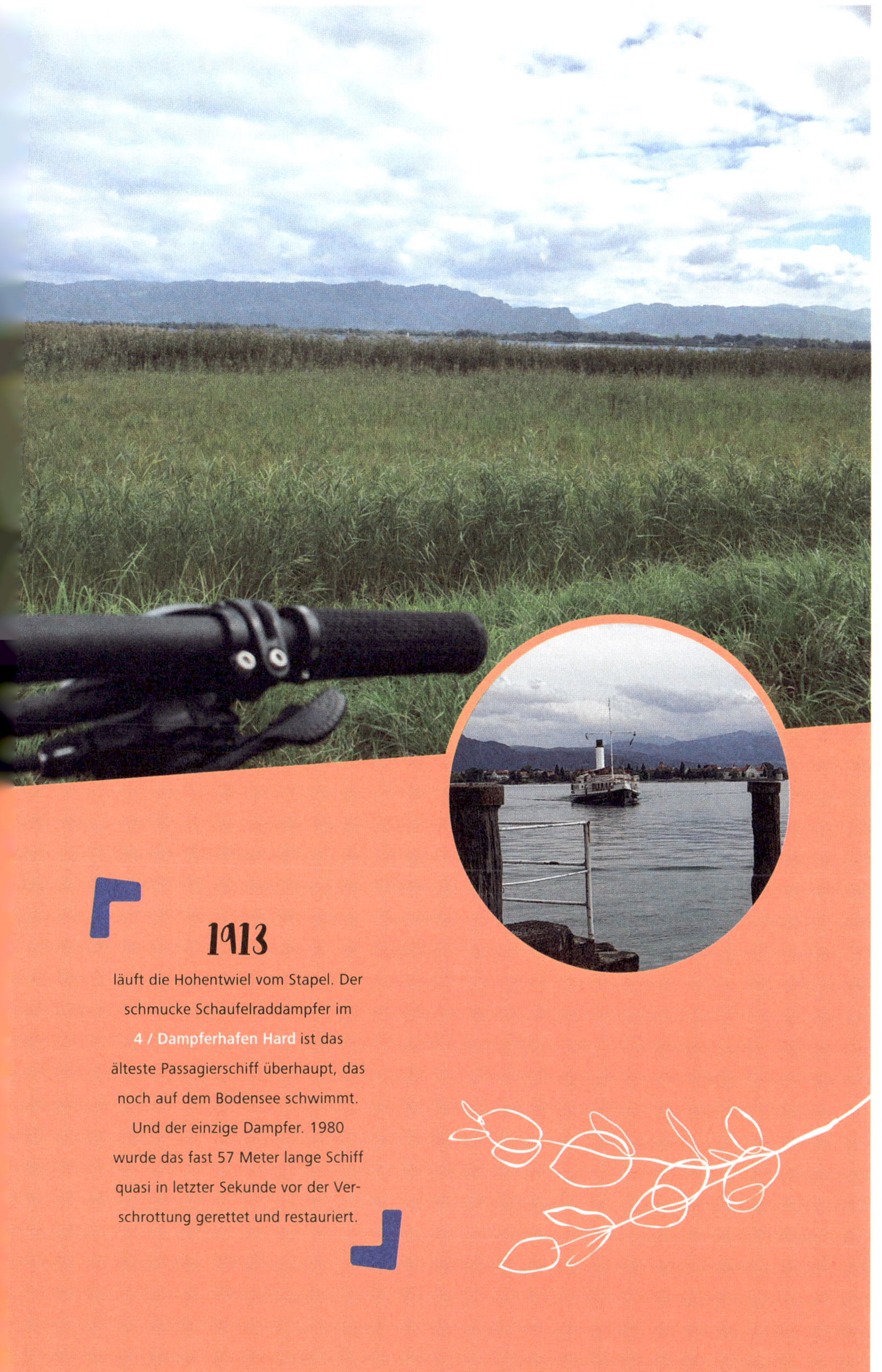

1913

läuft die Hohentwiel vom Stapel. Der schmucke Schaufelraddampfer im **4 / Dampferhafen Hard** ist das älteste Passagierschiff überhaupt, das noch auf dem Bodensee schwimmt. Und der einzige Dampfer. 1980 wurde das fast 57 Meter lange Schiff quasi in letzter Sekunde vor der Verschrottung gerettet und restauriert.

Im Ländle

Hier pflegt man seinen Dialekt und das Vorarlbergerisch will zelebriert werden. Zur Begrüßung heißt's „hoi!", zum Abschied gibt es ein „lebe!" mit auf den Weg.

andere Seite des Flusses wechseln und etwaigen infernalischen Radfahrer-Schwärmen ausweichen. Allerdings ist der Weg auf der jenseitigen Flussseite nicht asphaltiert. Wir fahren über die große Rheinbrücke, biegen sofort danach rechts ab und folgen weiter dem Fluss. Wer möchte, kann dem Alpenrhein von hier bis an den äußersten Punkt seiner Mündung folgen. Zunächst auf der asphaltierten Seestraße, dann auf einem ziemlich holperigen Schotterweg, der auf dem Damm verläuft. Spektakulär sind jedoch allenfalls die Bagger, die unermüdlich das Flussbett auslöffeln. Hinzu kommt, dass der Weg bis zum Ende des Mündungsdamms recht eintönig ist – und weit. Blöderweise müssten wir die ganze Strecke ja auch wieder zurückfahren. Also sparen wir uns diesen Abstecher und biegen von der Seestraße auf die Hafenstraße ein.

An der Rhein-Mündung

Hafen & Hörnle

Nach wenigen Radumdrehungen erreichen wir den Hafen Rohner mit seinen futuristischen Gebäuden. Vorbei an der spektakulären Architektur folgen wir weiter der Hafenstraße, bis wir den 6 / Natur-

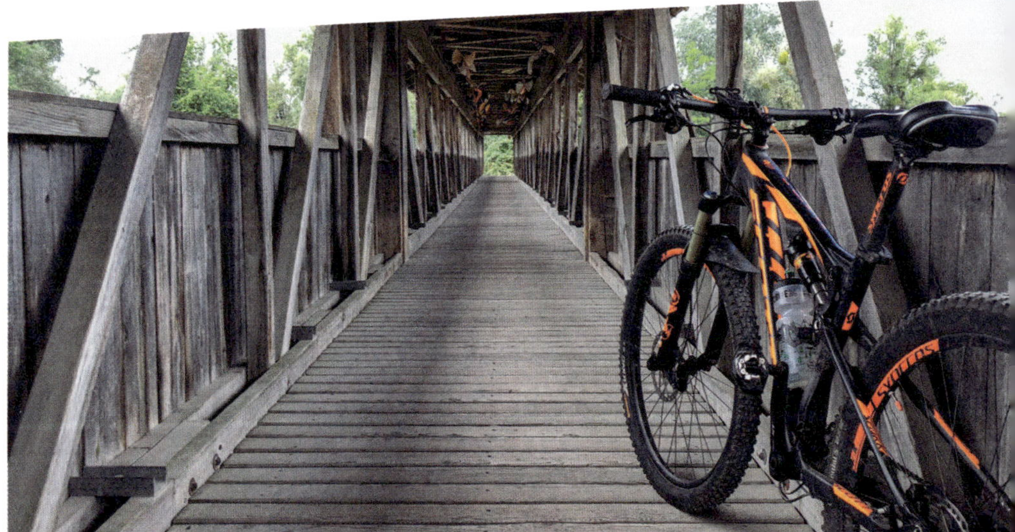

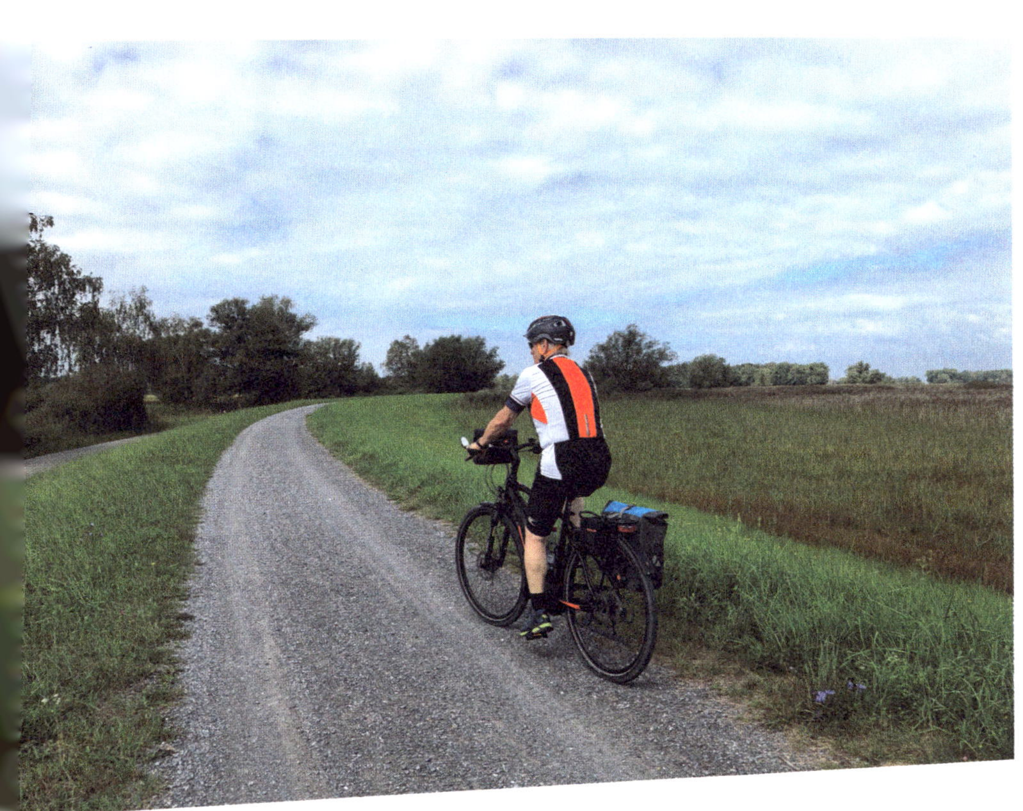

badestrand Hörnlebad (Hafenstraße, A-6972 Fussach) erreichen. Hier gönnen wir uns eine Badepause in der Fussacher Bucht. Mitten im Naturschutzgebiet Rheindelta zeigt sich der Bodensee hier von seiner besonders schönen Seite. Wer seine Badesachen vergessen hat, kann auf den etwas weiter nördlich an der Seestraße gelegenen FKK-Strand ausweichen. Nach einer erfrischenden Runde durch die Bucht, schwingen wir uns wieder in den Sattel und fahren zurück zum Hafen Rohner. Dort biegen wir scharf rechts in den Teichweg ab und dann sofort wieder die nächste Möglichkeit rechts.

Immer den Damm entlang

Jetzt geht es auf dem Schotterweg auf dem Scheitel des 7 / Polderdamms entlang. Von hier bietet sich ein grandioses Panorama: Während auf der rechten Seite ausgedehnte Schilffelder in der sanften Brise schaukeln, erheben sich links die Appenzeller Berge. Wer lieber auf Asphalt radelt, kann auf den Weg direkt unterhalb des Polderdamms ausweichen. Hier ist man auch vor der einen oder an-

---

< links / Historischer Hingucker: Holzbrücke über die Dornbirner Ache
^ oben / Unterwegs auf dem Polderdamm

deren Windböe geschützt. Allerdings sieht man von dort auch den See nicht. Deshalb cruisen wir weiter auf dem Polderdamm. Rechts vor uns ragt nun der Schilfgürtel Rohrspitz als Halbinsel in den Bodensee. In der langgestreckten Kurve des Polderdamms liegt der Campingplatz Rohrspitz mit einem kleinen Biergarten. Wir bleiben auf Kurs. Im Seerestaurant Glashaus (Am See 1, A-6973 Höchst, serestaurant-glashaus.at), das jetzt auf der rechten Seite am Ufer auftaucht, kannst du dich stärken. Den herrlichen Seeblick von der Terrasse gibt's zum Essen dazu. Unsere Tour führt weiter auf dem Polderdam, bis wir etwa bei Kilometer 20 beim Yachtclub Wetterwinkel links abbiegen und bald darauf auf den Alten Rhein treffen.

AB INS KLOSTER?
Das Zisterzienserkloster Mehrerau bietet Ruhesuchenden Unterkunft. Man kann das Kloster aber auch einfach nur besichtigen. Infos: mehrerau.at

Zurück durch die Felder

Jetzt nicht zu schnell fahren, sonst verpasst du kurz hinter dem Steakhaus Patagonia die Abzweigung! Hier biegen wir auf den EuroVelo 15, den Rheinradweg, ab und folgen diesem in Richtung Höchst und Bregenz durch die Felder. Kurz vor der Ortschaft Höchst erreichen wir die Seestraße und folgen ihr, bis wir auf die Radroute Höchst–Gaißau treffen. Wenn ihr euch an den Radwegschildern in Richtung Bregenz orientiert, macht

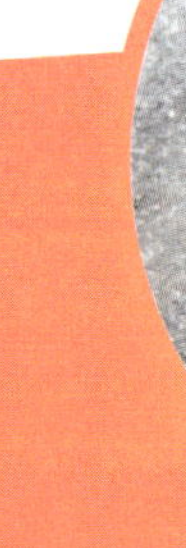

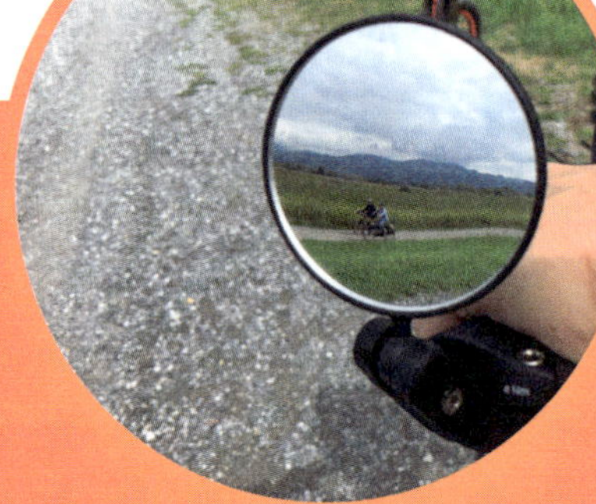

10

Kilometer misst der 7 / Polderdamm, der zwischen 1956 und 1963 aufgeschüttet wurde, um mehr landwirtschaftliche Nutzfläche zu gewinnen. 1976 wurde das Rheindelta schließlich unter Schutz gestellt und ist heute mit seiner außergewöhnlichen Pflanzen- und Tierwelt das größte Feuchtbiotop-Schutzgebiet am Bodensee.

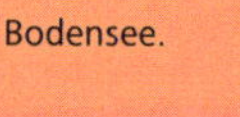
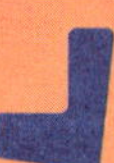

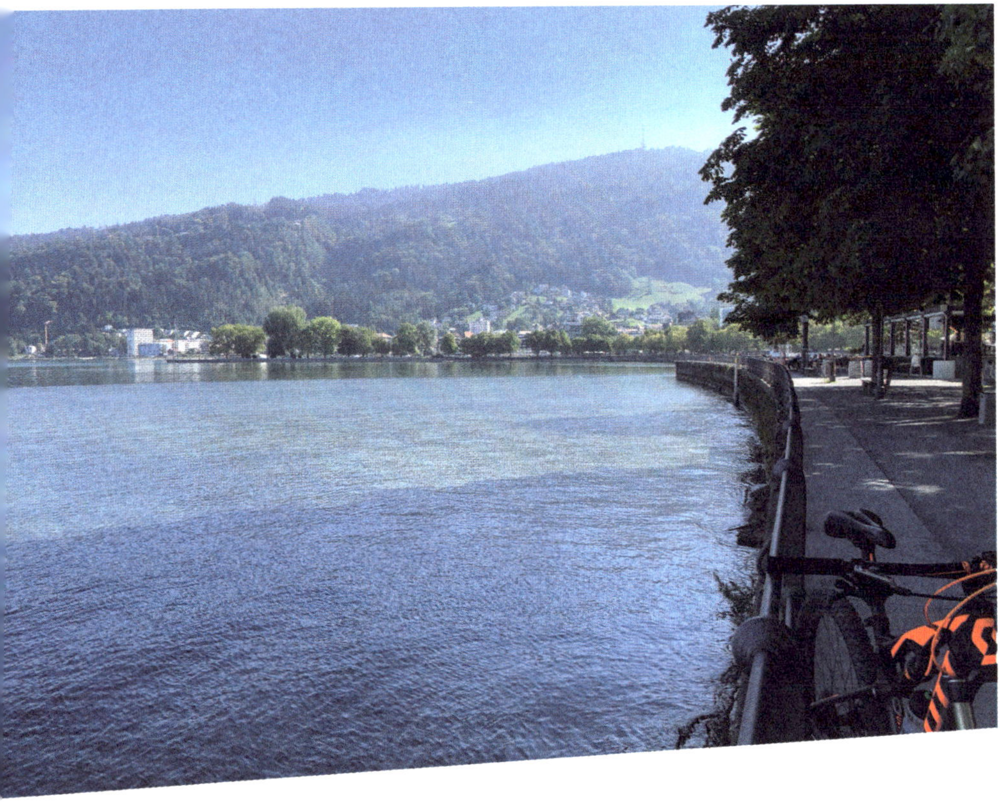

ihr nichts falsch. In Fußach fahren wir in der Höchster Straße am Gasthaus Hirschen (Harder Straße 40, A-6972 Fußach) vorbei. Wer Hunger hat: Hier gibt es monstermäßige Schnitzel! Wir überqueren die Harder Straße, gelangen über einen schmalen Radweg auf die Achstraße und fahren dann in einer eleganten Rechts-Links-Kombination auf die Mühlwasen. Jetzt sind wir wieder am Alpenrhein und fahren auf die Rheinbrücke zu, die wir heute schon einmal überquert haben. Zurück geht es auf dem Weg, auf dem wir hergefahren sind. Erst nach der Brücke über die Bregenzer Ach wenden wir uns nach rechts und folgen dem Ill-Rheinradweg, bis wir das Kloster Mehrerau erreichen. Im Gewölbe des 8 / Klosterkellers Mehrerau (Seglerweg 2, A-6900 Bregenz, klosterkellermehrerau.at) isst man besonders lecker. Via Meinradgasse fahren wir zurück zum Seeufer und erreichen so auch den 1 / Parkplatz Ost. Einen schönen Ausklang für unsere Tour bietet ein Sundowner in einem der Restaurants an der 9 / Bregenzer Seepromenade, nur wenige Meter vom Parkplatz und der Seebühne entfernt.

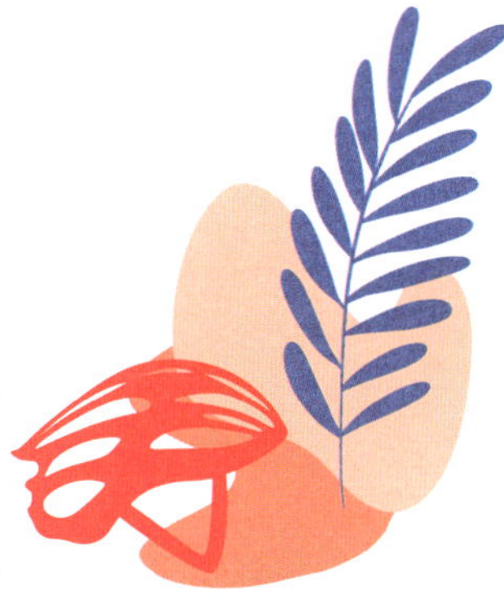

< links / Stets alles im Blick
^ oben / Ausklang an der Seepromenade Bregenz

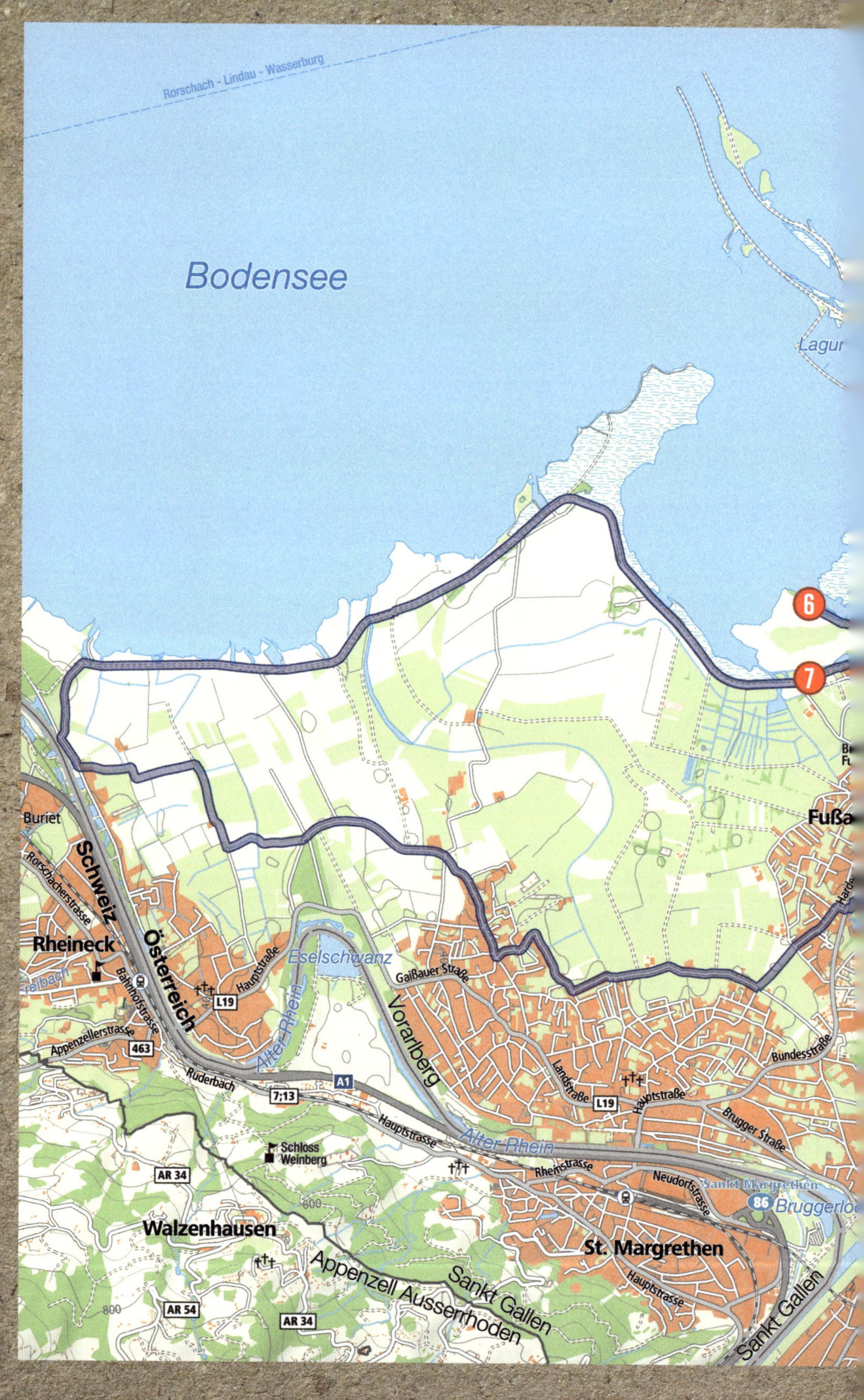

Rorschach - Lindau - Wasserburg
Bodensee
Lagu
6
7
Fußa
Buriet
Rorschacherstrasse
Schweiz
Rheineck
Österreich
Bahnhofstrasse
Hauptstraße
L19
Eselschwanz
Alter Rhein
Gaißauer Straße
Vorarlberg
Appenzellerstrasse
463
Ruderbach
A1
7;13
Landstraße
L19
Hauptstraße
Bundesstraße
Brugger Straße
Hauptstrasse
Alter Rhein
Schloss Weinberg
AR 34
Rheinstrasse
Neudorfstrasse
Sankt Margrethen
86
Bruggerlo
600
Walzenhausen
St. Margrethen
Appenzell Ausserrhoden
Sankt Gallen
Hauptstrasse
800
AR 54
AR 34
Sankt Gallen

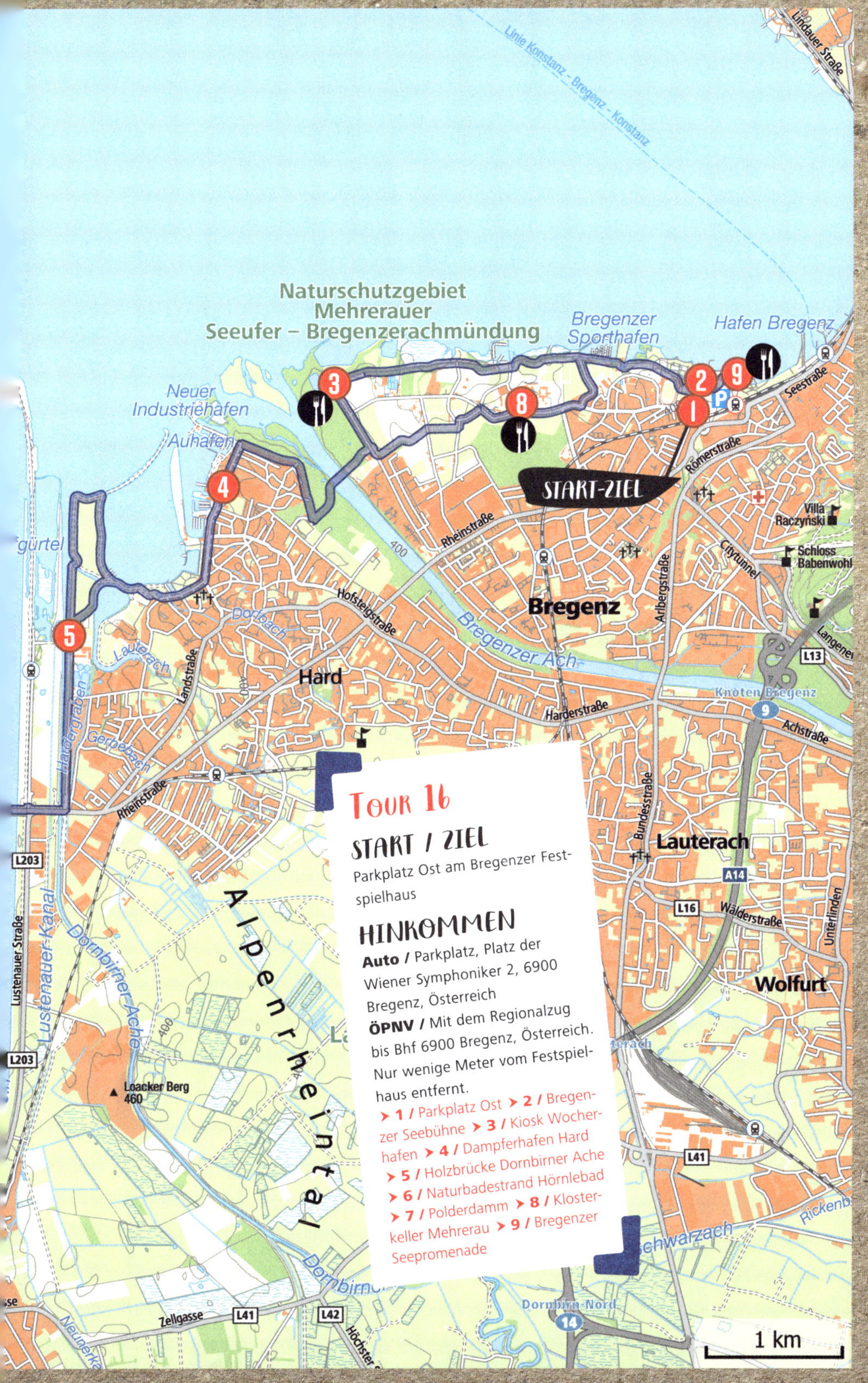

Tour 16

START / ZIEL

Parkplatz Ost am Bregenzer Festspielhaus

HINKOMMEN

Auto / Parkplatz, Platz der Wiener Symphoniker 2, 6900 Bregenz, Österreich

ÖPNV / Mit dem Regionalzug bis Bhf 6900 Bregenz, Österreich. Nur wenige Meter vom Festspielhaus entfernt.

➤ **1 /** Parkplatz Ost ➤ **2 /** Bregenzer Seebühne ➤ **3 /** Kiosk Wocherhafen ➤ **4 /** Dampferhafen Hard ➤ **5 /** Holzbrücke Dornbirner Ache ➤ **6 /** Naturbadestrand Hörnlebad ➤ **7 /** Polderdamm ➤ **8 /** Klosterkeller Mehrerau ➤ **9 /** Bregenzer Seepromenade

DESIGN-LECKERBISSEN

Ich bewundere die Eleganz und Selbstverständlichkeit, mit der hier futuristische Häuser und historische Bauten direkt nebeneinander stehen.

- **1 /** Am Parkplatz Ost in Bregenz treten wir in die Pedale
- **2 /** Urbane Eleganz: Das Festspielhaus Bregenz
- **3 /** Der Bahnhof Bregenz als alternativer Startpunkt
- **4 /** Die Welle als filigrane Konstruktion am Hafen
- **5 /** Das futuristische Vorarlberg Museum umgeben von Tradition
- **6 /** Im schmalsten Haus Europas is' nix mit King-Size-Betten
- **7 /** Leuchtendes Wahrzeichen: Dornbirns Rotes Haus
- **8 /** Die Stadtbibliothek Dornbirn zieht Blicke auf sich
- **9 /** In der inatura – Erlebnis Naturschau trifft Kunst auf Natur
- **10 /** Juwel in Hohenems: das Jüdische Museum
- **11 /** Am Badestrand am Alten Rhein machen wir uns nass
- **12 /** Das Gerätehaus der Feuerwehr vereint Effizienz mit Design

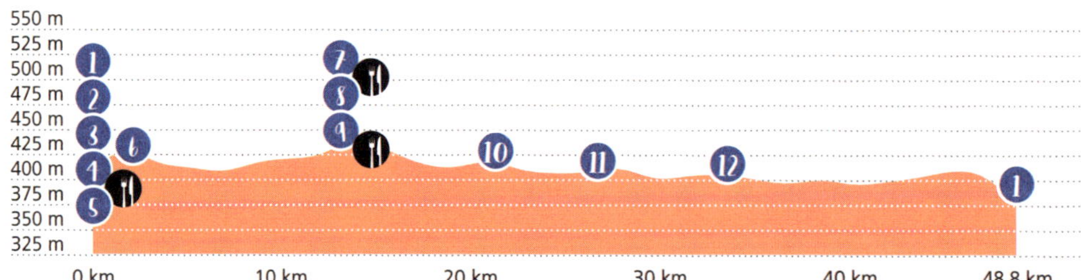

Kühne Formen & klare Kante

Von Bregenz durch das westliche Vorarlberg

Unsere ArchitekTour verschlägt uns in den Westen des österreichischen Vorarlbergs mit Bregenz und Dornbirn. Modernes Design harmoniert hier perfekt mit traditioneller Bauweise und alpenländischer Natur. Kühne Formen fügen sich spektakulär in Städte und Landschaft.

49 Kilometer
60 Höhenmeter ▲
60 Höhenmeter ▼
3:15 Stunden
Rundtour

Klare Kanten im Alpenrheintal

Fantasievolle Formen, umgesetzt aus nachhaltigen Baustoffen. Zweckmäßig und schön gleichermaßen. Keine Frage, bauen können sie in Vorarlberg. Zu unserer außergewöhnlichen ArchitekTour brechen wir in Bregenz auf, genauer: am 1 / Parkplatz Ost unweit zum ersten Highlight der Rundtour, dem 2 / Festspielhaus Bregenz (Platz der Wiener Symphoniker 2, 6900 Bregenz) mit seiner grandiosen Seebühne. Klar strukturiert und doch anmutig präsentiert sich das urbane Gebäude, dessen gläserne Stirnwand sich zum Vorplatz öffnet. Dort funkelt die etwa 7 Meter hohe Skulptur „Ready Maid" aus polierter Bronze in der Sonne. Wenn gerade keiner guckt, fahren wir in

Charakter

Sportlich ●●●○○
Abkühlung ●●○○○
Schlemmen ●●●○○
Panorama ●●●●○

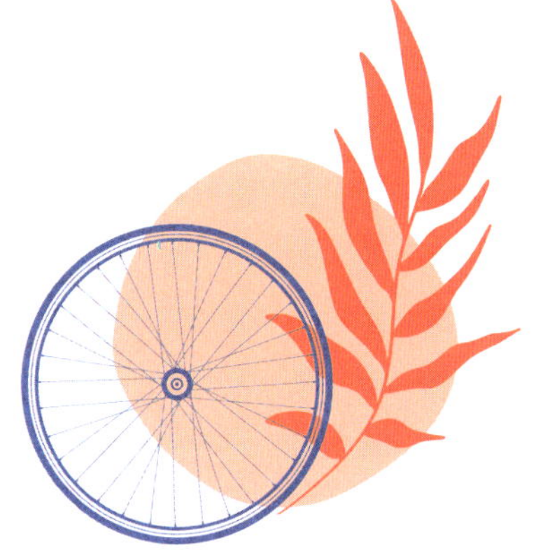

Toureninfo / Flache Tour auf meist asphaltierten Radwegen durch belebte Städte und verkehrsarme Dörfer.

‹ links / An der Stadtbibliothek Dornbirn

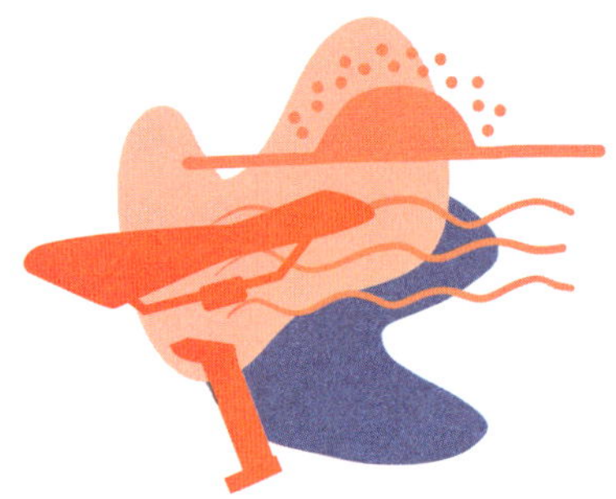

der knapp 15 Zentimeter tiefen Wasserlache durch die Beine der Skulptur und weiter auf dem Bodenseeradweg vorbei am 3 / Bahnhof Bregenz (6900 Bregenz). Wir rollen nur wenige Meter, bis wir am Hafen auf 4 / Die Welle (Hafen 1, 6900 Bregenz, Österreich) treffen. Die filigrane Struktur beherbergt unter anderem ein kleines Café, von dessen Terrasse wir bei einem Espresso das rege Treiben im Bregenzer Hafenbecken beobachten.

Moderne und Tradition auf Tuchfühlung

An der Ampel vor der Welle überqueren wir die Straße und erreichen gleich darauf den Kornmarktplatz, wo sich das 5 / Vorarlberg Museum (Kornmarktplatz 1, 6900 Bregenz), vorarlbergmuseum.at mit seiner 23 Meter hohen futuristischen Fassade gegen verschnörkelte Altbauten behauptet. Wir fahren von hier die Rathausgasse entlang, biegen dann links in den Leutbühel ab und erreichen am Ende der Gasse die Kirchstraße. Ein paar Meter weiter stoßen wir auf ein architektonisches Kuriosum: Mit gerade einmal 57 Zentimetern ist Hausnummer 29 das 6 / schmalste Haus Europas. Da wird das Möblieren zur Herausforderung! Wir strampeln weiter die Kirchstraße hinauf und folgen zunächst der Route Bregenz–Kennelbach. Kurz darauf orientieren wir uns dann an den grünen Wegweisern der Dörfer-Städte-Route in Richtung Dornbirn.

AUSHÄNGESCHILD

Die Neue Vorarlberger Bauschule gilt mit ihrer modernen Interpretation traditioneller Bauweise und dem Focus auf Nachhaltigkeit europaweit als Vorreiter.

Über die Dörfer

Hindurch unter der Autobahn, in deren Schatten sich Beton und Graffiti ihrer ewigen Schicksalsgemeinschaft hingeben, radeln wir aus Bregenz hinaus. Dass originelles Design sich nicht auf Festspielhäuser oder Museen beschränken muss, beweisen auf unserer Route immer wieder innovativ gestaltete Brücken, Bushaltestellen oder Supermärkte. Wir rollen beschwingt von so viel erfrischender Krea-

---

➤ **rechts oben / Die futuristische Fassade des Vorarlberg Museums**
➤ **rechts Mitte / Wenn keiner guckt: Füße hoch und durch!**

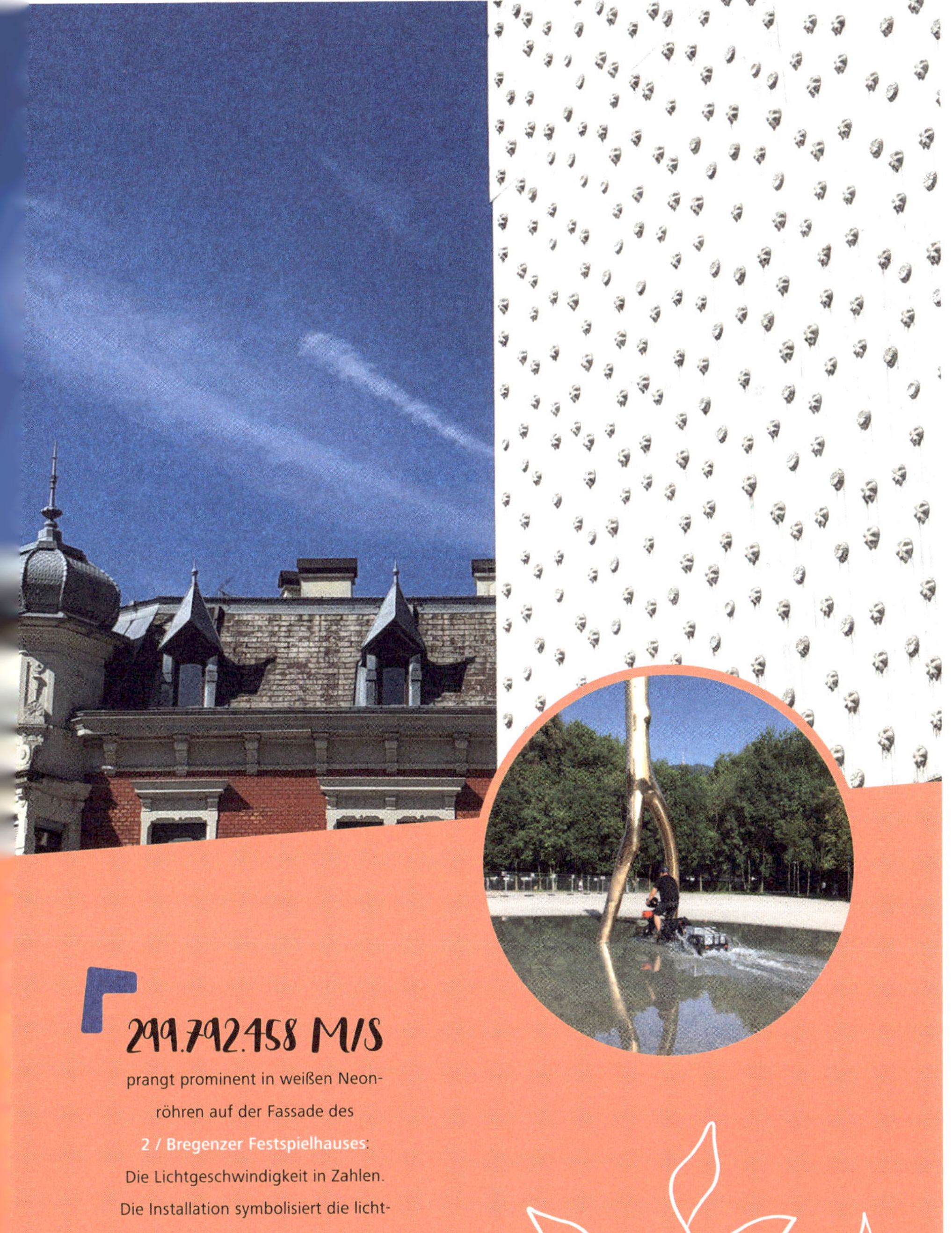

299.792.458 M/S

prangt prominent in weißen Neonröhren auf der Fassade des **2 / Bregenzer Festspielhauses**: Die Lichtgeschwindigkeit in Zahlen. Die Installation symbolisiert die lichtdurchflutete Transparenz des kulturellen Epizentrums der Stadt.

Blüten-Double

Das Fassaden-Muster des 5 / Vorarlberg Museums setzt sich aus 16.656 Betonblüten zusammen. Als Matrizen dienten die Böden gewöhnlicher PET-Flaschen.

tivität weiter. Das Panorama des Bregenzerwaldes und der Alpen hebt die Stimmung ebenfalls. Wir kratzen Schwarzach und Haselstauden etwas an und erreichen schließlich Dornbirn, die größte Stadt Vorarlbergs.

In der grössten Stadt Vorarlbergs

Architektur mit Anspruch

In Dornbirn wechseln wir an der Quellengasse von der Städte-Dörfer-Route auf die Radroute Dornbirn-Zentrum, unterqueren die Eisenbahnlinie und rollen durch die lebhafte Stadt in die City. Direkt neben der mächtigen Pfarrkirche St. Martin leuchtet unübersehbar das 7 / Rote Haus (Marktplatz 13, 6850 Dornbirn), roteshaus.at. Gebaut bereits 1639, ist das hölzerne Gebäude im Rheintal-Stil heute das Wahrzeichen Dornbirns und beherbergt ein exquisites Restaurant. Köstlich, aber budget-intensiv. Es geht links an St. Martin vorbei und in die Schulgasse. Dann rechts in die Jahngasse. Es folgt ein architektonischer Leckerbissen: Die 8 / Stadtbibliothek Dornbirn

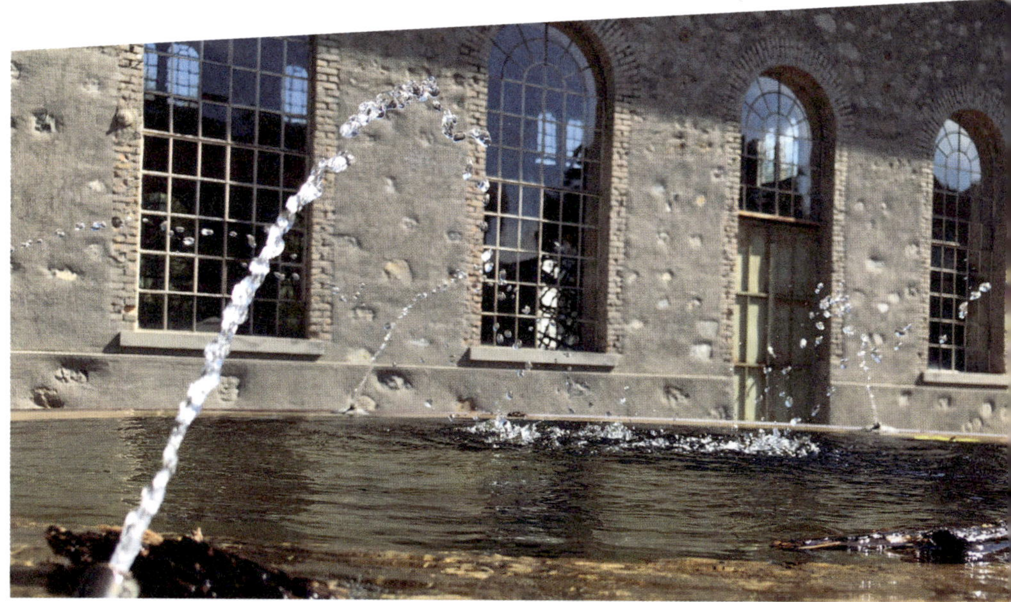

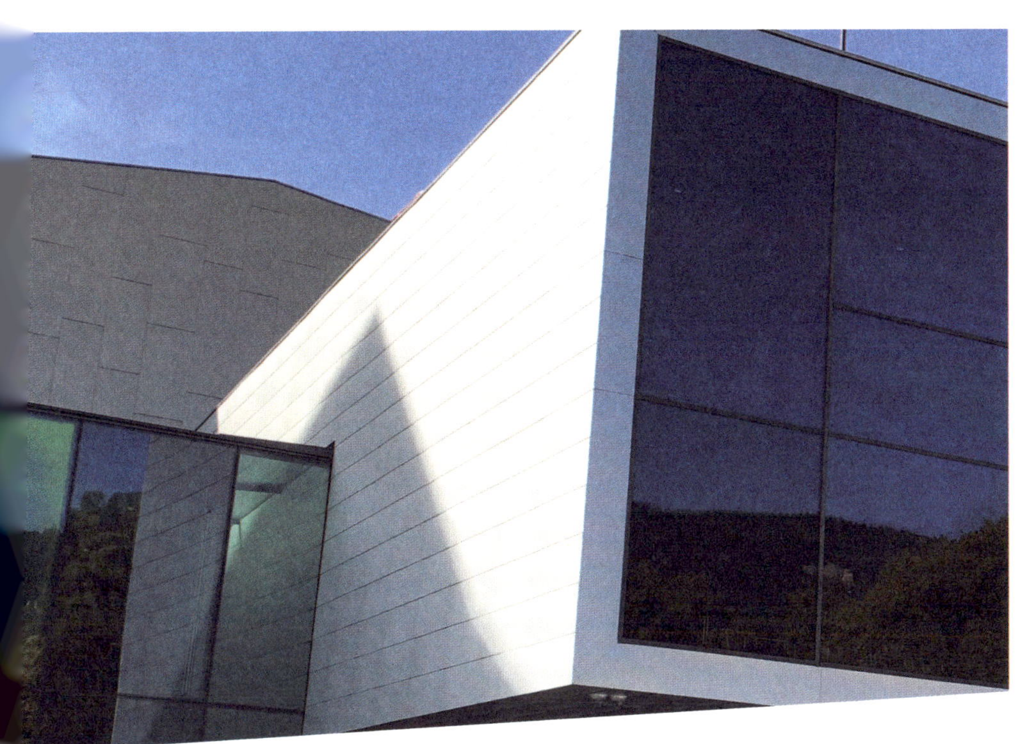

(Schulgasse 44a, 6850 Dornbirn), stadtbibliothek.dornbirn.at, ein lichtdurchfluteter moderner Tempel des Wissens. Keine Wuchtbrumme aus Beton, vielmehr der filigrane Hauch eines Gebäudes.

Melange aus Natur, Kunst und Kultur

Praktisch direkt nebenan besuchen wir die 9 / inatura–Erlebnis Naturschau (Jahngasse 9, 6850 Dornbirn), inatura.at, ein interaktives Museum zum Anfassen, das durch die Lebensräume Gebirge, Wald und Wasser führt. Ein Riesenspaß nicht nur für Kinder. Die Industriehallen einer ehemaligen Maschinenfabrik wurden effektvoll in die inatura und den Kunstraum Dornbirn auf dem gleichen Gelände integriert. Wir parken die Räder und nutzen das Café-Restaurant im Innenhof für eine ausgedehnte Einkehr. Im Anschluss rollen wir bis zum Ende der Jahngasse, biegen links auf die Schmelzhütterstraße und dann sofort wieder rechts ab. Links siehst du nun eine Brücke über die Dornbirner Ach. Da geht's rüber und wir folgen der Radroute Bregenz–Dornbirn–Hohenems, die nach einem Kilometer in die Städte-Dörfer-Route mündet.

7714

Keramikziegel umfasst die Fassade der 8 / Stadtbibliothek Dornbirn, die auch als fester Sonnenschutz konzipiert ist. Die Ziegel erinnern in ihrer Anordnung an Bücherwände, Bücherregale, Zeilen mit Lettern, Buchstaben und Hieroglyphen. Sieht fantastisch aus!

< links / Wasserspiele in der inatura–Erlebnis Naturschau
^ oben / Lasst die Spiele beginnen im Festspielhaus Bregenz

Vom jüdischen Viertel zum Alten Rhein

Kurz vor Hohenems führt uns der Radweg durch eine Unterführung unter den Gleisen durch. Auf der anderen Seite nehmen wir den Schotterweg neben den Schienen. Dort ist deutlich weniger los als an der Straße. Nach ein paar hundert Metern zweigt links die Radezkystraße ab. Die nehmen wir und biegen kurz darauf rechts in Richtung Zentrum ab. Gegenüber dem Landgasthof Hirschen geht es in die Harrachgasse, die bringt uns geradewegs zum 10 / Jüdischen Museum (Schweizer Straße 5, 6845 Hohenems), jm-hohenems.at, malerisch gelegen inmitten des jüdischen Viertels. Einmal ums Museum führt die Radroute Diepoldsau-Hohenems-Zentrum entlang am Emsbach weiter. Nach einiger Zeit überqueren wir die Rheintal Autobahn und biegen auf die Ill-Rhein-Route ab. Schnurstracks kurbeln wir am Alten Rhein entlang nach Lustenau. Direkt am Ufer treffen wir auf den 11 / Badestrand am Alten Rhein (Forststraße 6619/2, 6890 Lustenau). Endlich eine Gelegenheit, ins kühle Nass zu hüpfen.

Einzigartiges Ensemble

Unweit des 9 / Jüdischen Museums in Hohenems liegt neben der jüdischen Schule Österreichs älteste erhaltene Mikwe, ein Ort für rituelle Reinigungen.

Moderne (Feuer)Wehrburg

Wir fahren weiter am Alten Rhein, erreichen den Hauptlauf des Rheins und rollen

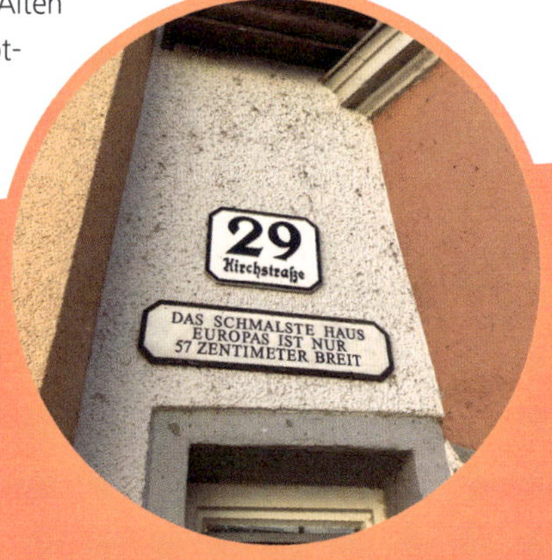

60 Jahre

hält die klassische Schindelfassade eines Bregenzerwaldhauses Wind und Wetter problemlos Stand. Einige Fassaden trotzen den Elementen sogar schon 100 Jahre. Gefühlt so lange dauert auch das Schindeldecken: Jedes einzelne Plättchen muss von Hand festgenagelt werden.

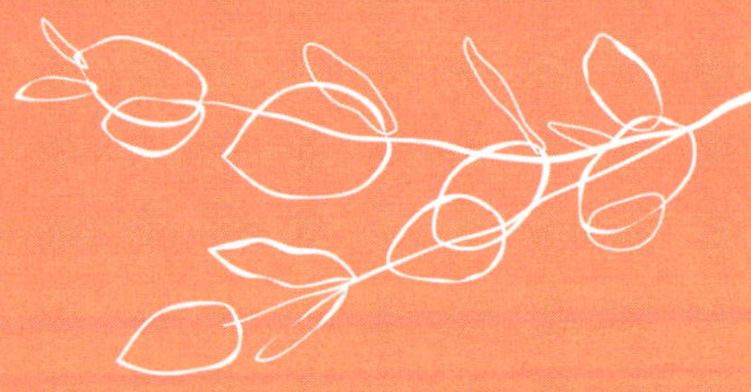

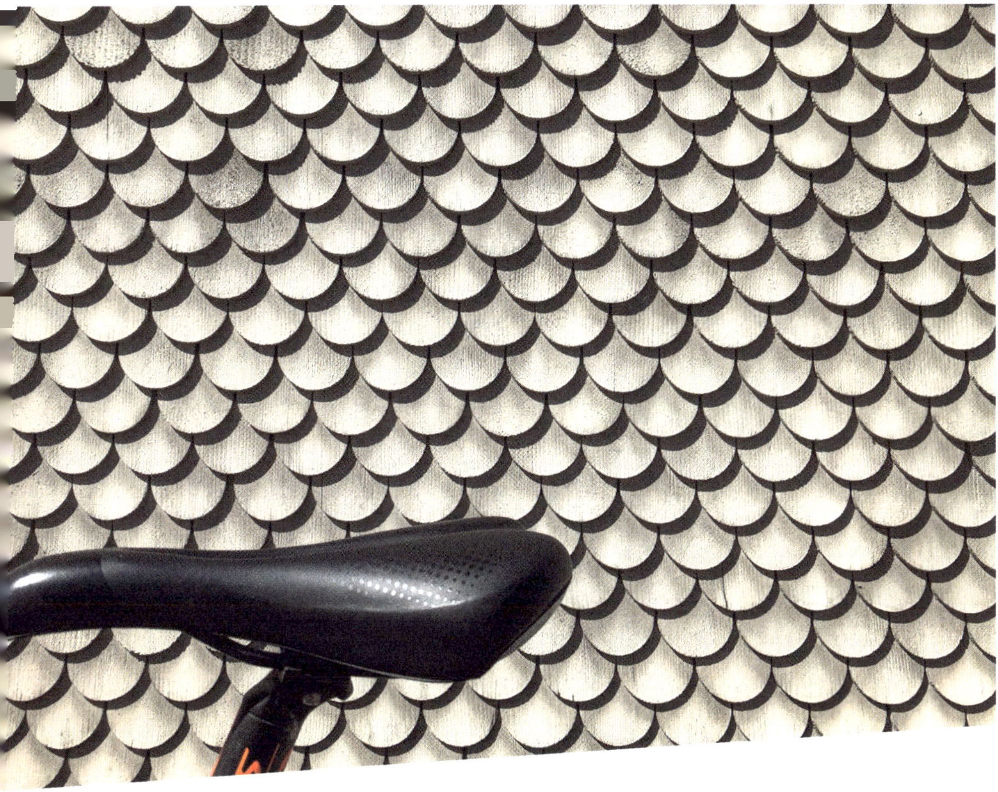

unter der Wiesenrainbrücke hindurch. Mit etwas Glück erwischen wir eine Schmalspurbahn der Internationalen Rheinregulierung, die über die denkmalgeschützte Stahlbrücke tuckert. Jetzt am Fluss entlang und vor der nächsten Brücke über den Rhein, rechts abbiegen. Wir schlagen uns durch Lustenau: Der Schillerstraße nach, dann links in die Maria-Theresien-Straße, von dort halb-rechts in die Kapellenstraße, dann rechts in Neudorfstraße, wo das 12 / Gerätehaus der Feuerwehr (Neudorfstraße 122, 6890 Lustenau) aus Sichtbeton, Holz und Glas zeigt, dass auch einem Zweckbau Design gut steht. Am Ende der Neudorfstraße kurven wir etwas rechts versetzt in die Weiherstraße und treffen auf den Radweg nach Hard und Wolfurt. Wir rollen nun einige Zeit am Lustenauer Kanal entlang, bis wir in Sichtweite der großen Rheinbrücke die Dornbirner Ach überqueren und vom Radweg neben der Rheinstraße halb-links in die Landstraße abbiegen. Ab jetzt wird's wieder einfach: Immer den grünen Wegweisern nach Bregenz folgen und ihr erreicht den 1 / Parkplatz Ost beim Festspielhaus.

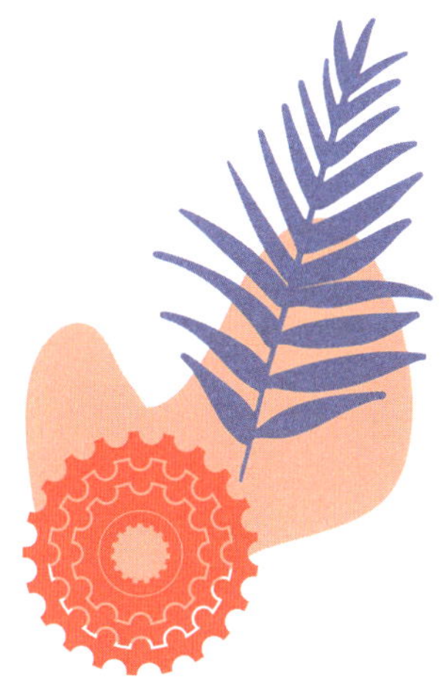

◂ links / Das schmalste Haus Europas ▴ oben / Die Schindelfassade ist ein echter Klassiker der Bregenzerwald-Architektur

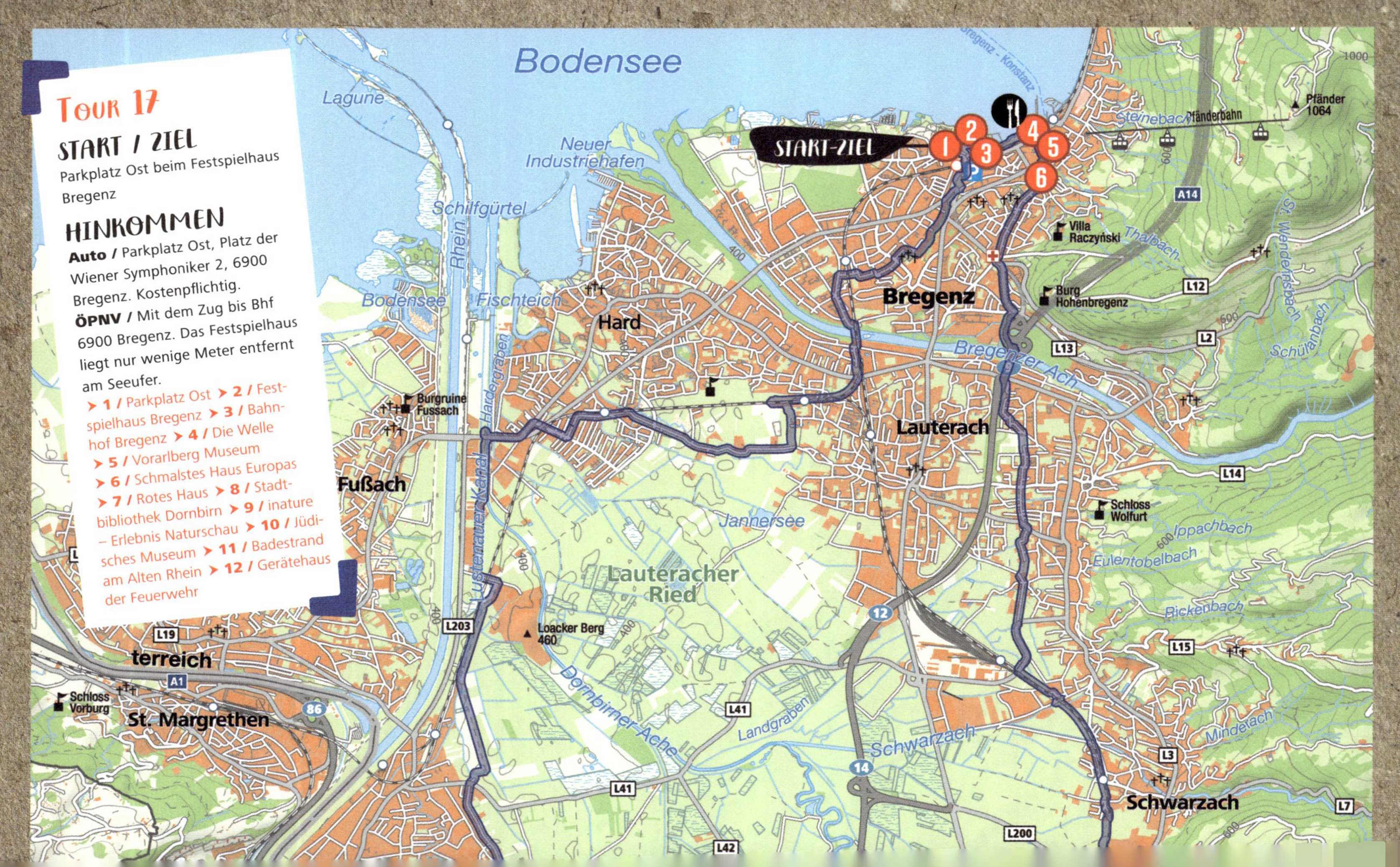

Tour 17

START / ZIEL

Parkplatz Ost beim Festspielhaus Bregenz

HINKOMMEN

Auto / Parkplatz Ost, Platz der Wiener Symphoniker 2, 6900 Bregenz. Kostenpflichtig.

ÖPNV / Mit dem Zug bis Bhf 6900 Bregenz. Das Festspielhaus liegt nur wenige Meter entfernt am Seeufer.

➤ **1 /** Parkplatz Ost ➤ **2 /** Festspielhaus Bregenz ➤ **3 /** Bahnhof Bregenz ➤ **4 /** Die Welle ➤ **5 /** Vorarlberg Museum ➤ **6 /** Schmalstes Haus Europas ➤ **7 /** Rotes Haus ➤ **8 /** Stadtbibliothek Dornbirn ➤ **9 /** inature – Erlebnis Naturschau ➤ **10 /** Jüdisches Museum ➤ **11 /** Badestrand am Alten Rhein ➤ **12 /** Gerätehaus der Feuerwehr

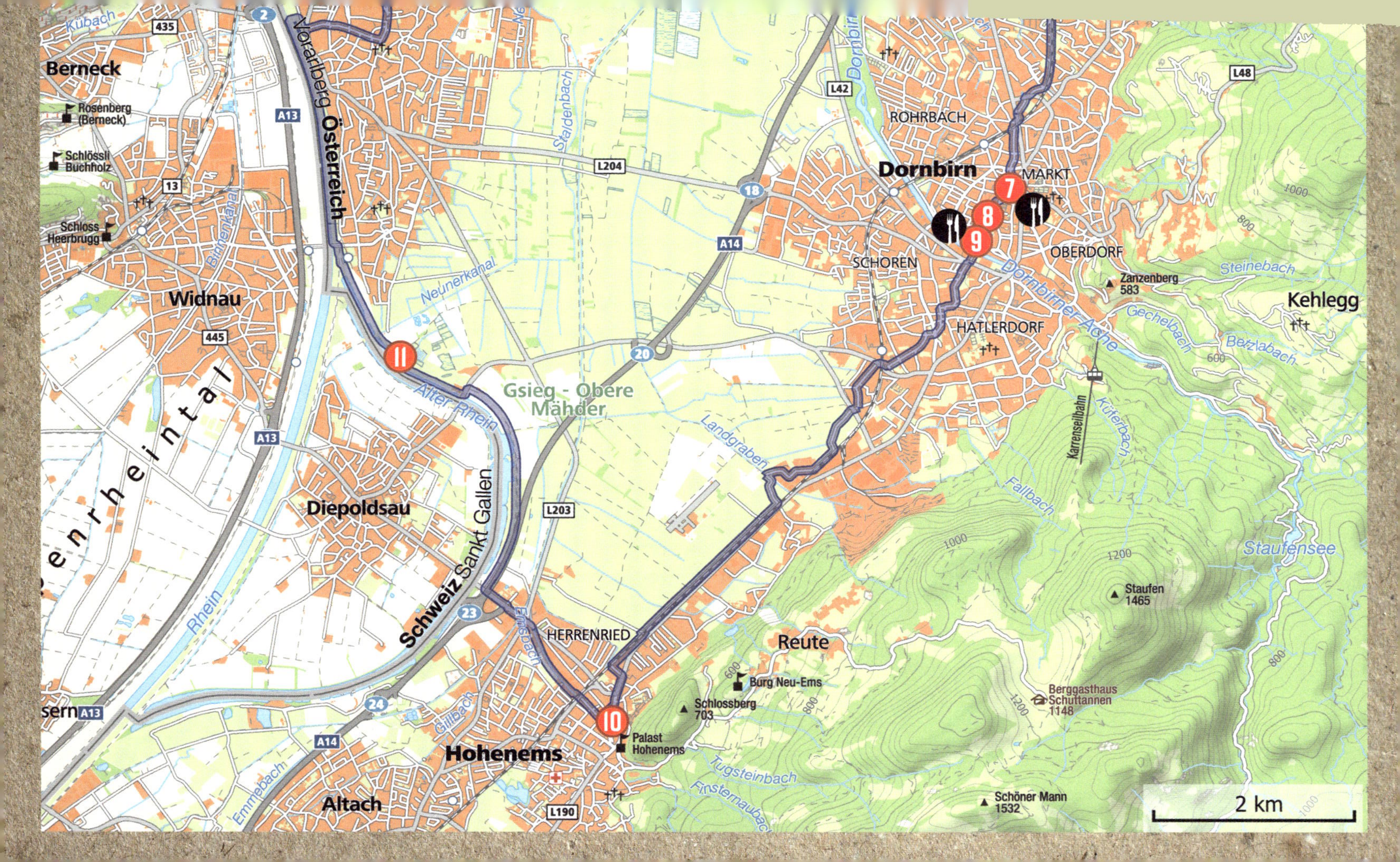

Berneck
Rosenberg (Berneck)
Schlössli Buchholz
Schloss Heerbrugg
Widnau
Diepoldsau
Vorarlberg Österreich
Schweiz Sankt Gallen
Rheintal
Rhein
Alter Rhein
Binnenkanal
Neunerkanal
Staldenbach
Gsieg - Obere Mähder
Landgraben
Dornbirn
ROHRBACH
MARKT
SCHOREN
OBERDORF
HATLERDORF
Dornbirner Ache
Zanzenberg 583
Kehlegg
Steinebach
Gechelbach
Bezlabach
Karrenseilbahn
Küferbach
Fallbach
Staufensee
Staufen 1465
Berggasthaus Schuttannen 1148
Schöner Mann 1532
Reute
Burg Neu-Ems
Schlossberg 703
HERRENRIED
Palast Hohenems
Hohenems
Altach
Emsbach
Gillbach
Emmebach
Tugsteinbach
Finsternaubach
L48
L42
L204
L203
L190
A13
A14
435
445
13
2
18
20
23
24
2 km

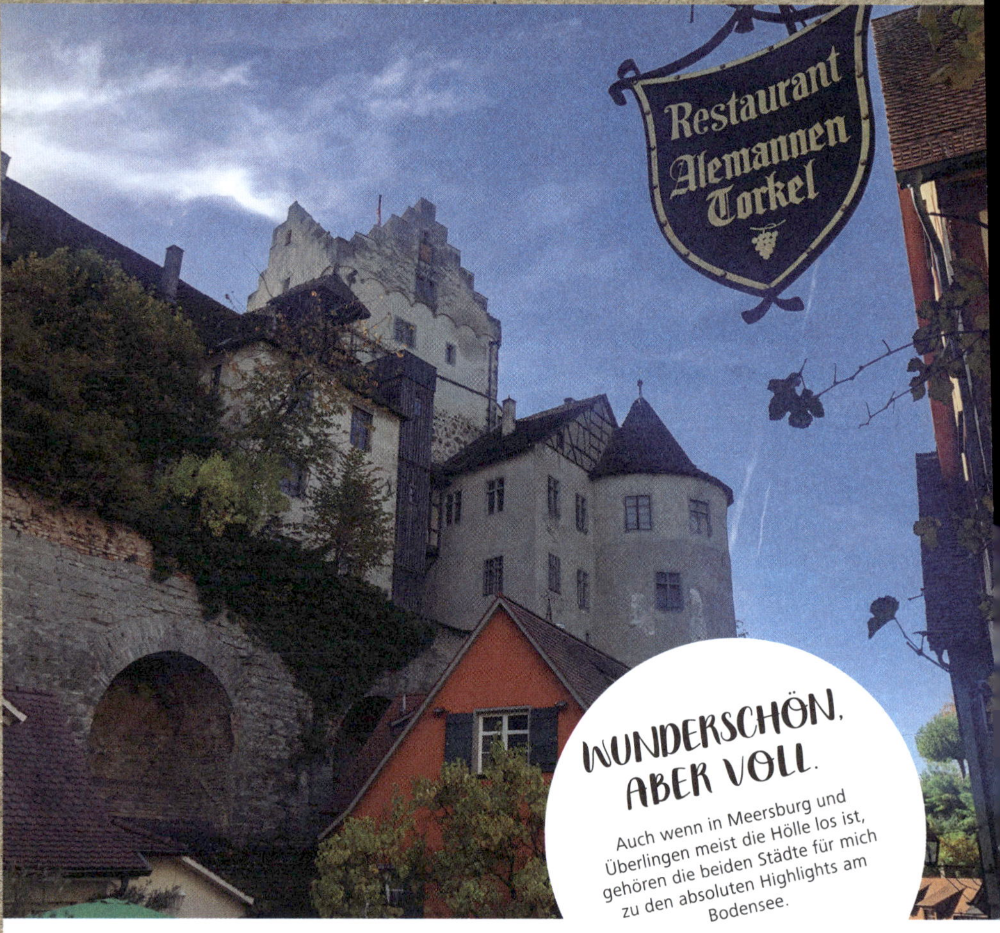

WUNDERSCHÖN, ABER VOLL.

Auch wenn in Meersburg und Überlingen meist die Hölle los ist, gehören die beiden Städte für mich zu den absoluten Highlights am Bodensee.

> 1 / Am Parkplatz Schloss Salem steigen wir in den Sattel

> 2 / Mittelalter meets Rokoko: Kloster und Schloss Salem

> 3 / Klar zum Entern im Naturerlebnispark Schlosssee Salem

> 4 / Postkarten-Idylle am Martinsweiher

> 5 / Wo die Drohste dichtete: Besuch in Meersburg

> 6 / Hinein in den See am Meersburger Strand

> 7 / Schöner Wohnen auf Stelzen in den Pfahlbauten Unteruhldingen

> 8 / Leckereien in der Besenwirtschaft Hofgut Möking

> 9 / Wie eine Wolke aus rosa Zuckerwatte: die Barockkirche Birnau

> 10 / Am Landungsplatz Überlingen grummelt der Bodenseereiter

> 11 / Wasserspielplatz am Uferpark der Landesgartenschau

> 12 / Und tschüss: Bahnhof Überlingen Therme

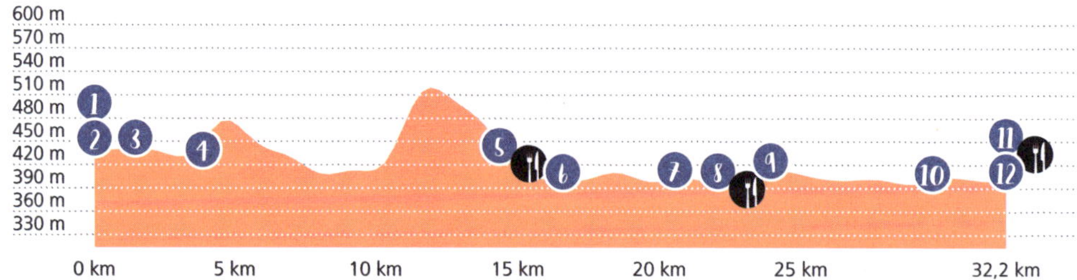

TOUR DE FARCE

Auf dem Fahrrad-Highway *von* Salem *über* Meersburg *nach* Überlingen

Wir stürzen uns ganz bewusst in die Rushhour auf dem Bodenseeradweg. Meersburg und Überlingen sind so malerisch wie überlaufen. Auf unserer Tour machen wir aus dem Trubel eine Tugend, denn gerade da lässt sich viel Amüsantes beobachten.

32 Kilometer
190 Höhenmeter ▲
220 Höhenmeter ▼
2 Stunden
Strecke

Aufgalopp am Schloss

Moment! Eine Tour, die ihr so nie machen würdet, und dann geht's zu regelrechten Perlen am nördlichen Bodenseeufer? Exakt. Denn sowohl Meersburg als auch Überlingen, die Pfahlbauten bei Unteruhldingen und die barocke Birnau gehören zu den absoluten Hotspots am See. Die Klassiker möchten natürlich alle sehen, wenn man schon mal hier ist. Dementsprechend viel los ist dann auch auf dem Radweg. Wir packen ganz viel Humor in die Satteltaschen und stürzen uns ins Getümmel. Startpunkt unserer Tour ist der 1 / Parkplatz Schloss Salem, direkt am ersten Highlight des Tages, 2 / Kloster und Schloss Salem

CHARAKTER

Sportlich ●●●○○
Abkühlung ●●●○○
Schlemmen ●●○○○
Panorama ●●●●●

TOUR, DIE DU SO NIE GEMACHT HÄTTEST

TOURENINFO / Moderate Tour mit kleineren Anstiegen zu Beginn. Dann nur noch bergab und am Seeufer entlang. Meist Asphalt, bisweilen Schotterwege. Ab Meersburg je nach Jahreszeit durchaus viel los.

◂ links / Allein ist man als Radler in Meersburg selten

TOUR, DIE DU SO NIE GEMACHT HÄTTEST

(88682 Salem), salem.de. Hier trifft schmucklose und strenge Mittelalter-Architektur imponierend auf die überbordende Pracht von Barock und Rokoko. Grandios. Da gibt's keine zwei Meinungen. Die Anlage ist so beeindruckend, dass sie jedes Jahr etwa 130.000 Besucher sehen möchten. Gut, dass nicht alle auf einmal kommen. Meistens. Herrlich ist die Orangerie, da findet sich immer ein ruhiges Plätzchen.

JUWEL IN ZARTEM ROSA

Nur drei Jahre benötigt Baumeister Peter Thumb, um die 9 / Barockkirche Birnau für die Reichsabtei Salem zu bauen. 1749 öffnet sie ihre Pforten.

Die Waldesruh vor dem Sturm

Vom Kloster und Schloss Salem fahren wir in Richtung Ortsmitte und nehmen im Kreisverkehr die erste Ausfahrt. Links taucht bald der Schlosssee auf. Im Freibad 3 / Naturerlebnispark Schlosssee Salem (Schlossseeallee, 88682 Salem), salem-baden.de ankert ein waschechtes Piratenschiff. Wer mit Kindern unterwegs ist, kann den Rest der Tour jetzt vermutlich abhaken. Das Beste: Eintritt frei. Also: Badehose raus und klar zum Entern! Einmal losgeeist, rollen wir den Radweg weiter und biegen bald rechts in die Feuchtmayer Straße. Von dort lotst uns die Tüfinger Straße zum wildromantischen 4 / Martinsweiher. Jetzt folgt etwas Zickzack: Auf dem Schotterweg links am Weiher vorbei, am Wanderparkplatz wenige Meter weiter rechts und dann die zweite Möglichkeit auf einem etwas holprigen Waldweg links eine Steigung hoch. Haltet euch zweimal rechts und dann zweimal links. Bei der nächsten Weggabelung wieder links und kurz darauf über die Straße. Am Ufer des Killenweihers entlang und bei der nächsten Gabelung rechts. Immer laufen lassen. Über die Straße und etwas versetzt rechts auf dem Schotterweg weiter. Auf diesem Weg haltet ihr euch jetzt immer rechts, bis ihr den Weiler Hallendorf erreicht. Noch ein Stück, bis eine Straße kreuzt.

➤ rechts oben / Herrlicher Blick von der Birnau auf den Überlinger See
➤ rechts Mitte / Sieht aus wie Zuckerwatte, ist aber Barock: die Birnau

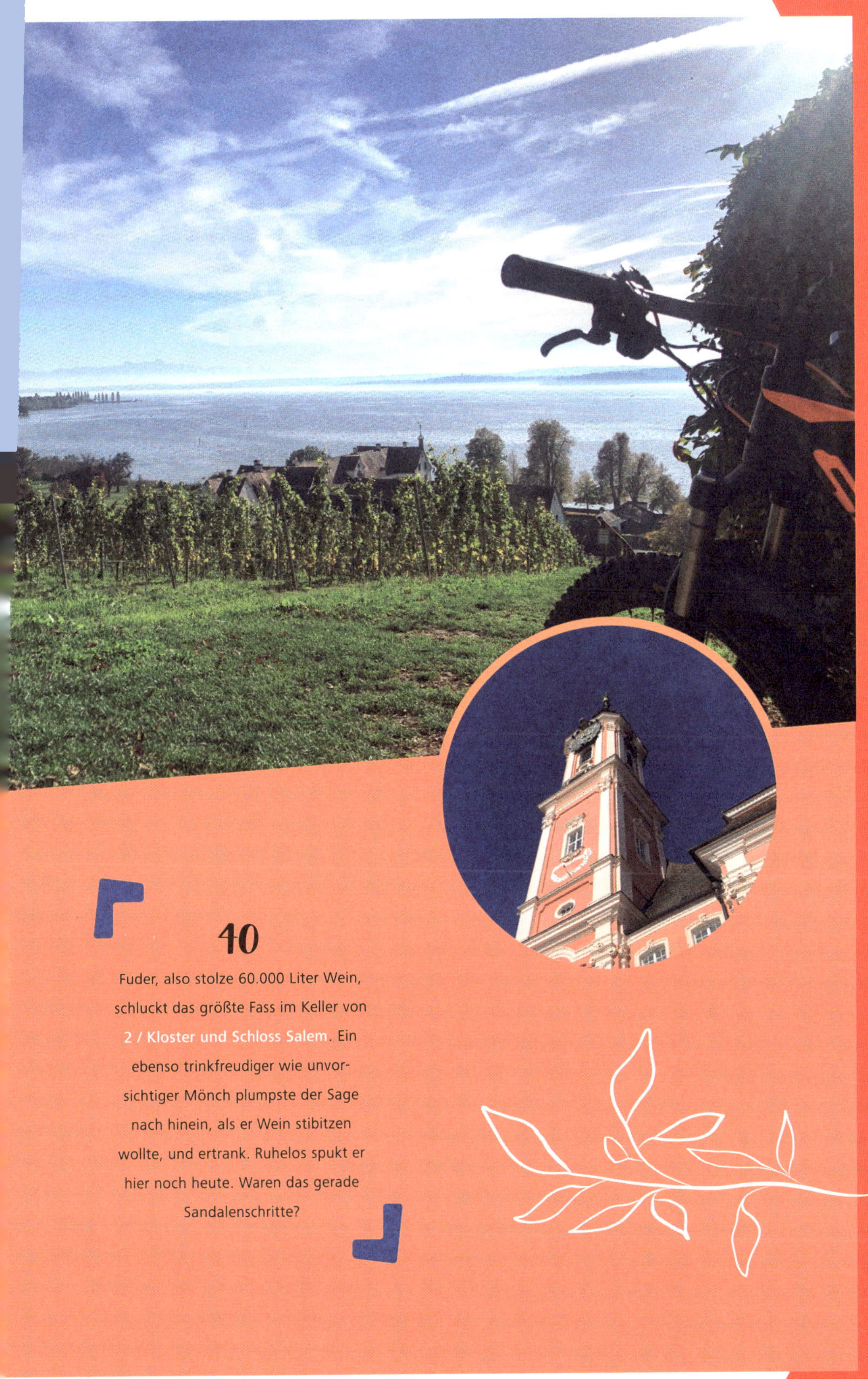

40

Fuder, also stolze 60.000 Liter Wein, schluckt das größte Fass im Keller von 2 / Kloster und Schloss Salem. Ein ebenso trinkfreudiger wie unvorsichtiger Mönch plumpste der Sage nach hinein, als er Wein stibitzen wollte, und ertrank. Ruhelos spukt er hier noch heute. Waren das gerade Sandalenschritte?

Brandschutz-Pioniere

Nach dem Großfeuer 1697 besorgten sich die Mönche prophylaktisch zwei Feuerspritzen. Zu sehen im Feuerwehrmuseum am 2 / Kloster und Schloss Salem.

Tour, die du so nie gemacht hättest

Über den Berg zur Burg

Wir biegen links ab, überqueren einen schmalen Fluss und folgen der Straße nach Schniggendorf. Dann den Berg hinauf nach Baitenhausen. Ab dort rollen wir fast nur noch bergab und direkt nach Meersburg hinein. Bevor wir den steilen Weg zur Seepromenade hinabschieben, machen wir einen Abstecher zur 5 / Meersburg (Schlossplatz 10, 88709 Meersburg), burg-meersburg.de. Die (vermutlich) älteste bewohnte Burg Deutschlands ist ein Muss. Besonderes Highlight ist die „Belebte Burg": An bestimmten Wochenenden von April bis Oktober wird zwischen den Mauern geschmiedet, gekocht, getanzt und bisweilen gefochten wie anno dazumal. Wir stärken uns im Burg-Café, bevor uns die steile Steigstraße dann hinab zum Ufer bringt, wo der mit Fahrrädern vollgeparkte Bismarckplatz erahnen lässt, dass wir nicht die einzigen Radler sind.

Tollkühne Radler in engen Hosen

Für einen Streifzug über die Seepromenade stellen wir unsere Räder hier ab. Wir schlendern zur Hafenmole mit Peter Lenks Magischer

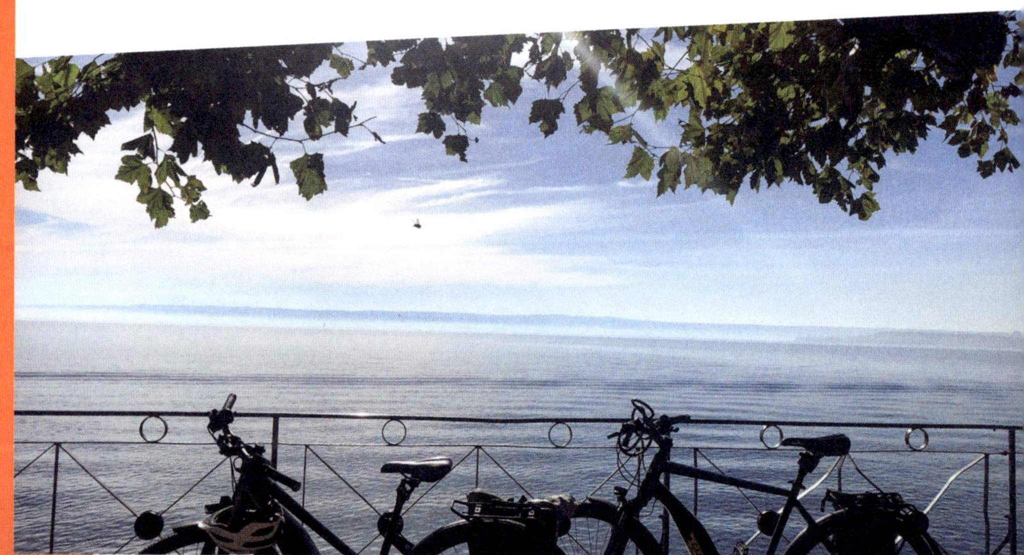

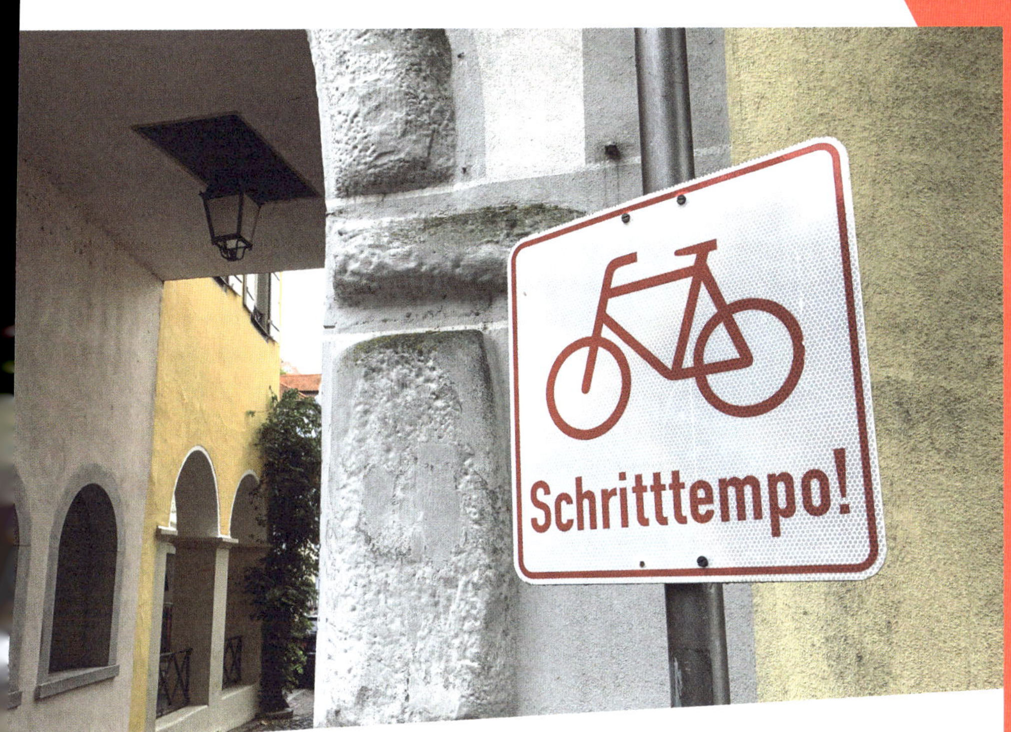

Säule und dann zurück über die Unterstadtstraße. Das Radler-Aufkommen ist hier immer hoch. Wir nehmen die Rushhour mit Humor und gucken, wer sich da alles in den Sattel geschwungen hat. Nicht spöttisch oder gar boshaft. Nein, hier sind alle Radler gleich. Egal, ob technisch hochgerüsteter Pensionär im aerodynamischen Outfit, gut gelaunte E-Biker-Gruppe (mit mindestens einem Spaßvogel), anhänger-ziehender Familientross oder semiprofessionelle Rennradler auf schnittigen Karbon-Geschossen. Haben alle nur zwei Räder. Vorbei am Fährhafen geht es weiter. Der Bodenseeradweg verläuft hier direkt an der Straße. Den Blick auf den See verhindern meist dichte Hecken. Allerdings gibt es hin und wieder Pfade hinab zum 6 / Meersburger Strand (Unteruhldinger Straße 10, 88709 Meersburg). Einmal untertauchen und dann weiter.

1841

lässt sich Annette von Droste-Hülshoff breitschlagen und besucht ihre Schwester auf der 5 / Meersburg. Lust hat sie keine. „Überflüssig" und „thöricht" sei die Reise. Einmal angekommen, bleibt sie. „Rennt" durch die Weinberge spazieren und schreibt Gedicht um Gedicht.

Klassiker auf Stelzen

Der unspektakuläre Radweg bringt uns direkt zu einem weiteren Topspot. Am Ufer stehen hier die 7 / Pfahlbauten Unteruhldingen (Strandpromenade 6, 88690 Uhldingen-Mühlhofen), pfahlbauten.de, seit 2011 Teil des UNESCO-Weltkulturerbes. Derzeit balancieren

< links / Auszeit an der Meersburger Seepromenade
^ oben / Immer mit der Ruhe!

hier 23 rekonstruierte Häuser aus der Stein- und Bronzezeit im Wasser. Nur einen Faustkeil-Wurf entfernt liegt ein Naturstrand nebst Pfahlbauten-Abenteuerspielplatz und Eisdiele. Wieder festen Boden unter den Füßen, rollen wir weiter und erreichen flugs das 8 / Hofgut Möking (Siedlungshof 1, 88690 Uhldingen-Mühlhofen), bodensee-bauernhof.de, eine Besenwirtschaft mit Hofladen und Biergarten. Von hier biegen wir links auf die Deutsche Fachwerkstraße ab. Die ist so breit, dass selbst zwei Pärchen, die sich händchenhaltend nebeneinander radelnd entgegenkommen, aneinander vorbei passen. Kein Witz. Alles schon gesehen. Nicht vergessen: Humor!

NOT AMUSED

Peter Lenks Bodenseereiter auf dem 10 / Landungsplatz Überlingen ist eine augenzwinkernde Hommage an Martin Walser. Das passt dem aber überhaupt nicht

Barocker Prunk, die Zweite

Und gleich die nächste Perle. Fast erinnert sie an Zuckerwatte, wie sie da einer rosa Wolke gleich oberhalb des Bodensees im blauen Himmel schwebt: Die 9 / Barockkirche Birnau (Birnau-Maurach 5, 88690 Uhldingen-Mühlhofen), birnau.de. Zuckersüß. Eine Liebesperle also. Natürlich! 150 Paare geben sich hier unter den verschmitzten Augen des Honigschleckers in barocker Opulenz jedes Jahr das Ja-Wort. Also beim Eintreten vorsichtshalber mal den Fahrradhelm abnehmen. Die Birnau im Rücken, nehmen wir

TOUR, DIE DU SO NIE GEMACHT HÄTTEST

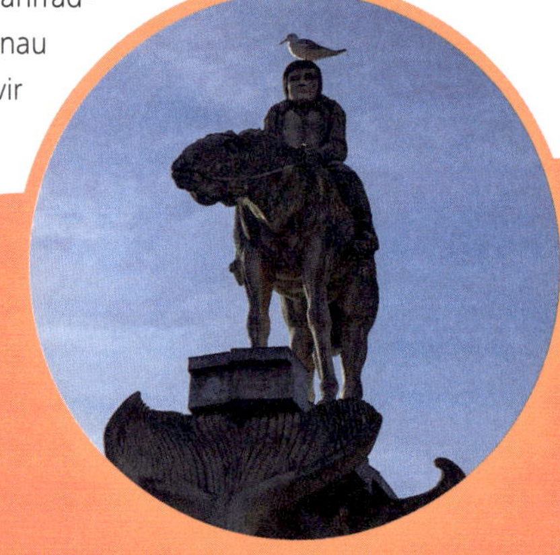

1922

errichten Vorgeschichtsfreunde die ersten beiden Pfahlbauhäuser. Unter professoraler Aufsicht zudem ziemlich originalgetreu. Damit sind die 7 / Pfahlbauten Unteruhldingen das älteste archäologische Freilichtmuseum Deutschlands. Sozusagen eine stein- und bronzezeitliche Musterhaus-Siedlung.

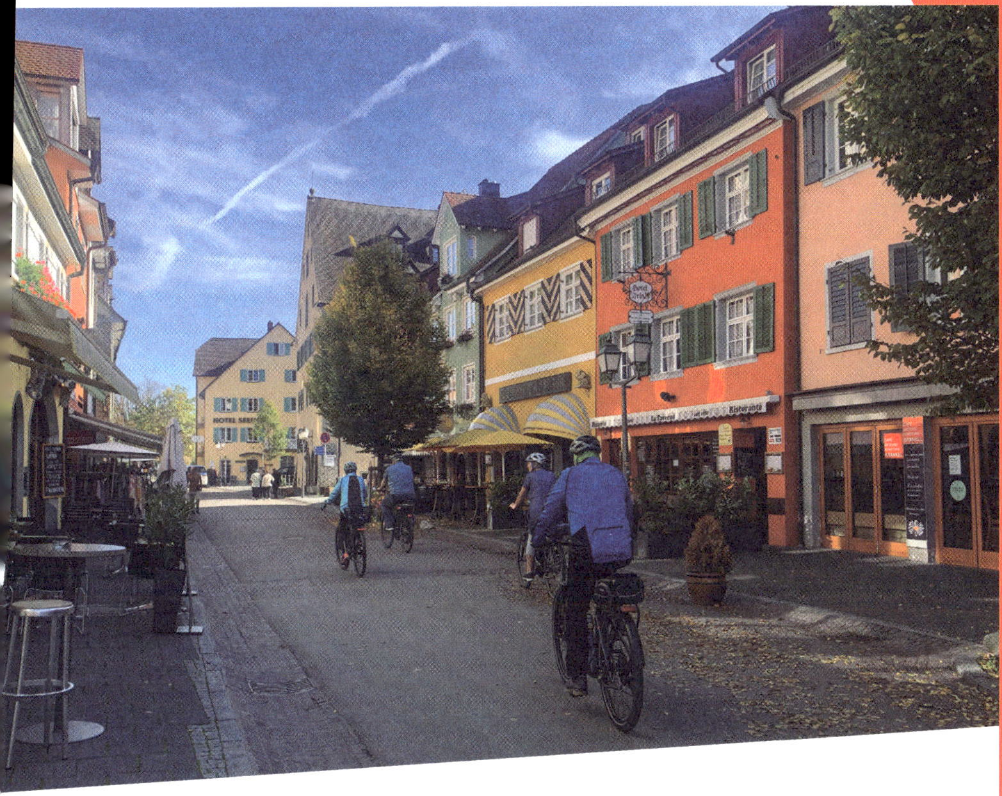

den holperigen Weg (Vorsicht!) rechts hinab zurück zum Seeufer. Durch das beschauliche Nußdorf geht es nun zügig nach Überlingen, das Ziel unserer Tour. Überlingen ist malerisch, gibt sich aber auch ein bisschen mondän. Am 10 / Landungsplatz Überlingen (88662 Überlingen) nahe der Seepromenade blickt der Bodenseereiter ziemlich griesgrämig von Peter Lenks Brunnen. Vermutlich hat er keinen Tisch bekommen und schmollt deswegen auf dem Gaul. Wir prosten ihm im wohligen Trubel auf der Promenade zu.

Ausklang am Ufer

Wir beschließen unsere Radtour am 11 / Uferpark (Bahnhofstraße 57, 88662 Überlingen) des Landesgartenschaugeländes, wo noch mal ein spektakulärer Spielplatz für die Kinder und ein Restaurant für die Erwachsenen wartet. Nach dem Sundowner fahren wir zurück zum 12 / Bahnhof Überlingen Therme (88662 Überlingen), von wo der Zug keine 20 Minuten bis Salem benötigt. Vom dortigen Bahnhof folgen wir den Wegweisern zurück.

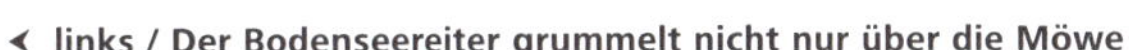

< links / Der Bodenseereiter grummelt nicht nur über die Möwe
^ oben / Hand in Hand in Richtung Überlingen

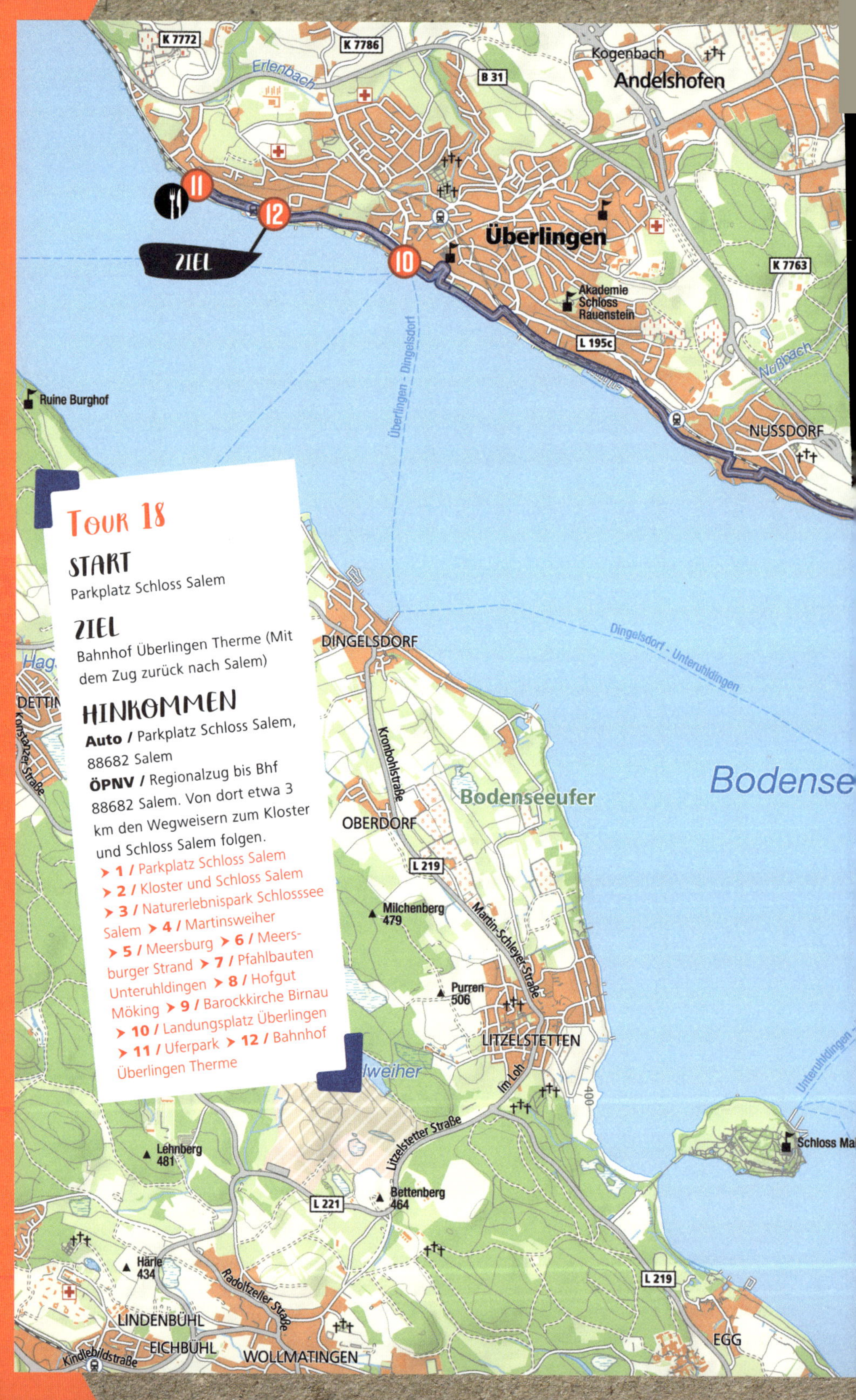
Tour 18
START
Parkplatz Schloss Salem
ZIEL
Bahnhof Überlingen Therme (Mit dem Zug zurück nach Salem)
HINKOMMEN
Auto / Parkplatz Schloss Salem, 88682 Salem
ÖPNV / Regionalzug bis Bhf 88682 Salem. Von dort etwa 3 km den Wegweisern zum Kloster und Schloss Salem folgen.
› 1 / Parkplatz Schloss Salem › 2 / Kloster und Schloss Salem › 3 / Naturerlebnispark Schlosssee Salem › 4 / Martinsweiher › 5 / Meersburg › 6 / Meersburger Strand › 7 / Pfahlbauten Unteruhldingen › 8 / Hofgut Möking › 9 / Barockkirche Birnau › 10 / Landungsplatz Überlingen › 11 / Uferpark › 12 / Bahnhof Überlingen Therme
ZIEL
11
12
10
K 7772
K 7786
B 31
Kogenbach
Andelshofen
Erlenbach
Überlingen
Akademie Schloss Rauenstein
K 7763
L 195c
Nußbach
NUSSDORF
Ruine Burghof
Überlingen - Dingelsdorf
DINGELSDORF
Dingelsdorf - Unteruhldingen
Bodense
Bodenseeufer
Kronbohlstraße
OBERDORF
L 219
Milchenberg 479
Martin-Schleyer-Straße
Purren 506
LITZELSTETTEN
Im Loh
Litzelstetter Straße
Schloss Ma
Lehnberg 481
L 221
Bettenberg 464
Härle 434
Radolfzeller Straße
L 219
LINDENBÜHL
EICHBÜHL
WOLLMATINGEN
EGG
Kindlebildstraße
Konstanzer Straße

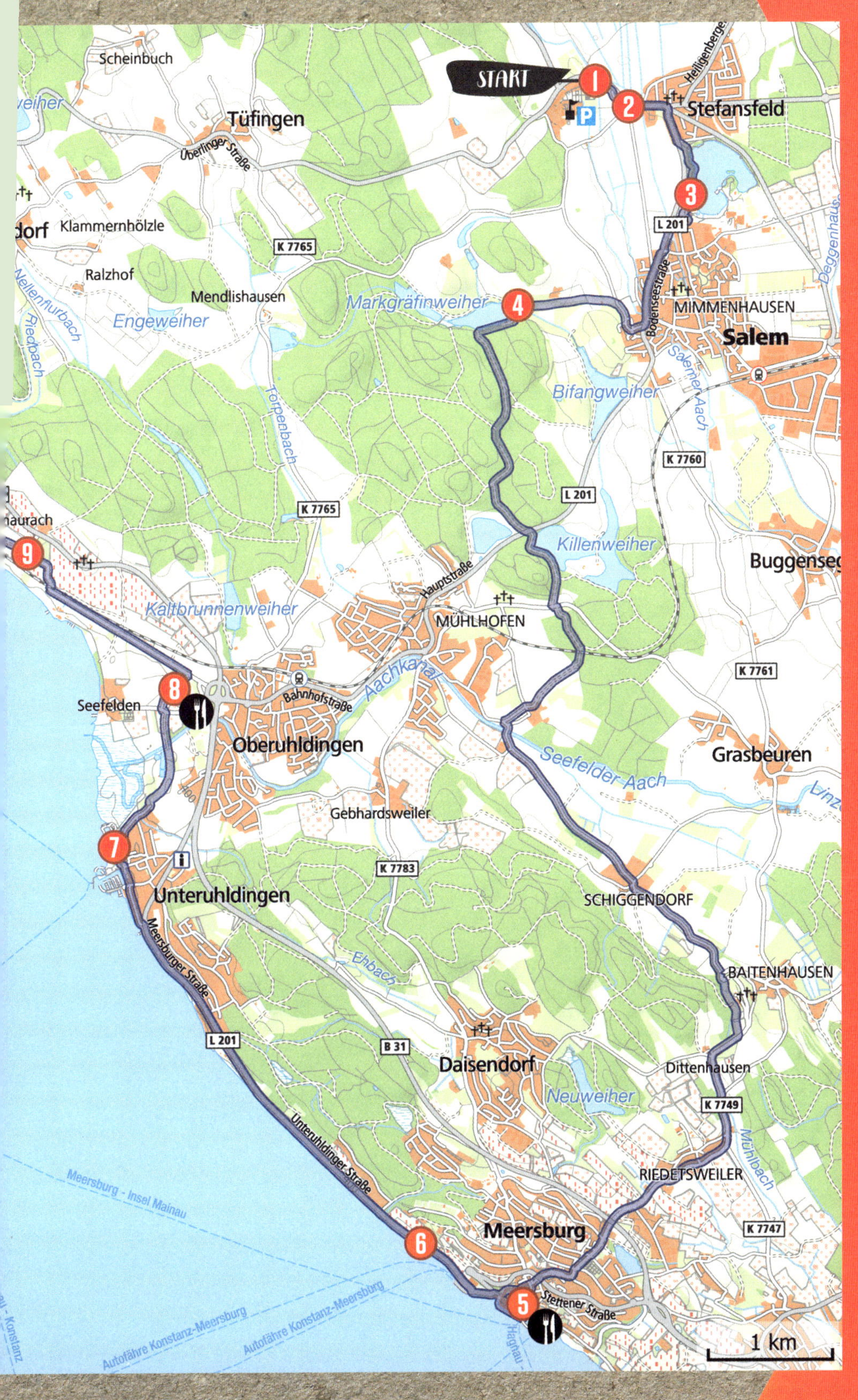
START
Scheinbuch
Tüfingen
Überlinger Straße
Stefansfeld
Heiligenberger
L 201
Klammernhölzle
Ralzhof
Mendlishausen
K 7765
Engeweiher
Markgräfinweiher
Bodenseestraße
MIMMENHAUSEN
Salem
Bifangweiher
Salemer Aach
Torpenbach
K 7760
L 201
K 7765
Killenweiher
Buggensegel
Hauptstraße
MÜHLHOFEN
Kaltbrunnenweiher
K 7761
Seefelden
Bahnhofstraße
Aachkanal
Oberuhldingen
Seefelder Aach
Grasbeuren
Gebhardsweiler
K 7783
SCHIGGENDORF
Unteruhldingen
Meersburger Straße
Ehbach
BAITENHAUSEN
L 201
B 31
Daisendorf
Dittenhausen
Neuweiher
K 7749
Mühlbach
Unteruhldinger Straße
RIEDETSWEILER
Meersburg - Insel Mainau
Meersburg
K 7747
Stettener Straße
Autofähre Konstanz-Meersburg
Autofähre Konstanz-Meersburg
Hagnau
1 km

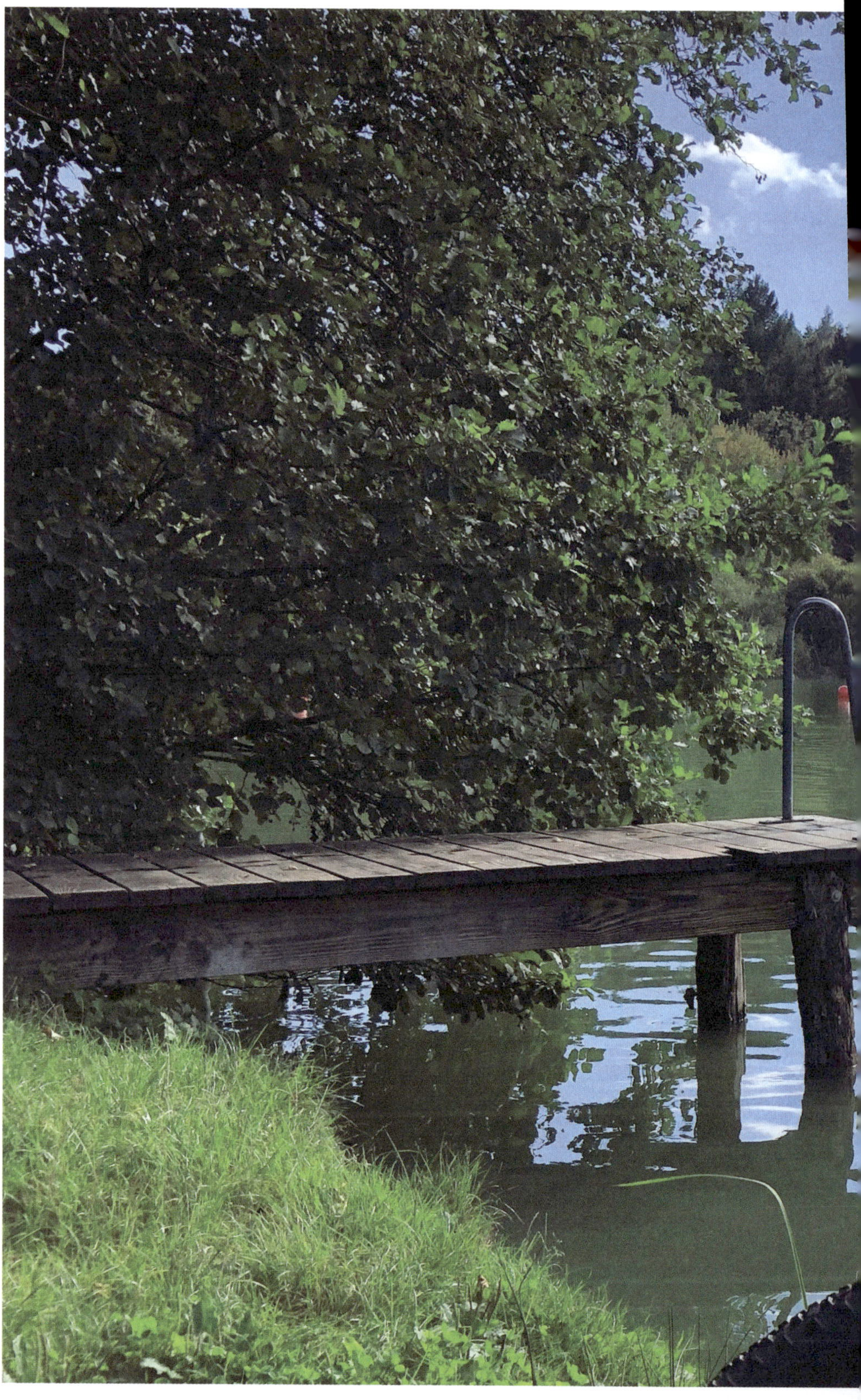

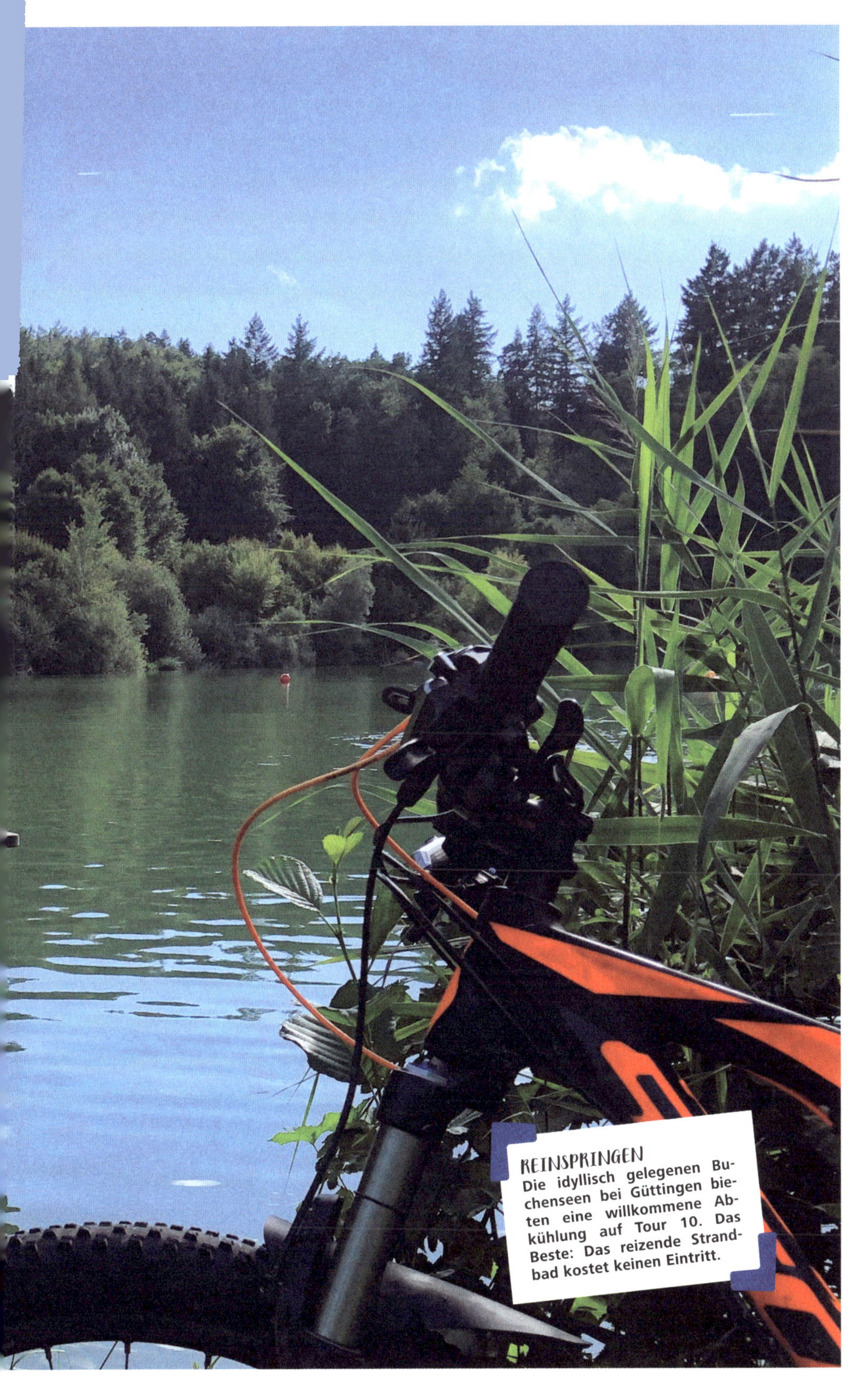

REINSPRINGEN
Die idyllisch gelegenen Buchenseen bei Güttingen bieten eine willkommene Abkühlung auf Tour 10. Das Beste: Das reizende Strandbad kostet keinen Eintritt.

WOCHENEND-BIKEAWAYS

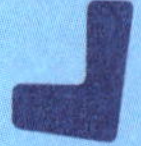

MINI-URLAUBS-TOUREN MIT ÜBERNACHTUNG

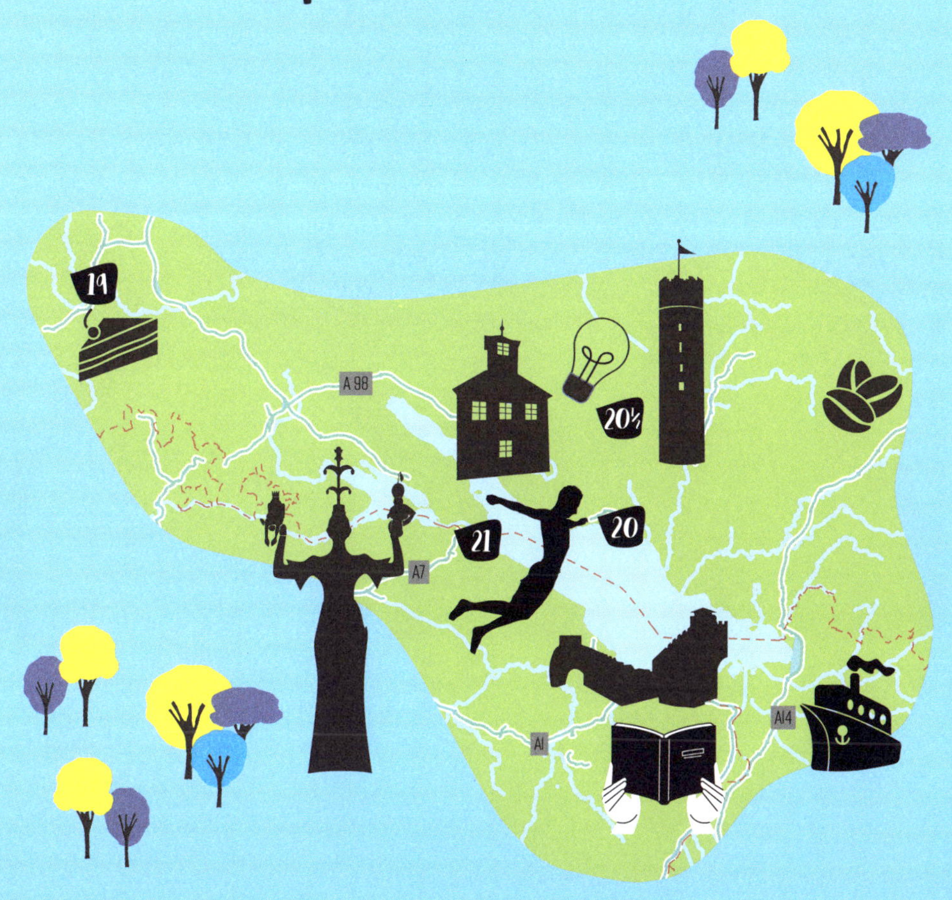

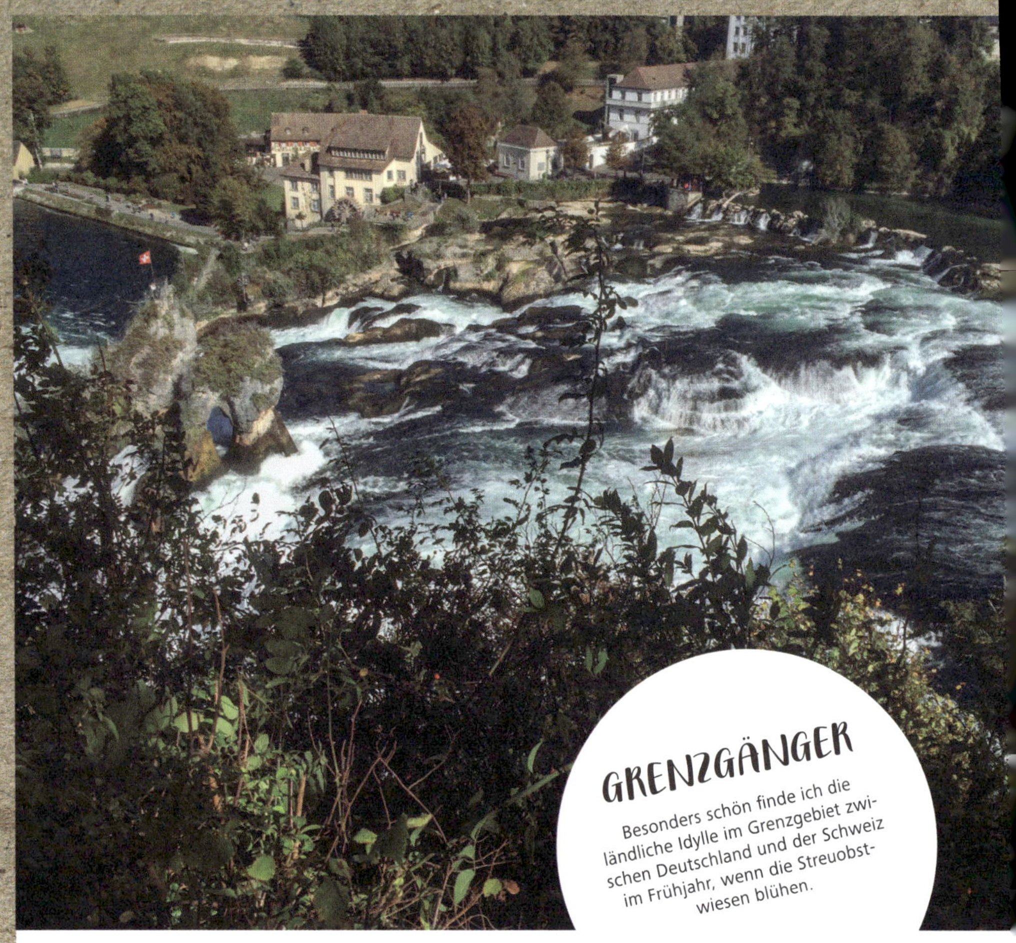

GRENZGÄNGER

Besonders schön finde ich die ländliche Idylle im Grenzgebiet zwischen Deutschland und der Schweiz im Frühjahr, wenn die Streuobstwiesen blühen.

- **1 /** Aufsatteln am Bahnhof Donaueschingen
- **2 /** In der Donauquelle perlt das Wasser
- **3 /** Brigach und Breg am Donauursprung
- **4 /** s'Café an der Donau kommt wie gerufen
- **5 /** Rastplatz mit richtig tollem Bodensee- und Hegau-Blick
- **6 /** Mittelalterliche Flaniermeile: die Historische Altstadt Engen
- **7 /** We brake for cake im Café e.m. am Marktplatz Engen
- **8 /** Zur deftigen Einkehr geht's ins Restaurant Stadtkrone
- **9 /** Gut's Nächtle im Bed & Breakfast Engen
- **10 /** Spazierfahrt durch die Streuobstwiesen
- **11 /** Im Hotel-Restaurant Bibermühle schlafen
- **12 /** Eine Burg für Postkarten: Schloss Blumenfeld
- **13 /** Durch die Gassen der Altstadt Schaffhausen
- **14 /** Großes Getöse am Rheinfall
- **15 /** Abschied am Bahnhof Schaffhausen

800 m
700 m
600 m
500 m
400 m
300 m

0 km · 10 km · 20 km · 30 km · 40 km · 50 km · 60 km · 70 km · 76,8 km

ALLES IM FLUSS

Von der Donauquelle bis zum Rheinfall

Westlich des Bodensees verbinden wir mit unserer langen Tour zwei der größten und längsten Flüsse Europas: Von der sprudelnden Donauquelle in Donaueschingen radeln wir über Engen zum brausenden Rheinfall im schweizerischen Schaffhausen.

Tag 1 + Tag 2
47 + 30 (30 + 47) Kilometer
350 + 230 Höhenmeter ▲
480 + 360 Höhenmeter ▼
2:30 + 3 Stunden
Strecke

An der Quelle

Es geht auf große Tour. Zu den großen Flüssen. Wir beginnen unsere Wochenend-Tour am 1 / Bahnhof Donaueschingen (Bahnhofstraße, 78166 Donaueschingen). In den Startlöchern vor dem Bahnhofsgebäude seht ihr direkt gegenüber den grünen Karlsgarten und nicht weit davon entfernt einen Kreisverkehr. Dessen dritte Ausfahrt nehmen wir und radeln ins Zentrum von Donaueschingen. Wir passieren den Startpunkt des Donauradwegs und folgen den Wegweisern zur 2 / Donauquelle (Fürstenbergstraße, 78166 Donaueschingen). Nun ja, zu einer der Donauquellen. Denn Europas zweitlängster Fluss gönnt sich gleich mehrere Quellen. Unter anderem eben die

CHARAKTER
Sportlich ●●●●○
Abkühlung ●●○○○
Schlemmen ●●●●○
Panorama ●●●●○

TOURENINFO / Größtenteils asphaltierte Radwege. Bisweilen Abschnitte auf verkehrsarmen Nebenstraßen. In der ersten Hälfte mit ziemlicher Steigung. Ab Engen nur noch flach.

‹ links / Ohne Getöse geht's nicht am Rheinfall

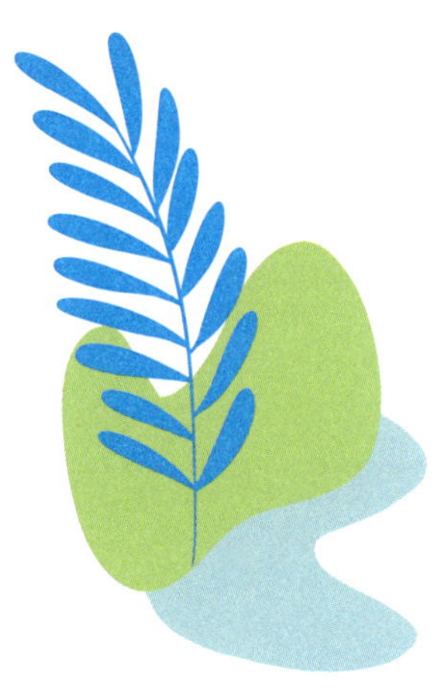

Donaubachquelle im Fürstlich Fürstenbergischen Schlossgarten, die als historische Donauquelle gilt. Vom kunstvoll eingefassten Quellbecken fließt das Wasser unterirdisch in die nahe Brigach. Zu genau der machen wir uns nun auf. Wir folgen der Fürstenbergstraße und biegen dann rechts in den Parkweg ein und erreichen kurz darauf das Ufer der Brigach.

Teamwork

Bei der nächsten Möglichkeit wechseln wir über den Fluss und fahren genau auf den Biergarten des Parkrestaurants (Brigachweg 8, 78166 Donaueschingen) zu. Wer möchte, kann hier das Frühstück nachholen. Auf dem Donauradweg rollen wir weiter und gelangen nach wenigen Minuten zum 3 / Donauursprung, dem Zusammenfluss von Brigach und Breg. Gemeinsam schicken die beiden Flüsse hier die Donau auf ihre Reise durch Europa. Es geht über den Altarm der Breg und durch die Unterführung. Wir rollen lässig durch die saftigen Wiesen, das silberne Band der Donau stets in Sichtweite. Wie der Fluss selbst mäandert auch unser Radweg in weiten Schleifen durch die Landschaft. Im kleinen Ort Pfohren überqueren wir die Donau. Unmittelbar an der Brücke liegt 4 / s'Café an der Donau (Hüfinger Str. 7, 78166 Donaueschingen), cafe-an-der-donau.de mit eigener Bäckerei. Von der Terrasse blickt man bei Kaffee und Kuchen direkt auf die idyllische Donau.

NUR DIE ZWEITE GEIGE

Die 2 / Donauquelle im Schlossgarten hat eher symbolische Bedeutung. Hydrologisch bedeutender ist die Quelle der wasserreichen Breg.

Schnörkel hier, Schleife da

Weiter geht es auf dem Donauradweg direkt am Ufer entlang. Kritisch beäugt von mehreren Schwänen rollen wir unter der Bundesstraße B31 hindurch. Für wenige Meter fahren wir an der Böschung der Straße entlang, bevor uns die Wegweiser wieder nach rechts

---

➤ rechts oben / Total verbaut, aber irgendwie hübsch: die Donauquelle in Donaueschingen ➤ rechts Mitte / Hier nagt der Biber. Gut, dass wir einen Helm tragen!

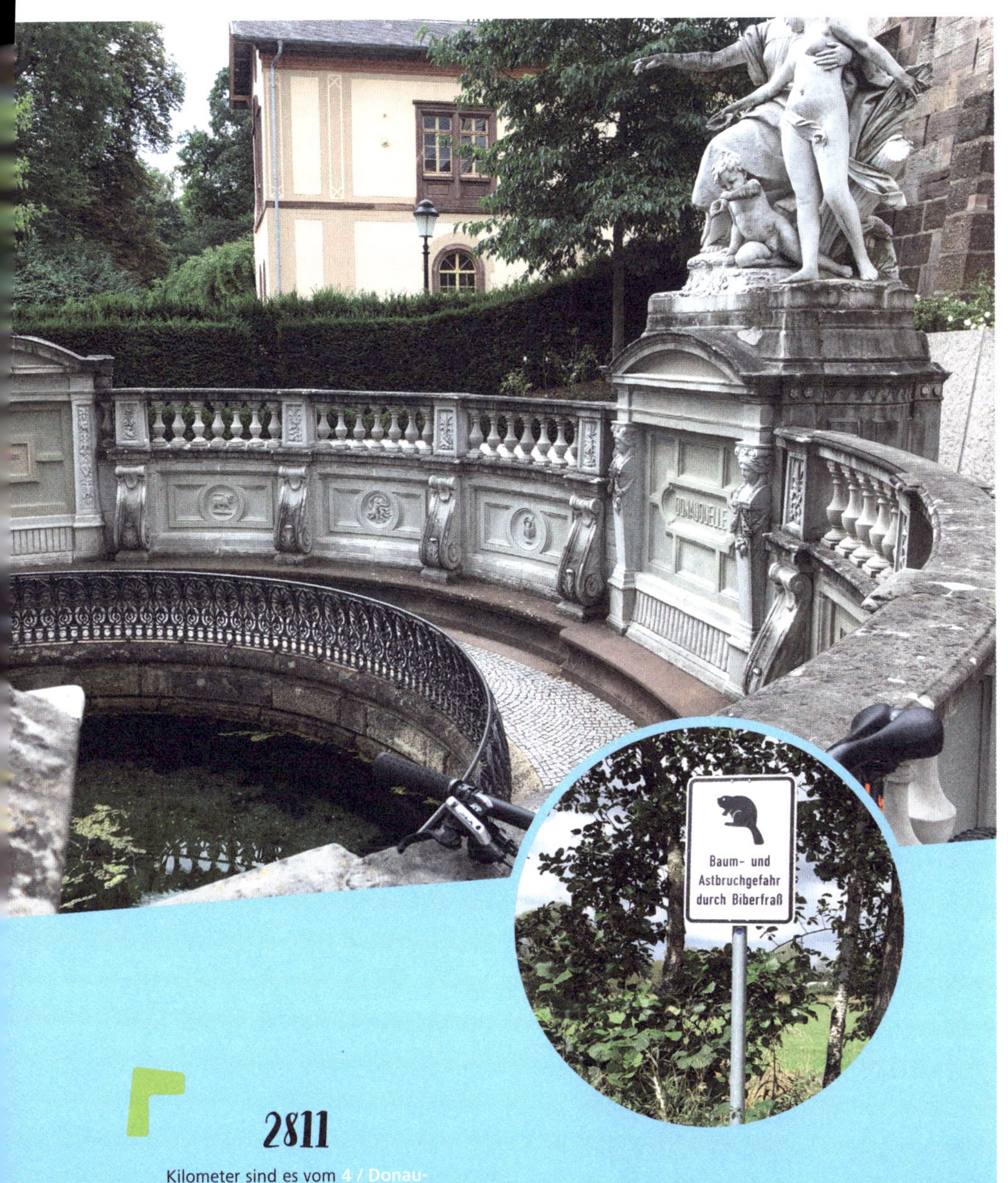

2811

Kilometer sind es vom 4 / Donauursprung bis zur Mündung quer durch ganz Europa. Länger fließt nur die Wolga. Bevor sie schließlich ins Schwarze Meer mündet, durchfließt oder berührt die Donau insgesamt zehn Länder und damit mehr als jeder andere Fluss der Welt.

FILIGRANE SCHNITZKUNST

Maximal 4 Zentimeter und bis zu 15.000 Jahre alt sind die am Petersfels gefundenen eiszeitlichen Venusfigurinen groß. Zu sehen im: museum-engen.de

schicken. Zurück in die Natur. Vorerst. Die Donau windet sich hier in Schlangenlinien durch Wiesen und Felder. Auf dem saftigen Grün links und rechts unseres Weges staksen zahlreiche Reiher und Störche herum. Unsere Route folgt der verschnörkelten Donau in einem weiten Bogen und führt uns wieder in die Nähe der B31. Glücklicherweise verläuft der Radweg aber in einigem Abstand zur Straße und auch meist etwas unterhalb, so dass die Geräuschkulisse im Rahmen bleibt. Nach etwa zwei Kilometer geht's erneut unter der B31 hindurch und auf das Städtchen Geisingen zu.

REIHER UND STÖRCHE BEGLEITEN UNS

Adieu, Donau

Die grün-weißen Radwegweiser lotsen uns zuverlässig durch den Ort, anschließend geht es an den Gleisen der Schwarzwaldbahn entlang weiter. Auf dem breiten Asphaltweg fahren wir unter der A81 hindurch und rücken dann wieder näher an die Donau heran. Bald darauf überqueren wir den Fluss und winken ihm ein letztes

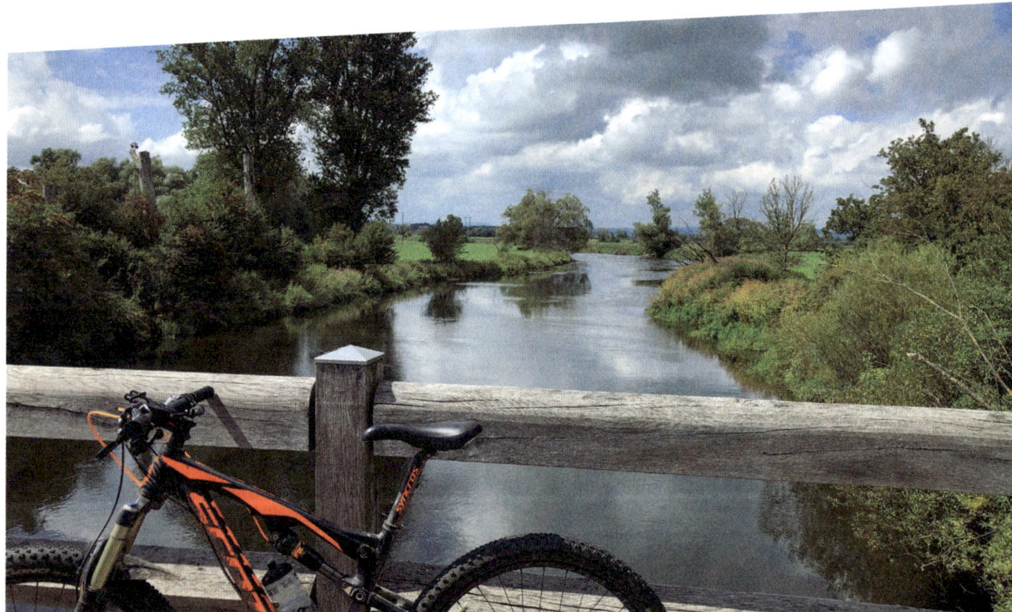

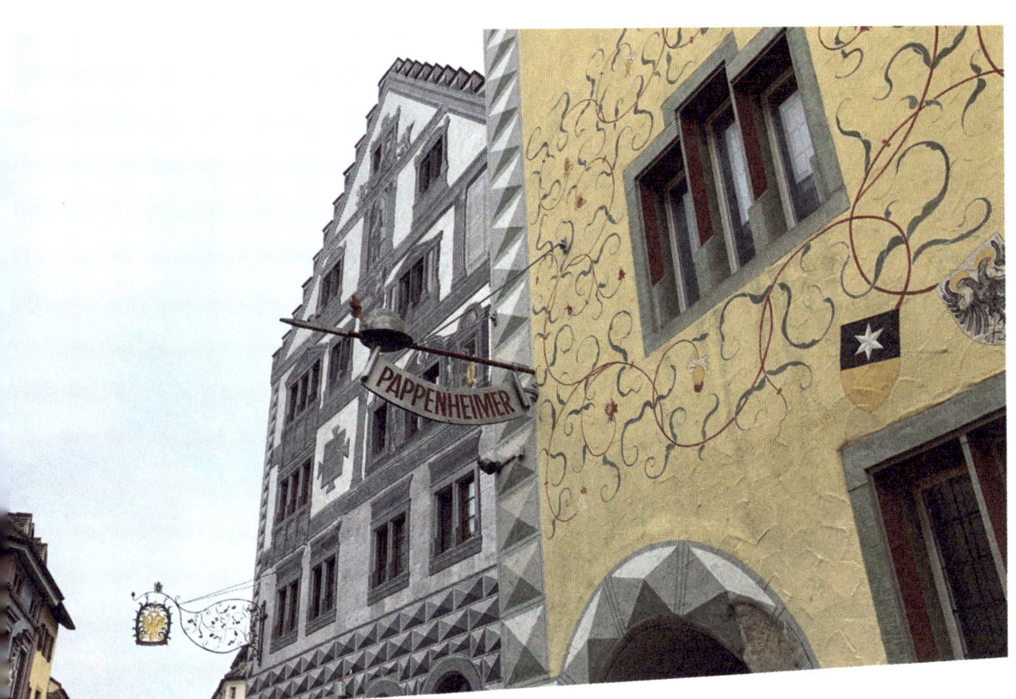

Mal zu. In der Ortschaft Hintschingen lassen wir die Donau schließlich endgültig hinter uns. Auch den Donauradweg verlassen wir hier und lenken unsere Räder auf die Route „Von Engen zur Donau". Nun geht es durch das beschauliche Schönental. Die spärlich befahrene Straße schlängelt sich in sanften Kurven die Anhöhe hinauf. Nach einigen Minuten können wir auf der linken Seite einen Blick auf das Daimler Prüf- und Testgelände werfen. Auf dem ehemaligen Militärgelände unterhält der Autokonzern ein ganzes Netz an Teststrecken.

15 000

Jahre ist es her, dass in der Gegend um die 7 / Historische Altstadt Engen Rentierjäger auf die Pirsch gingen. Auf einem ganzjährig zugänglichen Rundweg im Eiszeitpark Engen gewähren detailreiche Illustrationen Einblick, wie es damals am Petersfels zugegangen sein könnte.

Panorama mit Vulkanen

Kurz darauf haben wir den höchsten Punkt unserer Tour erreicht und rollen gemächlich bergab. Am rechten Wegrand taucht bald ein 5 / Rastplatz nebst Wanderparkplatz auf. Von hier haben wir einen großartigen Blick auf die Hegau-Vulkane. Auch die schimmernde Scheibe des Bodensees ist zu sehen. Nach einer kurzen Verschnaufpause rollen wir hinab in den Ort Mauenheim und folgen den Wegweisern nach Engen. Der Radweg führt uns oberhalb der A81 entlang. Nicht unbedingt der Höhepunkt der Tour, aber immerhin haben wir einen tollen Blick auf den Hegau. Schließlich geht's

‹ links / Die Donau schnörkelt sich gemächlich gen Engen
˄ oben / Engener Altstadt mit ihren typischen Auslegern

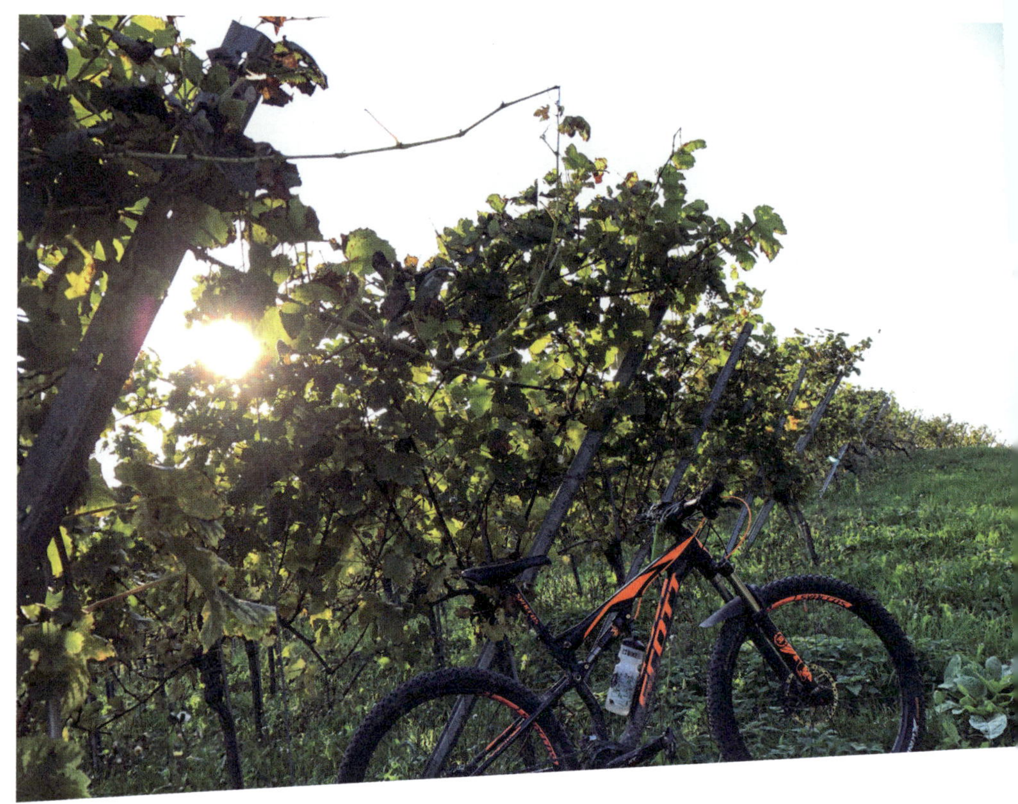

auf einer Brücke über die Autobahn in Richtung Bargen. Von hier ist es nur noch ein kurzes Stück bis nach Engen.

Mittelalter-Idylle in Engen

GRENZ-KURIOSUM

Die Gemeinde Thayngen hat eine zwölf Kilometer lange Grenze mit Deutschland. Die Verbindung zur restlichen Schweiz misst magere sieben Kilometer.

In Engen, das auf den ersten Blick recht unscheinbar wirkt, nehmen wir bei zwei Kreiseln jeweils die zweite Ausfahrt, dann noch ein Stück weiter und dann links durch die Unterführung beim Bahnhof Engen. Wir halten uns zweimal rechts und biegen kurz nach dem Schillerplatz (hier gibt's Lademöglichkeiten für E-Biker) links in Richtung 6 / Historische Altstadt Engen (Hauptstraße 6, 78234 Engen) ab. Die malerischen Staffelgiebel- und Fachwerkhäuser gelten als eines der besterhaltenen mittelalterlichen Stadtensembles in Süddeutschland. Besonders hübsch sind auch die zahlreichen Nasenschilder, kunstvoll gearbeitete Ausleger, die an nahezu jedem Gebäude in der Engener Altstadt prangen. So etwa an der Fassade des Pappenheimer Hauses sowie den Gasthäusern zum Ochsen und

---

⋏ oben / Abendstimmung zwischen den Reben bei Schaffhausen
➤ rechts / Skurriles Detail an der Martinssäule in Engen

zum Lamm. Jetzt müssen wir aber einkehren! Im gemütlichen 7 / Café e.m. (Marktplatz 2, 78234 Engen) gibt es selbstgemachten Kuchen. Lecker! Wer's jetzt etwas deftiger braucht, der kann im 8 / Restaurant Stadtkrone (Klostergasse 1, 78234 Engen), Telefon 0 77 33 – 98 26 01 9 speisen. In einem kleinen 9 / Bed & Breakfast (Im Weihergrund 18, 78234 Engen), Telefon Familie Höhn 01520 661 17 72 können wir unser Quartier für die Nacht aufschlagen. Eine weitere Übernachtungsmöglichkeit finden wir ein paar Kilometer weiter in Blumenfeld.

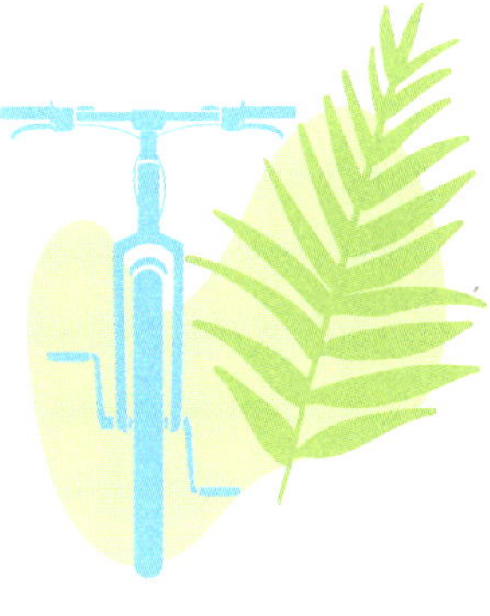

Ländliche Schloss-Romantik

Das B&B im Rücken satteln wir auf und fahren zweimal links. Wir folgen erst der Seestraße und fahren dann Am Maxenbuck entlang. Wir verlassen Engen und orientieren uns in Richtung Anselfingen. Gegenüber dem Feuerwehrhaus biegen wir links ab und folgen Im Heimgarten. Dann rechts und gleich die nächste wieder links. Sobald sich die Straße gabelt, halten wir uns links. Jetzt geht es abwechselnd durch üppige 10 / Streuobstwiesen und am Waldrand entlang. Orientieren können wir uns an der L224, die ein Stück entfernt ganz ähnlich verläuft. Sobald wir die Ortschaft Walterdingen erreichen, biegen wir rechts

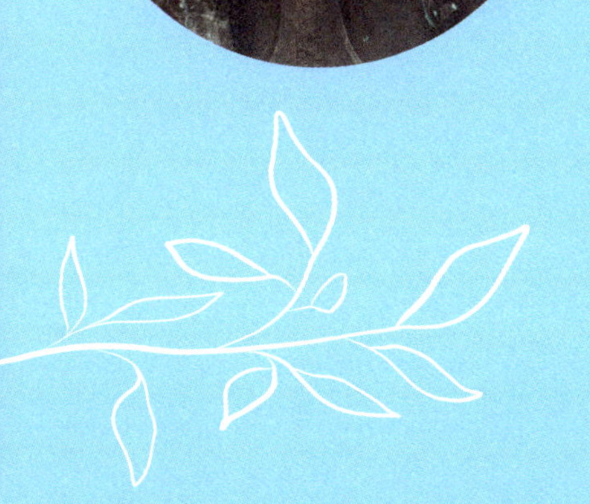

1797

macht sich der große Goethe zum dritten Mal auf in die Schweiz. Von Tuttlingen aus führt ihn seine Route durch den Hegau bis in die 14 / Altstadt Schaffhausen. Dem Rheinfall widmet der Dichter einen ganzen Tag und schwärmt im Brief an Schiller von der „gewaltsamen Erscheinung" des Wasserfalls.

DARF'S EINE ERFRISCHUNG SEIN?

Weil immer mehr Touristen den Rheinfall besuchen, eröffnen findige Geschäftsleute auf Schloss Laufen 1829 die erste Weinschenke.

BEGRÜSSUNG MIT WASSERFALL

in die Hohlgass und dann sofort in die Langwieserstraße ein, wo wir auf den Radweg nach Blumenfeld stoßen. Dem folgen wir jetzt. Am Ortseingang von Blumenfeld plätschert direkt unter uns ein pittoresker Wasserfall. Nicht weit davon liegt mit dem 11 / Hotel und Restaurant Bibermühle (Untere Mühle 1, 78250 Tengen), bibermuehle.de die oben erwähnte Übernachtungsoption. Außerdem kann man hier hervorragend einkehren. Von hier erreichen wir durchs Stadttor das pittoreske 12 / Schloss Blumenfeld (Schlossstraße 12, 78250 Tengen), www.schloss-blumenfeld.de. Eine schöne Gelegenheit für eine Pause bietet auch das Schloss Café, das hat allerdings nur sonntags von 14 bis 17 Uhr geöffnet.

Grüezi Schwiiz

Wir folgen der Torstraße, halten uns links und biegen dann die dritte Möglichkeit nach dem Spielplatz erneut links in die Straße Am Steinbach ein. Nun geht es erst durch die Felder und dann durch

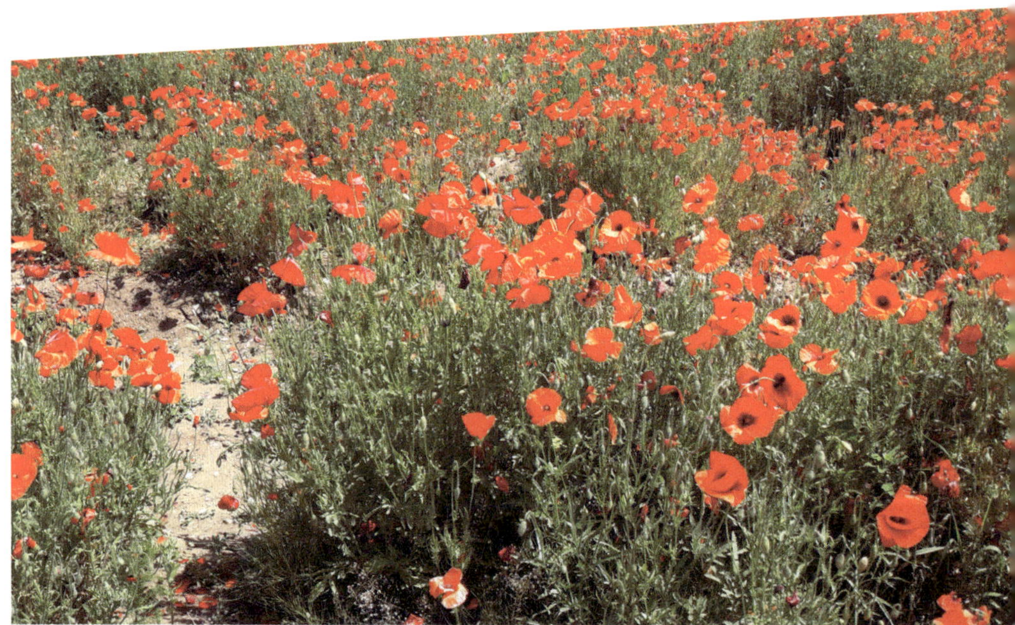

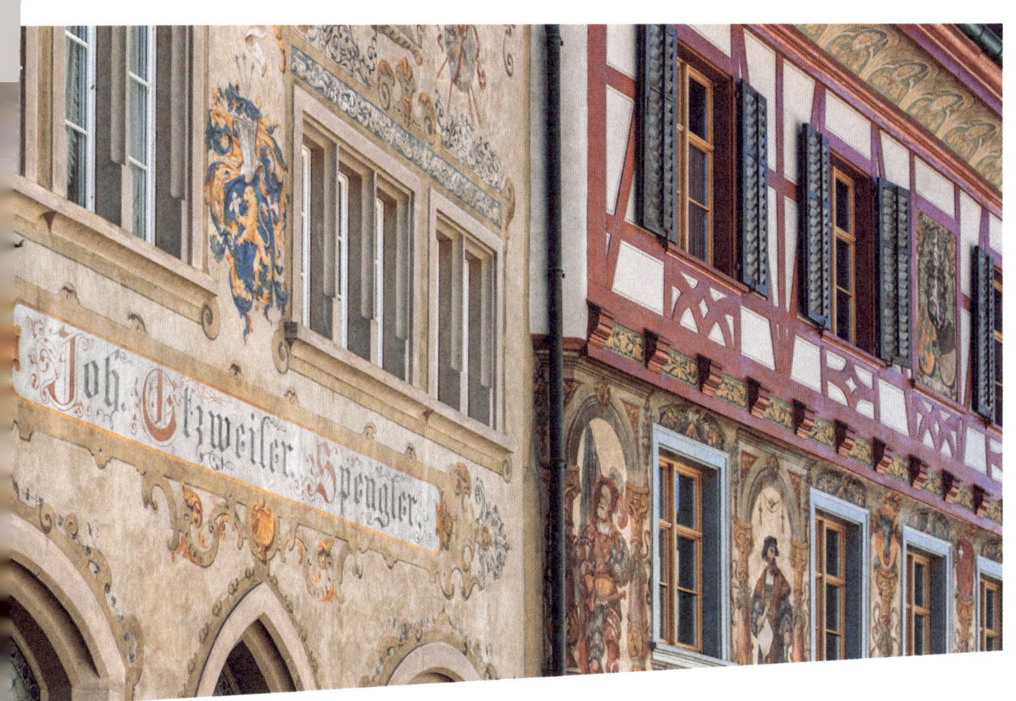

den Wald nach Büsslingen, dem letzten Ort vor der Schweizer Grenze. Orientieren können wir uns nun an den Wegweisern des Heidelberg-Schwarzwald-Bodensee-Radweges, auf den wir kurz vor Büsslingen stoßen. Gegenüber dem Feuerwehrhaus im Ort biegen wir rechts ab und nehmen dann die zweite Ausfahrt im Kreisverkehr. Ab jetzt bewegen wir uns auf Goethes Spuren, denn der Dichterfürst kam bereits im 18. Jahrhundert auf seiner dritten Schweizer Reise hier vorbei. Auf der poetisch veredelten Route rollen wir im Ort Hofen über die Grenze in die Schweiz hinein. Durch ländliche Idylle cruisen wir in Richtung Schaffhausen. Der Radweg ist dank der gelben Fahrbahnmarkierungen nicht zu verfehlen und wirklich viel los ist auf der Landstraße nicht. Raschelnde Maisfelder wechseln sich mit ausgedehnten Feldern voller leuchtender Sonnenblumen ab.

5

Mal überquert die knapp 30 Kilometer lange Biber die Grenze zwischen Deutschland und der Schweiz. Ganz so als könne sie sich nicht entscheiden. Am Wasserfall unweit von 13 / Schloss Blumenfeld ist der Flusslauf besonders malerisch.

Seht mal, hier fuhr Goethe

Am rechten Wegrand taucht nun eine kleine Turnhalle auf. Kurz darauf wechseln wir von der Landstraße auf den schmalen asphaltierten Weg, der rechts am Badi Unterer Reiat, einem schönen kleinen Freibad, abzweigt. Entlang der Biber folgen wir weiter der Route Auf Goethes Spuren. Unmittelbar vor der Ortschaft Bibern wech-

< links / Klatschmohn auf dem Weg zum Rhein
^ oben / Historische Fassadenkunst in der Altstadt Schaffhausen

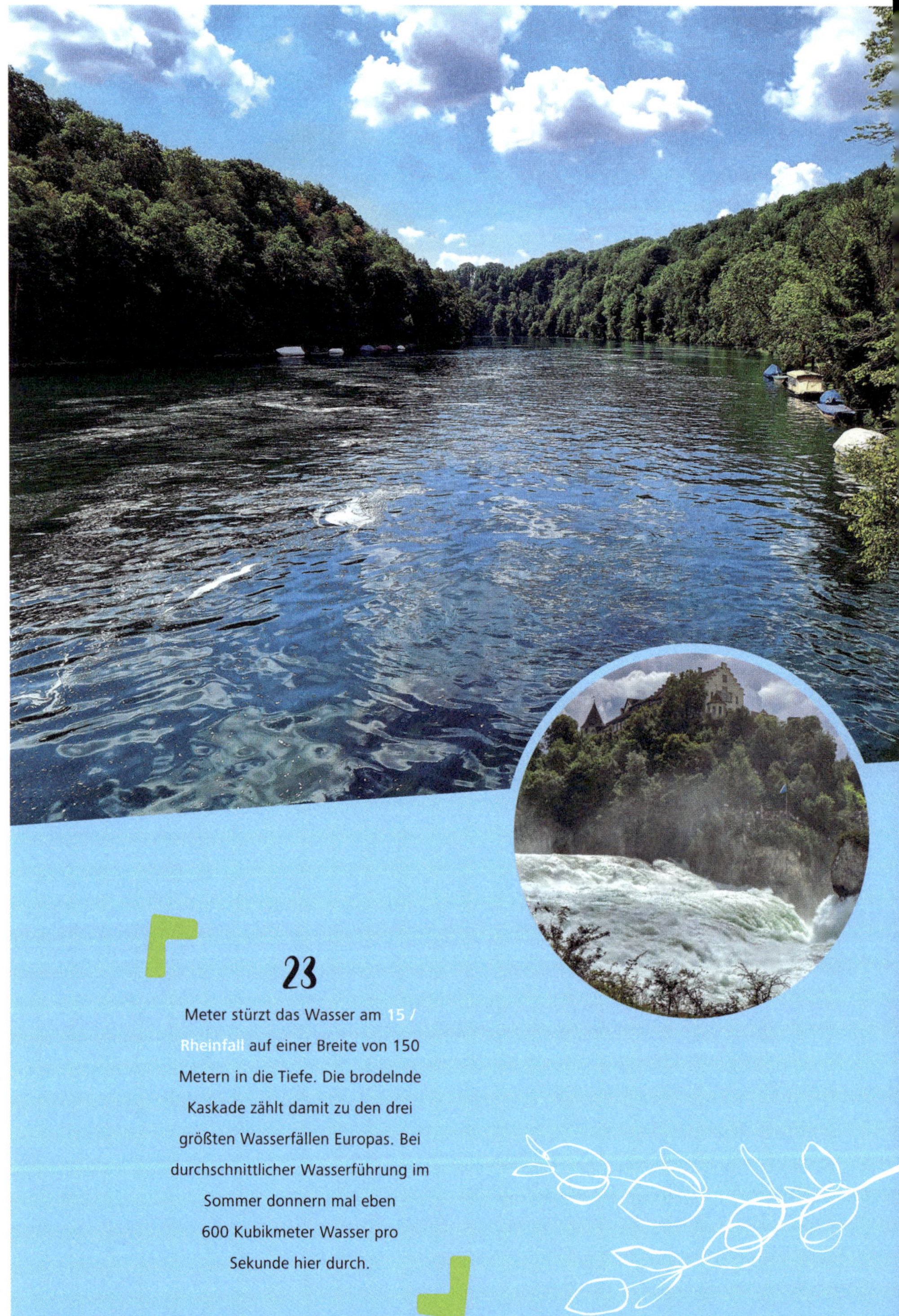

23

Meter stürzt das Wasser am 15 / Rheinfall auf einer Breite von 150 Metern in die Tiefe. Die brodelnde Kaskade zählt damit zu den drei größten Wasserfällen Europas. Bei durchschnittlicher Wasserführung im Sommer donnern mal eben 600 Kubikmeter Wasser pro Sekunde hier durch.

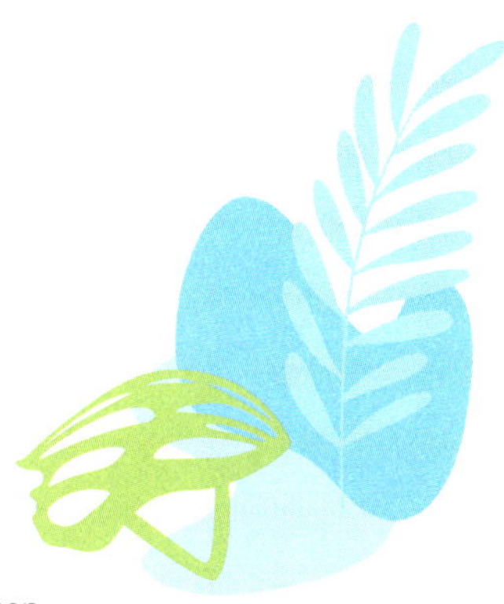

seln wir auf die andere Seite des gleichnamigen Flusses und folgen dem roten Radwegweiser nach Thayngen. Gleich bei der nächsten Brücke geht's wieder zurück auf die andere Seite und die Dorfstrasse entlang und den roten Radwegweisern nach. Wir fahren jetzt mehr oder weniger genau auf der Grenze zwischen Deutschland und der Schweiz. Vor Thayngen überqueren wir die Landstraße und folgen den roten Radwegschildern und rollen auf der Reiatstrasse weiter. An der nächsten großen Kreuzung gabelt sich die Goethe-Route. Wir fahren rechts, sofort wieder links und dann die Wippelstrasse entlang. Nun ist es nicht mehr weit bis Schaffhausen.

Tosendes Spektakel

Wir bleiben stur auf unserem Weg durch die Ausläufer von Schaffhausen. Sobald ein roter Radwegweiser auf die Altstadt hinweist, folgen wir diesem. Die Schilder lotsen uns dann auch zuverlässig in die 13 / Altstadt Schaffhausen (Fronwagplatz 9, 8200 Schaffhausen). In den hübschen historischen Gassen müssen wir schieben. Allerdings bieten sich hier auch jede Menge Einkehrmöglichkeiten. Von der Altstadt geht es direkt hinab ans Rheinufer. Dort stoßen wir auf den EuroVelo 6 Radweg. Der bringt uns zuverlässig teils auf Asphalt, teils auf Schotter zum 14 / Rheinfall. Oberhalb des gischtspritzenden Wasserfalls thront huldvoll und fotogen Schloss Laufen. Wir fahren auf dem Rheinfallweg direkt rechts nach der evangelischen Kirche und biegen dann rechts in den Fähreweg ab. Nach der Unterführung halten wir uns rechts und rollen hinab zum Rhein, den wir auf der Nohlbrücke überqueren. Am anderen Ufer des Rheins folgen wir dann dem EuroVelo 15 Radweg. Dem folgen wir, bis er den EuroVelo 6 kreuzt. Dem folgen wir dann am Rhein entlang zum 15 / Bahnhof Schaffhausen (Bahnhofstrasse, 8200 Schaffhausen).

AUF DEM TROCKENEN

Der 15 / Rheinfall ist für Fische flussaufwärts ein unüberwindbares Hindernis. Außer für Aale, die schlängeln sich auf dem Landweg die Felsen hoch.

< links oben / Noch ein paar Kurven und dann geht's abwärts
< links Mitte / Schloss Laufen thront über dem Rheinfall

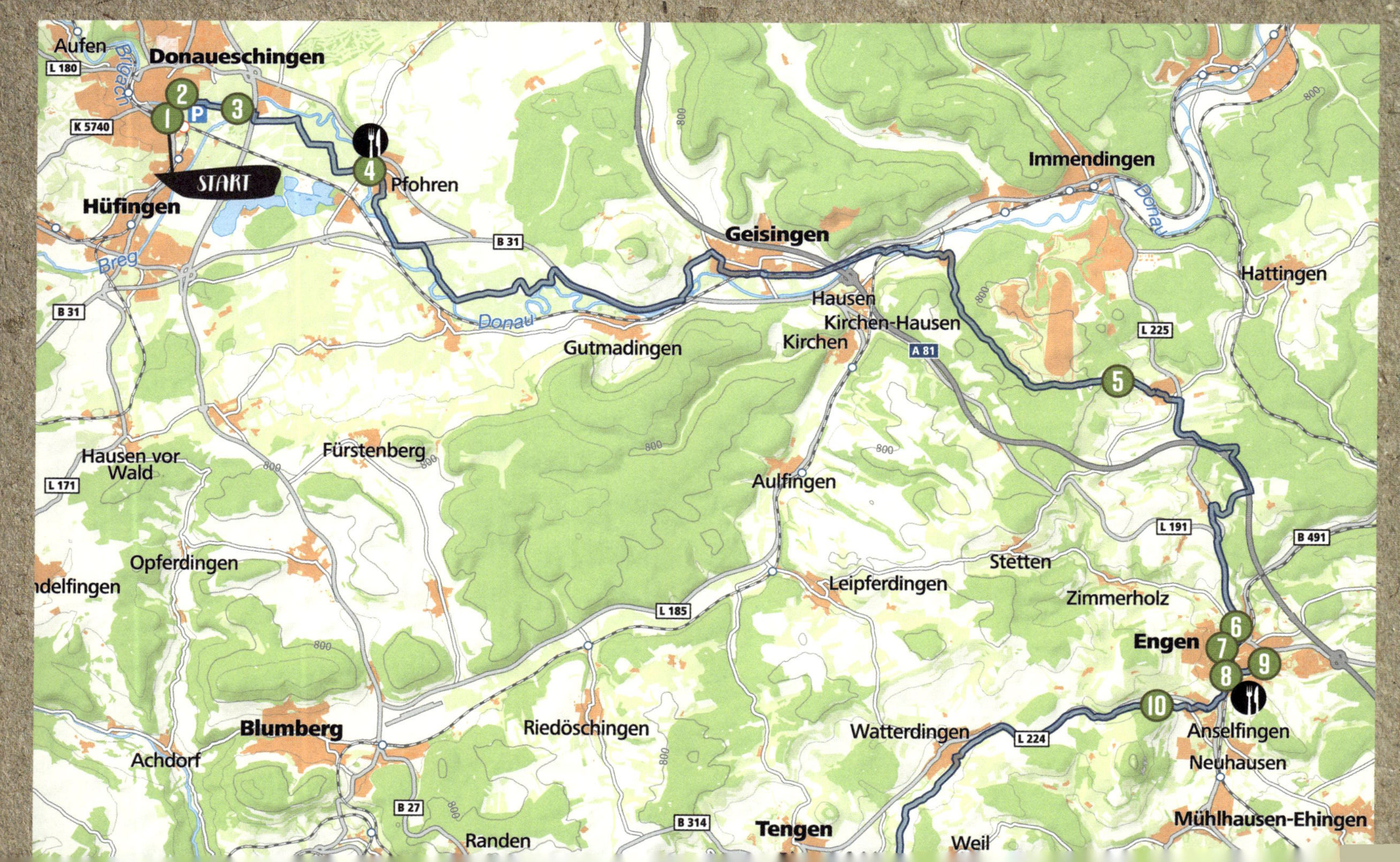
Aufen
Donaueschingen
Brigach
L 180
K 5740
START
Hüfingen
Breg
B 31
Pfohren
Immendingen
Donau
Geisingen
Hattingen
Hausen
Kirchen-Hausen
Kirchen
A 81
L 225
Gutmadingen
Fürstenberg
Hausen vor Wald
L 171
Aulfingen
L 191
B 491
Opferdingen
Stetten
Leipferdingen
Zimmerholz
Engen
L 185
Blumberg
Riedöschingen
Watterdingen
L 224
Anselfingen
Neuhausen
Achdorf
B 27
B 314
Tengen
Randen
Weil
Mühlhausen-Ehingen
800

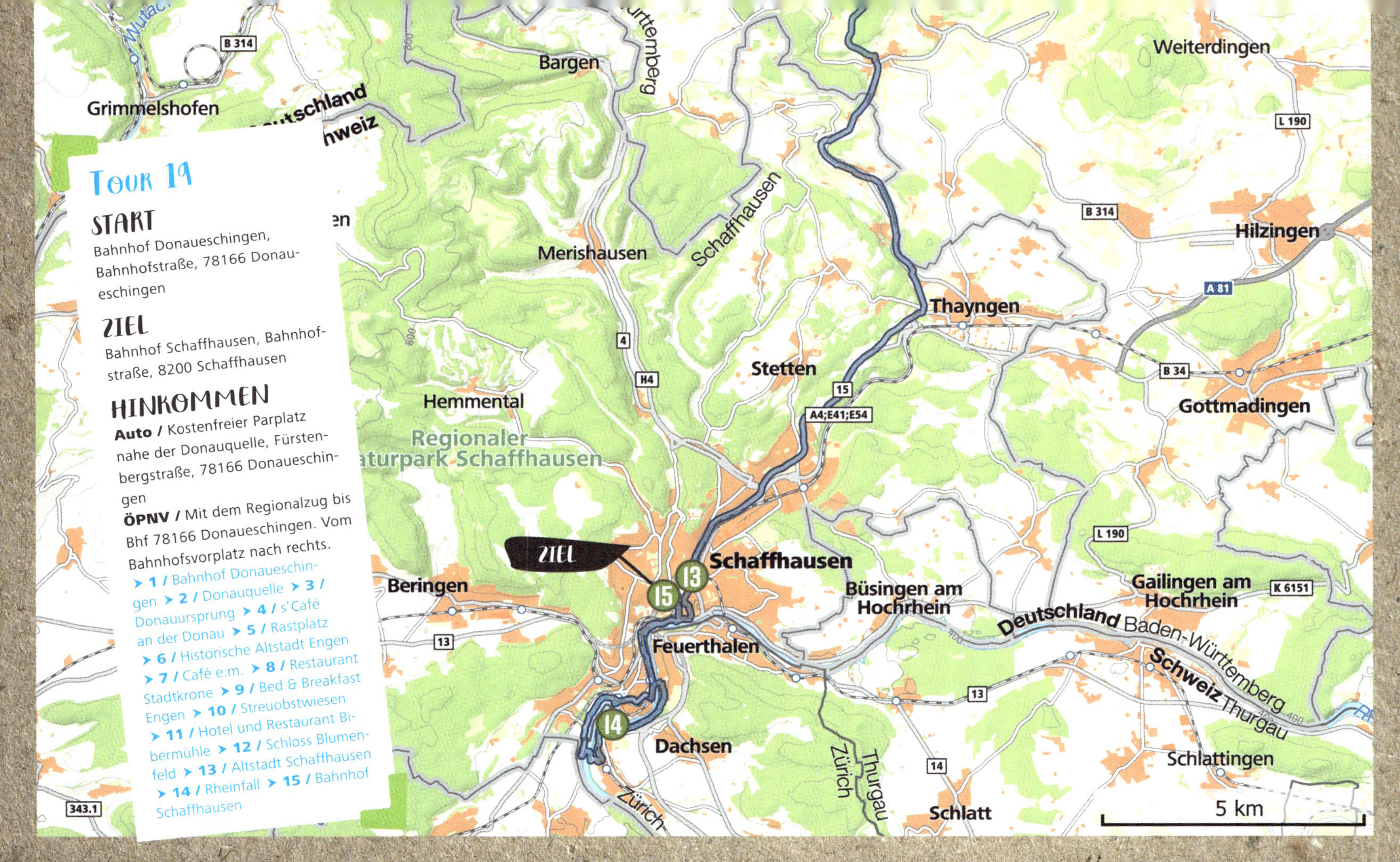

Tour 19

Start

Bahnhof Donaueschingen, Bahnhofstraße, 78166 Donaueschingen

Ziel

Bahnhof Schaffhausen, Bahnhofstraße, 8200 Schaffhausen

Hinkommen

Auto / Kostenfreier Parplatz nahe der Donauquelle, Fürstenbergstraße, 78166 Donaueschingen

ÖPNV / Mit dem Regionalzug bis Bhf 78166 Donaueschingen. Vom Bahnhofsvorplatz nach rechts.

➤ **1 /** Bahnhof Donaueschingen ➤ **2 /** Donauquelle ➤ **3 /** s'Café Donauursprung ➤ **4 /** s'Café Donauursprung ➤ **5 /** Rastplatz an der Donau ➤ **6 /** Historische Altstadt Engen ➤ **7 /** Café e.m. ➤ **8 /** Restaurant Stadtkrone ➤ **9 /** Bed & Breakfast Engen ➤ **10 /** Streuobstwiesen ➤ **11 /** Hotel und Restaurant Bibermühle ➤ **12 /** Schloss Blumenfeld ➤ **13 /** Altstadt Schaffhausen ➤ **14 /** Rheinfall ➤ **15 /** Bahnhof Schaffhausen

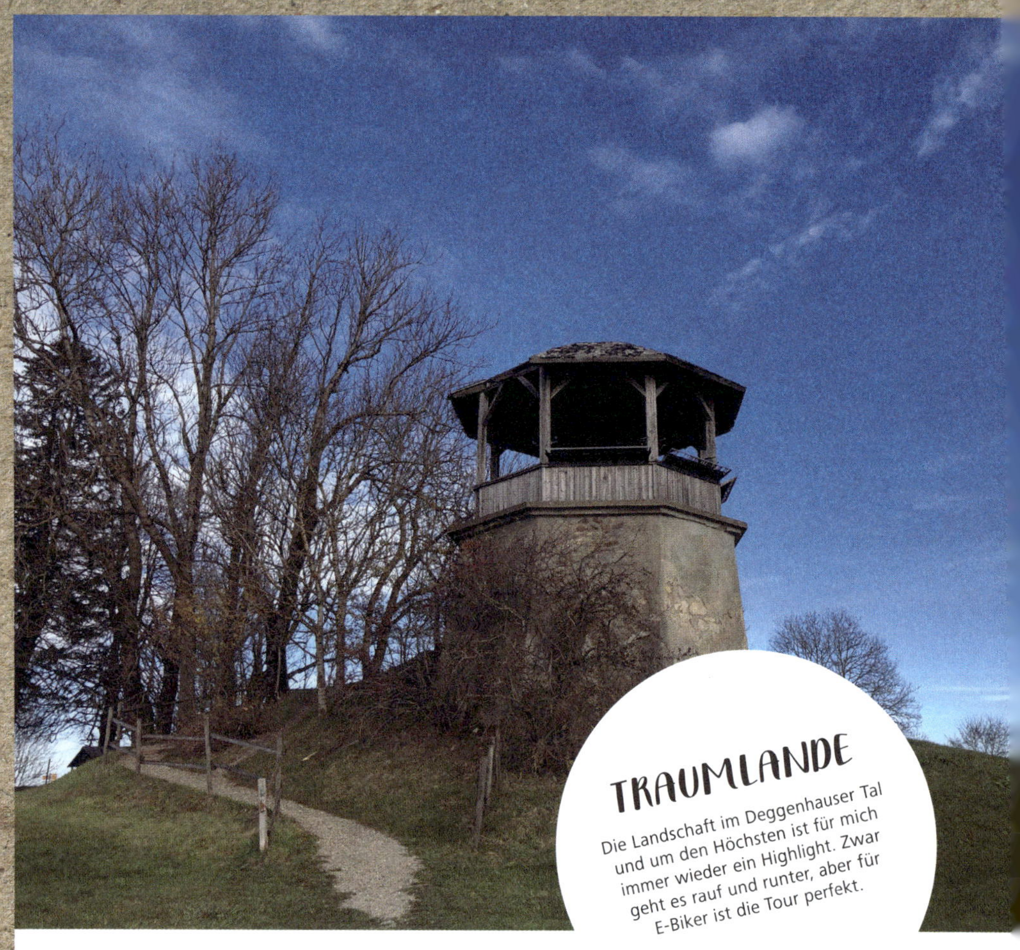

TRAUMLANDE

Die Landschaft im Deggenhauser Tal und um den Höchsten ist für mich immer wieder ein Highlight. Zwar geht es rauf und runter, aber für E-Biker ist die Tour perfekt.

- **1 /** Start am Bahnhof Friedrichshafen-Manzell
- **2 /** Verschnaufpause im Landgasthof Linde
- **3 /** Zwischendurch was Süßes: Baaders Kornspeicher
- **4 /** Die Tour zur Tour: Bogenparcours Lellwangen
- **5 /** Boxenstopp vor dem Gipfel: Berggasthof Höchsten
- **6 /** Auf dem Höchsten geht's nicht weiter nach oben
- **7 /** So schwätzt ma do: Schwäbisch-alemannischer Mundartweg
- **8 /** Der Illmensee ist eine eiszeitliche Hinterlassenschaft
- **9 /** Umtrunk im Biergarten Zum Hackl Schorsch
- **10 /** Wasserspiele im Seefreibad Illmensee
- **11 /** Moor Natur: Pfrunger-Burgweiler Ried
- **12 /** Am Ufer des Vogelsees nagt der Biber
- **13 /** Zünftige Pause im Bräuhaus Zußdorf
- **14 /** Erfrischungs-Rast: die Badestelle an der Rotach
- **15 /** Scharfer Tour-Abschluss: Spicy Grill Taverne

800 m
700 m
600 m
500 m
400 m

0 km | 10 km | 20 km | 30 km | 40 km | 50 km | 60 km | 70 km | 82 km

GANZ NACH OBEN

Vom Bodenseeufer auf Oberschwabens Dach

Auf dieser hügeligen Wochenend-Tour machen wir uns vom Bodensee auf ins malerische Hinterland. Durch die Obstgärten des Deggenhauser Tals fahren wir auf den Höchsten. Über Illmensee führt die sportliche Runde durchs Tal der Rotach zurück nach Friedrichshafen.

Tag 1 + Tag 2
35 + 47 Kilometer
520 + 270 Höhenmeter ▲
300 + 480 Höhenmeter ▼
2:30 + 3:30 Stunden
Rundtour

Den See im Rücken

Unsere große Runde beginnt am 1 / Bahnhof Friedrichshafen-Manzell. Wir schwingen uns in den Sattel, fahren durch die Unterführung und biegen rechts auf den Radweg an der Schnetzenhauser Straße ein. Wir folgen den weißgrünen Radwegweisern und nehmen im Kreisverkehr die zweite Ausfahrt. Weiter, bis auf der rechten Straßenseite die Grundschule von Schnetzenhausen auftaucht. Hier biegen wir links in den Riedweg ein. Die schmale Asphaltstraße führt uns durch die Obstfelder des Dorfes. An der Kreuzung

CHARAKTER
Sportlich ●●●●●
Abkühlung ●●●●○
Schlemmen ●●●○○
Panorama ●●●●●

TOURENINFO / Bergige Tour. Meist auf vom Verkehr getrennten Radwegen und verkehrsarmen Nebenstraßen. Auf der Straße zur Extra-Tour ist bisweilen etwas mehr los. Immer wieder auch Schotter und Waldweg-Passagen.

◂ **links / Weiter nach oben geht's in Oberschwaben nicht: der Höchsten**

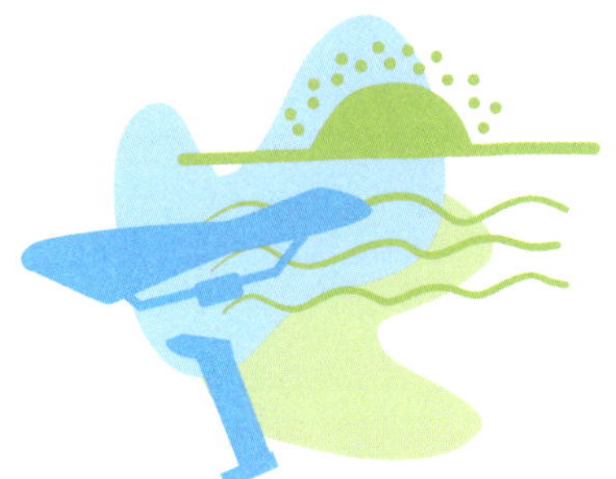

überqueren wir die Straße und folgen dem Radweg durch pittoreske Streuobstwiesen. Unser Weg biegt nun scharf rechts ab und führt uns unter der B31 hindurch. Wir halten uns links und bleiben auf dem Radweg nach Efrizweiler. An der kleinen Kapelle in Riedern geht es am Waldrand entlang bis zu einer T-Kreuzung und dann links. In Efrizweiler fahren wir die erste Möglichkeit links, dann sofort wieder rechts und immer geradeaus aus dem Ort heraus.

Zwischen Äpfeln, Birnen und Zwetschgen

Wir rollen auf dem Radweg gemächlich nach Bergheim. Dort biegen wir rechts vom Radweg und folgen der Bergheimer Straße. Bei der nächsten Möglichkeit links halten, über den schmalen Fluss, dann wieder rechts und wir sind zurück auf dem Radweg. Der schlängelt sich nun durch die Ortsteile Unter- und Oberleimbach. Nach letzterem geht es links und wir fahren auf die B33 zu. Der folgen wir jetzt bis zum Ort Hepbach, wo's durch die Unterführung auf die andere Seite geht. Der Biergarten des 2 / Landgasthofs Linde (Fürstenbergstraße 1, 88677 Markdorf), linde-hepbach.de bietet sich für eine erste Rast an. Wieder auf dem Radweg, folgen wir diesem entlang der B33. Glücklicherweise entfernt sich die Piste bald wieder von der brausenden Verkehrsader und wir cruisen erneut durch Streuobstwiesen und Weiden. Teilweise ist unser Weg deckungsgleich mit der Apfelradrunde. Bis Fuchstobel bleiben wir immer auf der schmalen Straße. In dem kleinen Weiler halten wir uns links und folgen der Apfelradrunde

JUNGFERNFLUG

Nicht weit vom 1 / Bahnhof Friedrichshafen-Manzell hebt 1900 das Luftschiff Zeppelin erstmals ab – von einer Schwimmhalle, 600 Meter vor dem Seeufer.

Hinein ins Deggenhauser Tal

In Urnau folgen wir der gewundenen Rotachstraße durch den Ort und halten uns rechts, statt auf der Apfelrunde zu bleiben. Wir überqueren die Rotach und biegen kurz danach links auf einen

---

➤ rechts oben / Letzter Anstieg zum Höchsten
➤ rechts Mitte / Kurz vor dem Ziel

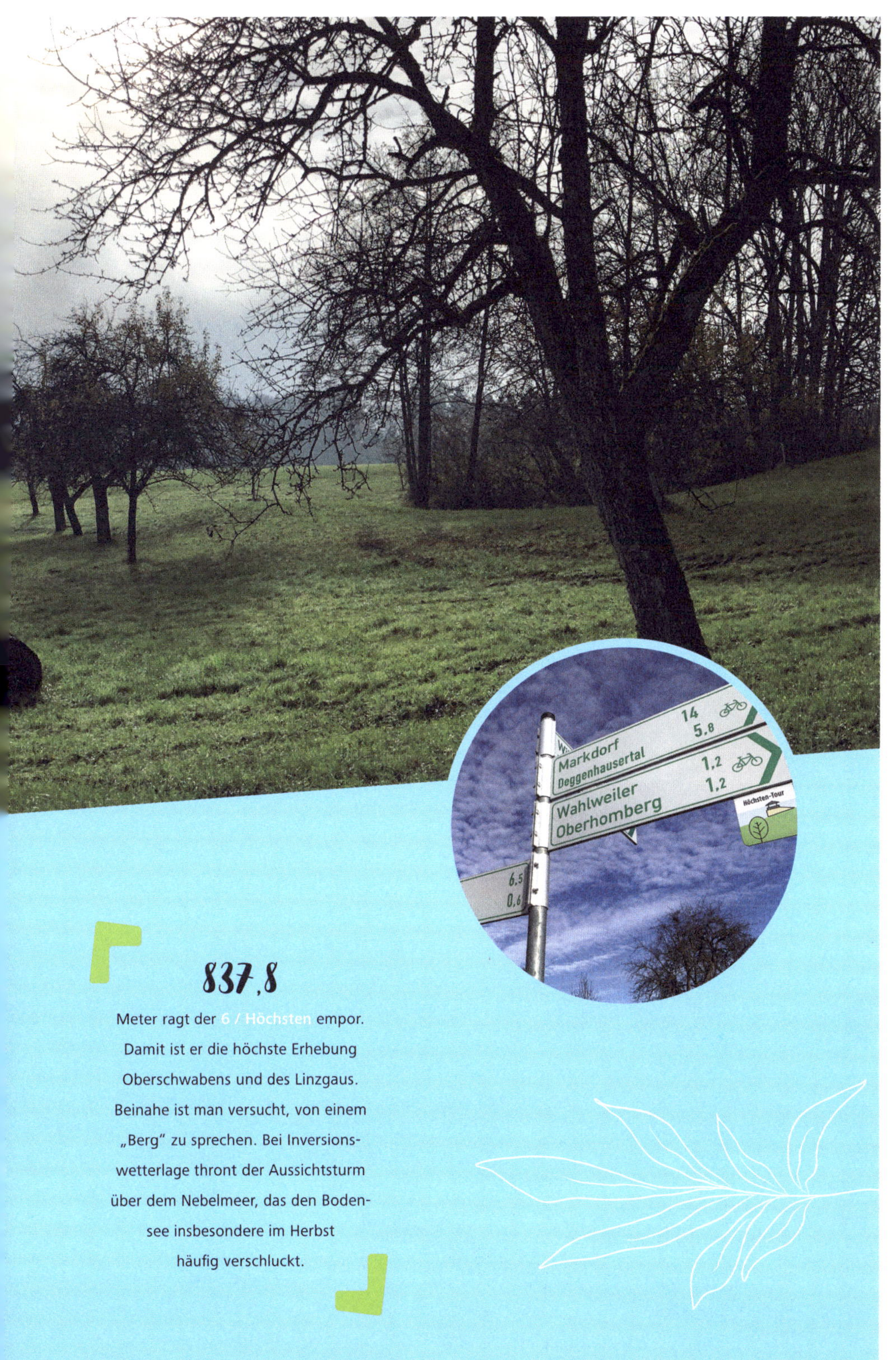

837,8

Meter ragt der 6 / Höchsten empor. Damit ist er die höchste Erhebung Oberschwabens und des Linzgaus. Beinahe ist man versucht, von einem „Berg" zu sprechen. Bei Inversionswetterlage thront der Aussichtsturm über dem Nebelmeer, das den Bodensee insbesondere im Herbst häufig verschluckt.

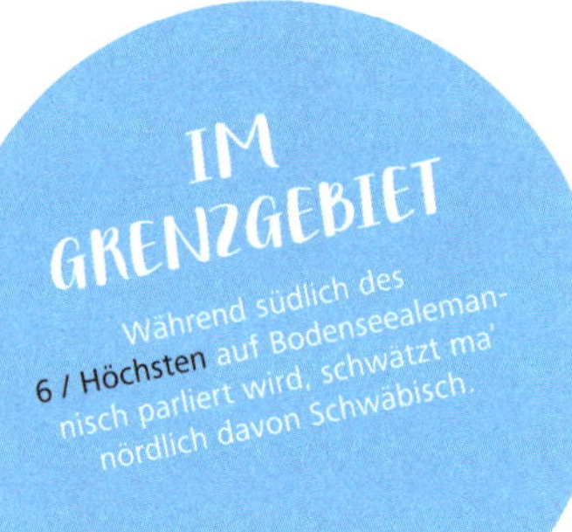

gut befestigten Sandweg ein. Dieser Weg geht rasch in den Oberschwaben-Allgäu-Radweg über und verläuft parallel zur spärlich befahrenen L204. Wir rollen bis nach Wittenhofen, den größten Ort im Deggenhauser Tal. Im Ort fahren wir am Kreisverkehr die zweite Ausfahrt und genehmigen uns eine Tasse Kaffee und ein Stück Kuchen in 3 / Baaders Kornspeicher (Badener Str. 1, 88693 Deggenhausertal). Die Landbäckerei ist mit ihrem Café in einem toll modernisierten Fachwerkhaus untergebracht. Wir folgen von hier dem Schulweg, der uns wieder auf Kurs bringt.

KAFFEE UND KUCHEN IM FACHWERKHAUS

Auf den Spuren Robin Hoods

Nun können wir am Ortsausgang rechts abbiegen, um die Tour zur Tour am 4 / Bogenparcours Lellwangen (Magetsweiler 1, 88693 Deggenhausertal), bogen-lellwangen.de zu erreichen. Jetzt müssen wir bergauf strampeln. In Oberweiler zweigt rechts eine schmale Straße ab, die nehmen wir. Auf dem malerisch gelegenen Bogenparcours erhalten wir einen Einblick in die Welt des Traditionellen Bogenschießens. Nach einer Einführung geht es mit der Leihausrüs-

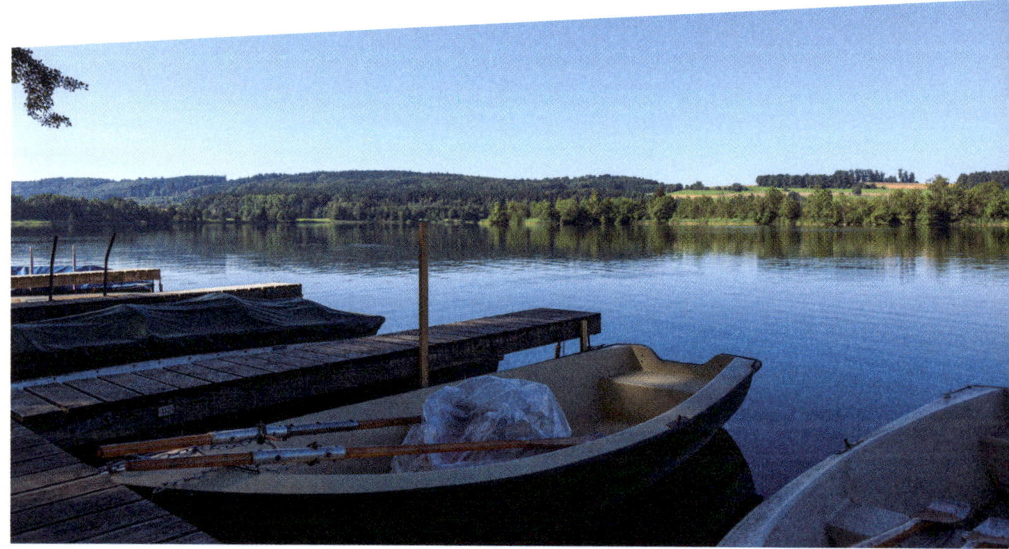

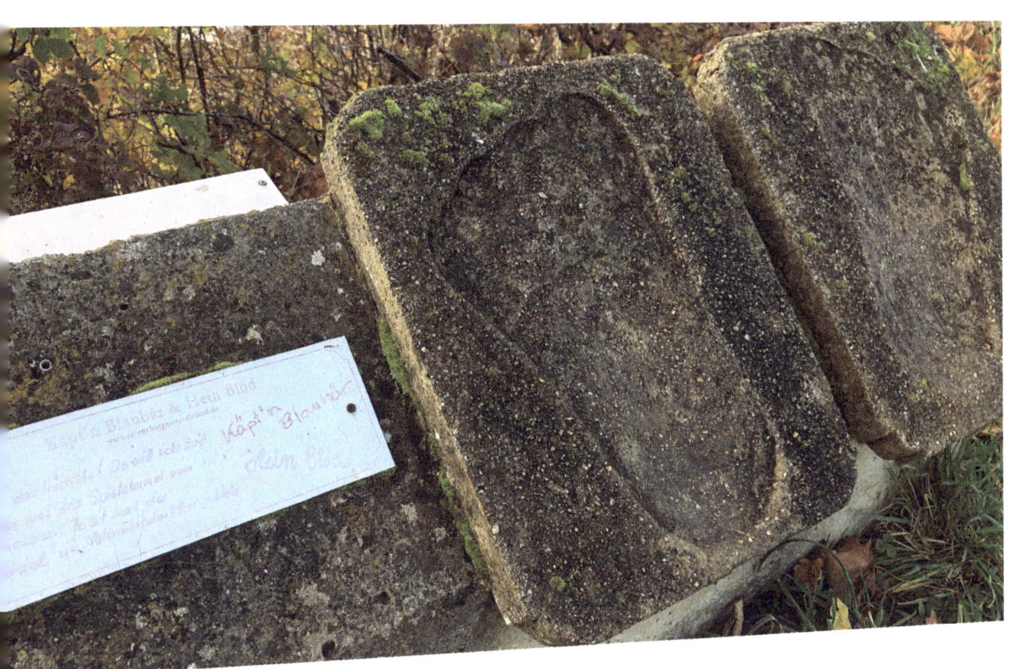

tung auf den etwa zwei Kilometer langen Parcours durch die Natur. Genaueres zu dieser Extra-Tour lest ihr auf Seite 206. Sobald wir wieder im Sattel sitzen, setzen wir unseren Weg fort. In Azenweiler halten wir uns links. Wer die Tour zur Tour auslassen möchte, kann am Ortsausgang von Deggenhausertal geradeaus dem Radweg nach Obersiggingen folgen. Kurz nach der Ortschaft geht es dann rechts auf dem Grünen Radwanderweg Bodensee-Linzgau nach Krauchen und Wahlweiler. Dort links und wir sind wieder on track.

5.445.000

Kubikmeter fasst der 8 / Illmensee. Mit dem Ruschweiler See und dem Volzer See bildet er eine vor 18.000 Jahren entstandene Seenplatte. Als Lebensraum zahlreicher Fischarten, darunter Hecht, Wels und Zander, ist der Illmensee ein beliebtes Angelrevier.

Auf dem Dach Oberschwabens

Es geht durch Wahlweiler und wir fahren auf den höchsten Punkt unserer Tour zu, der ist gleichzeitig auch der höchste Punkt Oberschwabens. Gegenüber dem Wanderparkplatz liegt der 5 / Berggasthof Höchsten (Höchsten 1, 88636 Illmensee, hoechsten.de). Eine weitere Einkehrmöglichkeit ist das urige Bergstüble Höchsten (Rubacker 16, 88693 Deggenhausertal) nur ein paar Schritte weiter. Wir gönnen uns auf jeden Fall eine Erfrischung, bevor wir uns zum Aussichtsturm auf dem 6 / Höchsten aufmachen. Zum Aussichtspunkt führt vom Berggasthof ein Kiesweg hinauf. An manchen Tagen kann es hier auch schon mal etwas voller sein. Am besten ihr parkt die Räder beim Berggasthof und macht euch zu Fuß auf die

---

‹ links / Am Ende von Tag 1 hüpfen wir noch in den Illmensee
^ oben / Käpt'n Blaubeers Quadratlatschen sind am Mundartweg verewigt

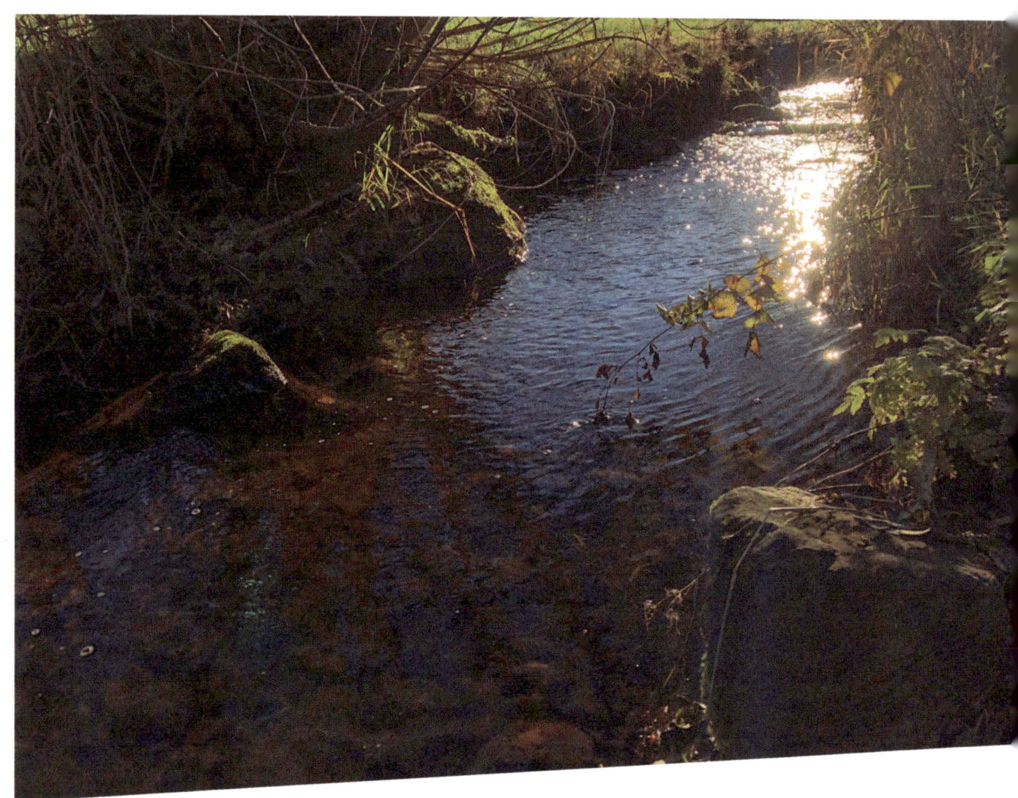

kurze Spazierrunde zum Höchsten-Turm. Kleines Schmankerl am Wegesrand ist der 7 / Schwäbisch-alemannische Mundartweg, der uns quasi ganz nebenbei in die hohe Kunst des selbigen Dialektes einführt. Oben angekommen wissen wir dann auch, was wir unter „Muggaseggele" und „Furzklemmer" zu verstehen haben. Von der Plattform des Aussichtsturms bietet sich ein großartiger Panoramablick auf den Bodensee und die Alpengipfel. Letztere lassen sich bei guter Sicht dank der Hinweistafeln auch bestens zuordnen.

ÜBERGRÖSSE

Neben Prominenten wie Wigald Boning und Barbara Schöneberger hat auch Käpt'n Blaubär seine Fußabdrücke am 7 / Schwäbisch-alemannischen Mundartweg in Beton verewigt.

Hüben Donau, drüben Rhein

Über den Höchsten verläuft auch ein Teil der europäischen Wasserscheide. Alle nach Norden fließende Flüsse speisen die Donau, die südlich ausgerichteten Wasserläufe füttern den Rhein. Weiter geht's nach der Gipfelrunde! Vom Berggasthof könnt ihr entweder den Kiesweg rechtsherum nehmen (das Geläuf könnt ihr nach dem Spaziergang ja gut einschätzen) oder ihr

---

⮝ oben / Die Rotach und ihre Zuflüsse münden in Friedrichshafen in den Bodensee ➤ rechts / Crash-Kurs in schwäbischen Schimpfwörtern

folgt der langgezogenen Linkskurve der Straße. Am zweiten Wanderparkplatz auf der anderen Seite des Höchsten folgen wir den Wegweisern Richtung Illmensee. Wir rollen am rot-weißen Sendemast vorbei, durch den Weiler Glashütten und erreichen bald schon Illwangen. Dort halten wir uns links und folgen der Landstraße, bis rechts ein schmaler Asphaltweg abzweigt, der uns am Waldrand entlangführt. Nach einem kleinen Wanderparkplatz hoppeln wir zu einem Abstecher hinab zum Ufer des 8 / Illmensees. Zwar führt ein Rundweg direkt am Ufer entlang um den ganzen See, allerdings ist der nicht unbedingt für Radfahrer gedacht. Da unsere Räder auf dem Untergrund auch nicht wirklich gut rollen, wenden wir uns vom Parkplatz nach rechts und fahren nach Illmensee hinein.

Arschbombe in den Illmensee

Im Ort Illmensee werden wir auch übernachten. Ein schönes kleines Hotel ist etwa der Gasthof Seehof (Hauptstraße 10, 88636 Illmensee), seehof-illmensee.de. Nur wenige Schritte entfernt liegt auch das Hotel Adler (Hauptstraße 2, 88636 Illmensee, adler-illmensee.de), ebenfalls eine gute Wahl. Bevor wir den Tag beenden, machen wir allerdings nochmals einen Abstecher zum See. Vorbei am gemütlichen 9 / Biergarten Zum Hackl

2600

Hektar machen das 11 / Pfrunger-Burgweiler Ried zum zweitgrößten zusammenhängenden Moorgebiet Süddeutschlands. Nach Entwässerung und Torfgewinnung in der Vergangenheit sind noch 130 Hektar ungestörte Hochmoor-Biotope vorhanden.

WIEDER DA!

Zwischen 1970 und 1996 durch industriellen Torfabbau entstanden, haben sich am mittlerweile geschützten 12 / Vogelsee Biber und Eisvögel angesiedelt.

Schorsch (Hauptstraße 25, 88636 Illmensee), zum-hackl-schorsch.com fahren wir zum 10 / Seefreibad Illmensee (Seestraße 3, 886363 Illmensee), pvm-service.de, um uns nach den ganzen erkletterten Höhenmetern des Tages ein Sprung ins kühle Nass zu gönnen.

AUF DEM BÄDERRADWEG

Vom See ins Ried

Am nächsten Morgen klemmen wir uns nach dem Frühstück hinter den Lenker. Die knackigen Anstiege der Tour liegen weitestgehend hinter uns. Im zweiten Teil der Rundfahrt geht es meist bergab. Wir verlassen Illmensee über den Radweg, der an der Hauptstraße entlangverläuft. Sobald sich die Straße gabelt, halten wir uns links und fahren auf dem Radweg vorbei an Rutschweiler. An der T-Kreuzung folgen wir den Schildern nach Pfrungen. Dort passieren wir die Kirche und biegen direkt nach der Kurve links in die Riedstraße

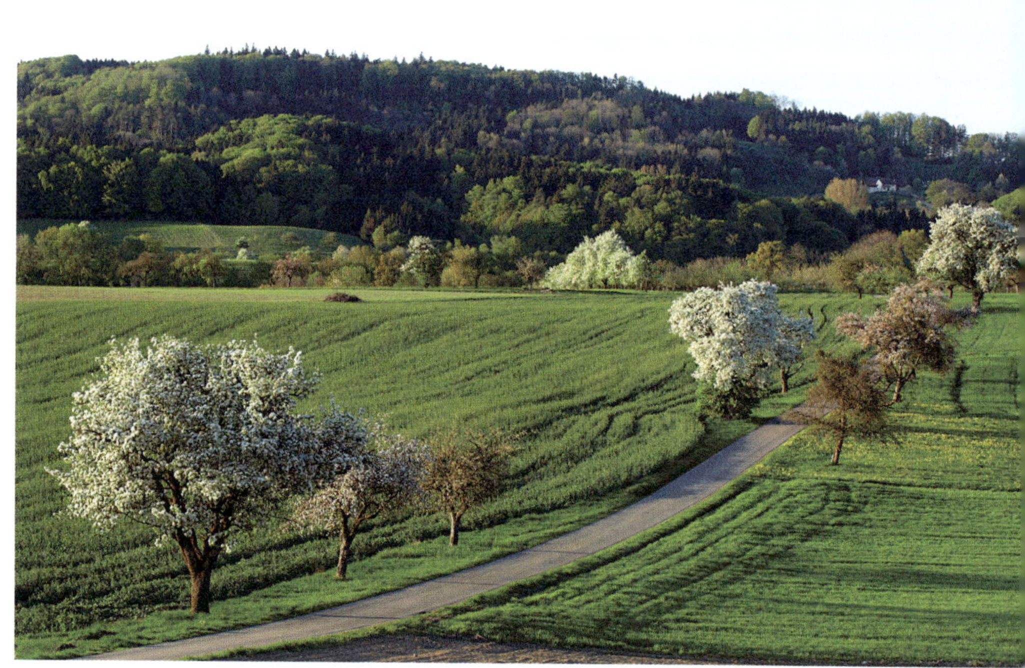

ein. Hier verläuft nun der Schwäbische Bäderradweg. Rechts am Wanderparkplatz Pfrungen vorbei und weiter auf der Riedstraße. Links von uns breitet sich nun das 11 / Pfrunger-Burgweiler Ried aus. Wenige Minuten später haben wir dann die Möglichkeit, links ins Ried abzubiegen. Wir fahren bis zur Riedwirtschaft (Riedhof 5, 88271 Wilhelmsdorf, riedwirtschaft.de). Von hier sind es nur noch einige Schritte zur Aussichtsplattform am 12 / Vogelsee.

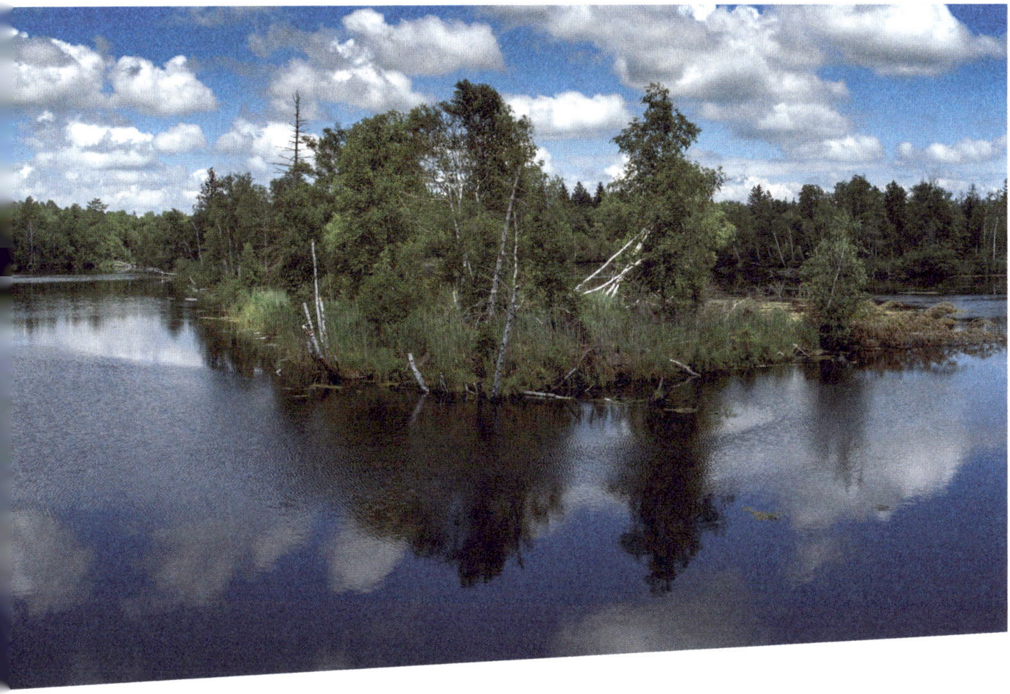

Mühlen klapperten einst am rauschenden Bach, also am Ufer der Rotach. Die Oberteuringer Mühle, etwa 500 Meter nach dem 14 / Badeplatz an der Rotach, wird im Jahr 1300 erstmals urkundlich erwähnt. Erst 1957 wird das Mühlrad hier dauerhaft angehalten.

Prost Mahlzeit!

Nach unserem Abstecher ins Ried geht es ein kurzes Stück auf dem Radweg zurück und dann die nächste Möglichkeit links. Wir folgen dem Radweg durch die Feuchtwiesen nach Wilhelmsdorf. Hier fahren wir geradeaus über den Kreisverkehr und biegen dann die zweite Straße links in den Oberschwaben-Allgäu-Radweg. Der teilt sich die Route mit dem Bäderradweg. An diesen Schildern orientieren wir uns nun. Erneut führt unsere Route durch malerische Streuobstwiesen. In Zußdorf halten wir uns beim Friedhof links und folgen der Hauptstraße. Jetzt taucht das 13 / Bräuhaus Zußdorf (Ravensburger Str. 4, 88271 Wilhelmsdorf), braeuhaus-zussdorf.de auf der rechten Seite auf. Eine gute Gelegenheit für eine Mittagspause. Ge-

< links / Streuobstwiese im Deggenhauser Tal
^ oben / Expedition ins Pfrunger-Burgweiler Ried

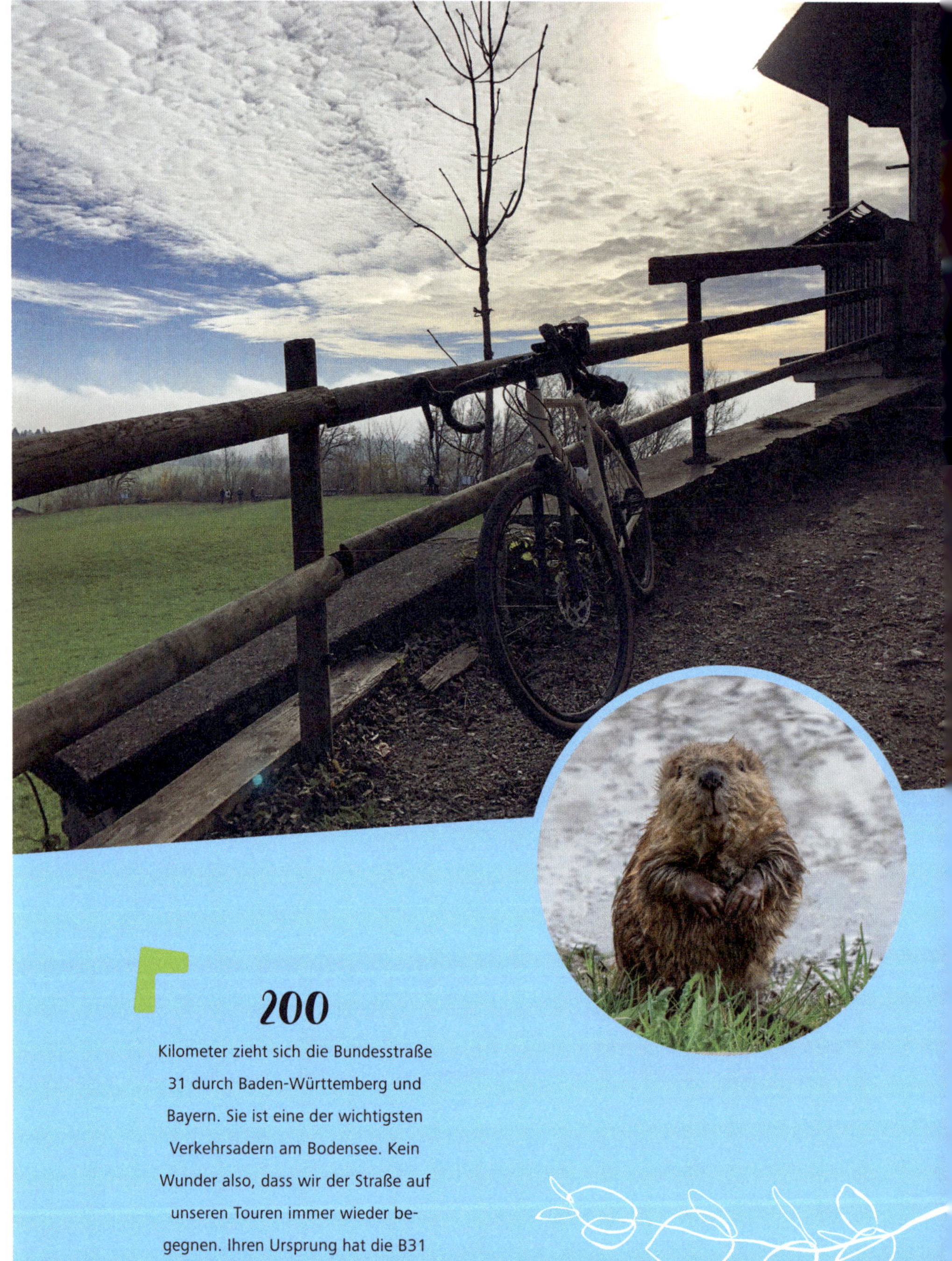

200

Kilometer zieht sich die Bundesstraße 31 durch Baden-Württemberg und Bayern. Sie ist eine der wichtigsten Verkehrsadern am Bodensee. Kein Wunder also, dass wir der Straße auf unseren Touren immer wieder begegnen. Ihren Ursprung hat die B31 übrigens in alten Römerstraßen.

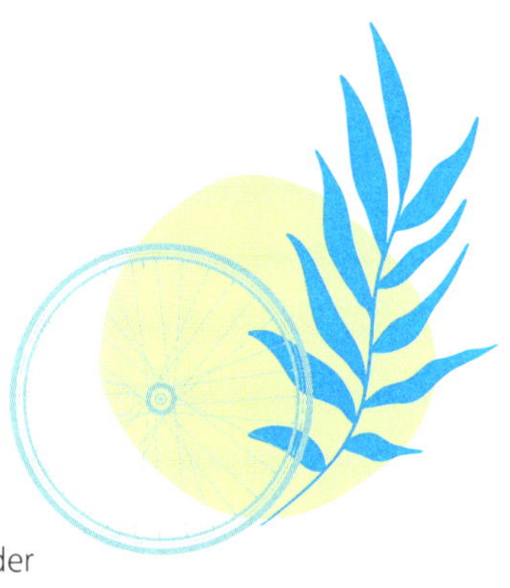

stärkt folgen wir der Ravensburger Straße noch ein Stück, bis der Bäderradweg scharf rechts abzweigt. Die Route führt nun wie mit dem Lineal gezogen durch die Obstgärten und Wiesen.

Mit der Rotach zurück

Wir rollen nun weiter auf dem Bäderweg/Oberschwaben-Allgäu-Radweg. Es geht teils auf Asphalt, teils auf Schotter entlang der Rotach. Auf einem wunderbar gewundenen Weg durch die Hügel gelangen wir zurück nach Urnau und dann Fuchstobel. Beide Orte kennen wir bereits vom Vortag. In Fuchstobel geht es links dann auf der Apfelradrunde in Richtung Bitzenreute. Bald treffen wir wieder auf die B33, die überqueren wir auf Höhe einer Tankstelle. Kurz vor dem Parkplatz des Discounters wenden wir uns nach links und sind nun wieder am Ufer der Rotach unterwegs. An einer lauschigen 14 / Badestelle an der Rotach können wir nochmals ins Wasser springen.

OHNE SENDEPAUSE

Bei Glashütten unweit des 6 / Höchsten funkt der 172,6 Meter hohe Sender Ravensburg DVB-T-Fernseh- und DAB+ Radioprogramme ins Ländle.

Da isser wieder, der Bodensee

In Unterteuringen biegen wir rechts auf die Alemannenstraße und folgen dann an der nächsten T-Kreuzung dem Radweg nach links. Wir fahren ein paar Meter, bis sich die Straße gabelt. Wir lassen den Radweg Radweg sein und fahren halbrechts die schmale Straße durch den Wald. Die bringt uns zunächst nach Raderach und anschließend nach Unterraderach. In Schnetzenhausen fahren wir geradeaus über den Kreisverkehr und biegen nach der Grundschule links in die Windhager Straße, der folgen wir bis hinunter zur B31, wo wir auch wieder auf den Bodenseeradweg treffen. Dem folgen wir nun bis zu unserem Ziel, dem 1 / Bahnhof Friedrichshafen-Manzell. Unseren Hunger können wir vor der Heimfahrt noch in der 15 / Spicy Grill Taverne (Zeppelinstraße 140, 88045 Friedrichshafen), spicy-grill.de stillen.

< links oben / Ohne Hilfsmotor auf den Höchsten ist eine sportliche Bergetappe < links Mitte / Der Biber baut am Vogelsee wieder Burgen

ZIELSCHIESSEN

Auf dem 3D-Bogenparcours in Lellwangen

2 Kilometer
80 Höhenmeter
ca. 2:30 Stunden
Rundtour

Nach so viel Radeln ist es nachvollziehbar, wenn man den Bock irgendwann nicht mehr sehen kann. Wir parken also unsere Drahtesel und vertreten uns die Beine. Aber einfach nur Spazieren gehen is' auch fad! Daher drehen wir eine Runde auf dem Bogenparcours Lellwangen im schönen Deggenhauser Tal. Mit einem traditionellen Bogen geht es auf die Pirsch nach wilden Gummi-Tieren.

Spätestens nach dem ersten Robin-Hood-Film habt ihr doch aus Ast und Bindfaden euren ersten Flitzebogen gebastelt. Auf dem Bogenparcours Lellwangen (Magetsweiler 1, 88693 Deggenhausertal bogen-lellwangen.de) geht's etwas professioneller zu: Dort weihen uns Cornelia und Albert Allgaier, die Betreiber der malerisch gelegenen Anlage, in die Kunst des Traditionellen Bogenschießens ein. Vorkenntnisse braucht ihr nicht. Eine Leih-Ausrüstung bekommt ihr für 25 Euro. Jedoch nur, wenn's nicht regnet. Ausgestattet werdet ihr am 4 / Eingang des Parcours. Hier kriegt ihr auch einen für euch passenden Bogen.

Mit Gelassenheit zum und ins Ziel

Wer eine eigene Ausrüstung besitzt, kann die natürlich mitbringen. Martialische Compoundbögen oder apokalyptische Armbrüste sind auf dem Parcours nicht erlaubt. Hier geht's puristisch zu. Gezielt wird intuitiv ohne technischen Schnickschnack. Wie das funktioniert, zeigen euch die Allgaiers während einer einstündigen Einführung (ist im Leihpreis enthalten) auf dem 16 / Einschießplatz. Dabei bekommt ihr hilfreiche Tipps, mit denen ihr die Pfeile dorthin jagt, wo ihr sie haben wollt.

In die Wildnis

Mit den neuerworbenen Fähigkeiten als Scharfschütze geht es auf den von Gummi-Tieren bevölkerten Parcours. 17 / Start der Obe-

20 1/2

ren Runde ist direkt neben dem Einschießplatz. An einem Bächlein wartet ein etwas psychedelischer Fisch, unser erstes 3D-Ziel. An jedem Ziel findet ihr stets drei Pflöcke: Von Weiß schießen Anfänger, von Blau Geübte. Die roten Pflöcke sind auch für geübte Schützen nicht einfach. Nun folgt ihr einem Pfad, der euch zuverlässig von Ziel zu Ziel bringt. Verlaufen könnt ihr euch nicht. Ein Highlight der oberen Runde ist der Hochsitz, von dem wir auf mehrere Ziele schießen. Generell gilt: Solltet ihr mal etwas länger nach euren Pfeile suchen, lasst euch Zeit. Falls schon die nächsten Schützen warten: Kein Stress! Bogenschützen sind tiefenentspannt.

Zwischen Streuobstgärten auf der Pirsch

Landschaftlich ist der Parcours eine Wucht: Bei guter Sicht bietet sich ein traumhaftes Alpenpanorama. Vom 18 / Ende der Oberen Runde bei Ziel 14 geht es rechts den Hang herunter. Wer möchte, kann zur Halbzeit eine Pause einlegen. Auf einem Schotterweg erreicht ihr den 19 / Start der Unteren Runde. Während der unteren Schleife sind die Ziele in einer kleinen Waldschlucht besonders schön. Am letzten Ziel (26 Abschüsse sind es) könnt ihr dann zeigen, ob ihr so zielsicher wie Legolas seid: Den Abschluss bildet eine rennende Wildsau! Nur ein paar Meter weiter liegt das 20 / Ende der Unteren Runde & Rastplatz.

TOURENINFO / Auf Trampelpfaden geht's von Ziel zu Ziel. Im Sommer reichen Sandalen oder ihr geht einfach barfuß. Die Wege sind schön kurz und auch perfekt für Familien geeignet. Gekühlte Getränke und Kaffee gibt's neben dem Einschießplatz am Eingang. Ihr könnt euch auch per Email anmelden: info@bogen-lellwangen.de

---

⌃ oben / Bogenschützen sind tiefenentspannt

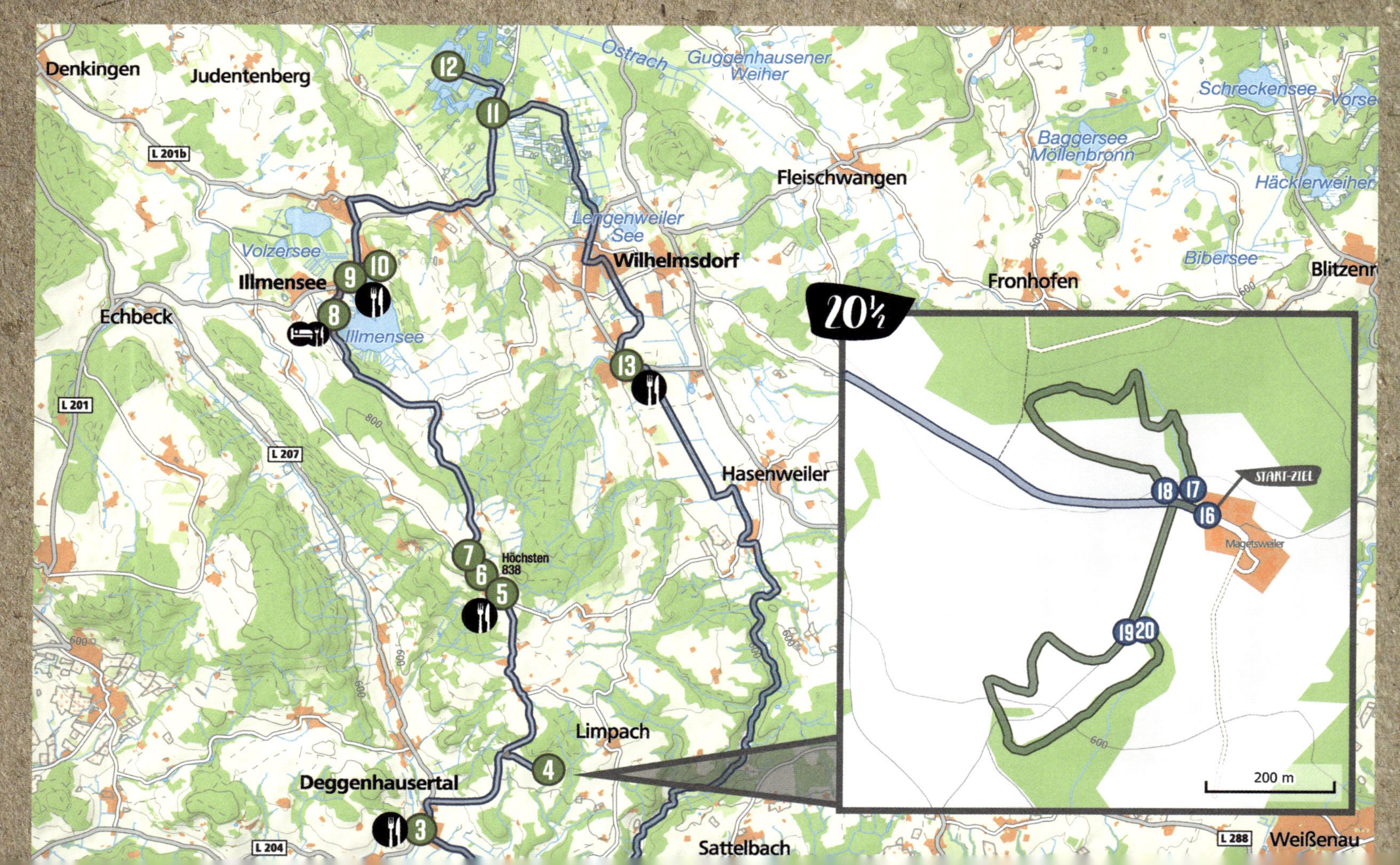

Denkingen
Judentenberg
Ostrach
Guggenhausener Weiher
Schreckensee
Vorse
Baggersee Möllenbronn
Häcklerweiher
L 201b
Fleischwangen
Lengenweiler See
Volzersee
Wilhelmsdorf
Bibersee
Illmensee
Fronhofen
Blitzenr
Echbeck
Illmensee
20½
L 201
L 207
Hasenweiler
START-ZIEL
Magetsweiler
Höchsten 838
Limpach
Deggenhausertal
200 m
L 204
Sattelbach
L 288
Weißenau

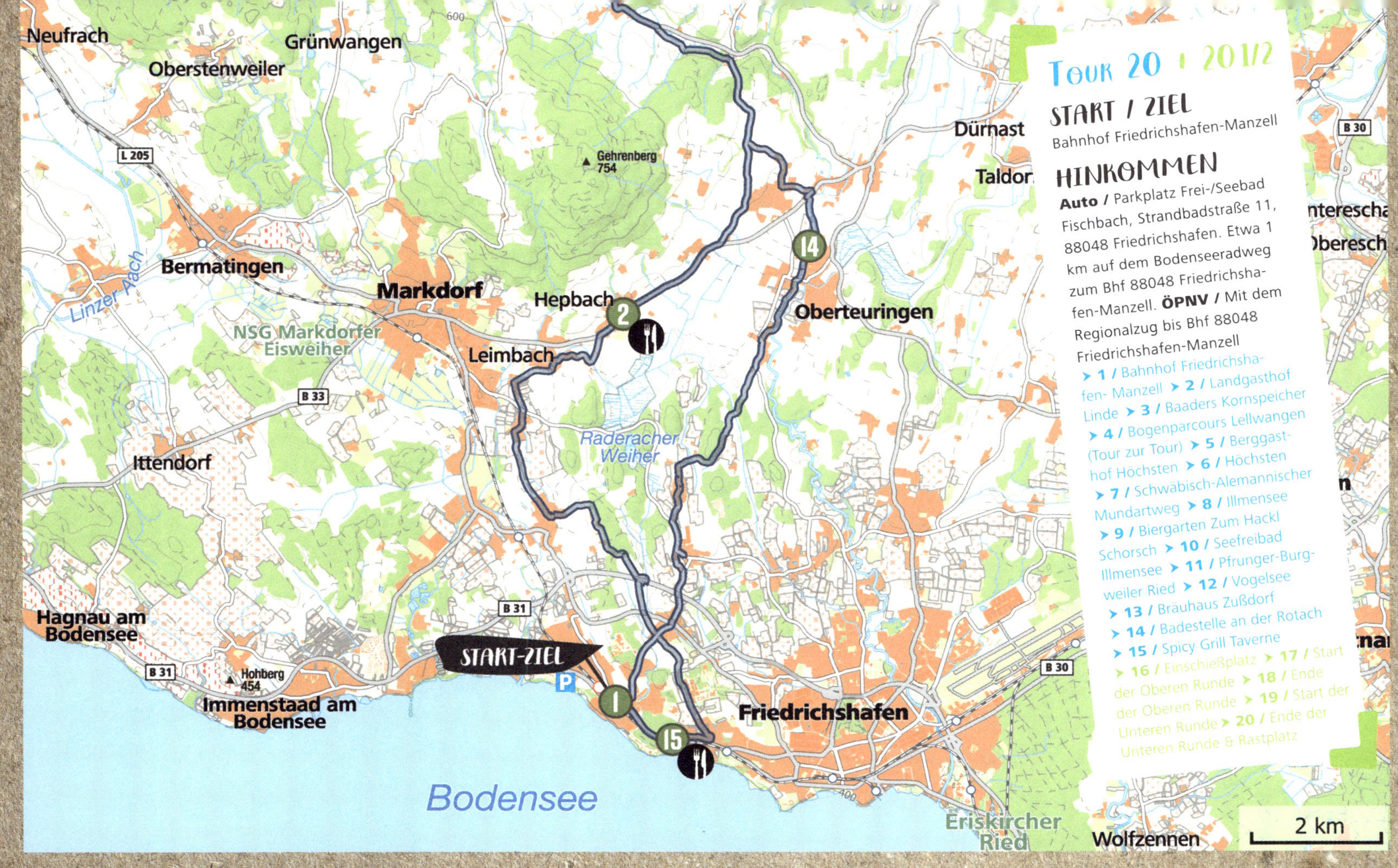
Tour 20 | 2011/2
START / ZIEL
Bahnhof Friedrichshafen-Manzell
HINKOMMEN
Auto / Parkplatz Frei-/Seebad Fischbach, Strandbadstraße 11, 88048 Friedrichshafen. Etwa 1 km auf dem Bodenseeradweg zum Bhf 88048 Friedrichshafen-Manzell. ÖPNV / Mit dem Regionalzug bis Bhf 88048 Friedrichshafen-Manzell
› 1 / Bahnhof Friedrichshafen-Manzell › 2 / Landgasthof Linde › 3 / Baaders Kornspeicher › 4 / Bogenparcours Lellwangen (Tour zur Tour) › 5 / Berggasthof Höchsten › 6 / Höchsten › 7 / Schwäbisch-Alemannischer Mundartweg › 8 / Illmensee › 9 / Biergarten Zum Hackl Schorsch › 10 / Seefreibad Illmensee › 11 / Pfrunger-Burgweiler Ried › 12 / Vogelsee › 13 / Bräuhaus Zußdorf › 14 / Badestelle an der Rotach › 15 / Spicy Grill Taverne › 16 / Einschießplatz › 17 / Start der Oberen Runde › 18 / Ende der Oberen Runde › 19 / Start der Unteren Runde › 20 / Ende der Unteren Runde & Rastplatz
START-ZIEL
Neufrach
Grünwangen
Oberstenweiler
Gehrenberg 754
Dürnast
Taldor
Bermatingen
Linzer Aach
Markdorf
Hepbach
Oberteuringen
NSG Markdorfer Eisweiher
Leimbach
Raderacher Weiher
Ittendorf
Hagnau am Bodensee
Hohberg 454
Immenstaad am Bodensee
Friedrichshafen
Bodensee
Eriskircher Ried
Wolfzennen
L 205
B 33
B 31
B 30
2 km

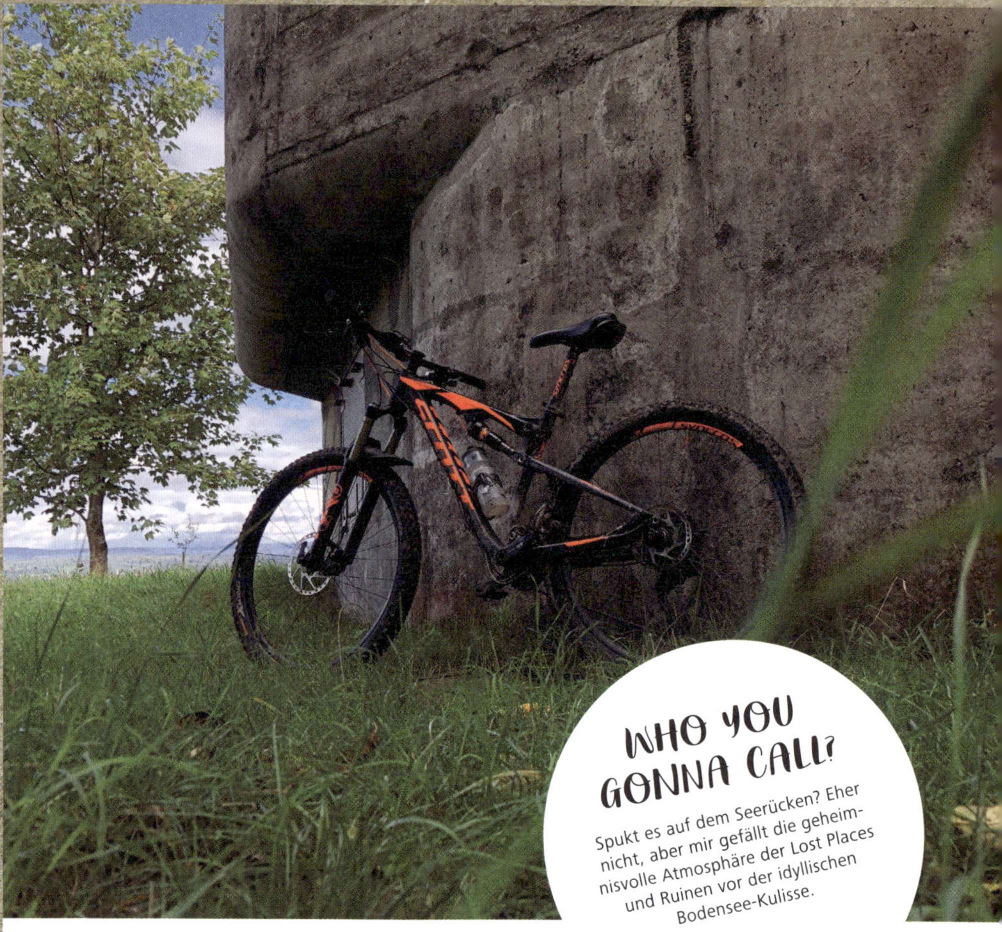

WHO YOU GONNA CALL?

Spukt es auf dem Seerücken? Eher nicht, aber mir gefällt die geheimnisvolle Atmosphäre der Lost Places und Ruinen vor der idyllischen Bodensee-Kulisse.

➤ **1 /** Am Bahnhof Kreuzlingen Hafen springen wir aufs Rad

➤ **2 /** Der Bommer Weiher ist hübsch, aber nicht zum Planschen da

➤ **3 /** An den Panzersperren gab's früher kein Durchkommen

➤ **4 /** Mittelalterliche Trutzburg: Burgruine Castell

➤ **5 /** Martialisches Bollwerk aus Beton: Bunker des Festungsgürtels

➤ **6 /** Niemand zu Hause im Landgasthof Rössli. Oder etwa doch?

➤ **7 /** Der Napoleonturm Hohenrhein bietet eine spektakuläre Rundumsicht

➤ **8 /** Beiz am Wegesrand: Wirtschaft Steinberg

➤ **9 /** Perfekt für eine gemütliche Einkehr ist der Klingenzellerhof

➤ **10 /** Die alte Propstei Klingenzell ist etwas verrutscht

➤ **11 /** An der Seepromenade Steckborn die sanfte Briese genießen

➤ **12 /** Käffchen im Blumencafé Blüete Ziit

➤ **13 /** Napoleonmuseum Schloss Arenenberg

➤ **14 /** Abstecher zum Badeplatz am See

➤ **15 /** Last Lost Place ist die verlassene Zollstation

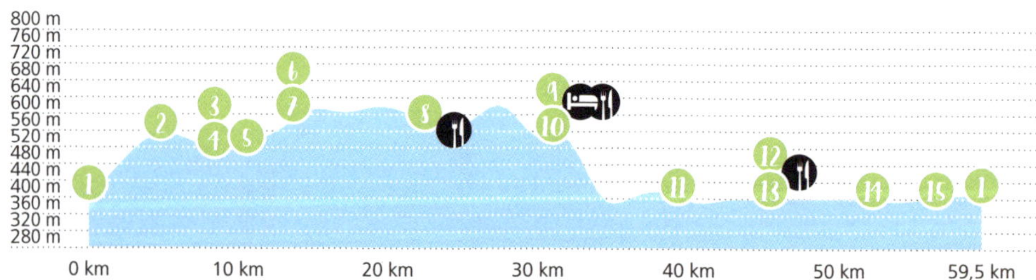

AUF GEISTERJAGD

Von Bunkern, Lost Places und Lustschlössern am Seerücken

Vorbei an verlassenen Bunkern und verfallenen Ruinen geht es durch die ebenso schöne wie dünn besiedelte Landschaft des Seerückens. Eine bisweilen bergige Rundtour zwischen mystischem Charme und wohligem Grusel. Aber keine Sorge, Protonenstrahler und Geisterfalle könnt ihr zu Hause lassen.

Tag 1 + Tag 2
31 + 29 Kilometer
370 + 150 Höhenmeter ▲
270 + 250 Höhenmeter ▼
2:15 + 2 Stunden
Rundtour

Durch den Schilderwald

Der Startpunkt unserer ausgefallenen Tour ist der 1 / Bahnhof Kreuzlingen Hafen. Hier schwingen wir uns, Ray Parkers „Ghostbusters" auf den Lippen, in den Sattel und fahren vom Kreisverkehr vor dem Bahnhof auf die Pestalozzistraße. Sobald wir den Dreispitzpark erreichen, halten wir uns rechts, folgen der Parkstraße und nehmen im Kreisverkehr die zweite Ausfahrt in die Löwenstraße. Von der zweigt bald der Konzilradweg links ab. Dem folgen wir nun. Das hört sich einfacher an als es ist, denn innerhalb Kreuzlingens

CHARAKTER

Sportlich ●●●●○
Abkühlung ●●●○○
Schlemmen ●●○○○
Panorama ●●●●○

TOUR, DIE DU SO NIE GEMACHT HÄTTEST

TOURENINFO / Größtenteils auf asphaltierten Radwegen und verkehrsarmen Landstraßen. Passagen auf gut ausgebauten Waldwegen. Zwischendurch immer mal wieder knackige Steigungen. Am Seeufer ist es dafür dann wieder flach.

‹ links / An den Bunkern des Kreuzlinger Festungsgürtels

TOUR, DIE DU SO NIE GEMACHT HÄTTEST

müsst ihr bisweilen ganz genau hinsehen, um die roten Radwegschilder zu erkennen. Die Wegweiser hängen schon mal in luftiger Höhe über zahlreichen anderen Schildern. Sobald wir die Bärenstrasse erreichen, verlassen wir den Konzil-Radweg wieder und biegen rechts ab. Bei der nächsten Möglichkeit geht's links hinauf in die Alpstrasse. Jetzt sind wir auf der Pilger-Route, die wir erstmal nicht verlassen. Allmählich lassen wir das etwas labyrinthische Kreuzlingen hinter uns.

Wo die Moorhexe planscht

Der asphaltierte Weg führt uns nach und nach dem Seerücken entgegen. Einige Passagen sind recht steil. Wer zwischendurch einmal durchschnaufen möchte, dem bietet sich eine tolle Aussicht auf den Bodensee. Wir rollen weiter auf der Pilger-Route, die vorbildlich ausgeschildert ist. Nachdem wir beim Weiler Bätershausen die Bodanstrasse überqueren, geht es auf einem Schotterweg weiter. Große Teile des Seerückens sind von dichten Wäldern bedeckt, deren knorrige Bäume eine hervorragende Kulisse für Märchen- oder Horrorfilme abgeben würden. Unsere Route führt uns nun auch prompt durch einen solchen schattigen Wald. Kurz darauf erreichen wir den 2 / Bommer Weiher. Der liegt zwar malerisch eingebettet zwischen den Hügeln, allerdings wirkt der dunkle Teich mit seinem schlammigen Grund auch etwas unheimlich. Selbst bei strahlendem Sonnenschein. Hier ziehen sicher schrumpelige Moorhexen ihre Bahnen und der Schrecken vom Amazonas macht hier Urlaub. Wir sind ein bisschen froh, dass der Weiher unter Naturschutz steht und keine Badestelle zu finden ist. Am benachbarten Weiher ist das allerdings der Fall. Uns gruselt's allerdings. Wir strampeln schleunigst weiter und biegen von der Pilger-Route rechts auf die Seerücken-Route ab.

LOST PLACES – ETWAS ANDERE ZEITZEUGEN

Als Kontrast zur Seeidylle wirken verfallene, vergessene oder unheimliche Orte, wie die 5 / Bunker am Seerücken, besonders bizarr.

➤ **rechts oben / Aussicht von Schloss Arenenberg**
➤ **rechts Mitte / Immer gut, Verstärkung mitzuhaben**

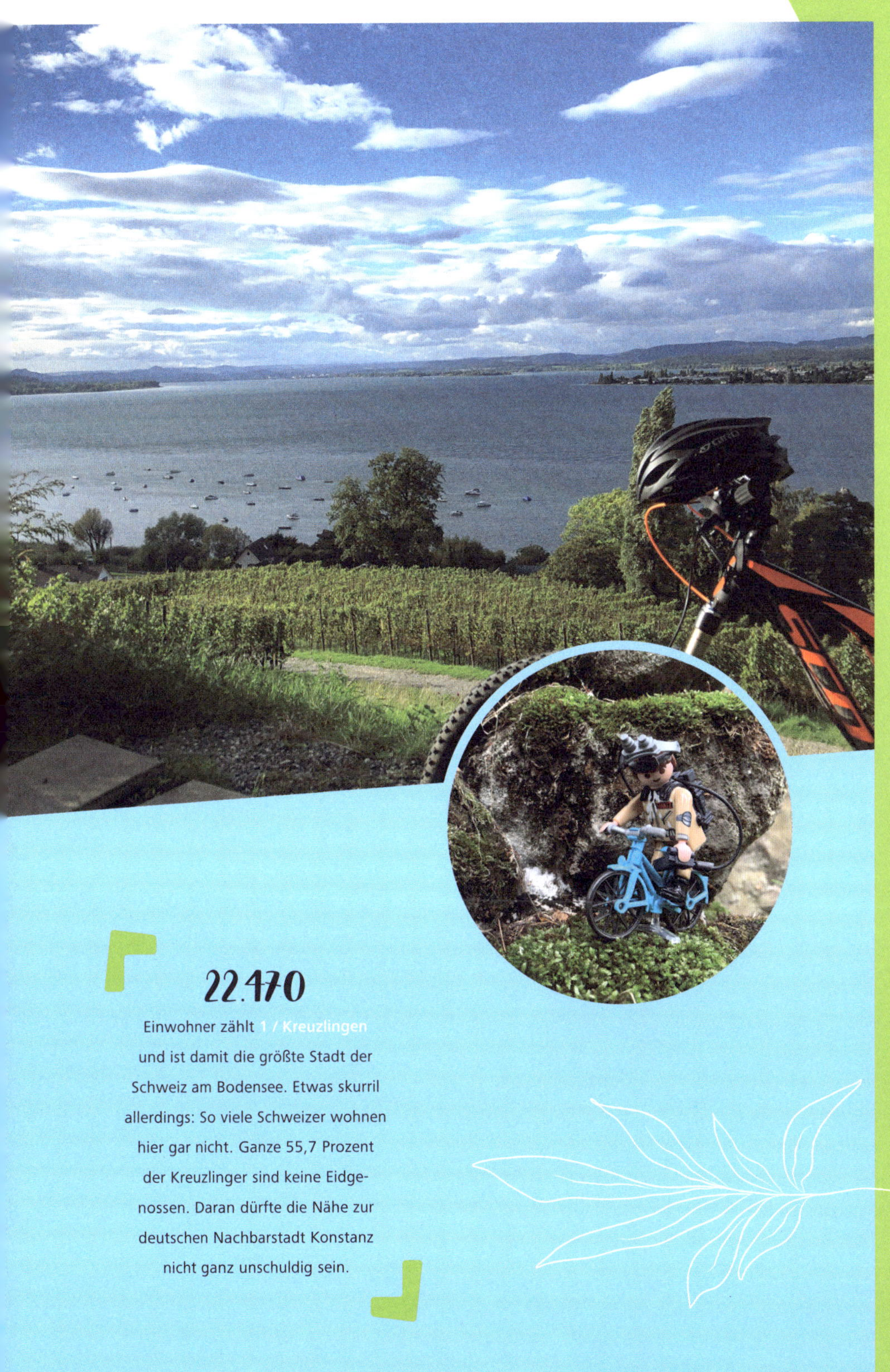

22.470

Einwohner zählt 1 / Kreuzlingen und ist damit die größte Stadt der Schweiz am Bodensee. Etwas skurril allerdings: So viele Schweizer wohnen hier gar nicht. Ganze 55,7 Prozent der Kreuzlinger sind keine Eidgenossen. Daran dürfte die Nähe zur deutschen Nachbarstadt Konstanz nicht ganz unschuldig sein.

LIEBER RÜCKENWIND

Der Seerücken ist bekannt dafür, dass sich hier Tornados bilden können. Erstmals beobachtet wurde eine der spektakulären Windhosen 1912.

TOUR, DIE DU SO NIE GEMACHT HÄTTEST

Bollwerke aus Beton

Zwischen der Ortschaft Neuwilen und dem Weiler Schwaderloh führt uns der Radweg an einem kleinen Findlingsgarten vorbei. Die ordentlichen Kaventsmänner, die hier liegen, wurden beim Bau der A7 freigelegt. Über eben diese Verkehrsader des Thurgaus treiben wir nun unsere Drahtesel. Im nun folgenden Wald lassen wir die Seerücken-Route links liegen und folgen weiter der Castellstrasse in Richtung Tägerwilen. Nach einigen Minuten durch den Wald stoßen wir am Wegesrand auf eine Doppelreihe massiver 3 / Panzersperren aus Stahlträgern, einem Überbleibsel des Festungsgürtels Kreuzlingen. Mit einer Kette von Befestigungsanlagen sicherte die Schweizer Armee seit 1937 die Grenze zwischen Konstanz und Kreuzlingen. Nur wenige Meter weiter machen wir rechts von uns einen bulligen Beton-Bunker am Waldrand aus. Zu erreichen ist das Bollwerk jedoch nur über einen sehr holprigen Waldpfad. Wir haben später noch Gelegenheit, einen anderen Bunker aus nächster Nähe zu sehen.

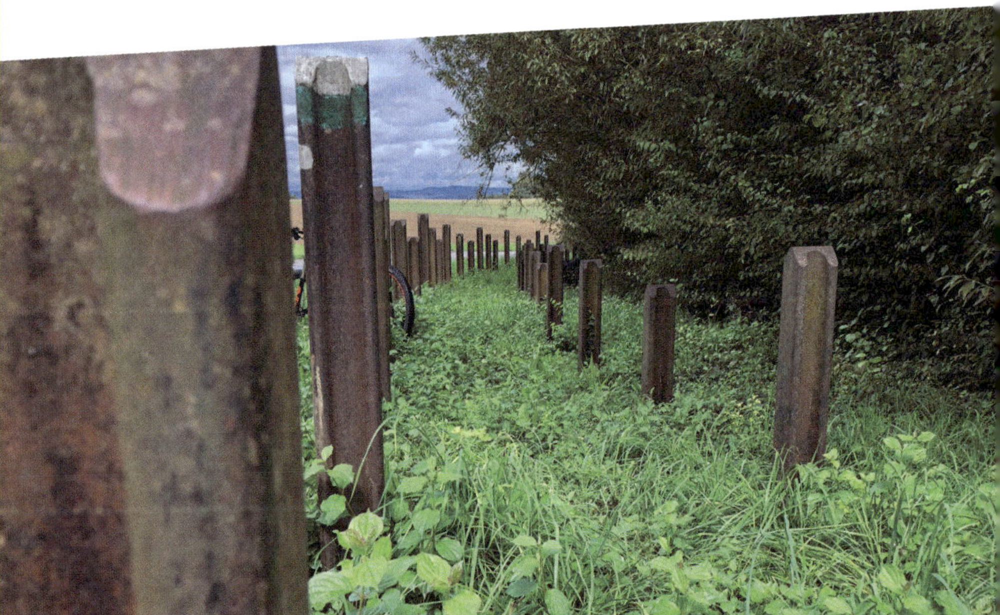

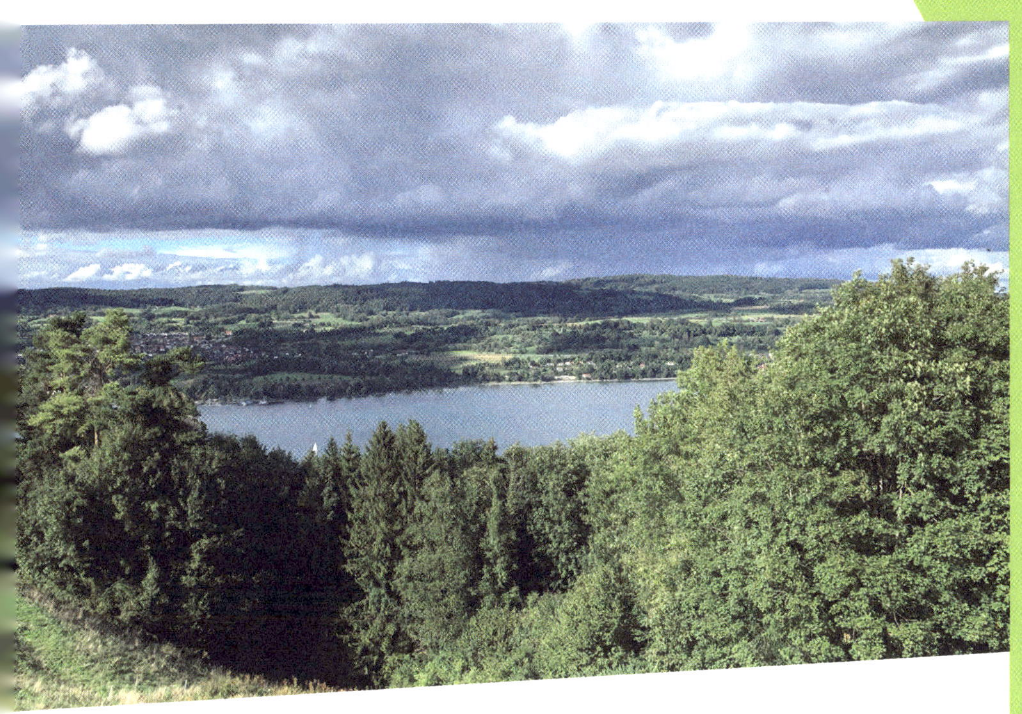

Burgenromantik meets Haunted Place

Zunächst stoßen wir jedoch auf eine deutlich ältere Trutzburg: Nur wenige Meter die Castellstrasse herunter liegt auf der rechten Straßenseite die 4 / Burgruine Castell (Castellstrasse, 8274 Tägerwilen, Schweiz, Infos zu Führungen: ruine-castell.ch). Die Überreste der Burg erreichen wir über einen schmalen Kiesweg. Auf der von hohen Bäumen umgebenen Kuppe erstreckt sich zwischen Mauerresten ein erstaunlich weitläufiges Areal. Während der restaurierte Turm im sonnendurchfluteten Teil der Wehranlage wildromantisches Mittelalterflair verströmt, bekommt man im finsteren Schatten zwischen den Mauern schon eher eine Gänsehaut. Fehlt nur noch das Kettenrasseln eines Burggespenstes. Allerdings stöhnt hier oben nur der Wind durch die letzten Mauerritzen. Die Stelle als Schlossgeist ist derzeit nicht besetzt. Vermutlich. Wir pfeifen die Titelmelodie der Serie „Akte X" und machen uns wieder auf den Weg. Direkt gegenüber der Burgruine liegt Schloss Castell. Das prachtvoll betürmte Herrenhaus befindet sich in Privatbesitz und ist der Öffentlichkeit nicht zugänglich. Verdunkelt eine Wolke den Himmel, wirkt das Schloss ein wenig wie die Sommerresidenz von Graf Dracula. Vampire? Albern! Weiter geht's.

1120

erbaut, misst die 4 / Festung Castell 120 mal 30 Meter und gehört damit zu den größten Wehranlagen am See. Schon 1128 wird sie wieder abgerissen – und 1175 erneut aufgebaut. Ja, was denn jetzt? Im Schwabenkrieg geht sie 1499 endgültig in Flammen auf.

< links / Robuste Hinterlassenschaften: Panzersperren bei Tägerwilen
^ oben / Von Klingenzell fällt der Blick auf den Rheinsee

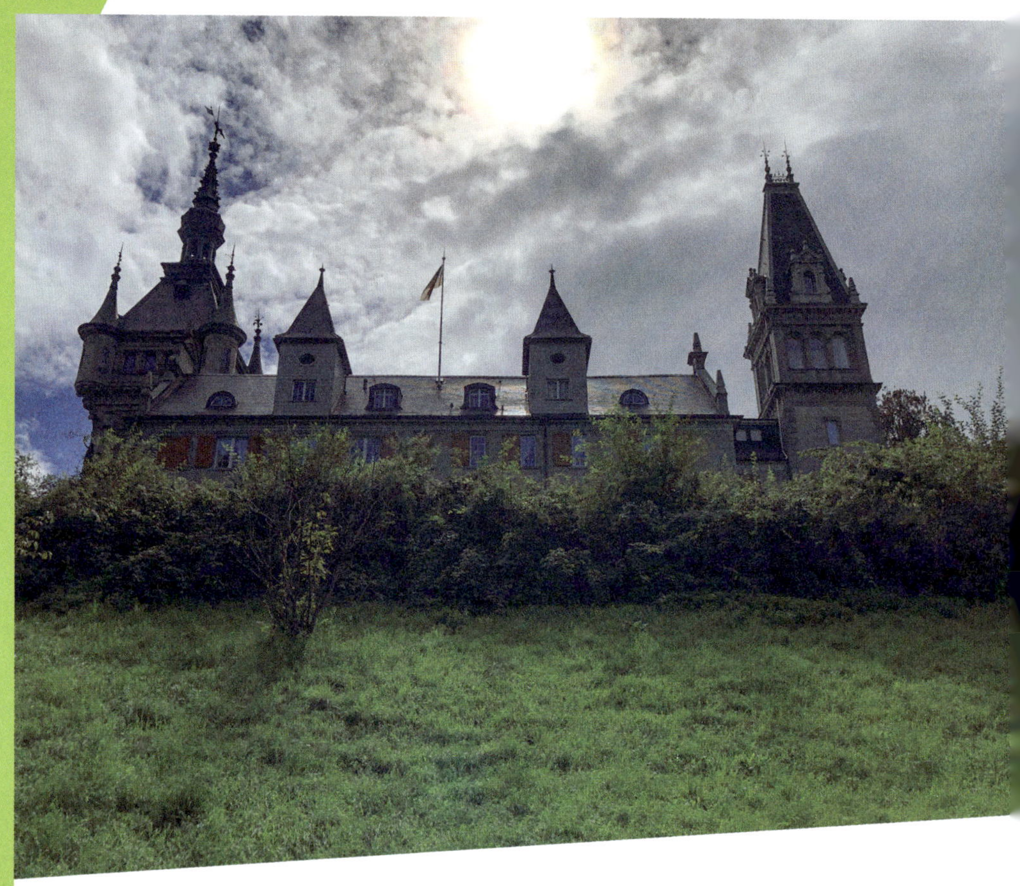

Moderne Beton-Burg

Wir lassen die Räder bergab rollen, folgen dann dem roten Radwegweiser nach links und biegen anschließend bei der nächsten Möglichkeit nochmals links ab. Wir kurbeln uns den Anstieg hinauf und sehen bald einen martialischen 5 / Bunker (8274 Tägerwilen, Schweiz) am rechten Wegesrand vor uns auftauchen. Der modernen Beton-Festung direkt gegenüber liegt ein kleiner Rastplatz inklusive Grillstelle. Wir pusten durch und genießen die Aussicht auf den Untersee, bevor wir den Bunker inspizieren. Hinein kommt man nicht. Doch entfaltet dieser in Beton gegossene Zeitzeuge gerade in der einsamen Idylle eine dramatische Wucht. Dass der verrammelte Bunker quasi bezugsfertig wirkt, hat einen guten Grund: Erst 1992 gab die Schweizer Armee die Stellungen gänzlich auf. Seither kümmert sich der Verein Festungsgürtel

WENN SCHON, DENN SCHON

Nur in die Landschaft gucken? Nö! In seinen Turm lässt Louis Napoleon Tanzfläche und Restaurant einrichten. Mehr: napoleontum-hohenrhein.ch

---

⋀ oben / Sommerresidenz Dracula? Nein. Schloss Castell
➤ rechts / An der abgerutschten Propstei

Kreuzlingen (festungsguertel.ch) um den Erhalt und bietet regelmäßig Führungen an. Wir kehren dem verlassenen Bunker schließlich den Rücken und radeln auf der holprigen Asphaltstraße die Anhöhe hinauf. In Märchenwald-Atmosphäre geht es dann auf Waldwegen über vier Kreuzungen immer geradeaus, bis wir an einer T-Kreuzung links abbiegen. Dann geht es sofort die nächste rechts. Jetzt sind wir zurück auf der Seerücken-Route.

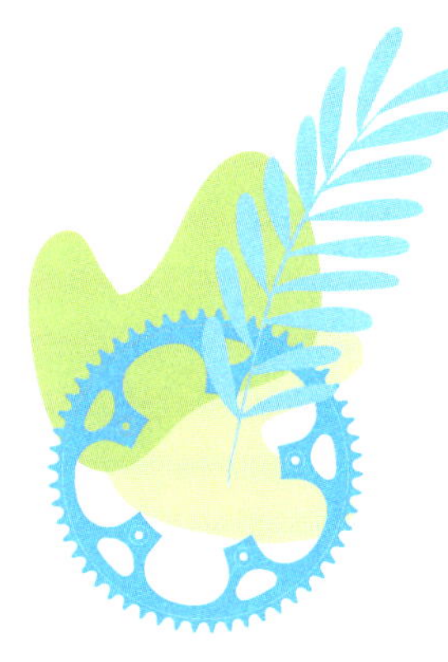

Kaiserliche Aussicht

Wirklich dicht besiedelt ist der Seerücken nicht. Seine kleinen Ortschaften und Weiler wirken eher wie zufällig in die Landschaft gestreut. Da ist auch auf den vermeintlich breiteren Landstraßen, die wir bisweilen nutzen, nicht sonderlich viel Verkehr. Im Ort Wäldi passieren wir mit dem verlassenen 6 / Landgasthof Rössli (Dorfstrasse, 8564 Wäldi) einen weiteren Lost Place unserer Tour. Hinter Spinnweben und einer dicken Staubschicht starrt uns eine unheimliche Puppe durch die fast blinde Scheibe des Eingangs an. Nicht ganz sicher, ob sie nicht doch geblinzelt hat, machen wir uns schleunigst wieder auf den Weg. Nach einem knackigen Anstieg erreichen wir den 7 / Napoleonturm Hohenrhein, Hohenrain 76, 8564 Wäldi, einen 40 Meter hohen Aussichtsturm.

TOUR, DIE DU SO NIE GEMACHT HÄTTEST

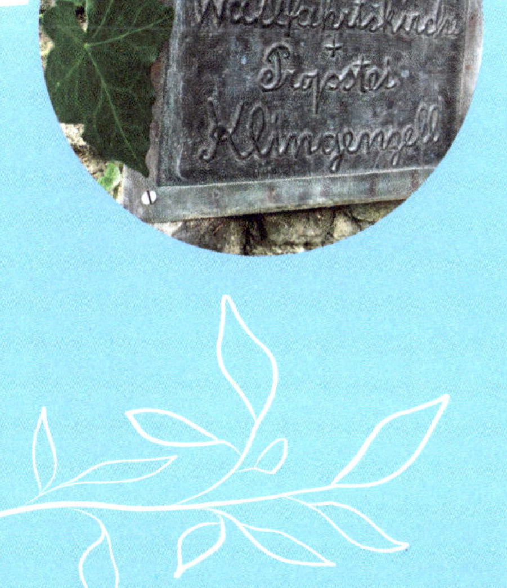

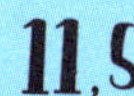

11,5

Kilometer lang ist die Kette aus befestigten Unterständen, Infanteriebunkern und Panzerhindernissen, die den Festungsgürtel Kreuzlingen bildet. Mehr als 80 Bunker stehen zwischen Triboltingen über den Seerücken bis Lengwil und Bottighofen mehr oder weniger in Reih und Glied.

AUF EIN PROSCHT IM BEIZLI

In der Schweiz geht's nicht einfach in eine „Kneipe", man genießt im „Beizli", der schwiizer Verkleinerung der süddeutschen „Beiz".

Von hier bietet sich ein atemberaubendes 360-Grad-Panorama. Nur wenige Meter vom Standort des heutigen Turms hatte Prinz Louis Napoleon, der spätere Kaiser Napoleon III., schon 1829 einen Aussichtsturm errichten lassen. Der war allerdings bei weitem nicht so robust wie der moderne Turm und ist mittlerweile bis auf einige Steine des Fundaments verschwunden. Quasi auch ein Lost Place.

TOUR, DIE DU SO NIE GEMACHT HÄTTEST

Schlummern im Schloss

Wir schwingen uns wieder in den Sattel und folgen weiter der Seerücken-Route. Vorbei an Streuobstwiesen passieren wir nacheinander einige Dörfer, in denen sich auch immer wieder Einkehrmöglichkeiten bieten. So etwa die 8 / Wirtschaft Steinberg (Hauptstrasse 29, 8508 Homburg) mittwochs bis samstags mit ihrer Terrasse. Bei Hörhausen wird unser Weg schließlich wieder deutlich schmaler. Häufiger als auf Autos treffen wir hier auf Reiter. Mittlerweile taucht auf den Wegweisern auch der Ort Klingenzell auf. Diesen folgen

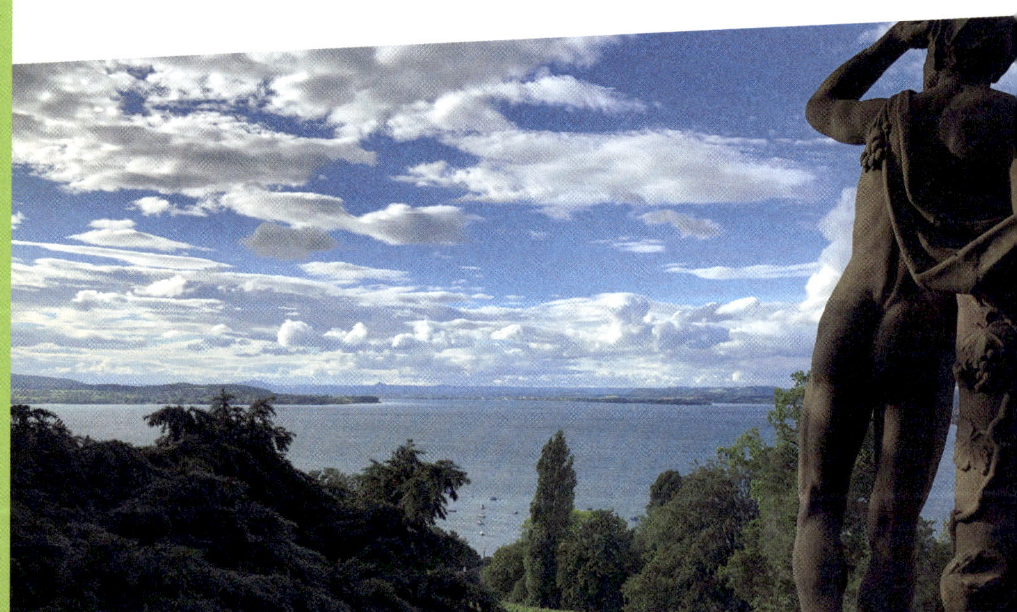

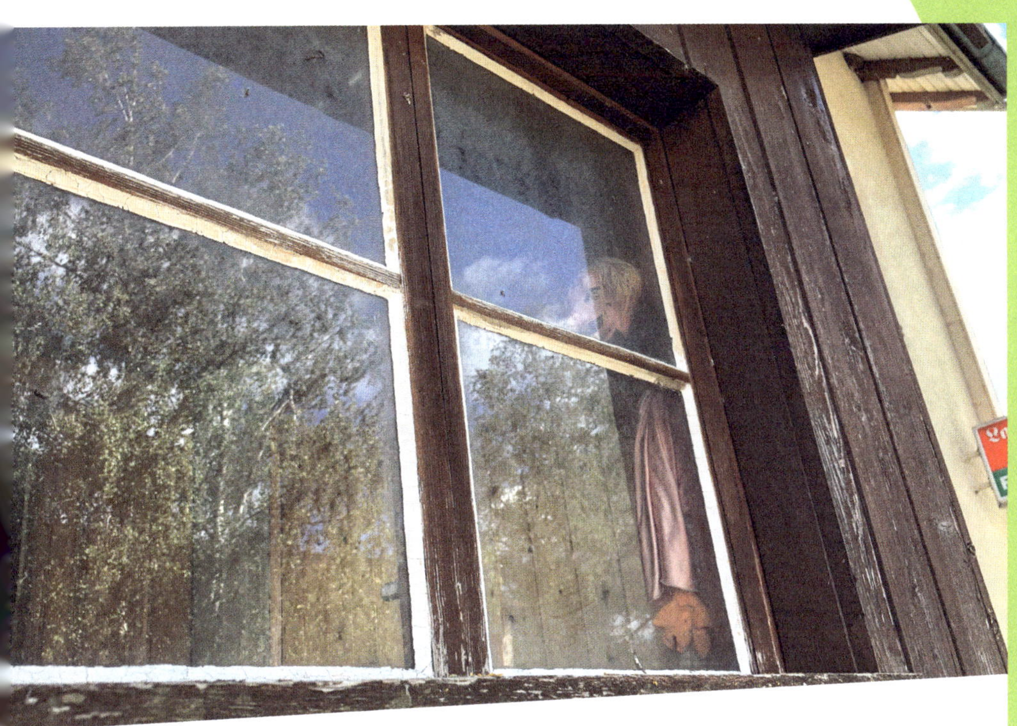

wir und verlassen bei Liebenfels die Seerücken-Route. Nach einigen Radminuten erreichen wir den 9 / Klingenzellerhof (Klingenzell, 8264 Eschenz), klingenzellerhof.ch, ein schönes Ausflugslokal für eine Einkehr. Von hier ist es nun auch nicht mehr weit bis zu Schloss Freudenfels (Schlossweg, 8264 Eschenz, schloss-freundenfels.ch). In dem eleganten kleinen Hotel kann man im Juli und August sein Nachtquartier aufschlagen. Alternativ bietet sich auch das Strohhotel-Senn (Hauptstrasse 126, 8264 Eschenz, strohhotel-senn.ch] etwa 2 Kilometer entfernt am Seeufer als Übernachtungsmöglichkeit an.

1698

schüttet es wie zuletzt zur Sintflut. Für die mit viel Gottvertrauen am Hang errichtete 10 / Propstei Klingenzell gibt's auf dem aufgeweichten Erdreich kein Halten mehr. Sie rutscht ab. Eine kleine Grotte zeugt vom ehemaligen Standort der Propstei.

Abgerutscht

Nach dem Frühstück geht's wieder in den Sattel. Wir fahren zurück zur Kapelle Klingenzell unterhalb des Klingenzellerhofes und biegen auf den Wanderweg nach Mammern ein. Nach wenigen Metern erreichen wir einen weiteren Lost Place unserer Tour: Halb überwuchert und versteckt im Wald befindet sich die Ruine der alten 10 / Propstei Klingenzell, die im späten 17. Jahrhundert in einer Schlammlawine abrutschte. Wir rollen den Waldweg ge-

---

< links / Kaiserlich: der Garten auf Schloss Arenenberg
^ oben / Hat er geblinzelt? Im Landgasthof Rössli ist nur noch wenig los

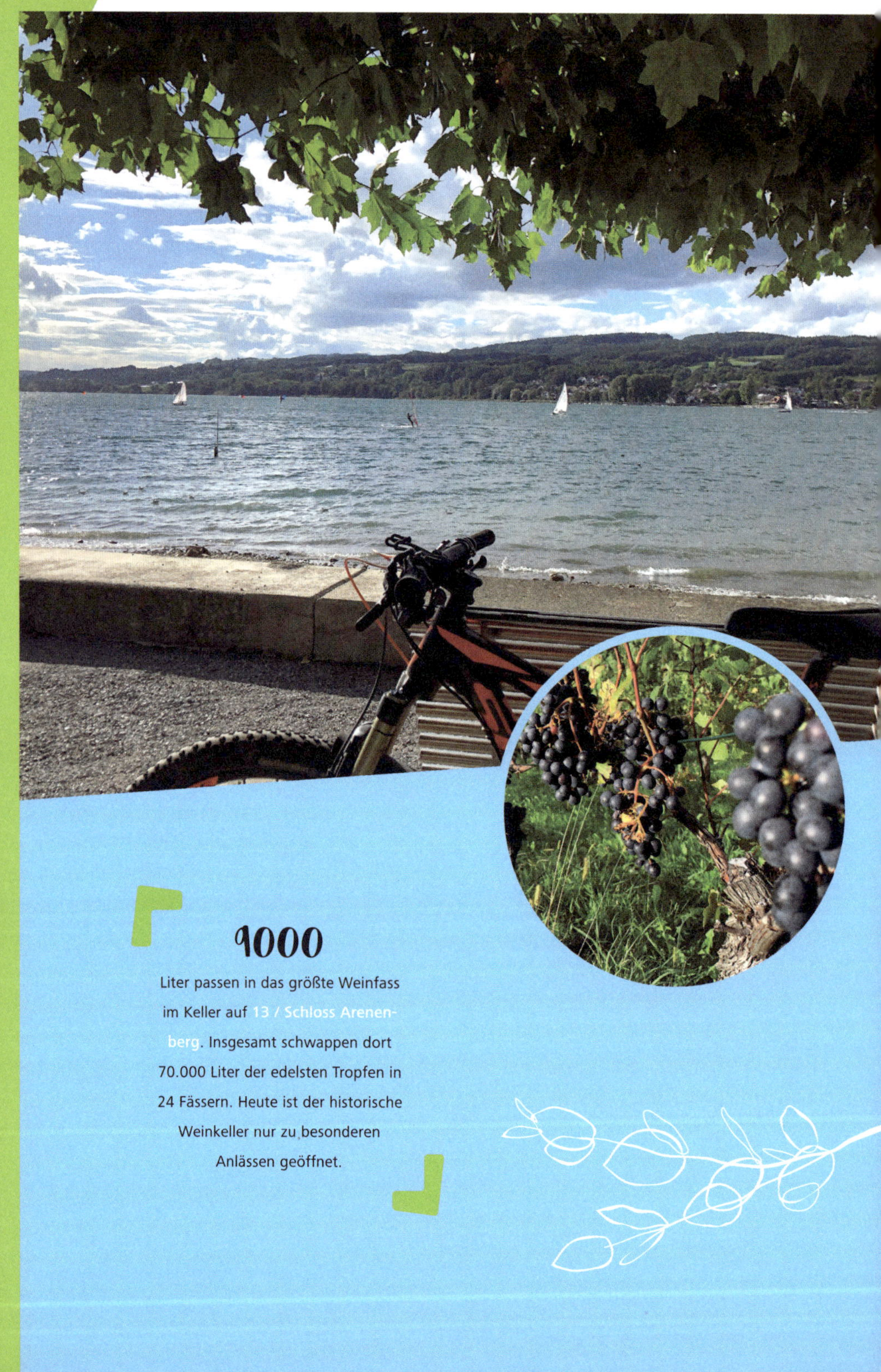

9000

Liter passen in das größte Weinfass im Keller auf 13 / Schloss Arenenberg. Insgesamt schwappen dort 70.000 Liter der edelsten Tropfen in 24 Fässern. Heute ist der historische Weinkeller nur zu besonderen Anlässen geöffnet.

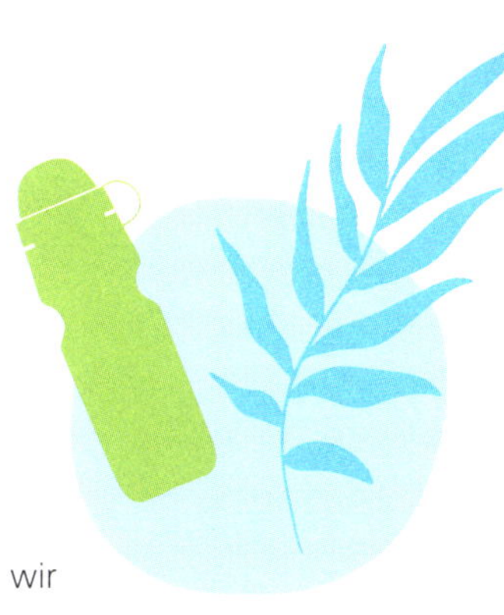

mächlich hinab nach Mammern am Untersee. Dort stoßen wir auf den EuroVelo 15 Rheinradweg. Diesem perfekt ausgebauten Radweg werden wir bis zurück nach Kreuzlingen folgen. Gesäumt wird der Weg von wunderschönen Fachwerk-Städtchen. Besonders hübsch ist die 11 / Seepromenade in Steckborn, von wo sich ein toller Blick über den Untersee bietet. Weiter geht's am Seeufer entlang.

Hinauf zum Lustschloss

In Salenstein gönnen wir uns im gemütlichen 12 / Blumencafé Blüete Ziit (Hauptstrasse 15, 8268 Salenstein), bluet-ziit.ch eine Kaffeepause, bevor es zu einem der absoluten Höhepunkte dieser Tour geht. Nach einem stärkenden Espresso geht es hinauf zum 13 / Napoleonmuseum Schloss Arenenberg (Arenenberg 1, 8268 Salenstein), napoleonmuseum.ch, für einige das schönste Schloss am Bodensee überhaupt. Hoch über dem See und umgeben von malerischen Weinbergen ist die Stimmung hier deutlich weniger unheimlich als an den Lost Places unserer bisherigen Tour. Im Gegenteil. Heiter beschwingt erkunden wir das pittoreske Schloss, in dem Louis Napoleon einen Teil seiner Jugend verbrachte. Zurück am Seeufer bringt uns der Rheinradweg zügig weiter. Direkt an der Strecke laden immer wieder Beizen oder Badis zur Einkehr. In Ermatingen liegt beides sogar direkt nebeneinander. Ein paar Kilometer weiter stoßen wir nochmals auf einen Bunker des Kreuzlinger Festungsgürtels. Direkt am Bunker könnt ihr einen Abstecher hinunter zu einem 14 / Badeplatz am See machen. Wir cruisen am Seeufer entlang weiter Richtung Kreuzlingen, wo wir an der Landesgrenze eine verlassene 15 / Zollstation passieren. Von hier bringen uns die Radwegweiser zuverlässig zurück zum 1 / Bahnhof Kreuzlingen Hafen.

GRAND DAME

Königin Hortense de Beauharnais, Mutter von Louis Napoleon und Hausherrin auf Arenenberg, ist ebenso Gourmet wie vollendete Gastgeberin.

TOUR, DIE DU SO NIE GEMACHT HÄTTEST

< links oben / Seepromenade Steckborn
< links Mitte / Weinreben bei Schloss Arenenberg

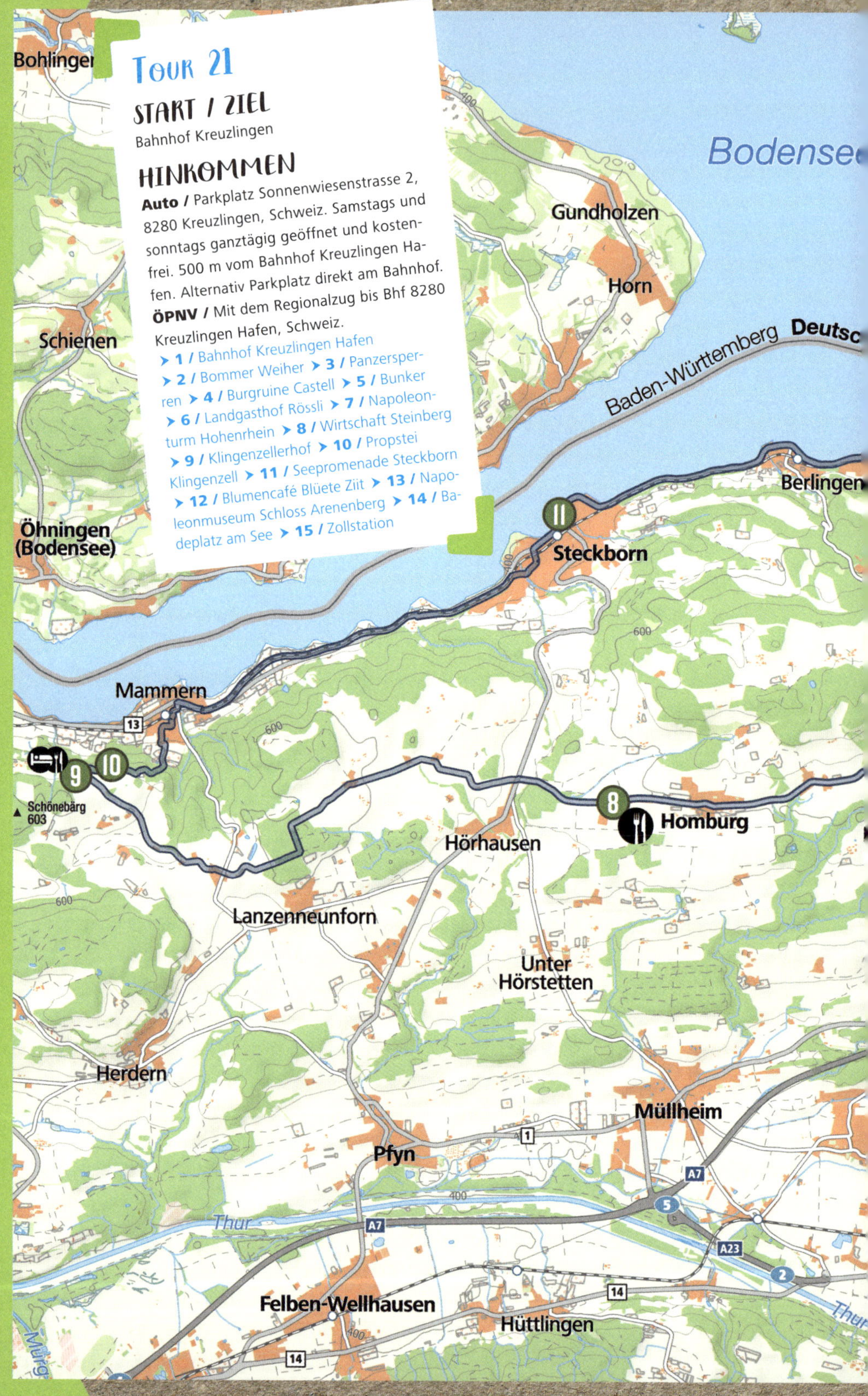

Tour 21

START / ZIEL

Bahnhof Kreuzlingen

HINKOMMEN

Auto / Parkplatz Sonnenwiesenstrasse 2, 8280 Kreuzlingen, Schweiz. Samstags und sonntags ganztägig geöffnet und kostenfrei. 500 m vom Bahnhof Kreuzlingen Hafen. Alternativ Parkplatz direkt am Bahnhof. **ÖPNV /** Mit dem Regionalzug bis Bhf 8280 Kreuzlingen Hafen, Schweiz.

➤ **1** / Bahnhof Kreuzlingen Hafen ➤ **2** / Bommer Weiher ➤ **3** / Panzersperren ➤ **4** / Burgruine Castell ➤ **5** / Bunker ➤ **6** / Landgasthof Rössli ➤ **7** / Napoleonturm Hohenrhein ➤ **8** / Wirtschaft Steinberg ➤ **9** / Klingenzellerhof ➤ **10** / Propstei Klingenzell ➤ **11** / Seepromenade Steckborn ➤ **12** / Blumencafé Blüete Ziit ➤ **13** / Napoleonmuseum Schloss Arenenberg ➤ **14** / Badeplatz am See ➤ **15** / Zollstation

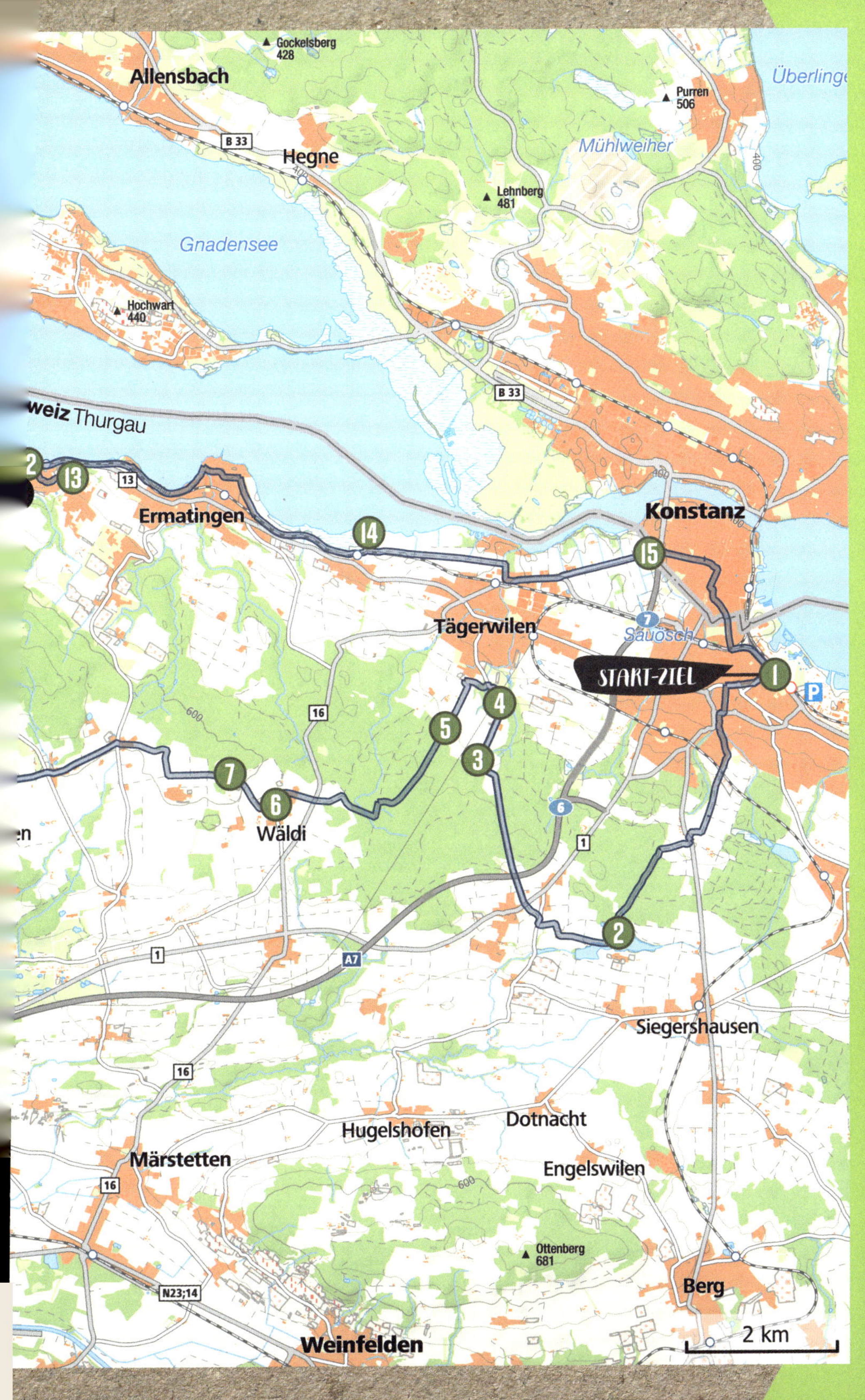

Gockelsberg 428
Allensbach
B 33
Hegne
Purren 506
Überlinge
Mühlweiher
Lehnberg 481
Gnadensee
Hochwart 440
B 33
weiz Thurgau
13
Ermatingen
14
Konstanz
15
Tägerwilen
Sauösch
START-ZIEL
1
P
4
5
3
16
7
6
Wäldi
6
1
2
1
A7
Siegershausen
16
Hugelshofen
Dotnacht
Engelswilen
Märstetten
16
Ottenberg 681
Berg
N23;14
Weinfelden
2 km

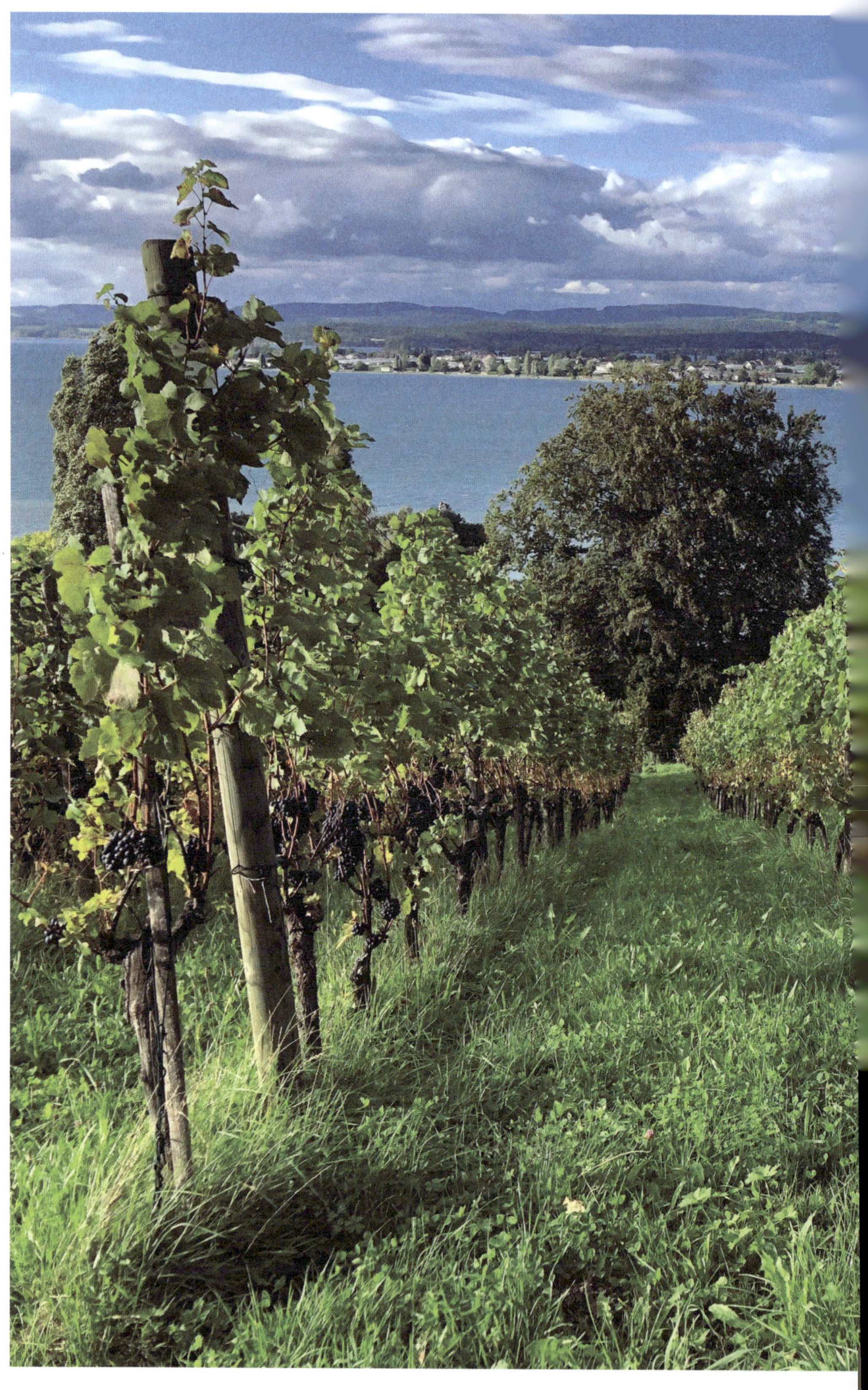

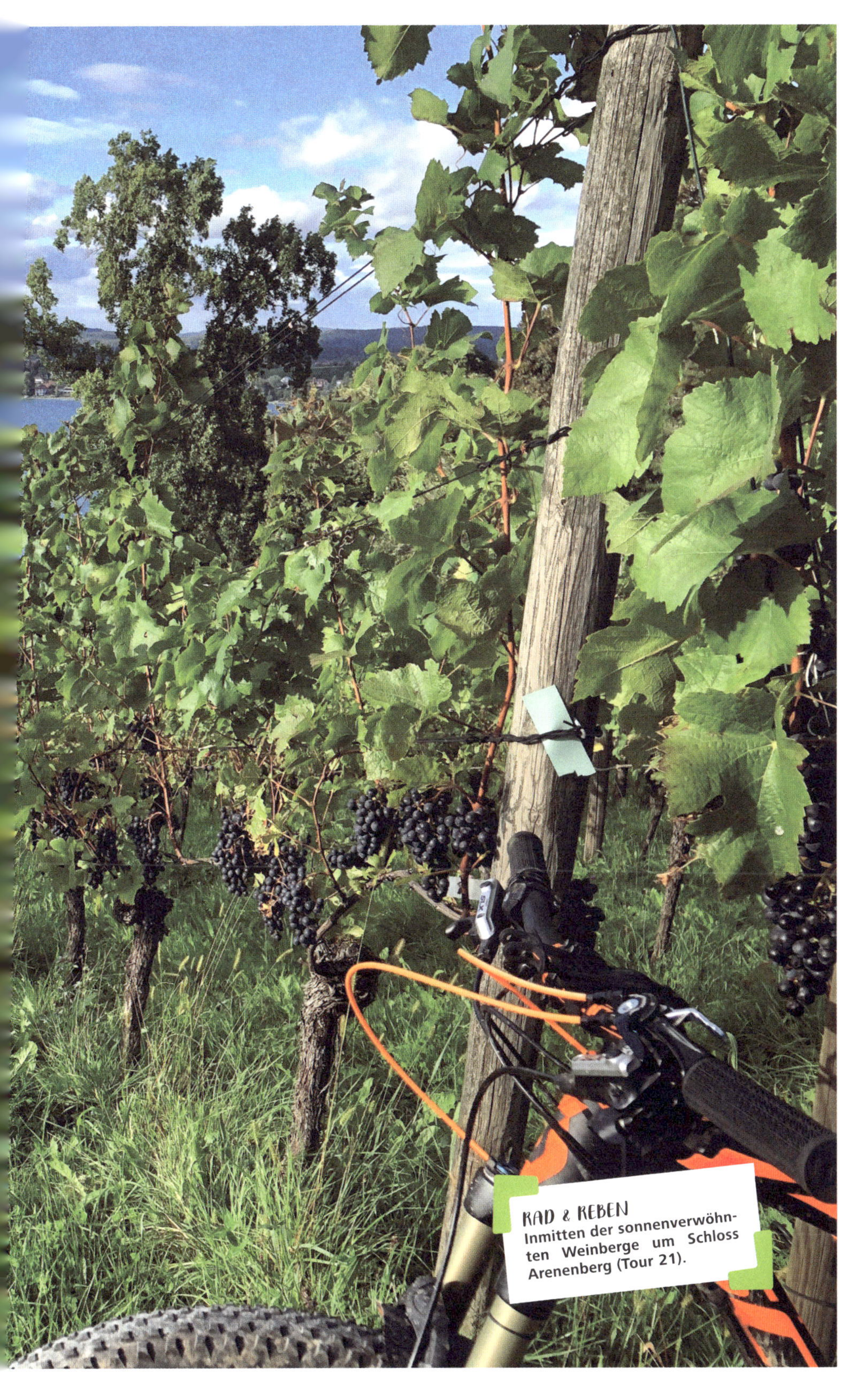

RAD & REBEN
Inmitten der sonnenverwöhnten Weinberge um Schloss Arenenberg (Tour 21).

AUFGESATTELT!

BODENSEE-
UND RADBASICS

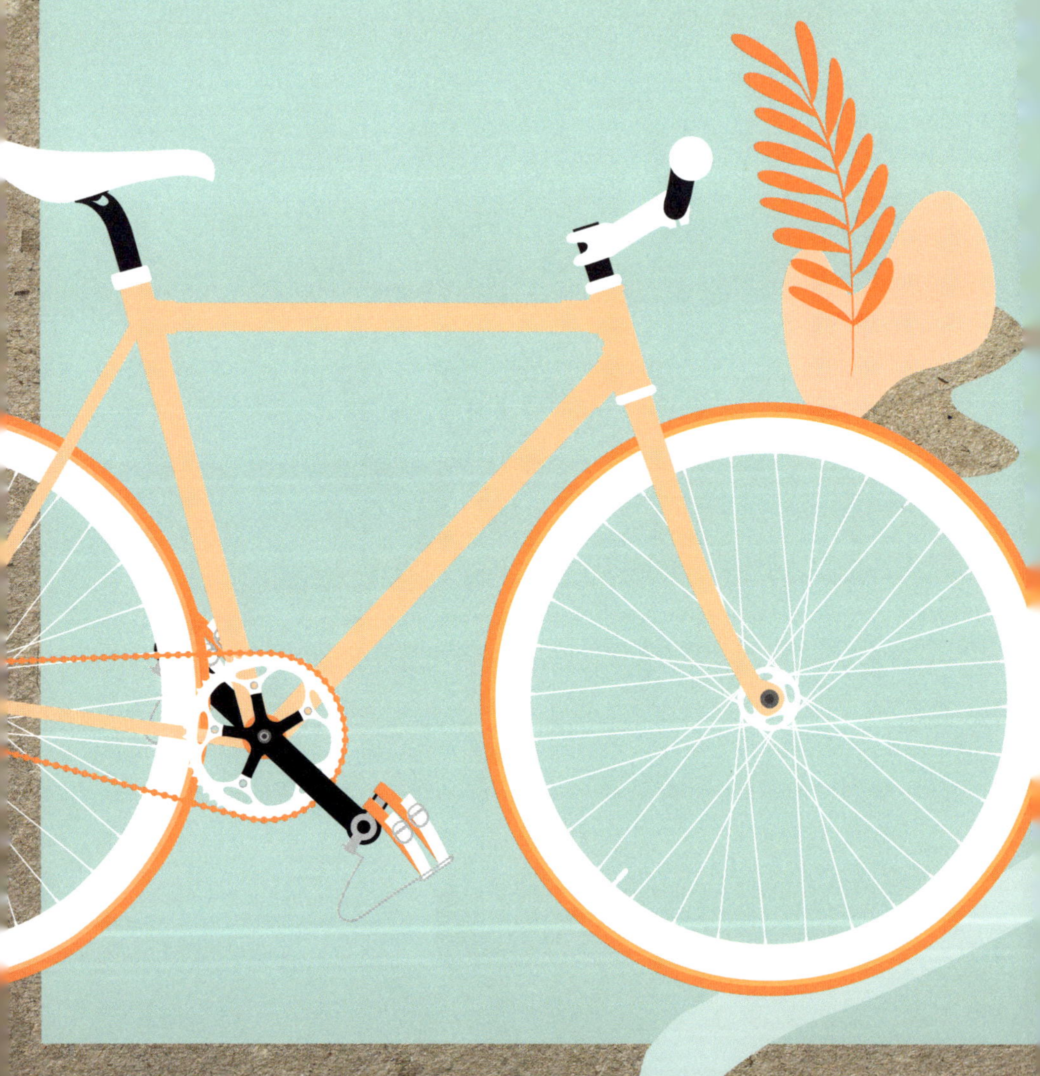

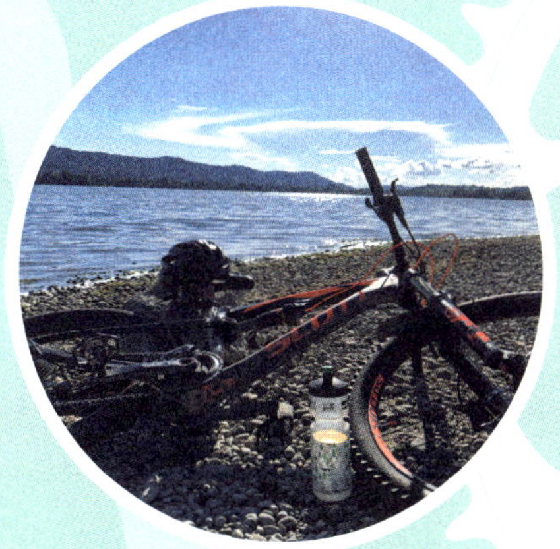

RADVERGNÜGEN

am Bodensee

Fahrräder und der Bodensee, das passt einfach. Denn auf zwei Rädern lässt sich die abwechslungsreiche Vierländerregion um Europas drittgrößtes Binnengewässer besonders gut entdecken. Egal, ob lauschige Badebucht, zünftiger Biergarten, sagenhafte Burg oder lohnendes Museum, der Bodensee bietet alles. Heißt ja nicht umsonst „Wenn ich den See seh', brauch ich kein Meer mehr".

LÄSSIG IM SATTEL AM BODENSEE

So überstrapaziert der Begriff auch ist, der Bodensee ist wirklich ein Eldorado für Fahrradfahrer. Mit seinem gut ausgebauten Wegenetz vor ebenso grandioser wie abwechslungsreicher Kulisse zieht er Radler aus aller Welt wie magisch an. Kein Witz. Während meiner Tour im Rheindelta etwa traf ich ein Paar aus Neuseeland auf ihrer Bodensee-Umrundung. Die meisten, die hier unterwegs sind, dürften aber eine kürzere Anreise haben. Gut 800.000 Fahrradfahrer umrunden den Bodensee jedes Jahr. Zu den Stoßzeiten in den Ferien kann es da schon mal recht voll werden. Trotzdem geht es erfreulich entspannt zu. Natürlich gibt es Ausnahmen. Da rast der Möchtegern-Profi auf seinem Karbon-Boliden haarscharf vorbei, die Hobby-Fotografin parkt ihr Bike mitten auf dem Weg, um den perfekten Shot für Instagram zu machen, und immer wieder demonstrieren Paare jeglichen Alters ihre unerschütterliche Liebe damit, dass sie händchenhaltend stur nebeneinander herfahren. Egal, wer oder was da entgegenkommt. Liebe überwindet bekanntlich alles. Scherz beiseite. Sicher gibt es diese skurrilen Einzelfälle, die überwältigende Mehrheit der Radfahrer am Bodensee ist allerdings freundlich, gelassen, höflich und eigentlich immer hilfsbereit.

ALLES RUND UMS FAHRRADFAHREN AM BODENSEE: WIE DIE FAHRRADKULTUR IST UND WAS DICH ERWARTET

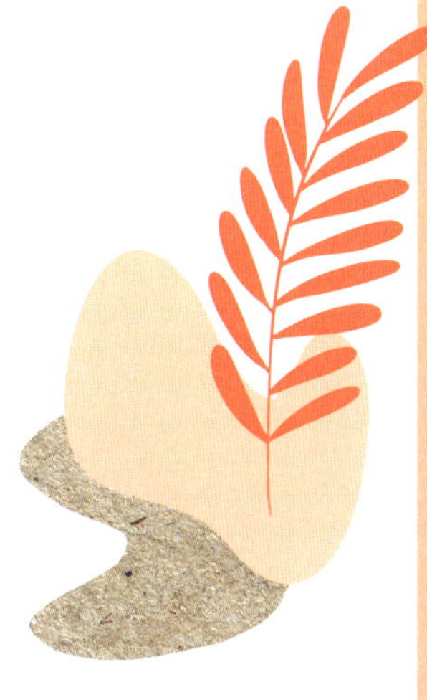

HIER HAT DER APFEL DAS SAGEN: VOM SEEUFER INS HINTERLAND

Die Radwege direkt am See kommen ohne nennenswerte Steigung aus. Hier rollt die ganze Familie wie von selbst. Sobald es jedoch ins Hinterland geht, heißt es schnell mal strampeln. Am Bodanrück, im Hegau, in Vorarlberg und am Seerücken kann es zwischendurch sogar richtig steil werden. Nehmt euch Zeit. Verschnaufpausen bieten in der Regel auch einen tollen Blick auf den See. Omnipräsent ist am Bodensee der Obstanbau. 2022 ernteten die Obstbauern hier etwa 258.000 Tonnen Äpfel. Damit kommt fast jeder dritte Apfel in Deutschland vom Bodensee. Ebenfalls große Bedeutung haben Wein- und Hopfenanbau. Durch die sanften Hügel der Obstplantagen und Streuobstwiesen radelt es sich jedenfalls sehr entspannt. Und obwohl allgegenwärtig, ist das Obst nur eine Facette dieser Genussregion. Besonderes Highlight ist natürlich das Bodensee-Felchen, nicht nur für ausgewiesene Gourmets.

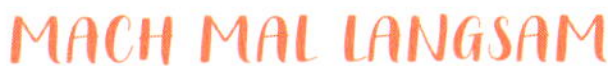

MACH MAL LANGSAM

Fitte Radler reißen die 260 Kilometer um den See schon mal an einem Tag runter. Aber mal ehrlich: Dabei geht doch die ganze Stimmung flöten. Und vom Bodensee und seinen Highlights bekommt man auch nichts mit. Wir prügeln also nicht über die Piste, sondern cruisen mit entspannten 15 km/h. So ergeben sich die bei den einzelnen Touren angegebenen Fahrzeiten.

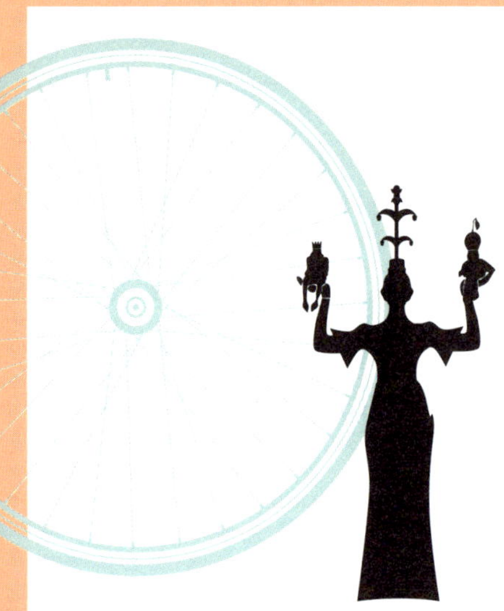

ZU WASSER UND ZU LAND

Die Starts und Ziele unserer Touren liegen nie weit von einem Bahnhof entfernt. Am westlichen Bodensee verbindet der Seehaas die einzelnen Ortschaften miteinander, auf der Schweizer Seeseite der THURBO. Die Fahrradmitnahme in beiden Zügen ist easy. So könnt ihr problemlos auf die Schiene umsteigen, sollte euch die Tour zu lang oder der Tag zu kurz werden. Gleiches gilt für die Fährverbindungen. Lohnenswert ist da eine Bodensee-Card Plus, mit der ihr die Kursschiffe auf dem See nutzen könnt. Außerdem gibt's mit der Karte freien Eintritt bei zahlreichen Ausflugszielen (www.bodensee.de).

SICHER IST SICHER

Erwachsene Radlerrinnen und Radler sind zwar nicht verpflichtet, einen Helm zu tragen, trotzdem empfiehlt sich die robuste Radlermütze zur Vermeidung ernsthafter Verletzungen. Man weiß ja nie und kann ja mal. Insbesondere an Tagen, an denen am und um den See viel los ist. Ladestationen für E-Bikes findet ihr an den meisten Schiffsanlegern und auf Marktplätzen. Wer nett fragt, der kann seinen Akku häufig auch in Cafés, Biergärten oder Restaurants laden. Pannenhilfe gibt's im Fall der Fälle bei den vielen Fahrradgeschäften in der Region oder am Wegesrand an fest installierten RadService-Punkten, die mit Werkzeug und Luftpumpe ausgerüstet sind. Und jetzt: Rauf auf den Bock und ab ins Abenteuer. Der See wartet auf euch.

FACTS BODENSEE

BADENSEE

Häufig wird der See scherzhaft als „schwäbisches Meer" bezeichnet. 130 Kilometer seines Ufers liegen allerdings in Baden.

14 INSELN

liegen im Bodensee. Die größte ist mit 430 ha die Reichenau. Die künstlich angelegte Insel Hoy vor Lindau ist gerade einmal 53 qm groß.

800.000

Radfahrer umrunden den Bodensee jährlich. Die Hälfte davon gefühlt gleichzeitig in den Sommerferien.

GRENZENLOS

Der Obersee zwischen Konstanz und Bregenz gilt als „Kondominium": Da die Anrainer bisher keine Grenzen festgelegt haben, teilen sie sich die Hoheitsrechte.

273 KILOMETER

ist das Ufer des Bodensees lang. Bei seiner Umrundung kürzt der Bodenseeradweg etwas ab: 263 Kilometer geht's durch Deutschland, Österreich und die Schweiz.

1963

gab's die letzte „Seegfröre": Der Bodensee fror komplett zu. Zeitweilig war das Eis so dick, dass man den See mit dem Auto überqueren konnte.

9.200 LITER

Bodenseewasser verdunsten pro Sekunde.

MEHR ALS 300

Schiffswracks liegen auf dem Grund des Bodensees. Das älteste gefundene Wasserfahrzeug ist ein 3000 Jahre alter Einbaum.

4,5 MILLIONEN

Menschen trinken Wasser aus dem Bodensee. Jährlich pumpen 17 Wasserwerke 180 Millionen Kubikmeter Wasser aus dem See.

RAUSZEIT-HIGHLIGHTS

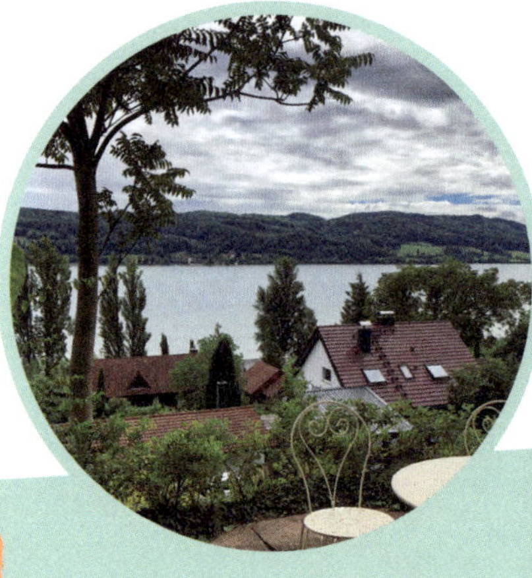

FÜR KINDER

Mach mit!
In der interaktiven 9 / inatura–Erlebnis Naturschau in Dornbirn müssen junge Forscher selbst ausprobieren.
Tour 17 // Seite 159

Klar zum Entern!
Mit Anlauf geht's im 3 / Strandbad Eriskirch und im kostenfreien Freibad 3 / Naturerlebnispark Schlosssee Salem ins Wasser. Hier wartet ein Piratenschiff aufs Entern.
Tour 5 & 18 // Seite 42 & 166

Kletterpartie am Ufer
Der knapp 60 Meter lange Trail aus Hängebrücken und Seilen auf dem Abenteuer-Spielplatz im 11 / Uferpark Überlingen erfordert Geschicklichkeit – und Mut.
Tour 18 // Seite 171

Countdown läuft!
Mars-Gestein, ein echter Raumanzug und Außerirdische in der Kinder Raumfahrtausstellung im 2 / Dornier Museum für zukünftige Astronauten und angehende Raketentechniker.
Tour 9 // Seite 73

FÜR E-BIKER

Locker bergauf
Ohne Schnappatmung den 6 / Höchsten rauf. Mit E-Unterstützung fliegen die Streuobstwiesen nur so vorbei.
Tour 20 // Seite 197

Kaffeefahrt
Zwischen Immenstaad und Markdorf durch die Obstgärten entspannt von Café zu Café cruisen. Next Stopp: 5 / Obst- und Beerenhof Pfleghaar.
Tour 4 // Seite 37

Drück drauf!
Zwischen Wangen auf der Höri und der 8 / Altstadt von Stein am Rhein könnt ihr's über die grüne Grenze richtig laufen lassen: Breite Wege, kaum Steigung.
Tour 11 // Seite 100

Bergsprint ohne Schwitzen
Der steile Abstecher hinauf zur aussichtsreichen 10 / Antoniuskapelle bei Wasserburg ist mit Extra-Antrieb ein Klacks.
Tour 6 // Seite 54

Top für jede Lust und Laune: Kleine und große Abenteuer, die besten Einkehrtipps und entspanntesten Pausenplätze

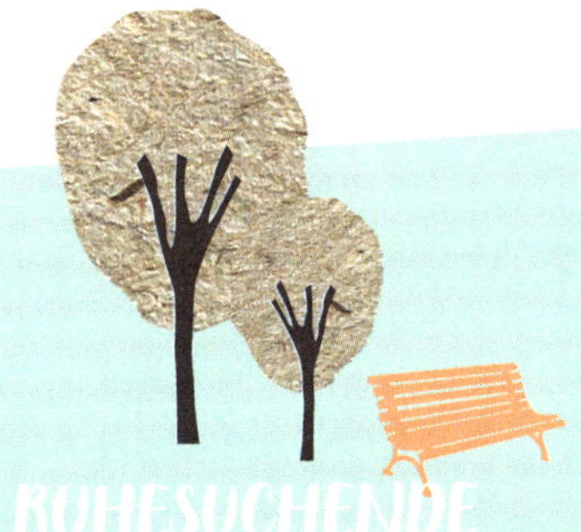

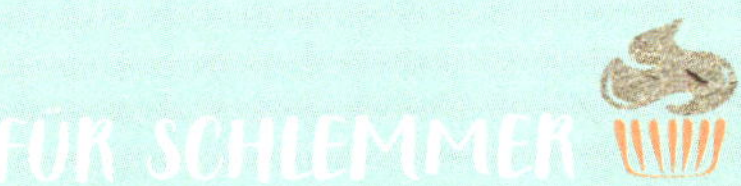

FÜR SCHLEMMER

Fangfrisch

Auf der Reichenau genießt man frisch! Egal, ob vom Acker oder aus dem See. Köstliche Felchen gibt's im 4 / Fischbistro „Bei Riebels". Dazu einen Weißwein von der Insel.

Tour 1 // Seite 10

Kühles Helles

Der Tettnanger Aromahopfen verleiht Bier weltweit Geschmack. Im 5 / Hopfengut N° 20 erfährt er bei Tastings und Brauereiführung eine ebenso köstliche wie standesgemäße Huldigung.

Tour 13 // Seite 118

Historisches Ambiente

Im 1639 erbauten 7 / Roten Haus im Zentrum Dornbirns genießt man die exzellente Küche in besonderer Kulisse.

Tour 17 // Seite 158

Hemdsärmelig und gut

In der gemütlichen 8 / Pizzeria Seekuh unweit des Konstanzer Hafens kommen nicht nur Pizzafans und Pasta-Liebhaber auf ihre Kosten.

Tour 9 // Seite 78

FÜR RUHESUCHENDE

Vintage Baden

2 / Aeschacher Bad und 7 / Seebad Steinach sind mit ihren historischen Badehütten echte Ruheoasen am See. Die Plätze sind begrenzt.

Tour 6 & 8 // Seite 50 / 70

Künstlerrefugium

Im idyllisch gelegenen 6 / Museum Haus Dix in Gaienhofen auf der Höri scheint die Zeit stehen geblieben zu sein. Beinahe erwartet man Familie Dix im Esszimmer Platz zu nehmen.

Tour 11 // Seite 98

Auf einen Minnesang

Das Areal der wildromantisch überwucherten 5 / Ruine Mägdeburg ist so weitläufig, dass sich immer ein stiller Winkel finden lässt.

Tour 2 // Seite 20

Endlich mal abschalten

St. Peter und Paul am äußersten Zipfel der Reichenau bietet eine willkommene Zuflucht. Beim Blick auf die Fresken kommt man wieder runter.

Tour 1 // Seite 10

DAS KRIEGST DU NICHT ALLE TAGE

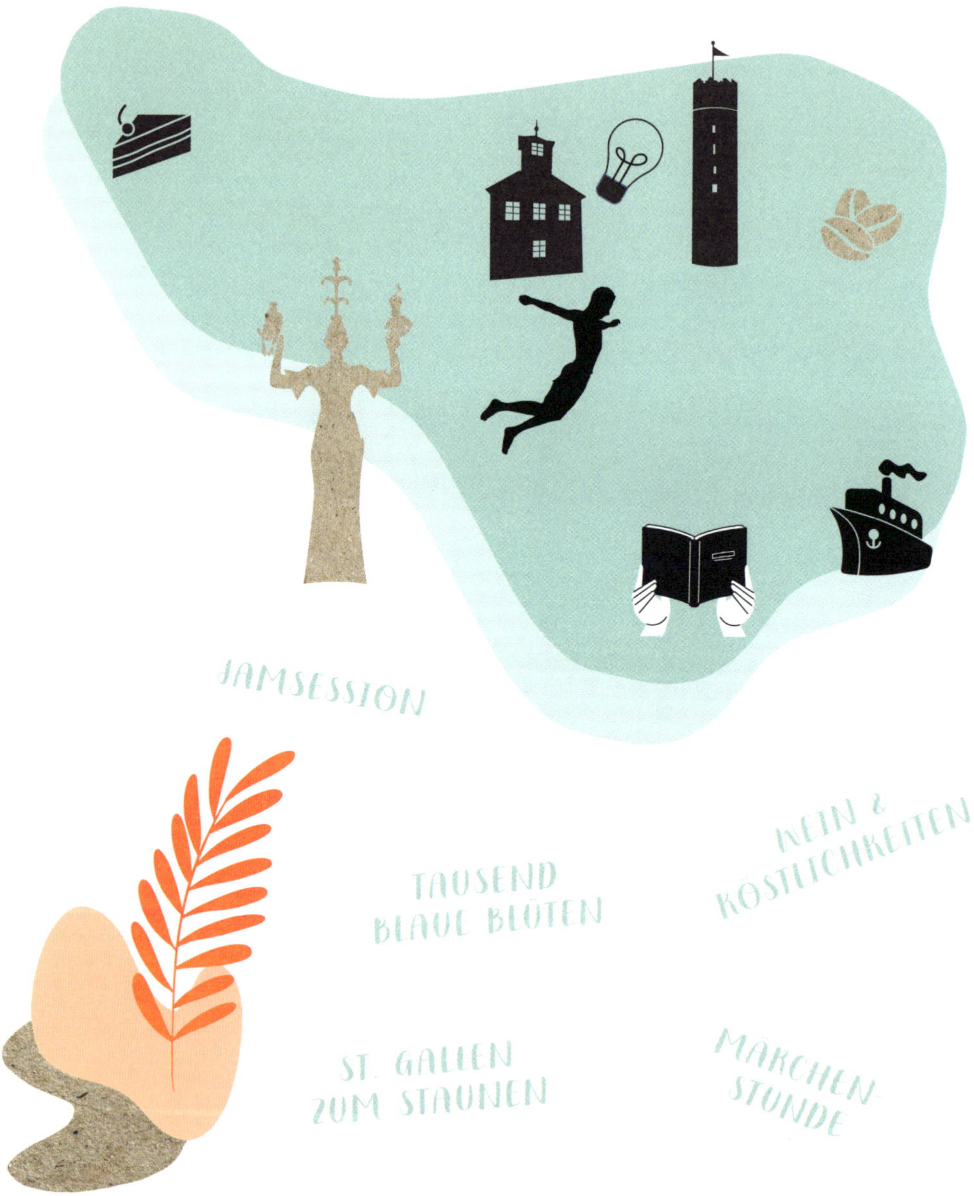

JAMSESSION

TAUSEND BLAUE BLÜTEN

WEIN & KÖSTLICHKEITEN

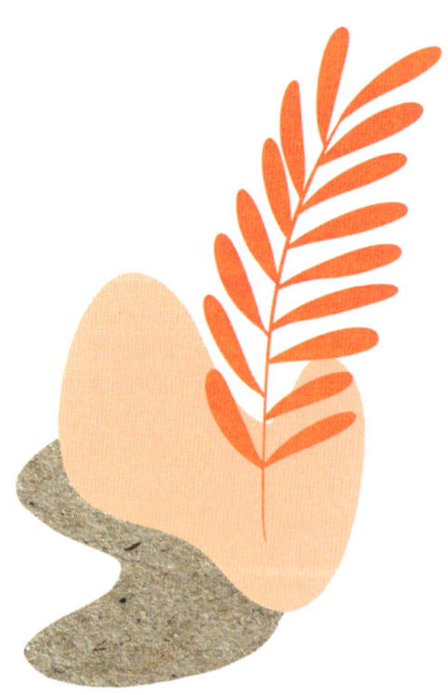

ST. GALLEN ZUM STAUNEN

MÄRCHENSTUNDE

*Wann am besten wohin?
Die Events zu den Touren
findest du hier*

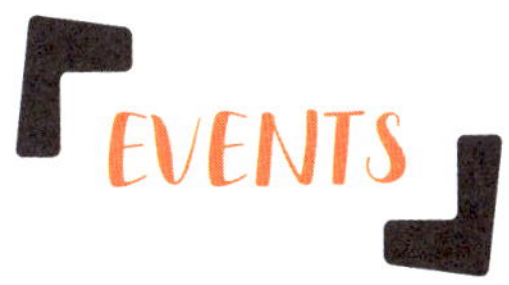

HOHENTWIELFESTIVAL

SINGEN Jedes Jahr wird ein Juli-Wochenende lang auf der Festung gejammt. Eines der ältesten Freiluftmusikfestivals Deutschlands. hohentwielfestival.de

Tour 2

IRISBLÜTE

ERISKIRCHER RIED Von Mitte Mai bis Anfang Juni leuchten tausende blaue Blüten auf den Feuchtwiesen.

Tour 5

WINZER FESTIVAL

WASSERBURG, NONNENHORN UND LINDAU Die Weingüter laden jährlich Ende Juni/Anfang Juli zum Winzer-Festival KOMM UND SEE mit Livemusik, Wein und Köstlichkeiten. kommundsee.de

Tour 6

SCHIPPE & FÖRMCHEN

RORSCHACH SCHWEIZ Beim Sandskulpturen Festival zeigen die Profis, was man aus Sand machen kann. Sandskulpturen.ch

Tour 8

UNESCO-WELTERBE

ST. GALLEN Zum Staunen – Stiftsbezirk mit Bibliothek und Kathedrale mit Schlenker durch die Altstadt. Mai bis Oktober

Tour 8

BÜLLEFEST

MOOS AUF DER HÖRI Ein Hoch auf die Zwiebel! Während des Büllefestes in Moos auf der Höri wird jedes Jahr am ersten Wochenende im Oktober die milde Rote zelebriert.

Tour 11

HOPFENERNTE

TETTNANG Der Startschuss fällt um den 25. August zur Hopfenernte. Führungen und Tastings auf dem Hopfengut N° 20. hopfengut.de

Tour 13

DAS RUTENFEST

RAVENSBURG Kurz vor den Sommerferien steigt das historische Schüler- und Heimatfest als „fünfte Jahreszeit". das-rutenfest.de

Tour 14

MÄRCHENSTUNDE

LINDAUER HAFEN Wenn Rapunzel ihren langen Zopf aus dem Mangturm am Lindauer Hafen hängt, ist Märchenstunde. Von Mai bis September, Fr 19 Uhr. lindau.de

Tour 6 & 15

FÜR MITTELALTERFANS

MEERSBURG Von April bis Oktober kommt Leben in die Meersburg. Mittelalterfans spielen im Burggemäuer das damalige Leben nach. Schwertkunde und Armbrustschießen inklusive. burgbelebung-meersburg.de

Tour 18

PACKLISTE

GRUNDAUSSTATTUNG

- Fahrradhelm
- Radkleidung
- Radhandschuhe
- Radbrille
- Trinkflasche
- Fahrradschloss
- Handy
- Karte/Navigationsgerät
- Fahrradlicht, Ersatzakku/-batterie
- Erste-Hilfe-Set

+

TAGESTOUR

- Regenkleidung
- Wechselkleidung
- Reparaturset: Ersatzschlauch, Werkzeug
- Luftpumpe
- Packtaschen klein
- Verpflegung: Snacks, genügend Wasser
- evtl. wasserdichte Handyhülle

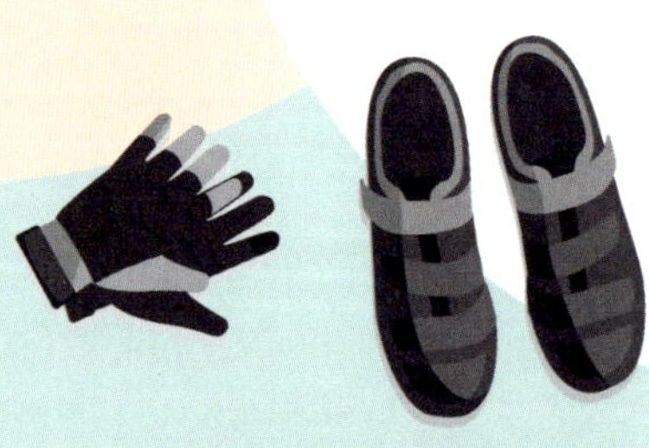

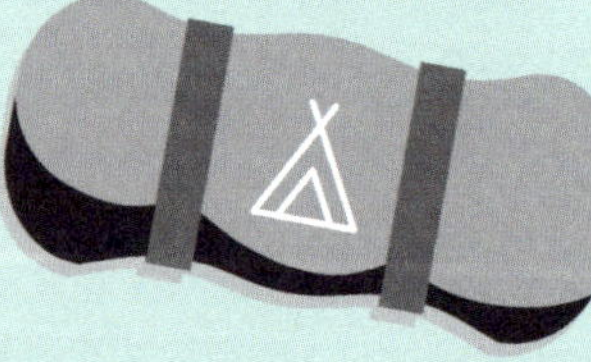

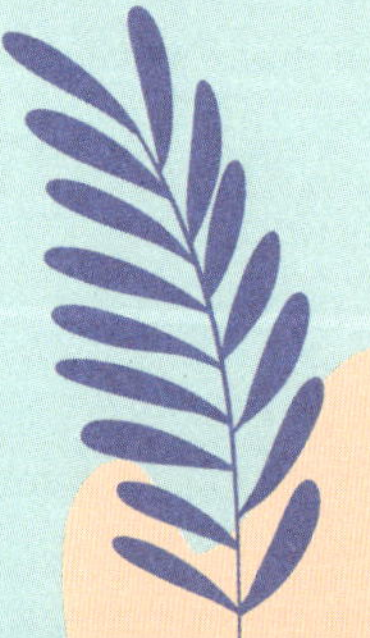

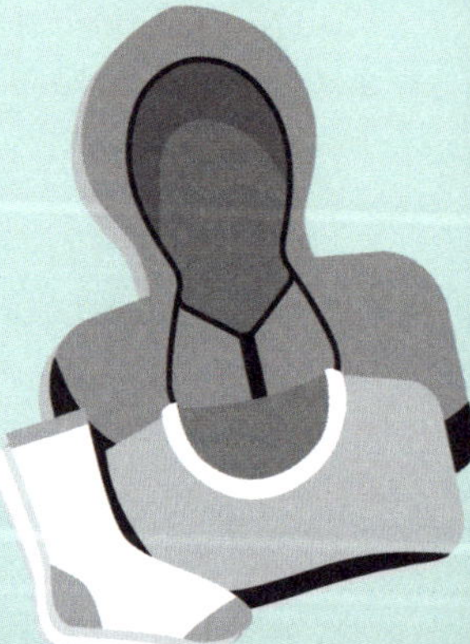

BIKEAWAYTOUR

- Zahnbürste
- Waschbeutel
- Packtaschen groß
- evtl. Zelt
- evtl. Schlafsack
- evtl. Kompass
- Handyladegerät

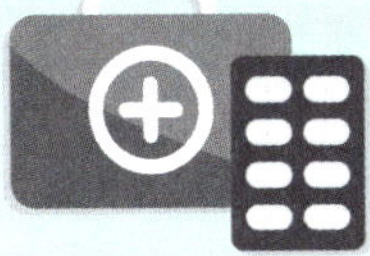

REISE-APOTHEKE

Pflaster & Blasenpflaster, Mückenschutz, Sonnenschutz, Zeckenkarte

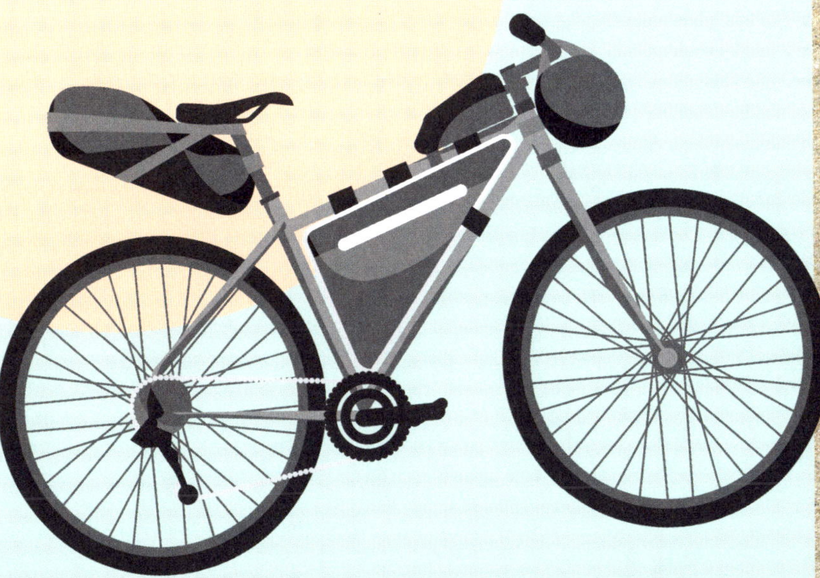

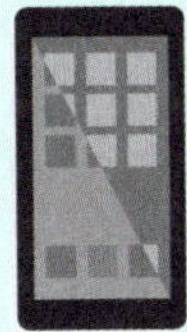

RADCHECK

findest du auf der nächsten Seite

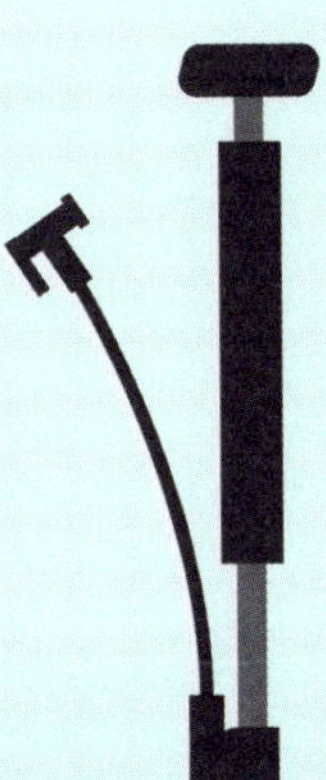

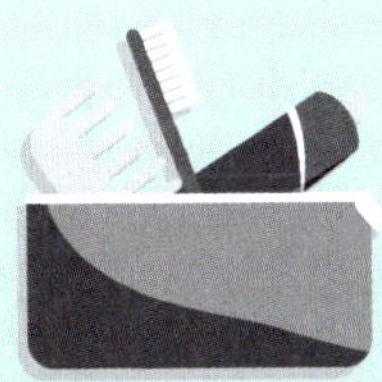

RADCHECK

AM BESTEN
nimmst du dein Fahrrad vor jeder Tour unter die Lupe, zumindest aber beim Frühjahrsputz. Darüber hinaus ist ein regelmäßiger Service bei Profis zu empfehlen.

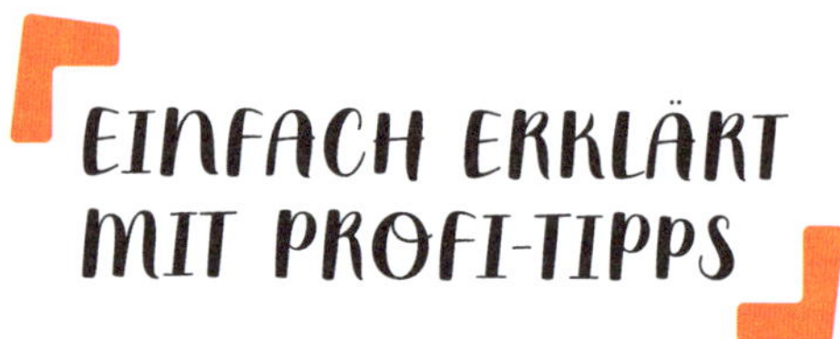

Picobello: Reinigung des Fahrrads

Ein sauberes Fahrrad lebt länger und dir fallen beim Putzen Defekte auf. Daher ran an den Schwamm und die milde Seife oder den Fahrradreiniger und losgelegt! Wenn das Fahrrad getrocknet ist, mit einem sauberen Lappen Wasserränder wegpolieren. Handarbeit ist angesagt – ein Hochdruckreiniger ist tabu, da er auch Fett und Öl entfernt und Wasser in empfindliche Teile eindringen kann.

Tipp: Für verwinkelte Teile ist eine alte Zahnbürste praktisch.

Pralle Geschichte: die Reifen

Um grob den Reifendruck zu überprüfen, mach die Daumenprobe: Lässt sich der Reifen mehr als 1 cm eindrücken, musst du pumpen. Angaben zu Mindest- und Maximaldruck findest du auf der Reifenflanke. Für wenig Rollwiderstand auf befestigten Straßen orientiere dich an der oberen Grenze, wenn du auf unbefestigten Wegen unterwegs bist, an der unteren. Je schmaler der Reifen und je höher das Gesamtgewicht, desto mehr Luftdruck ist nötig. Am einfachsten lassen sich die Reifen mit einer Standpumpe mit Druckmesser aufpumpen.

Tipp: Fahrradgeschäfte bieten machmal vor Ort gratis Pumpen zum Selbermessen und -aufpumpen an.

Nimm auch das Reifenprofil unter die Lupe: Entferne eventuelle Steinchen oder Scherben und halte nach Rissen oder Schnitten Ausschau. Wenn das Profil zu brüchig oder stark abgefahren ist, brauchst du einen neuen Mantel.

Läuft wie geschmiert: Kette reinigen und ölen

Fürs Reinigen zuerst mit einem trockenen Tuch Kette von altem Fett und Schmutz befreien, indem du am Pedal drehst und so die Kette durch das Tuch ziehst. Den feinen Zwischenräumen kannst du wieder mit der Zahnbürste zu Leibe rücken. Danach Kettenöl, am besten biologisch abbaubares, auftragen, indem du es hinten auf die Kette träufelst, während du sie mit dem Pedal durchdrehst. Kurz einwirken lassen, dann mit einem Lappen das überschüssige Öl von der Kette abziehen.

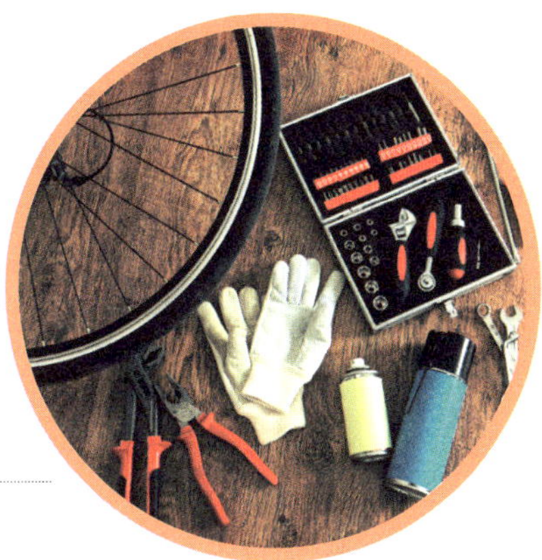

Tipp: Hast du eine Kettenschaltung, schalte einmal alle Gänge durch, damit sich das Öl auf allen Zahnrädern verteilt.

Eine gut geölte Kette und der richtige Reifendruck machen außerdem ein E-Bike leichtgängiger, was die Akku-Reichweite erhöht.

✓ Schraube locker?

Prüfe regelmäßig die Schraubverbindungen der Steuerung (Lenker, Vorbau und Steuersatz), Laufräder, Pedale, Sattelklemmen und Anbauteile wie Schutzbleche und Gepäckträger.

Tipp: Legst du selbst Hand an, ist ein Drehmomentschlüssel am besten, damit du die Schrauben entsprechend den Drehmomentangaben für dein Fahrrad nachziehen kannst.

✓ Nichts kann dich stoppen, außer: die Bremsen

Prüfe, ob vordere und hintere Bremse einen gleichmäßig starken Druckpunkt haben. Öffne und schließe die Bremsen auch im Stand. Wenn bei hydraulischen Bremsen mehrmaliges Pumpen für einen soliden Druckpunkt erforderlich ist oder sich der Hebel bis zum Lenker durchziehen lässt, muss das System entlüftet werden. Wenn bei mechanischen Felgenbremsen die Bremsarme nicht gleichmäßig arbeiten, einstellen (lassen). Sind die Verschleißindikatoren auf den Bremsbelägen, kleine Rillen im Gummi, verschwunden, müssen die Beläge getauscht werden. Den Verschleiß von Scheibenbremsen kannst du bei relativ neuen Belägen mit einer Taschenlampe von oben durch den Schlitz im Sattel prüfen. Bei älteren und dünneren Belägen müssen die Räder zur Sichtprüfung ausgebaut werden.

Tipp: Gegen Verschmutzung und Korrosion der Bremszüge bei mechanischen Bremsen hilft ein Spritzer Teflonspray in die Enden der Außenhüllen. So gleiten die Kabel besser in ihrer Hülle.

✓ Damit dir ein Licht aufgeht: die Beleuchtung

Weil's am Abend auch schon mal später werden kann und du auch am Rückweg sichtbar sein möchtest: Sind Lichter und Reflektoren vorhanden und funktionieren sie?

Für alle mit extra Antriebskraft: Akku & Motor

Bei längerer Nichtnutzung, zum Beispiel in der Winterpause, achte darauf, dass sich der Akku nie tiefenentlädt. Korrosionsspuren bei den Steckverbindungen kannst du mit einem speziellen Kontaktspray entfernen. Fallen dir Schäden am Motorgehäuse auf, am besten schnell in eine Fachwerkstatt.

Los geht's!

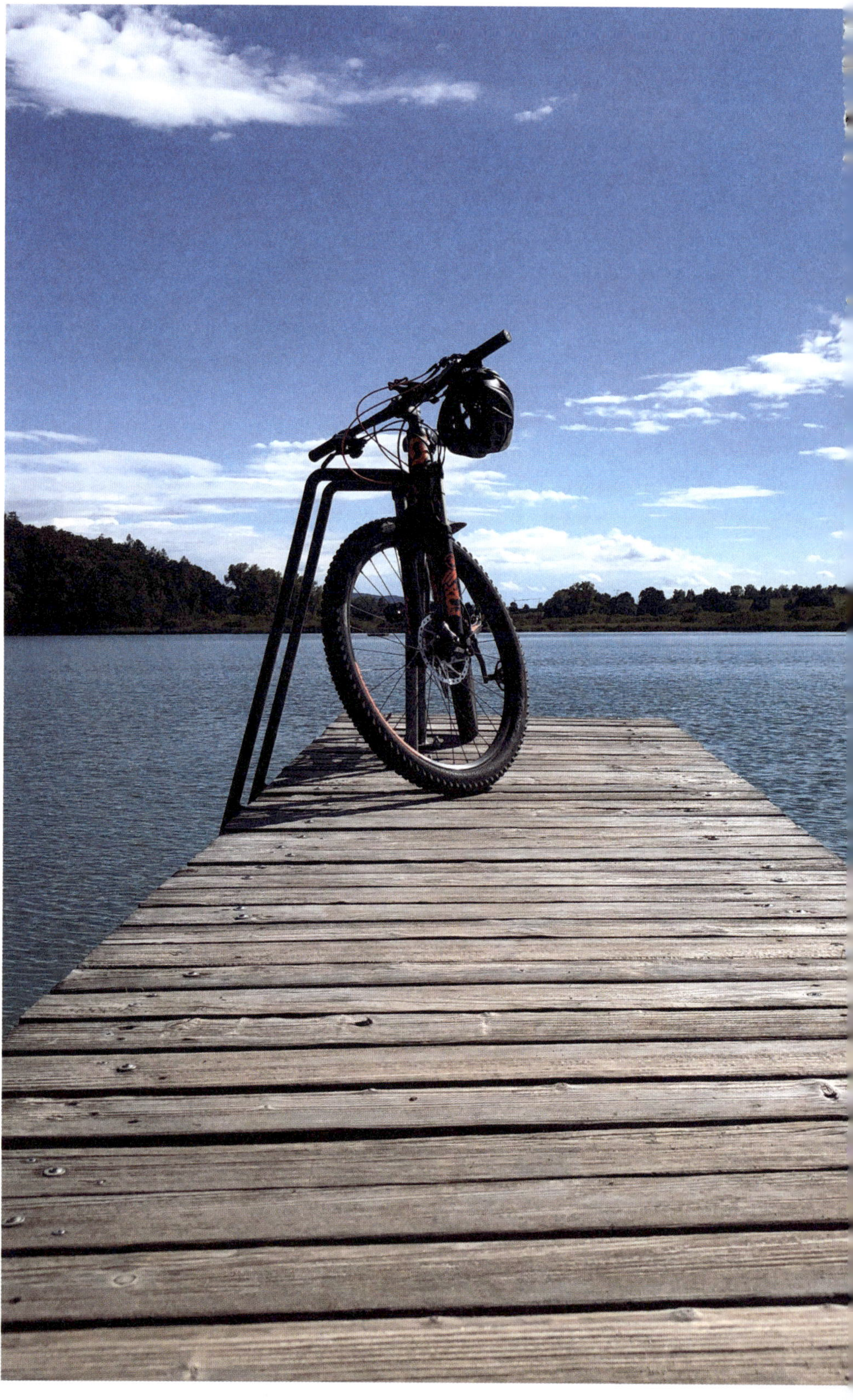

IMPRESSUM

© KOMPASS-Karten GmbH
Karl-Kapferer-Straße 5
A-6020 Innsbruck
www.kompass.de

1. Auflage 2023 (23.01)
Verlagsnummer 3817
ISBN 978-3-99121-910-1

Text und Fotos (soweit nicht anders angegeben): Kai Glinka

Titelbild: Der Hafen in Lindau (© bbsferrari–stock.adobe.com)
Titelillustration: © FUGE Freiburg–stock.adobe.com, © svetazi–stock.adobe.com

Fotos: AdobeStock: © Marc Kunze–stock.adobe.com (28), © Heinz–stock.adobe.com (43 ob.), © Stockgalp–stock.adobe.com (44), © JRG–stock.adobe.com (56), © Michael Derrer Fuchs–stock.adobe.com (59 unten), © omar aboud–stock.adobe.com (61), © Bruno Mader–stock.adobe.com (131), © turtles2–stock.adobe.com (144), © Svensen–stock.adobe.com (187), © sandycs–stock.adobe.com (188 ob.), © wemm–stock.adobe.com (188 unten) © Martin Schlecht–stock.adobe.com (196), © alexanderoberst–stock.adobe.com (200), © Volker Loche–stock.adobe.com (201), © richardseeley–stock.adobe.com (202 unten), © Monika Wisniewska–stock.adobe.com (237), © jessicahyde–stock.adobe.com (Graspapier-Hintergrund div. Seiten);
© Regio e.V. (12, 16), © Bodensee Wasserversorgung (24), © Gemeinde Sipplingen/blateral creativ agency (27 ob., 29), © Lindau Tourismus/Frederik Sams (51 unten), © Lindau Tourismus/Hari Pulko (52), © Bodensee/Fotostudio Kasper (97 unten), © Stadt Ravensburg/Claudia Casagranda (124), © Stadt Ravensburg/Reinhold Armbruster-Mayer (127 ob., 240), © Stadt Ravensburg (127 unten), © Museum Humpis Quartier/Jehle Will (129), © Ernst Fesseler (137 ob.), © Credit LRA Lindau/Frederik Sams (141)

Gestaltung / Illustration – Composing / Agenten und Freunde Iris Streck München

Illustrationen: AdobeStock: © Azar–stock.adobe.com, © askaja–stock.adobe.com, © mtmmarek–stock.adobe.com, © svetazi–stock.adobe.com, © val_iva–stock.adobe.com; creativmarket: © amber&ink, © NassyArt
Miniaturen auf illustrierten Karten: AdobeStock: © Dsgnteam–stock.adobe.com, © indra23_anu–stock.adobe.com, © Rena Marijn–stock.adobe.com, © PureSolution–stock.adobe.com, © FUGE Freiburg–stock.adobe.com, © LiaRey–stock.adobe.com
Grafische Herstellung: KOMPASS-Karten, Agenten und Freunde München
Karten: © KOMPASS-Karten GmbH unter Verwendung OpenStreetMap Contributors (www.openstreetmap.org)

Erzähl uns von deinen Abenteuern auf Instagram und Facebook mit: #folgedeinemKOMPASS

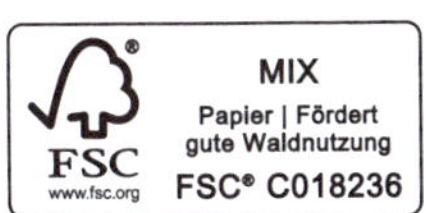

BIKE-BUCKETLIST BODENSEE

BESTE RUNDUMSICHT

Von der 10 / Hochwart auf dem höchsten Punkt der Insel Reichenau schweift der Blick ungehindert über den Untersee. Und ein Café gibt's hier auch noch. Perfekt!

Tour 1 // Seite 14

HALBINSEL DER KÜNSTLER

Hesse dichtete hier, Dix fand's „zum Kotzen schön": Die Halbinsel Höri gehört zu den idyllischsten Ecken am Bodensee. Unweit der Grenze zur Schweiz geht's wunderbar beschaulich zu.

Tour 11 // Seite 94

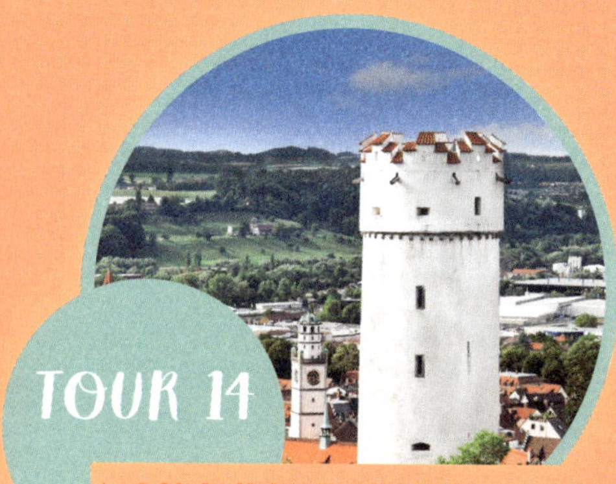

TOUR 14

WOLKENKRATZER

Einer der imposanten Türme Ravensburgs ist der 5 / Mehlsack. Vom 51-Meter-Bollwerk schweift der Blick bei guter Sicht bis zum Bodensee!

Seite 126

AUF EIN BAD IM NATURPARADIES

Richtig gelesen. Obwohl der 3 / Mindelsee unter Naturschutz steht, darf man hier vom Badesteg am Nordufer ins glasklare Wasser springen. Die einheimischen Fische nehmen's gelassen.

Tour 10 // Seite 86

UND SIE DREHT SICH NOCH

Anfangs ein Skandal, mittlerweile das Wahrzeichen der Stadt. Peter Lenks leicht bekleidete 5 / Imperia zieht am Konstanzer Hafen alle Blicke auf sich.

Tour 9 // Seite 76

GROSSE BÜHNENKUNST

Alle zwei Jahre verpassen die Bühnenbauer der Bregenzer 2 / Seebühne sozusagen ein neues Outfit. Eines spektakulärer als das andere. Auch ohne Oper.

Tour 16 // Seite 145